近世甲斐国社家組織の研究

Kinsei Kainokuni Shakesoshiki no Kenkyū

西田かほる
Kaoru Nishida

山川出版社

目次

序章

本書は甲斐国山梨郡上於曽《おぞ》村（現山梨県甲州市塩山）の菅田《かんだ》天神社に伝存する史料を主な分析対象として、近世における甲斐国国中《くになか》地域の社家組織について検討するものである。一地域における社家組織の変遷をたどる中で、社家の成り立ちとその活動、そして社家の立場からみた神社・氏子との関係について考察する。甲斐国では小規模の社領を持つ一村の氏神社を一人の神職が進退することが一般的で、宮座はなく、複数の社人を抱える大社も少ない。また、近世期を通じてほぼ一国幕府領であり、藩による支配はごく限られた期間のみであった。これらの特徴を前提として、当該地域の社家の動向を中世末から近代初頭まで見ていく。これにより、近世の神職を考える素材としたい。

1　研究史整理

近世の神社研究は一九八〇年代を画期に大きく進展した。その画期となったのが、高埜利彦『近世日本の国家権力と宗教』に収載された一連の研究である(1)。一九七〇年代に幕藩制構造論の成果を踏まえ幕藩制国家論が提起されると(2)、神社研究も国家論を導入した新しい枠組みが提起された。高埜氏は天皇・朝廷をも含めた近世国家の中に宗教を位置付けた。公家や大寺社が本所として宗教者や芸能者に免許状を与え組織化をはかったことを、幕藩権力による宗教者編成として提示したのである。本所という枠組みが提示されたことで、各地域の宗教者の特質や職分の差異を考察することが容易になり、近世国家論の中に多くの事例が蓄積されていった。神社研究は特殊な分野ではなく、近世史研究に定置されたのである。

それまでの神社研究は教義学が主であり、歴史学においては主に古代・中世が対象となっていた。近世史研究の中に神社研究は位置付けられていなかったといえる。そのような中でも近世の神社研究がなかったわけではない。戦前においては、清原貞雄「徳川幕府神社に関する制度」や法制史の立場から中田薫『法制史論集』の研究があり、朱印地や本所、社内組織、旦那場など、今日の神社研究においても参考にすべき論点が示されている。(3) 民俗学における神道・祭祀研究も盛んに行われ、戦後も各地の神社・小社が取り上げられて宗教者の実態や祭礼、風俗などが紹介された。(4) 地域史料の活用ということでいえば、各地で編纂された自治体史、例えば『名古屋市史　社寺編』（大正四年〈一九一五〉刊）は記録資料を駆使した客観的な叙述である。(5) ただし戦後の自治体史においては、近世の神社史料は調査の対象にならないことが多く、神社を地域の中に位置付け論述することも少なかった。地域の中小社は、立項されても創建・祭神・氏子数などの概要を列記するにとどまったのである。

橋本政宣氏は、神社史料は地域史をはじめとする広い分野の研究に資するはずのものであるにもかかわらず、近世の神社史料ほど学会において無視されてきたものはないと述べている。神社・旧社家の史料調査が進まなかったのは、神社神道が国家神道と位置付けられた影響のほかに、史料の量が膨大なこともあり、その有効性が明らかにされてこなかったこと、史料が散逸する恐れが割合に少ないと考えられたこと、信仰や由緒に関わる生きた史料であるがゆえに公開性が低いことが原因であるとする。ただし、神社史料は明治維新期に散逸・消滅したものも多いとし、その理由を、廃仏毀釈によって神宮寺や関連寺院に伝存した神社史料は湮滅し、官社となった神社の史料は旧社家の離散とともに神社を離れることになったこと、府県社以下の民社においては、もと修験系の社に史料がほとんど残されていないことなどをあげている。(6) 史料の残存状況は社会を映す鑑といえるが、神社史料もその例外ではない。戦後神社研究は停滞するが、それでも一九六〇年代には地域史を土台とした小倉豊文編『地域社会と宗教の史的研究』や、岩本税「藩体制下における地方神官の専業化」といった神職の身分にかかる研究、土岐昌訓「近世の神職組織」といった神職組織に焦点を当てた先駆的な研究が出されている(7)。

先にも述べたように一九八〇年代を画期に、一九九〇年代になると宗教から地域社会をみた研究が出されるようになっていく。田中秀和『幕末維新期における宗教と地域社会』は北東北から北海道を対象地域とし、修験や神職が複雑に入り組む地域の中における幕藩権力の宗教政策や神仏分離政策を取り上げ、そこに宗教者の自己認識や寺社縁起といった宗教者・民衆の意識に踏み込んだ研究を行っている(8)。このような各地域の神職に関する研究が蓄積されると同時に、論点も多様化した。靱矢嘉史氏による神職の将軍目見や寺社奉行直支配を取り上げた一連の研究は、本所による編成に偏りがちであった研究に対して、幕府による神職の秩序形成とともに神職の幕府に対する意識を鮮明化させた(9)。あるいは宗教としての「教え」やイデオロギーといった知を組み込んだ議論の必要性も提起された(10)。

また一九九〇年代以降、近世史研究において様々な分析視角が打ち出された。特に神社研究と関わるものでいえば、身分集団論、身分的周縁論、地域社会論、神社社会などである(11)。身分集団論や身分的周縁論においては、本所による宗教者の編成といった観点から身分集団の成り立ちや他集団との関係が検討され、由緒論なども組み込みながら、多様な身分の実態を明らかにしてきた。神社社会においては、神社を核とした固有の社会を空間構造の中に把握しようとする。今日の神社研究は、より幅広くかつ多角的な検討が求められるようになった。現在、神社研究は多くの蓄積を得るに至っている(12)。神社史料についていえば、自治体史の史料編にも数多く取り上げられるようになり、史料集も次々に刊行されるようになった。研究が進展し史料の有効性が明らかになってきたことで、近世の神社史料の調査も進んできたということになる。ただし例えば旧社家の史料や修験の史料は一層把握困難となり、散逸が加速していることに変わりはない。幅広い多角的な神社研究は、その意味でも望まれるところであろう。

最後に、本論とも密接に関わる本所と神職組織についての研究を確認しておきたい。近世の神社研究の中でも、本所研究は著しく進展した分野である。高埜氏は神職の本所である神祇管領長上吉田家について、近代的評価や教義的解釈から脱却し、近世社会の中に位置付けた。[13] 井上智勝氏は室町から江戸期を通じた吉田家の活動を検討し、神祇管領長上の根拠や吉田家が発給した神道裁許状、宗源宣旨、鎮札・守の機能や役割、それを受容した在地社会について論じた。さらに吉田家の権威が考証主義・復古主義の動向の中で否定されていく状況や、白川家の台頭によって本所権威が複線化されることを指摘している。[14] 井上氏の研究により、吉田家の社家編成の基本というべき発給文書の意義が明らかになり、近世における本所吉田家の立場や活動、それに呼応する在地の動向の解明が一気に進んだ。

幡鎌一弘氏は井上氏の研究が身分編成論に偏りがちであることや、従来の研究が吉田家を過大に評価していることを問題とし、諸社祢宜神主等法度（神社条目）が出された一七世紀中葉における吉田家の活動を、執奏、神道裁許状、行法、勧請・祈禱、神学の五つに分類して、それぞれの実態と相互の関係を論じている。行法について述べると、それは執奏や神道裁許状とは別の次元で浸透したことや、行法の伝授が吉田神道を宗教たらしめていたとして、その伝播の検討から吉田家と神職の関係を検討する必要があるとする。[15] また、橋本政宣氏は吉田家が全国の神職の本所としての立場を確立した寛文五年（一六六五）の神社条目は、社領の朱印状交付と一体のものであり、条目の遵守が朱印状発給の前提であったことや、条目の本紙は吉田家に渡されたことなどを明らかにした。[16] 神社条目の制定と朱印状発給との関係を踏まえると、幕府の土地政策と密接に結び付く形で神道裁許状を発給する権限を持った吉田家は、まさに近世的な本所であったといえる。[17]
諸社祢宜神主等法度は、官位執奏に関する二条と吉田家による装束免許に関する三条が注目されてきたが、神祇道の修得・神体の熟知・神事祭礼の執行（一条）、社領の売買・質物の禁止（四条）、神社の修理と掃除の実行（五条）の五条からなっている。一・四・五条から、近世における神職身分は幕藩領主の認めた社領に建つ社頭で神事祭礼を行うことをもって成立したと考えられ、それを保証する本所吉田家とほかの本所との違い、あるいは宗教者の存在形態の違いについて検討する余地がある。井上氏によって進められてきた本所吉田家に関する研究は、まだ多様な論点を含んでいる。

本稿の主題の一つである神職組織に関する研究については、二〇〇八年に井上智勝氏が全国の触頭を擁する神職組織について横断的に比較し、その存在形態と特質を解明している。[18] 幕藩権力が神職をどのように編成し、支配しようとしたかを知ることは、近世権力や近世の社会編成原理を理解する上で重要とした上で、（一）神職組織は幕藩領主の支配の枠組みとは必ずしも合致しないこと、（二）幕藩領主による神職組織の編成は、領主権力による神職組織の構築と既存の神職組織の利用という二つの方法によって達成されていたこと、（三）前者においては領主権力の消失や縮小によって神職組織が解体する方向に進むことがあり、後者においては地域有力社の自律的なあり方が領主権力を制限することもあること、（四）本所吉田家の神職統制は領主や在地神職の協力を得なければ達成できなかったこと、（五）神職編成原理は触頭・触下という関係だけではなく官位、称号、幕府に由来する権威、参勤などの論理があることを指摘した。これにより、近世神社組織の見取り図が提示された。

井上氏のいう「前代からの在地社会の自律的展開」としての神職組織については、規模や形態は異なるものの、中世段階で各地に一宮や総社などを中心とした地域的なネットワークが存在したことが明らかになっている。備後国では神主仲間の地域集団と一宮吉備津神社に国内全域の神主が集まる宮座があった。[19] 本稿で扱う甲斐国については、既に一九四二年に奥田真啓氏が「甲斐府中八幡宮の研究」の中で、戦国大名武田家による勤番制度を詳細に分析し、その成立が武田家の強力な領主性によるものであり、各武士家および各神社の持つ在地性であったことを指摘している。[20] 守護や戦国大名は地域的ネットワークを再編したり、領国内の大社の祭祀権を掌握したりすることによって当該地域における地位を確立しようとしたことは、『中世諸国一宮制の基礎的研究』によっても概観できる。[21] 中世に踏み込んだ議論は難しいが、在地社会や自律的な組織のあり方は多様であり、その何が近世に継承されるのかについて詳しい検討が必要になるであろう。さらに榎原雅治氏は若狭国について戦国期までに荘園公領総社と一宮からなる一国単位の寺社ネットワークが存在したとし、それが在地の信仰のみならず流通拠点であり、武田氏はそれらを掌握することで公権者になろうとしたとする。[22] 神職組織の研究は神社だけで完結するものではなく、さらには信仰以外の寺社の機能も検討しなければならないことが改めて示された。井上氏が提示した神職組織の理解をより深める上でも、中世における在地社会の自律的展開の内実と、近世社会における寺社の多様な機能について考えてみる必要がある。神職組織の中近世移行期における断絶と継承、あるいは近世に新規組織の形成を可能にした社会的要因は何かについて考えることは、近世から近代移行期も見据えた上で、一つの課題となるのではないだろうか。

2　本書の構成と菅田天神社文書

第1部は、勤番体制の成立から終焉に至るまでを時系列に沿って論じる。甲斐国国中地域には、永禄三年（一五六〇）から戦国大名武田信玄により氏神である府中八幡宮へ一六〇余の祢宜が二夜三日参勤する勤番制度が敷かれた。武田家が滅びると、勤番制度は徳川諸陣に祓を献上した吉例により、五月・九月に一六〇社の祢宜が府中八幡宮に参集し二夜三日の祈禱を行って将軍に祓を献上するという制度を加えて、江戸幕府にも引き継がれた。武田、徳川における勤番制度制定の意図、勤番場所であった府中八幡宮と勤番社家との争論、勤番体制（勤番制度によって生じた社家の組織）の成立と支配体制への転換、社家自らによる勤番体制の深化、勤番の代番などによる現実的対応、勤番からの社家の離脱、社家の巧みな言説と由緒の確立、勤番体制の再編、府中八幡宮神主の跡式相続をめぐる争論などを取り上げる中で、神職身分の確立、本所吉田家との関わり、神職のイエと組織の関連などを述べる。

第2部は、菅田天神社を主な対象として、同社神主と兼帯社との関係、分家との争論、同家を支えた経済活動について検討する。神社は村を単位とする氏神（産神）のみならず、組や個人が祀る小社や祠などが多数あった。それらは鍵取などと称する百姓が日常的に管理したり、修験らが進退したりする場合がほとんどであった。これらの百姓、修験らと神主は神社をめぐってどのような関係にあったのかを検討する。また、近世の神職を検討する上で重要なのが、イエである。菅田天神社神主と分家は、近世を通じて神社の進退をめぐり争論を繰り返しており、その対立構造の中に神職のイエとそれをめぐる親類や氏子との関係をみた。兼帯社および分家との争論については、神社が神事の執行、社地（社領）の経営、社頭の管理を基本として成り立つことを念頭に、神主と氏子との神社経営をめぐる相克を示した。経済活動については、菅田天神社が所蔵する楯無鎧を寛政五年（一七九三）に将軍に上覧したことを契機に、源氏ゆかりの武士などへ積極的に拝覧を働きかけた活動を取り上げる。鎧に関わる由緒の変遷をみるとともに、江戸での社家の諸活動を通じて、手筋や伝聞の影響力、考証学や好古趣味の高まりなど、近世社会の特質も垣間見る。ここでは勤番との関係については全く論じなかったが、この活動が与えた影響については、4章に述べた。

第3部は、武田信玄が一六〇社の祢宜に勤番を命じた際に、勤番を免除した一〇社について、武田家の意図や江戸時代の実態を論じるものである。勤番除社の存在を武田家による社家組織編成の限界とは考えず、一〇社の広域的な信仰圏や神仏習合から考察する。またここでは勤番除社のように広域の信仰圏を持ち、地域の核となる神社を「地域大社」と称した。近世になれば一宮や二宮は二二社に対する国の鎮守神ではなく、その格式や伝統を伴いつつ一定地域へ影響力を持った大社といった方がよい。地域大社の内でも、いわゆる官社ではない神社、例えば窪八幡宮（八幡北村、現山梨市）や市川御崎明神（上野村、現市川三郷町）は、より独自の展開を遂げていた。近世中期以降、一宮や二宮では社内における仏教要素を排除して近世化を遂げていくが、両社は古態を維持し続けた。その様相を明らかにしつつ、神社には直接付属しない芸能的宗教者の成立についても若干の考察を加える。

補論は勤番体制を考える上で重要な社領に関する基礎的なデータを提示する。

終章は、まとめ・課題とともに、幕末から明治初期の勤番社家の動向として、草莽隊への参加と士族編入願を取り上げる。勤番社家は兼武神主と称し、武士を志向した。神職の草莽運動への参加は、この一つの表れでもあった。士族編入願についいては、近世における社家の活動の帰結として捉えた。神職の世襲が廃止される中で、神職の家あるいは身分へのこだわりと、明治政府の対応の中に、近世と近代の交錯をみる。

本書に収載した論文は、1章から7章までは一九九一年に学習院大学に提出した修士論文「近世甲州国中における社家の組織と地域社会」を基にしている。それぞれの論文の初出は、以下の通りである。今回、一書にするにあたり、全ての章を修正するとともに、若干の組み換えを行った。特に5章はもとの論文の三分の一程度を利用して書き加えたものである。また各論考中のデータについても再度検討し、間違いの修正や新たなデータも加えたので、もとの論文とは異なっているものも多い。史料引用についても、新しい史料集がある場合には、それに従った。

序章　新稿
1章「甲州国中における社家とその組織の成立―永禄〜寛永期を対象として―」(『武田氏研究』一二号、一九九四年)
2章「近世的神社支配体制と社家の確立について―甲州国中地域を事例として―」(『地方史研究』二五一号、一九九四年)
3章「勤番体制と社家集団―近世前半期における甲州国中地域の社家組織―」(『学習院大学史料館紀要』八号、一九九五年)
4章「近世後期における社家の活動と言説―甲州国中・菅田天神社文書を素材として―」(『史学雑誌』一〇六編九号、一九九七年)
5章「甲斐国の神社組織と番帳―文書の売買・改竄・管理―」(高木俊輔・渡辺浩一編『日本近世史料学研究』北海道大学図書刊行会、二〇〇〇年)
6章「兼帯社支配にみる神主と氏子―甲斐国国中地域を事例に―」(久留島浩・吉田伸之編『近世の社会集団―由緒と言説

―』山川出版社、一九九五年）

7章　新稿

8章　「楯無鎧をめぐる伝承の実体化」（笹原亮二編『口頭伝承と文字文化―文字の民俗学　声の歴史学―』思文閣出版、二〇〇九年）

9章　「武田氏の神社政策」（萩原三雄・笹本正治編『定本・武田信玄　21世紀の戦国大名論』高志書院、二〇〇二年）

10章　「近世における地域大社の実態について―甲斐国八代郡御崎明神を中心に―」（『山梨県史研究』一一号、二〇〇三年）

補論　「甲斐国国中地域の神社朱印状について」（『山梨県史のしおり』資料編8・近世1、山梨県教育委員会県史編さん室、一九九八年）

終章　新稿

最後に、本書で主な分析対象とした菅田天神社文書について、その特徴を紹介しておきたい。菅田天神社は、山梨郡栗原筋上於曽村（現山梨県甲州市塩山）に鎮座する（6章図6―2参照）。承和九年（八四二）の創立と伝えられる古社である。祭神は素盞嗚命であるが、寛弘元（一〇〇四）年に菅原道真を合祀して以後、菅田天神社と称したという。武田時代には、社が武田家の鬼門にあたることから、同家の守護神として崇敬を受けた。近世では、上・下於曽村の氏神で、一一石八斗の朱印社であった。明治七年（一八七四）に村社、大正一三年（一九二四）に郷社、昭和三年（一九二八）に県社となる。昭和四〇年（一九六五）の火災で社殿を焼失し、同四四年に再建した。[23]近世の神主は土屋家で（7章表7―1参照）、隣村数ヶ所の神社を兼帯した（6章参照）。土屋家は戦後東京へ転出している。これまで菅田天神社に関する史料として知られているのは、江戸時代の採訪による「甲州信州武州古文書」のほか、「甲州文庫」にある数点の文書と『新編甲州古文書』に収載されている史料であった[24]。

本書で分析した菅田天神社文書は、一九八六年に黒川金山遺跡研究会による旧塩山市域の史料探訪時に発見された。当時、史料は戦争中に土屋家から預かったという家で、茶箱二つに保管されていた。その後、史料は菅田天神社の神輿蔵に移され、同会により一九八七年から八八年にかけて史料整理が行われた。

史料点数は四六四点（枝番号含め約二三〇〇点）である。近世初頭から戦前期までの史料を含むが、近代史料は三割弱にとどまり、その内容は金銭貸借関係と神社明細を主とする。近世史料を簡単に分類すると、次のようになる。（Ⅰ）神社経営史料。社領管理・社頭管理・神事祭礼などに関わる史料のほか、朱印改めや社付の品である楯無鎧関係史料である。（Ⅱ）兼帯社関係（氏子村方）史料。各社における氏子との争論関係史料である。（Ⅲ）神職家関係史料。神職の家相続や、本家分家関係のほか、神職の家に直接関わるという点で、神祇管領長上吉田家関係史料も含む。（Ⅳ）神社（神職）組織関係史料。勤番関係や他諸社家の史料が該当する。これらを概観すると、史料群のうちに①「甲州信州武州古文書」や『新編甲州古文書』収載の史料がない、②神社経営のうち、社領・社頭に関する史料が少なく、神事・祭礼関係の史料も少ない、③吉田家からの裁許状や位記・口宣案などがない、④学芸関係の史料が少ない、⑤楯無鎧関係史料が突出して多い、⑥勤番関係の史料が近世を通じて残されている、という特徴がみられる（巻末表3参照）。

①について、「甲州信州武州古文書」収載の文書は武田時代の社領寄進状であり、『新編甲州古文書』収載の史料は武田晴信の禁制と徳川家奉行連署禁制の二点である。『新編甲州古文書』には、「原本は双方共に近年焼失」とあり、さらに武田時代の社領寄進状についても「いずれも焼失す」と注記されていることから、昭和四〇年（一九六五）の火災で失われたものと思われる。現存の菅田天神社文書は、他家に預けられていたため火災を免れたのであろう。例えば、金桜神社（甲府市御岳町）の目録は、「神前文書」と「その他の文書」に区分されており、「神前文書」は「『御朱印箱』に納められて神前に保管されていたもの」で、「そのほかの文書」は「拝殿に保管されていた帳箱に納められていた」ものである[25]。

「神前文書」は神社と一体化したものと認識された最重要史料であり、後者は社家の活動の中で蓄積された史料である。菅田天神社の場合、火災により焼失した禁制や武田時代の社領寄進状が神社にとって最も重要と認識され、神社拝殿内に保管されていたのではないだろうか。②社領・社頭や神事関係の史料が少ないことも、これに関連するものと思われる。

③について、本所である神祇管領長上吉田家関係の史料は、神葬祭や官位手続きの史料は存在するものの、裁許状の本紙や位記・口宣案は存在しない。例えば、甲斐国一宮浅間神社（現笛吹市御坂）では、浅間神社社中に保管される社領の寄進・朱印状関係史料のほかに、宮司古屋家が自宅に所蔵する神職関係争論や日記・神道裁許状類がある。[26]岩間明神（現甲州市上萩原）神主文珠川家の場合、裁許状はほかの史料とは別に、木箱に入れられ新母屋に保管されていた。[27]裁許状は神主家にとって重要な史料と認識されていたのであり、菅田天神社の場合、戦後、土屋家が転出した際に自らの財産として持っていった可能性が高い。位記や口宣案がないことも、④学芸関係の史料が少ないことも、同様の理由と思われる。④の史料は、神主家の日常生活の中で形成されるものだからである。

⑤は江戸での鎧拝覧という経済活動に関する情報を主とするもので、史料点数の多さは同社にとっての鎧の重要性を示すものである。⑥は菅田天神社神主が常に府中八幡宮との争論等に主導的な役割を果たしてきたことの結果である。

以上から、現存する菅田天神社文書は、神社に付属する史料ではなく、かつ神職家の史料でもない。勤番や兼帯社の氏子との関係、分家との訴訟、楯無鎧関連の史料を中心に構成された史料群ということになる。神主土屋家が訴訟や諸問題に立ち向かうために意図的に残した証拠書類の集積といえようか。

本書は府中八幡宮と勤番社家、社家の本家と分家、社家と他宗教者、社家と氏子、それぞれの「対立」を軸に構成しているが、それは史料群の性格に規定されるところが大きい。対立への注目は、それぞれの立場と論点を明確にできる利点がある。ただし当然ながら、対立のみが存在していたわけではないことは史料群の端々に垣間見られるところである。

（1）高埜利彦『近世日本の国家権力と宗教』（東京大学出版会、一九八九年）。
（2）高埜利彦「解説―幕藩制構造論から国家論へ」（『山口啓二著作集』三、校倉書房、二〇〇九年）。
（3）清原貞雄「徳川幕府神社に関する制度」（『神道史』厚生閣、一九三二年）。中田薫『法制史論集』二・三上（岩波書店、一九三八年・一九四三年）。
（4）岩崎敏夫『本邦小祠の研究』（名著出版、一九七六年復刻）ほか。
（5）『名古屋市史　社寺編』（名古屋市役所、一九一六年）。
（6）橋本政宣「近世の神社日記」（『悠久』七七号、一九九九年）。
（7）小倉豊文編『地域社会と宗教の史的研究』（柳原書店、一九六三年）。岩本税「藩体制下における地方神官の専業化」（『熊本史学』二七、一九六四年）。土岐昌訓『神社史の研究』（桜楓社、一九九一年）。
（8）田中秀和『幕末維新期における宗教と地域社会』（清文堂出版、一九九七年）。
（9）靱矢嘉史「近世神主の江戸城年頭独礼」（『早実研究紀要』三七号、二〇〇三年）。同「幕末維新期における神主の「支配」認識」（『早稲田大学大学院文学研究科紀要』四九号、二〇〇三年）。同「近世神主と幕府権威」（『歴史学研究』八〇三、二〇〇五年）。
（10）澤博勝・高埜利彦編『近世の宗教と社会　3　民衆の〈知〉と宗教』（吉川弘文館、二〇〇八年）。
（11）塚田孝・吉田伸之・脇田修編『身分的周縁』（部落問題研究所出版部、一九九四年）。久留島浩・吉田伸之編『近世の社会集団』（山川出版社、一九九五年）。吉田伸之編『身分的周縁と近世社会　6　寺社をささえる人びと』（吉川弘文館、二〇〇七年）。由緒については、山本英二「日本中近世史における由緒論の総括と展望」（『シリーズ歴史学の現在　12　由緒の比較史』（青木書店、二〇一〇年）。
（12）論文多数につき、近世宗教関係のシリーズ本の一部をあげておく。『近世の宗教と社会』一～三（吉川弘文館、二〇〇八年）、『神社史料研究会叢書』一～五（思文閣出版、一九九八～二〇〇九年）、『シリーズ日本人と宗教』一～六（春秋社、二〇一四～一五年）。研究の全体像としては、梅田千尋「近世の神道・陰陽道」（『岩波講座日本歴史　12　近世3』、岩波書店、二〇一四年）がある。
（13）高埜前掲注（1）書。

(14) 井上智勝『近世の神社と朝廷権威』(吉川弘文館、二〇〇七年)。
(15) 幡鎌一弘「十七世紀中葉における吉田家の活動」(『国立歴史民俗博物館研究報告』一四八号、二〇〇八年)。
(16) 橋本政宣「寛文五年「諸社祢宜神主等法度」と吉田家」(橋本政宣・山本信吉編『神主と神人の社会史』思文閣出版、一九九八年)。
(17) 西田かほる「川口村における富士山御師の成立とその活動」(高埜利彦監修・甲州史料調査会編『富士山御師の歴史的研究』山川出版社、二〇〇九年)。
(18) 井上智勝「近世の神職組織」(『国立歴史民俗博物館研究報告』一四八号、二〇〇八年)。
(19) 河合正治「中世武士団の氏神氏寺」(小倉豊文編『地域社会と宗教の史的研究』柳原書店、一九六三年)。
(20) 奥田真啓「甲斐府中八幡宮の研究」(『史学雑誌』五三編一一号、一九四二年、『中世武士団と信仰』柏書房、一九八〇年および柴辻俊六編『戦国大名論集 10』吉川弘文館、一九八四年所収)。
(21) 中世諸国一宮制研究会編『中世諸国一宮制の基礎的研究』(岩田書院、二〇〇〇年)。
(22) 榎原雅治『日本中世地域社会の構造』(校倉書房、二〇〇〇年)。
(23) 『角川日本地名大辞典 19 山梨県』(角川書店、一九八四年)。
(24) 「甲州信州武州古文書」(東京国立博物館所蔵)、『新編甲州古文書』一巻(角川書店、一九六六年)。
(25) 『甲府市史史料目録 近世(一)』(甲府市史編さん委員会、一九八五年)。「神前文書」は社領・朱印関係の史料であり、「その他の文書」は金桜神社の神職や御師関係、神宮寺関係、祠堂金、温泉関係と多様な内容である。
(26) 「甲斐一宮浅間神社文書」「古屋真孝家文書」(山梨県史史料調査目録)。
(27) 西田かほる「文珠川家文書(塩山市上萩原)調査報告」(甲州史料調査会会報『桃太郎』一号、一九九一年)。

第1部　勤番体制と社家集団

1章　勤番体制の成立——永禄〜寛永期

はじめに

従来、中世の神社研究において、有力大社は別として、地方中小社の神職が素材として扱われることは少なかった(1)。史料的制約とともに、「神職」という存在自体が明確ではなかったためであろう。神事は、武士や百姓あるいは宮座、修験や僧などによっても行われ、それらの内に「神職」は埋没していたのである。しかし近世では「神職」は一つの社会的存在、いわば「身分」として位置付けられる。地方中小社の「神職」は、近世社会の成立とともに中世的な諸形態から分離し、社家として成長していくのである。

本章では、中世から近世への移行期に注目し、地方中小社の社家が社家としての存在を明確化させていく契機を検討する。時期は永禄から寛永とし、甲斐国国中《くになか》地域を対象とした。当該期の甲斐国は、戦国大名武田家の領国支配の最盛期から、徳川分国を経て、徳川一門の支配が成立する時期にあたる。甲斐国の場合、社家の成立は神社組織の形成と連動して進み、それはまた支配権力の意向とともに展開した。

1節　武田家による勤番制度の成立

勤番条目と禁制

永禄三年（一五六〇）、武田信玄は氏神である府中八幡宮（府中元城屋町）[2]に対し、次の条目を下した。[3]

（龍朱印影）
条目

一、棟別役之普請、悉皆免許之事
一、年中之祭礼不可怠慢、幷宮中之掃地、少破之所随分量可加修理之事
一、除武田・大石和・窪三ヶ所之八幡・一二三宮・東郡熊野・市川之御崎・林部之宮・三輪、而国中之大小社之祢宜
　等、両人宛令詰番、於　当宮可勤之事
　　付、毎月之参籠免許之事
一、右之十ヶ所之祢宜、社頭参籠安泰之祈禱、不可有疎略之事
一、於　当宮勤番社家中、有懈怠之人者、普請役不可免許之事
　右具在前
　　永禄三庚申八月廿五日
　　　大小之社人衆

「国中之大社小之祢宜」は条目第三条において、武田八幡宮以下の一〇社を除き、府中八幡宮において交代で勤番祈禱

をすることが定められたのである。

翌永禄四年（一五六一）、信玄は同じく府中八幡宮に禁制を下す。[4]

（龍朱印影）

当社八幡宮禁制之事

一、初夜後夜之神楽怠慢之事
一、不着烏帽子・水旱（干）之事
一、落書并高声之事
一、叨吹笛・尺八之事
一、順礼并往来之輩宿拝殿事
一、宮中掃地無沙汰之事
一、禁忌之砌、不渡次之番衆而、令懈怠之事
一、当病之人不理所之印判衆而、番無沙汰事

番帳次第不同

一番　山梨之祢宜
　　　四阿之祢宜
二番　川田之祢宜
　　　賀茂之祢宜
（三〜八〇番略）
八十一々　八日市はの祢き

くら田の祢き
板かきの祢き
坂よりの祢き
右二日二夜堅可勤者也
永禄四年辛酉閏三月吉日
八十二々

禁制には前年の条目を受けて、八二組の祢宜らによる二日二夜宛の勤番順を示した「番帳」が付されている。ここに府中八幡宮を中心とした、甲斐国国中の神社組織の基本となる制度が成立したのである。これを勤番制度と称する。勤番制度は勤番祈禱という事象を通じて、勤番場所の府中八幡宮、勤番を除かれる一〇社、勤番を勤仕する一六〇余社という関係を作りだす。以下この制度を軸にして、武田家と三者との関係に注意しながら、社家と神社組織の形成について考えたい。

勤番制度の基本的理解

勤番制度については、奥田真啓氏の「甲斐府中八幡宮の研究」という詳細な論文がある。それに基づき、史料中の諸社を巻末表1・2に示した(5)。奥田氏に従えば、勤番制度とは、武田領国内の神社を一部の有力社を除き武田氏神である府中八幡宮へ勤番祈禱させる制度となる。

奥田氏は勤番社の多くが、武田被官である在地領主の氏神・崇敬社および郷村の氏神であると指摘した(6)。前者の勤仕は在地領主の支配統制策として武田領主権の確立に役立ち、後者は領民の精神的支配統制策になったとする。そして勤番制度の成立が「武田氏の強力純粋な封建領主性によるものであり、夫を意義あらしめたのは、又武士の領主性であり、各武士家及び各神社のもつ在地性であった」とする。近年の研究に照らせば、武田家の領国内祭祀権の掌握と理解できる。戦国大名が一宮などの統制を通じ、領国内の祭祀権を掌握することは既に自明である。[7]平山優氏はさらに郷村における鎮守の重要性を指摘し、在地領主が鎮守を守護することで在地支配を確立し、さらに戦国大名がその祭祀権を掌握することで公権力化したとする。[8]勤番社の多くが郷村の氏神であるという性格を考慮すれば、勤番制度はまさに戦国大名武田家の祭祀権掌握の結果と理解できる。では、武田家の祭祀権掌握の過程をみながら、[9]勤番制度のいくつかの特徴を整理しておきたい。

特定の社における諸社の勤仕は、勤番制度の成立以前においても存在していた。しかも勤仕場所は、府中八幡宮ではない。それは林部宮と石和八幡宮で、両者とも後に勤番除社となっている。林部宮は、甲斐国の総社である。諸国の総社は一一世期末から一二世紀初頃に国衙機構の一環として成立したとされ、[10]同社の総社としての機能もその頃からと思われる。由緒では、同社は鎌倉時代から徐々に衰廃し、慶長頃には「河東而已之神親」になったが、「国中之親神」として貞享年中（一七世紀後半）まで「毎年二八月社日に八河東之神主不残当社江相集り、神楽を奏」したという。[11]河東とは、国中のうち荒川以東の地域を指す。石和八幡宮は、武田氏神であり、府中八幡宮の前身にあたる。由緒では、建久頃から明暦（一二世紀末～一七世紀半ば頃）まで諸社の勤番があったとする。[12]つまり総社である林部宮への諸社の参会は、国衙機構の衰退とともに縮小し、代わって武田氏神である石和八幡宮への勤仕が始まる。それが氏神の移座や武田権力の確立により、勤番制度へ展開したといえよう。諸社の勤仕が国衙祭祀の社から守護の氏神へと比重を移すのは、国内の権力関係の推移そのものである。特定の社への参集や勤番は、常に権力との関係において発生し、また再生産されてきたことが確認できる。

権力との関係は、勤番制度の施行地域とも関連する。勤番制度は東部山間地帯の「郡内」と富士川流域の「河内」を除く、甲府盆地を中心とした「国中」で施行された。条目中の「国中之大小社之祢宜」は、領国全体を指す「くにじゅう」ではなく「くになか」という地域名称である[13]（図1－1）。永禄三年（一五六〇）段階の武田領国は甲斐一国にとどまらず、信濃・駿河北部にまでおよんでいたが、勤番制度は甲斐国内しかもその一部に限られていた。当時郡内は小山田氏、河内は穴山氏の支配下にあった。彼らは武田被官でありながら事実上戦国領主として在地に強い支配権をおよぼしており[14]、神社行政の面でも一国単位の統一がなされなかった。郡内では小山田氏が寺社への諸役免許権を持つなど、寺社に対する権能の大部分を留保している[15]。河内では河内一宮（下山村）や諏訪明神（南部村）の祭礼に、河内諸社が参会する独自の制度があった[16]。さらに信濃では諏訪大社勢力が強く、武田家は逆にそれを利用して支配の貫徹を試みている[17]。このように武田領国内では、支配状況に応じ宗教行政が分断された状態にあった。小山田・穴山両氏の寺社に対する権能の留保は、武田領国内の権力関係の所産である。

次に、武田家が国中の祭祀権を掌握するためにとった具体的な方法について考えたい。武田家の宗教政策の上で画期となるのは、弘治年間である。武田家の諸社への対応が、禁制や諸役免許などの保証的なものから、条目や神職任免などへの介入という統制的なものを含み始めるからである。武田家は弘治三年（一五五七）、一宮・二宮に年三回の武田屋敷への出仕を義務づける条目を下す[18]。同時に府中八幡宮に対しても類似の条目を出した[19]。そして何より府中八幡宮神主は、後の勤番除社の一つである三輪明神から移入されるのである。これ以前の八幡宮は武田氏神とはいっても決して大社ではなく、宮守がいる程度であったらしい[20]。武田家は国中有力社の枠組みともいえる勤番除社への支配と、勤番制度の主柱となる八幡宮の態勢を弘治段階で整えたのである。また奥田真啓氏は条目の三条付「毎月之参籠免許」の文言から、宛所である「大小之社人衆」が条目発給以前に八幡宮に勤仕していたことを指摘している。これは石和八幡宮以来の制度であろう。つまり、勤番制度施行以前に、実質上勤番制度は成立していたのである。ではなぜ改めて勤番制度が施行されなければならなかったのかが問題となる。

従来、勤番制度は神社が武士や郷村の氏神であるという在地性を利用した政策として注目されてきた。しかしそれのみでは、先の疑問は解決されない。そこで、勤番制度が成立した永禄三年（一五六〇）八月の二つの事例に注目したい。当

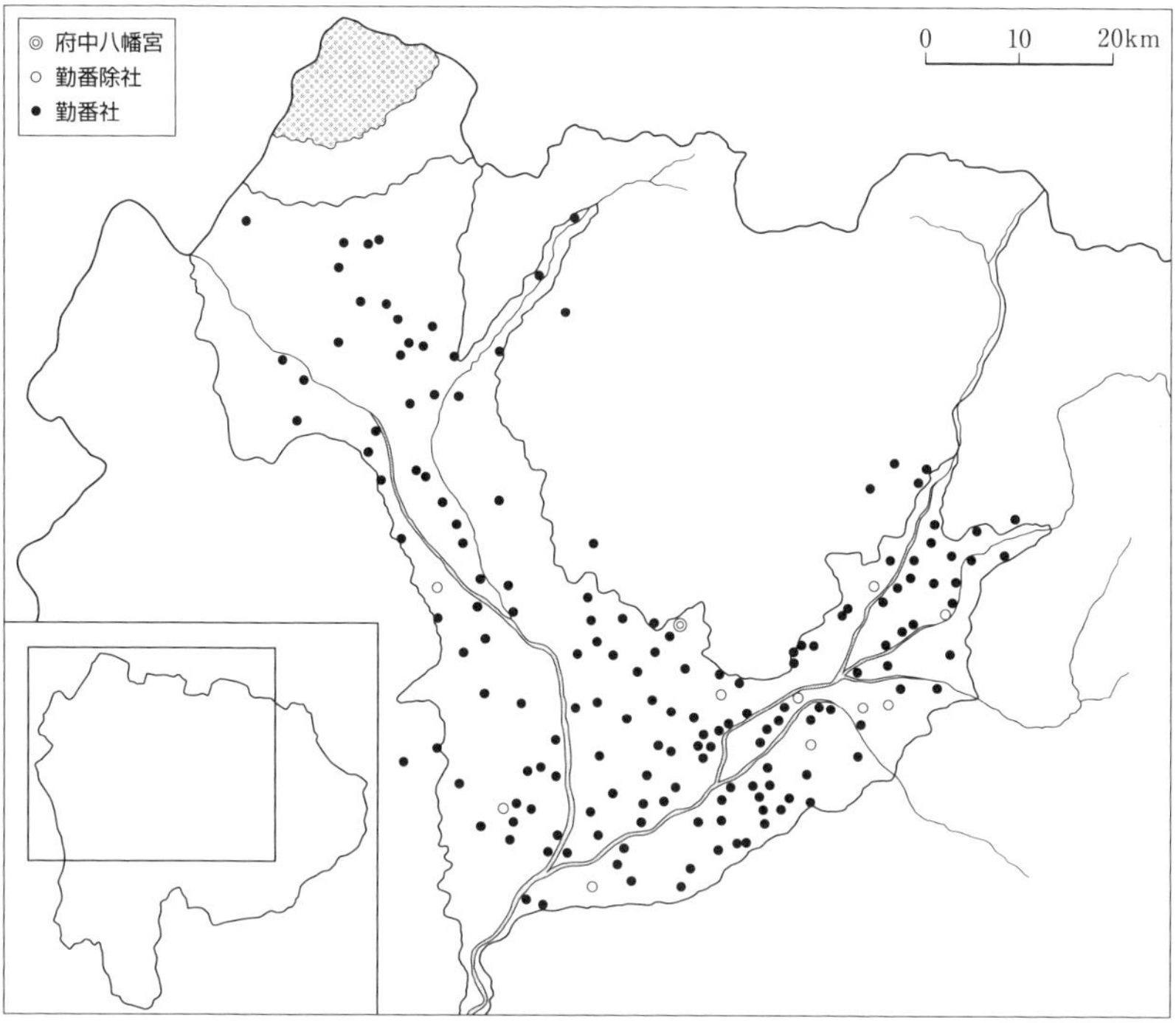

図１－１　勤番制度関係諸社分布図

注：本図は，国土地理院発行1/20万『甲府』の地図を下敷とし，神社の所在村名をポイントに落とした。

山派修験の祇園寺（府中元城屋町）に、「国中客僧衆」宛の「棟別役之普請」免許などを含む三ヶ条の条目が残されていることである。この条目は勤番条目と同じく、龍の朱印が捺され、しかも同日付けである。[21]翌二六日には、曹洞宗峨山派の広厳院（八代郡大石和筋一宮町）が住持職に関し武田家の介入を受けている。武田家は、以後同寺開山の雲岫派からは住持職を任じさせないようにしたのである。[22]これら祇園寺や広厳院の事例から、宗教各派が従来持っていた組織に注目したい。神社の場合、武田氏神や総社への参集を通じた組織や、一・二・三宮間の川除神事を通じたネットワークの存在が指摘されている。[23]先の当山派修験祇園寺は、近世期には触頭として触下七〇院を編成した。[24]当該期における国中での修験の具体像は不明だが、郡内では聖護院を中心とする本山派の編成が進められていることから、[25]当山派の場合も国中地域での組織化の可能性は類推できよう。曹洞宗峨山派広厳院は、近世期には甲斐国僧録所として三〇〇余の末寺を持つ。同寺は寛正元年（一四六〇）雲岫が開山して以降、武田信昌らの外護により急速に発展して教線を拡大し、永禄期には既にかなりの法系が形成されていたと思われる。[26]また曹洞宗は輪住制をとるため、峨山派内での広厳院の影響力・組織性も見逃せない。

つまり武田氏の編成をまつことなく、宗教各派においては既に自発的な組織化が進んでいた。武田家が宗教統制を行う場合、個別の寺社を掌握するよりも既存の組織を利用する方がはるかに有効だったはずである。逆にその組織を利用しなければ、支配をおよぼすことができなかったといえよう。繰り返せば、武田家は既存の宗教組織を利用し、その組織化を推進することで自らの支配を強化したのである。[27]その際、組織の長や独自の勢力としての危険性の高いものには、強い統制を加えている。弘治段階の一宮・二宮、八幡宮がそれである。また広厳院の場合、武田晴信は弘治二（一五五六）年に祖母崇昌院を同寺の開基に准じており、[28]同時期には権力側へ取り込まれつつあったことがわかる。つまり勤番制度は、弘治段階から始まる既存組織の再編成を意図した武田家による一連の宗教政策の中で位置付けられなければならないのである。

勤番社家

はじめにで述べたように、一般的に中世以前の神職は社家としての独自な存在ではなかった。神事は祭祀権を握る在地領主や郷村の百姓自らが行っており、神職はそれらの存在形態の内に混在していた。特に前者の場合、神職統制が武士統制であり、軍事力編成であったと結論される。勤番制度も従来そのように理解されてきた。ただし武士と神職の一体化に注目した上で、勤番制度がまず宗教政策であったことを重視すれば、勤番制度が結果的に神職と武士とを分離する役割を果たしたといえる。これを考えるにあたり、信濃国諏訪における武田家の政策を検討したい。武田家入国以前の諏訪氏の権力構造は、総領が諏訪大社の大祝職に就き、一族および家臣は神人として諏訪神社に結び付いていた。諏訪は武士と神職の一体化の典型的な事例である。

まず藤木久志氏の諏訪家臣団編成の研究を参考に、神職の状況をみておく(29)。天文一一年(一五四二)武田家は諏訪に入国以降、諏訪諸氏を自己の権力下に置くために神領を武田家の知行体系に組み込み、神役の軍役化、神人の軍役体系への編入を進めた。また当時郷村では惣百姓による一揆的動向が顕在化しており、永禄期にはそれらが神事退転として表面化する。そこで武田家は、一方で神人の軍役負担を軽減するなどしてそれを神役に転化した。他方、郷村に対しては有力土豪・名主層を「神主」に取り立てた。当時郷村で顕在化していた百姓間の矛盾を利用し、村の上層階級をまず諏訪大社の神役体系に編入して権力側に取り込むことで一揆の分断を狙ったのである。武田家はさらにこの「神主」らへの給恩を通じて軍役体系への編入をはかり、軍役衆として一揆圧伏の勢力とした。

永禄一二(一五六九)年に武田家から諏訪の家臣へ宛てた文書に、「知行役之被官之内、或者有徳之輩或者武勇之人を除て、軍役之補として、百姓・職人・祢宜・又者幼弱之族召連参陣、偏ニ謀逆之基不可過之事」という一条がある(30)。藤木氏はこれが軍事力の質の確保にあったとしながらも、被官化した土豪・名主層と、惣百姓の差別支配を前提とした権力編成のあり方を示すとした。この文脈に従えば、史料中の「祢宜」は、権力側に取り込まれた土豪・名主層ではなく、惣百姓に対応する者とも考えられる。ただしこの史料は結果的に「百姓」以下に対する一種の身分（職分）保証の役割を担ったと思われる。「百姓」以下の人々は軍役体系外であることが明示されたのであり、「軍役之補」という名目の下でも、戦いに駆り出されることを制限されたからである。これは戦国大名領国内の諸役免許の構造から、より明確となる。百姓は棟別役などを免許され、それに見合う軍役勤仕をすることで軍役衆化した。在郷の職人・商人は棟別役や普請役を免除され、職能に応じた勤仕をすることで各々の職業従事を保証された[31]。池上裕子氏は、戦国大名領国内での「役の体系」に近世の身分編成をみているが[32]、領国経営に必要な諸身分（職分）が、役賦課および免許により徐々に分化しつつあったのである。神職は領国内における祈禱・神事・祭礼を担う、必要不可欠な存在であったはずである。本稿でいう神事執行などの義務である神役が、他の役と同一に論じられるかはしばらく措くとして、神職の存在が戦国大名に保証される必要があったことは間違いない。先の一条に対応させれば、軍役と神役を兼ねうる「神主」に対し、軍役体系からは切り離された神職としての「祢宜」が、身分（職分）的に保証されたことになる。

以上三点をまとめると、諏訪における武田家の政策は図1―2となる。武田家の軍事動員体制の中で、軍役と神役が明確に区分されてきたこと、つまり神役と軍役の両体系が確立しつつあるとみてよい[33]。それにより、神役体系に位置付けられる神職の存在が保証されてくるのである。

では、勤番制度における国中社家を考えたい。勤番社が武田被官の氏神および郷村の氏神という性格からは、具体的ではないものの、武士や百姓と神社が強固に結び付いていたと理解できる。諏訪の事例と対応させれば、勤番制度が神役体系の確立と神職身分形成の一端として機能したといえる。八幡宮への勤番という神役体系の設定は、結果的に神役を軍役体系から分離するからである。これは武田家に、次の結果をもたらした。個別神社の祭祀権を握る在地領主からは、いかなる軍役賦課の中でも武田家に対する一定度の神役を確保できること、それ以外の在郷の神社は、神役体系への組み込み

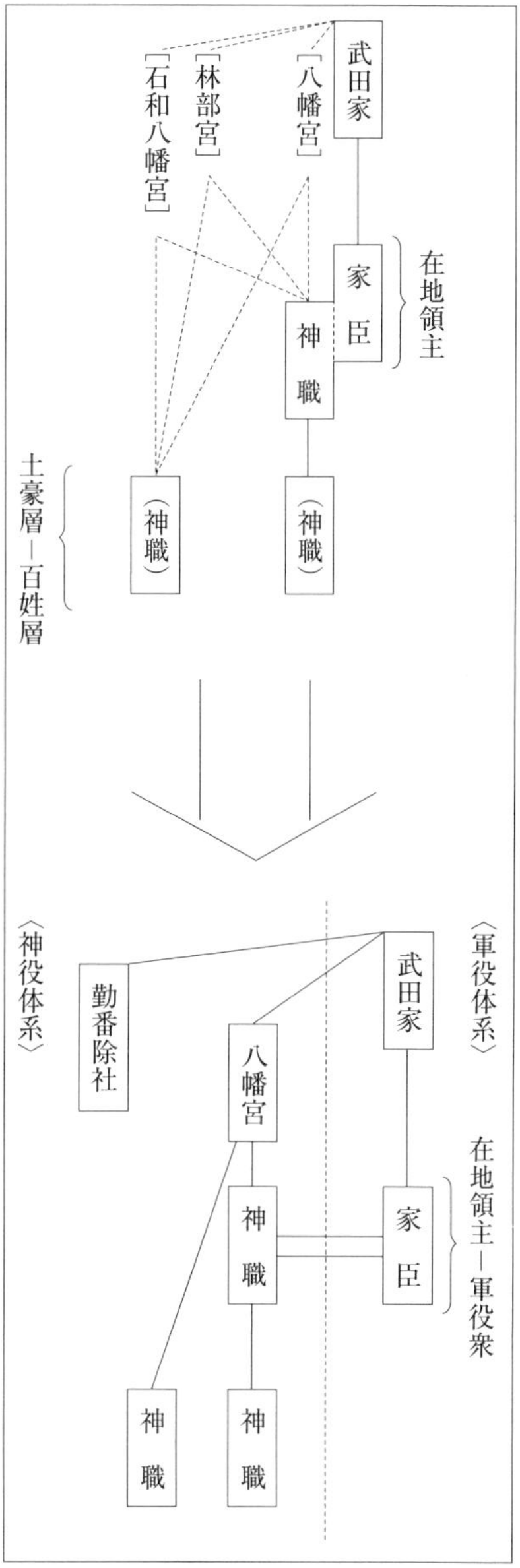

図１－３　国中における神職の概念図

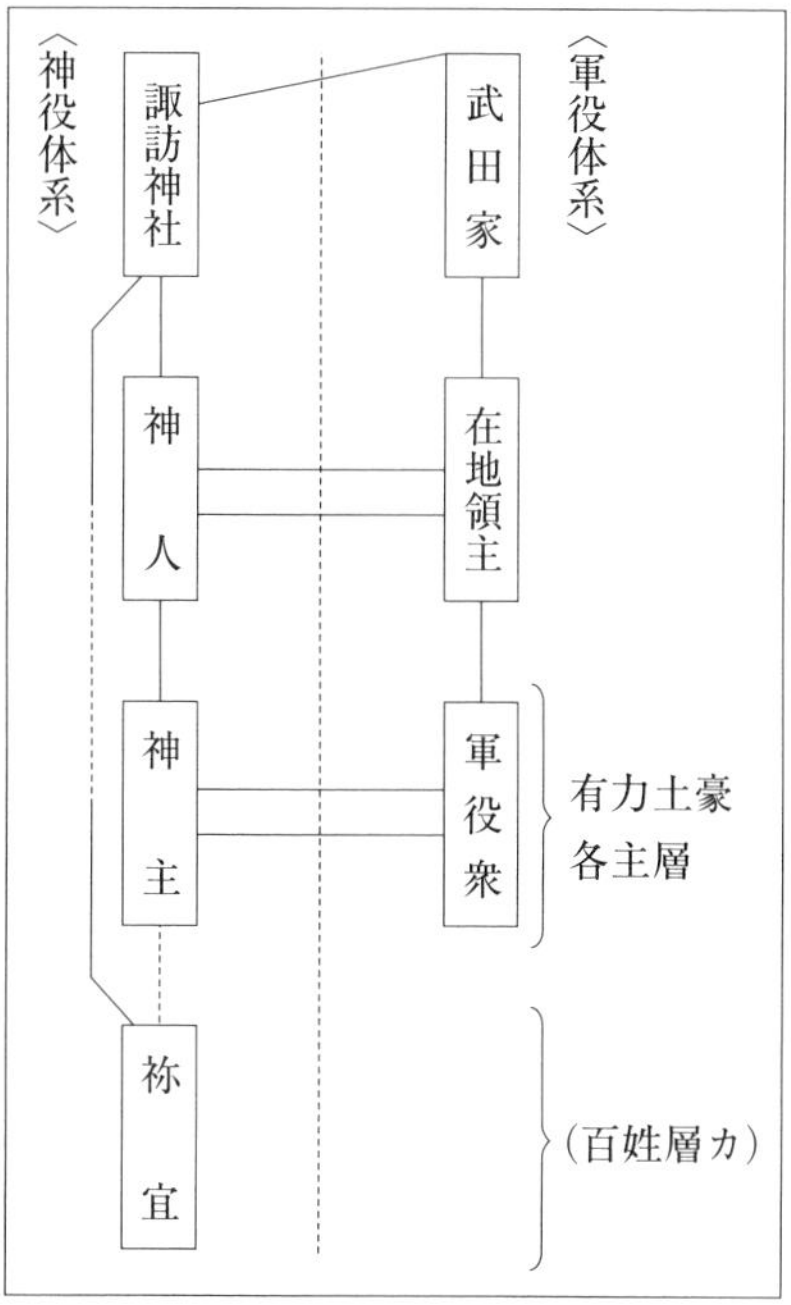

図１－２　諏訪における神職の概念図

により武田家への帰属を明確にし得ることである。

また神役体系の確立は、実際に神事奉仕をする者をその体系内に位置付け、保証することにもなった。勤番を勤仕する者の多くは個別神社の祭祀権を握る在地領主ではなく、神事奉仕をする配下の者か、あるいは郷村の宮守・氏子層(有力土豪・名主層から一般百姓層まで含め)であったと思われる。武士の氏神以外でも、状況は同じであろう。彼らは条目で普請役を免除され祈禱を義務付けられる一方、禁制の第二条「烏帽子水干」着用の装束規定を受けることにより、武田家の神役体系に公然と位置付けられ、神職としての立場と自立を確保できた。勤番制度の成立により、番を勤仕する主体としての神職という意識が形成され、国中中小社の神職身分が明確化され始めるのである(図1—3参照)。もちろん完全な分化とはいえないが、「兵神分離」・「神農分離」と表現できよう。

以上から、八幡宮を中心とする神役体系の成立、つまり勤番制度の成立が、国中中小社の神職身分形成の契機になったといえる。先に永禄時の修験・寺の組織編成を述べたが、近世の甲斐国における神社の特徴の一つに、修験・寺など神職以外の神社経営が少ないことがあげられる(34)。これを永禄時の政策の結果とみることは、さほど的外れではないだろう。武田家が神道・修験・仏教各派の宗教の体系化・編成を行ったことで、それぞれに従事する者の職分意識が高まり、各宗教者間の職分分化が進む契機を生んだのである。

まとめれば、勤番制度は武田家の領主性と武士・神社の在地性の上に、武士・郷民を精神的に支配する目的の下に成立した。それは戦国大名武田家の成長に伴う祭祀権獲得の結果でもあるが、古代以来の大社を除外し、また国中という限られた地域における制度でもあった。別の側面から勤番制度をみれば、武田家による神役体系の確立であり、従来不分明であった神職身分の形成が促されるとともに、彼らを武田家の権力構造の下に編成するものであった。

権力による宗教編成・祭祀権掌握という観点を強調すれば、次のようにもいえる。権力側が宗教勢力を自らの下に組み込むためには、二つの方向が求められていた。一つは権力に対抗する宗教組織を、いかに骨抜きにし、あるいは解体できるかである。例えば朝廷と結び付いた旧大寺社勢力などがそれである。もう一つは、様々な形態をとって在地に存在する宗教者を、いかに掌握できるかである。それには前者とは逆に、宗教者それ自体を顕在化させる必要があった。さらには骨抜きにした宗教勢力の再編と、顕在化した在地の宗教勢力との連関がはかられていく。この状況下で、甲斐国国中の神社組織はより強固に編成され、「神職」はその姿をみせ始めるのである。

2節　徳川家による勤番制度の成立

天正一〇年（一五八二）三月、武田家は織田家に滅ぼされる。その織田家も同年六月に信長が死に、甲斐国は徳川家の分国となった。徳川家は入国後直ちに武田遺臣らの旧領を安堵し、彼らを新たな徳川家臣団として再編した。社家にも同様に、旧領を安堵し朱印状を発給している。[35]その後一時期甲斐国は豊臣系大名の支配となるが、慶長一〇年（一六〇五）、甲斐国四奉行は府中八幡宮に次の条目を下す。[36]

條目

一、俵役悉皆免許之事

一、年中之祭礼、不可怠慢幷宮中之掃地小破之所、随分可加修理之事

一、除武田・大石和・窪三ヶ所八幡・一二三宮・東郡熊野・市河之御崎・林部之宮・三輪、国中之大小社之祢宜等、
両人宛令詰番、於当宮可勤事
付、毎月参籠免許之事

一、右拾ヶ所之祢宜、社頭参籠安泰之祈禱、不可疎略之事

一、於当宮勤番社家中有懈怠之人ハ、普請役不可免許之事

右具在前
慶長拾年乙巳
霜月三日
桜井安芸守
信忠（花押）
石原四郎右衛門尉
昌明（花押）
小田切大隅守
茂富（花押）
跡部九郎右衛門尉
昌忠（花押）

ここには永禄の条目と同じく、一〇社を除く「国中之大小社之祢宜」が府中八幡宮に勤番祈禱すべき旨が示されている。慶長一三年（一六〇八）、同じく奉行衆から八幡宮へ禁制が下された。それには八〇番一六〇の祢宜に対する番帳が付されていた。[37]

「大小之社人衆《（欠カ）》」

当社八幡宮禁制之事

一、初夜後夜之神楽怠慢之事

（六条略）

一、当病之人、不理印判衆、番無沙汰之事

番帳次第不同

一番　山梨之祢宜
　　　四阿之祢宜

（二一～七九番略）

八十番　板垣之祢宜
　　　　坂寄之祢宜

以上

右二日二夜宛堅可被相勤、幷為番衆之役、毎朝宮中庭共ニ可被致掃除、或病或召仕之者、為代被勤御番候者、自神主改之、可被申付、若於用捨者、神主共ニ可為曲事者也、仍如件

慶長十三戊申卯月五日

桜井安芸守
信忠（花押）
小田切大隅守
茂富（花押）

ここに徳川家による勤番制度が成立したのである。では以下、徳川家による勤番制度の意味を考えたい。

まず永禄と慶長の史料文言上の異同をみると、条目では一条目の「棟別役之普請」が「俵役」になり、禁制では番帳末に勤番規定の文言が付記されたことが大きな違いである。また永禄番帳では「祢宜」名以外の記載があったが、慶長番帳では全て「祢宜」名で示される。同一祢宜による番の重複も少ない（巻末表2参照）。以上は、勤番制度が永禄時よりも整備されたことを示す。ただしそのほかは両番帳に形式上の大差はない。特に番帳記載社がほぼ同一であり、地域も永禄時と同じ「国中」である。つまり徳川家の勤番制度は、武田家の勤番制度の枠組みをそのまま踏襲したものなのである。

では勤番制度の意義はどうであろうか。勤番制度の根幹が常に権力との関係において再生産されてきたことを考えれば、単なる徳川家による旧例遵守とはいえない。むしろ勤番制度が新しい権力である徳川家により、また社会状況の変化の中で、どのように再編されたのかが問題とされるべきであろう。

まず、勤番場所の府中八幡宮を考える。天正年中に甲斐に入国した家康が八幡宮へ参詣したところ、ちょうど祭礼にあたり「御満悦被思召」、同宮を「御祈願所御城鎮守御氏神」にした(38)。武田氏神であった八幡宮は、同家の滅亡によりその

後ろ楯を失った。しかし祈願所・城鎮守・氏神という性格を家康から与えられたことにより、その立場を改変したのである。これは、慶長八年（一六〇三）に徳川義直が甲斐国を受封したことにより、一層の意味を持った。城への祈願は、そのまま徳川家へ結び付いたからである。さらに、八幡宮の由緒の一条を掲げる。(39)

一、慶長五年関ヶ原御陣之節、私先祖今沢山城御供仕度旨（中略）八月御祈禱被仰付、九月朔日より支配下百六拾社神主八幡宮江参籠、昼夜抽丹誠御祈禱三日満願ニハ太々神楽謹行仕、山城神主共召連陣中江御祓持参奉献上候処、御目見被仰付御満悦被為思召難有奉蒙上意、其上一方之御用相勤候ニ付、御紋附之御白旗一流御神納被遊候（後略）

関ヶ原の戦いの際、八幡宮神主らが徳川陣中へ「御祓」を献上し、家康への忠誠の証ともいうべき白旗を与えられたことがわかる。大坂の陣の際も同様に五月に祈禱が行われ祓が献上された。

以後、①祈願所・城附添鎮守・氏神と②白旗の守護、の二つが近世期を通じた八幡宮の基本的な性格および役割になる。由緒中「百六拾社神主」とあるように、これらが武田時代の勤番制度によるものであることは間違いない。ただし、八幡宮の立場が武田時代の制度の維持以上に、家康との積極的な関係において成立したことに注目したい。武田氏神である府中八幡宮は、自己の存続のために家康との積極的な関係を求め、結果として①祈願所・城附添鎮守・氏神と②白旗の守護、という二つの役割を獲得したのである。

次に、支配権力である徳川家の意図を考えたい。勤番制度は徳川家による祭祀権掌握であることはいうまでもないが、次の事例をみたい。まず勤番除社の林部宮の神主は、天正期徳川家の入国に際して北条方に味方し神主家断絶となった。(40)以後同社は府中八幡宮の社家親類が跡式を相続した。(41)その府中八幡宮神主は、慶長一三年（一六〇八）に甲府役人に無礼を働いた上、刃傷沙汰をおこして殺害され、一時期神主家断絶となった。(42)さらに小屋敷村（山梨郡栗原筋）の六所明神神主の場合、理由は不明なものの慶長年中に処罰され、神主家断絶となる。同社はその後、近隣於曽村（同郡同筋）の菅田天神社神主の兼帯社となった。(43)以上の事例から、番帳の記載が神社単位のために変化なくみえたが、(44)実際には神事奉仕を行う社家が編成替えを受けていること、徳川家入国時の国中社家の動向はかなり不安定であったことが窺える。特に武士と結び付く社家の中には、容易に徳川家に服属しない者もいたにちがいない。そこで強力な統制の必要から、勤番制度が利用されたと考えられる。つまり支配上不都合な社家を排除しつつ、しかも社家を体制に組み込むことにより、支配の強化を狙ったのであろう。条目の下付から番帳の下付に至るまで、まる二年半の時日を要していることに、その間の国中社家の混乱と再編成を推測することは可能である。

同時に兵農分離という状況に際し、勤番制度は神職身分の吸着先として機能した。諸身分が急速に分化・確立する中で、武田家により形成されつつあった神職身分も再度解体の方向に進んだと推測されるからである。具体的史料には欠けるが、武士や在地土豪への転化など、各々の立場に応じた変化を遂げたはずである。その状況を踏まえれば、勤番制度は徳川家による神職身分形成の役割を担ったことになる。ここから慶長番帳において、勤番規定の文言が付与された意味が読み取れる。「番衆」が本人であることの前提は、勤番が神職身分の吸着先として機能するための必然である。

この問題に絡み、先に示した府中八幡宮の由緒書から、次の点を確認しておく。勤番社家が徳川諸陣で担った役割は、あくまでも祈願であり、「御祓」献上であった点である。八幡宮の由緒による限り、勤番社家の参陣は神職としての職能による家康への奉仕であり、勤番社家と家康との関係はまずここから始まるのである。徳川家による勤番制度の目的は、国中の祭祀権掌握とともに、神職身分の確立とその支配強化に求められる。

まとめれば、慶長の勤番制度は、城鎮守・氏神としての八幡宮に国中社家が勤番する制度として設定された。しかもそれは徳川家による神職身分の形成および支配強化を意図したものであった。徳川家による勤番制度の再編であり、意義である。

勤番制度の再編により、それを核として形成される府中八幡宮と勤番社家との組織を、以下、勤番体制と称することにしたい。勤番制度は、前述のように勤番との関わりにおいて、勤番場所の八幡宮、勤番除社、勤番諸社を生じさせた。勤番体制とは勤番除社も含めた国中の神職組織全体と考えるべきであるが、事実上勤番は府中八幡宮と勤番社家との関係で推移する。そこで勤番体制を府中八幡宮と勤番社家との関係に限定して使うことにする。では勤番体制は、その後どのように展開するのだろうか。

3節　勤番体制の基本的構造

甲斐国は慶長五年（一六〇〇）に徳川家が再領し、同八年（一六〇三）に徳川義直が受封したことは既に述べた。以後宝永元年（一七〇四）まで、徳川一門の支配が続く。

この間、勤番体制は八幡宮の勤番社家に対する優位の構造を持つに至る。論理上、八幡宮は勤番社家にとって勤番場所にしか過ぎない。条目・禁制とも、勤番社家と八幡宮との上下関係を示す文言はないからである。しかし勤番規定の文言が示すように、八幡宮神主は勤番時における諸社家の改めという役割を担うことになった。また八幡宮は武田氏神として絶大な権力を背景にして以来、事実上勤番社家に比べ格段の勢力を誇っていた。近世になり城鎮守・氏神となっても状況は変わらず、逆に勢力が強められる傾向にあった。(45) ただしそれを維持・拡大するためには、何らかの根拠が必要になる。そこで勤番社家に対する八幡宮優位の論拠を由緒書から確認したい。

由緒には、府中八幡宮の徳川家に対する従順や積極的な関係の希求の裏に、八幡宮の勤番社家に対する優位の主張が示されているからである。府中八幡宮が徳川諸陣へ勤番社家を「召連」参陣したという点である。これが八幡宮優位の論拠の一つ目である。

またこの時期、朱印状の下付をめぐり府中八幡宮の勤番社家に対する優位が確立した。国中では、徳川家の分国になった天正一一年（一五八三）に家康から朱印状が下付された。幕府成立後の慶長八年（一六〇三）には、甲州四奉行から黒印状が下付され、それに基づき寛永一九年（一六四二）、慶安元・二年（一六四八・四九）の二度にわたり朱印状が下付される。これにより、国中の朱・黒印社がほぼ決定した。府中八幡宮は、寛永以降の諸社家への朱印状の下付が、八幡宮の願いにより叶ったと主張した。(46)八幡宮の由緒に「寛永年中、国中百六拾社配下之社家江朱印頂戴仕候様願上候節之御証文写」という一連の史料がある。(47)その一つ、代官触頭平岡勘三郎から寺社奉行安藤右京進らへ宛てた添状には、「甲府八幡之神主支配之宮其外八幡宮御朱印頂戴申度由ニ而（中略）番之宮之儀ニハ社領少分ニ御座候得共、毎日之番等相勤申儀候間、此度御朱印頂戴被申候様成可下候」とある。史料中勤番社は、「番宮」「支配之宮」と記されている。このような表現自体に、八幡宮が勤番体制を利用し朱印状の下付を願うことで、勤番社家を支配下に組み込もうとしていた動きをみることができる。八幡宮は朱印状下付願いを証拠として、それを国中社家に対する優位の論拠とするのである。これが八幡宮優位の論拠の二つ目である。

なお、後々朱印状の下付における八幡宮の主張が認められた根拠がある。国中・郡内・河内の朱黒印社数を見ると（補論表補―4参照）、格段に国中の朱黒印社数が多い。特に近世初頭から国中と支配関係の同じ河内を比較した場合、勤番制度の存在と朱印状下付との因果関係は歴然である。この状況が、八幡宮の主張の正当性へつながるのである。(48)

勤番社家の徳川諸陣への祇献上は八幡宮が諸社を「召連」れたことによってなされ、諸社への朱印状の下付は八幡宮の願いによって叶えられた。それは勤番体制を利用した八幡宮の勤番社に対する優位の論拠であった。逆に言えば、戦国期以来勤番制度とともに存在した府中八幡宮の勤番社家に対する優位が、徳川諸陣への諸社「召連」や朱印状下付願いを通じて徳川家との関係において正当化されたのである。勤番体制は、以後府中八幡宮の勤番社家に対する優位の下に置かれる。そしてこの体制は、徳川家の支配が続く幕末まで、基本的に一貫して維持されていくのである。

おわりに

武田家の勤番制度は、神社の在地性を利用し、武士や領民を武田家へ精神的に従属させるものであった。それは同時に在地の宗教勢力を顕在化させるものであり、神役体系の確立によって神職身分の形成が促された。徳川家の勤番制度は、兵農分離の下で社家の統制に力点が移行してくる。そこで勤番体制という神職の同職者集団が利用されたのである。勤番社家を編成する府中八幡宮は武田氏神としての性格を払拭し、徳川家と積極的に結び付くことで自らの存在を維持し得た。その両者の意図があいまって、他社家に対する八幡宮優位の下での勤番体制が築かれていった。

甲斐国の神職は今までみてきたように、戦国大名による積極的な祭祀権掌握の志向、神役体系の確立、神社組織の再編を契機として神職の意識を高くした。一宮や総社を中心とした地域的な神社組織は全国的にも存在し、そのような組織を媒介として近世の神職身分が成立していったと思われる。甲斐国の場合その組織が支配権力により強力に編成されたところに特徴がある。逆にそれだけ甲斐国国中の中小社家は、神職としての意識と自立を確保する要因に恵まれていたのである。

(1) 郷村の神社を扱ったものとして、萩原龍夫『中世祭祀組織の研究』(吉川弘文館、一九六二年)などがある。
(2) 在村名は近世の区分による。以下同。
(3) 『山梨県史 資料編4 中世1 県内文書』(山梨県、一九九九年)三九号。以下、『山梨県史 中世』三九号のように略述する。
(4) 『山梨県史 中世』四〇号。

(5) 奥田真啓「甲斐府中八幡宮の研究」(『史学雑誌』五三編一一号、一九四二年)。同論文は、同氏『中世武士団と信仰』(柏書房、一九八〇年)、および柴辻俊六編『戦国大名論集10』(吉川弘文館、一九八四年)に収載。

(6) 奥田氏は、勤番社を①武田被官の氏神および崇敬社、②①以外で荘園的起源を持つ社、③古い由緒を持つ社、④武田氏の信仰社、の四つに分類した。社の性格分類に修正されるべきものも多いほか、分類の重複もあるので正確ではないが、分類数を示す(表1―1)。

表1―1
勤番社分類表

	数	%
①	48	29.8
②	9	5.6
③	11	6.8
④	11	6.8
不明	82	51
計	161	―

(7) 勤番除の一〇社の性格・意味付けについては、9章を参照。

(8) 平山優①「戦国期甲斐国一・二・三宮祭礼について」(『信濃』四三巻一一号、一九九一年)、②「戦国期在地領主層の郷村支配について」(『武田氏研究』一一号、一九九三年)。

(9) 勤番の施行地域や前身的政策については、既に『甲斐国社記・寺記』一巻(山梨県立図書館、一九六七年)などでも指摘されている。以下、同書は『社記』と略述する。

(10) 『社記』一巻。

(11) 『社記』一巻。

(12) 伊藤邦彦「諸国一宮・惣社の成立」(『日本歴史』三五五号、一九七七年)。

(13) 以下、特に断らない限り、国中は近世の「三郡九筋」地域を指す。巨摩郡・山梨郡・八代郡のうち、栗原・大石和・小石和・万力・北山・中郡・西郡・逸見・武川の各筋地域である。

(14) 矢田俊文「戦国期甲斐国の権力構造」(『戦国大名論集10』前掲注(5)書)。

(15) 荻野三七彦・柴辻俊六編『新編甲州古文書』三巻(角川書店、一九六九年)収載の御師関係史料では、小山田氏が諸役免許を主とするのに対し、武田家は奉納祈願や(軍忠)寄進、馬三匹分免許などを主とする。武田家は御師の人や活動に対する保証であり、ここでは小山田氏の在地における寺社への権能を重視した。

(16) 『甲斐国志』三巻(『大日本地誌大系』四六、雄山閣出版、一九七一年)。

(17) 佐々木潤之介「幕藩制的秩序の形成過程―諏訪におけるその実態―」(『一橋大学研究年報 社会学研究』四号、一九六一年)。

(18) 『新編甲州古文書』一巻、一〇八八号・一一一九号。この条目については平山が前掲注(8)①論文で、一・二・三宮間での神事に伴うものであることを明らかにしている。

(19)『新編甲州古文書』一巻、二五五号。

(20)『甲斐国志』三巻および奥田前掲注(5)論文。

(21)『甲斐国志』三巻および『社記』四巻。

(22)『新編甲州古文書』一巻、四六二号。

(23)平山前掲注(8)①論文。備後国一宮の吉備津神社の事例(河合正治「中世武士団の氏神氏寺」〈小倉豊文編『地域社会と宗教の史的研究』柳原書店、一九六三年〉)や、武蔵国総社の大国魂神社の事例(土岐昌訓「近世の神職組織―武蔵国の事例―」〈『國學院大學日本文化研究所紀要』一二、一九六三年〉)などから、古代以来の大社への神職参会による神職組織の存在が知られるほか、榎原雅治「中世後期の地域社会と村落祭祀」(『歴史学研究』六三八号、一九九二年)は若狭国における神社間のネットワークの存在を明らかにした。当該期には、地域的な神社間のネットワークが、全国的にできていた。

(24)『甲斐国志』三巻。

(25)高埜利彦「近世国家と本末体制」(『近世日本の国家権力と宗教』東京大学出版会、一九八九年)。修験の場合、戦国期には国郡単位の編成が浸透していたとされる。実際『甲斐国志』に記された祇園寺末の七〇院は、全て三郡九筋地域にあたる(このうち「谷村」は「谷戸村」の誤りと推測できる)。

(26)「甲州曹洞宗解説」(『社記』三巻)。

(27)組織に注目した場合、国中でも御岳山金桜神社(現山梨県甲府市)が勤番に含まれていないことも理解できる。同社神職は「御岳衆」として武田家に軍事的に編成され、他国中社家に対して自立的な存在であった。軍事動員された彼らは、近世では御師になっている(甲府市市史編さん委員会編『甲府市史史料目録 近世(一)』甲府市、一九八五年)。

(28)『社記』三巻、解説。

(29)藤木久志「貫高制と戦国的権力編成―村田・宮川・佐々木(潤)三氏の所論に学ぶ―」(『日本史研究』九三号、一九六七年)。

(30)市川文書(『新編信濃史料叢書』三巻、信濃史料刊行会、一九七一年)。

(31)藤木前掲注(29)論文。勝俣鎮夫「戦国大名検地に関する一考察―恵林寺領「検地帳」の分析―」(『戦国大名論集 10』前掲注(5)書)。笹本正治「戦国大名の職人支配」(『年報中世史研究』三号、一九七八年)。

(32) 池上裕子「後北条領国における身分編成と役の体系」(『日本史研究』二六二号、一九八四年)。
(33) 藤木氏のいう諏訪の「神役体系」は、諏訪権力側の郷村支配と結び付いたもので、単なる神事の体系ではないが、ここでは軍役賦課により明確化された神事負担として理解した。
(34) 文政期(一八一八年〜)の国中神社のうち、神職以外が進退する神社は全体の一割である(『甲斐国志』三巻)のに比べ、武蔵国の場合は天保期(一八三〇年〜)で九割にのぼる(土岐昌訓『神社史の研究』桜楓社、一九九一年)。
(35) 府中八幡宮は、文禄年中浅野長政により甲府城鎮守として現在地である府中城屋町(甲府市宮前町)に遷座した(『甲斐国志』三巻)。
(36) 『新編甲州古文書』一巻、二五五号。
(37) 『新編甲州古文書』一巻、二五九号。
(38) 『社記』一巻。
(39) 『社記』一巻。
(40) 『社記』一巻。
(41) なお、近世において林部宮は元総社となり、代わって府中八幡宮が総社となる。林部宮への社家参集が貞享度で消滅する一つの理由である。
(42) 『社記』一巻、巨摩郡逸見筋南下条村八幡宮由緒。および『甲州府中聞書』(甲斐叢書刊行会編『甲斐叢書』二、第一書房、一九七四年)。
(43) 菅田天神社文書(山梨県甲州市塩山菅田天神社所蔵)一―五九。
(44) 勤番制度における神社単位維持の方針は、武田家同様神社と村方の結び付きを重視した政策とも考えられる。しかし近世期においては村方と勤番制度を結び付ける要因はあまりない。
(45) 特に天正末年から文禄期には、諸社家に対する八幡宮への諸奉仕が命じられている(『新編甲州古文書』一巻、二四九〜二五三号)。
(46) 補論表補―5参照。
(47) 『社記』一巻。

（48）　勤番社における朱・黒印の差は、勤番体制内では問題にならない。大宮日吉神社（山梨郡万力筋室伏村）の由緒（『社記』一巻）では、「其（慶長八年、筆者注）後、御黒印ヲ御朱印ニ可被成下御沙汰有之、銘々罷出頂戴仕候砌、先祖病気ニ而御朱印頂戴仕候儀不相叶、尤国中百六拾社同職共之内ニ茂数多有之候得共、御朱印・御黒印社共人別同輩差別之御取扱も無御座、同依御由緒ニ御本丸御西丸御両君様江御祓幷十本入扇子壱箱ツ、献上之仕、正月六日於松之間度々御目見被仰付候」とある。これは勤番制度の存在ゆえに、朱・黒印が下付された傍証にもなろう。

2章　八幡宮支配体制の成立——寛永〜享保期

はじめに

本章では、戦国期に原型を持つ甲斐国国中の社家組織が、近世的な支配体制へ変質していく過程と、それに伴う組織内の社家の動向を整理する。時期は寛永から享保とし、その間におきた争論を素材に考える。

幕府は近世初頭から宗教勢力を自らの支配下に組み込むために、各宗教の組織化をはかった。しかも組織の頂点に大きな権限を与えることで組織内部を統制させ、幕府自身はその頂点を押さえることで支配を貫徹させる仕組みを整えた。仏教各宗派においては本末制度の制定、神道では神祇管領長上吉田家や神祇伯白川家を通じた全国的な社家編成の許可である。(1) 甲斐国の地域組織である勤番体制は、(2) このような動向の中でどのように改変されていくのだろうか。特に近世身分制社会の成立過程の中で、神職という身分の確立と体制との関係を考える。

1節　反八幡宮争論の基本的構造

勤番体制における府中八幡宮と社家との関係は、八幡宮が社家の勤番場所であるということに過ぎない。しかし、八幡宮は中世では武田氏神として、近世では甲府城鎮守・氏神として、事実上勤番社家に比べ格段の優位を誇っていた。しかも八幡宮は次の二つの理由により、社家に対する優位を正当化した。関ヶ原・大坂の徳川諸陣に際して祈禱神楽を行い、勤番社家を「召連」て参陣し、祓を献上したこと、そして寛永一九年（一六四二）以降の国中社家への朱印状下付を願い上げ、それを実現させたことである。(3)

しかし府中八幡宮優位の下での勤番体制に対し、勤番社家の反発が高まる。寛永一八年（一六四一）、八幡宮神主を相手取り河東・河西の社家が訴訟をおこした。(4) 河東・河西とは、国中のうち荒川を境にした東西両地域の名称である。

謹言上

一、申上候意趣者、毎年五月九月ハ八幡宮へ二夜三日参籠仕、一日ニ三度宛之　御祈念申、同三日ニ大神楽仕、右両通之御巻数　上様江御年頭ニ八幡神主□頼、百六拾社より四拾俵余之出銭をいたし右之神主越申候処ニ、手前之御礼計上ヶ被申候儀迷惑ニ存候、右之出銭何之ためニ取申候哉、御せんさく被成可被下御事

一、　権現様御朱印頂戴申、御祈念之御巻数指上ヶ不申候而者、以来御せんさくの御ため迷惑申□（候）、来る御年頭より甲州河東より一人河西より一人惣代ニ伺公申、御巻数指上ヶ申候様ニ被仰付可被下御事

一、八幡番之儀、　信玄公御代之時者、諸役等御免許ニ被成八幡へ番被仰付候、其以後御免許つふれ□（候）故、永々番不仕候御事

一、天正十一年ニ　権現様御朱印被下、一郷一社へ御神領御付被成候得共、番不仰付候、其以後以　御掟ヲ慶長八年

卯之三月朔日ニ甲州四奉行衆御墨付被下候而も番不仰付候、其後大久保石見殿八幡宮御造営被成、歩仙《ママ》御納俵役同普請役悉皆免許之条目四奉行衆より御出シ、番被仰付候、只今者右之御免許立不申、御百姓なミニ諸役等仕候間、八幡神主右之御免許御訴訟被申上、条目之通り御免許立申候者番可仕候御事

一、去子之年　御朱印御訴詔ニ此御地へ致伺公御帳ニ付申候時節も、八幡領計御帳ニ付被申候、国中諸社人面々ニ伺公申候処ニ、末社と申かけ物こと我まゝ仕申候、八幡領之内壱合成共分不申候御事

一、任　御朱印之旨ニ御造営仕、同天下御安全・風雨順時・五穀成就・万民与楽之御遷宮神楽仕申候へハ、難題申かけ色々書付を出シ、金子を取被申候故、小社之宮前御造営不罷成候、迷惑之由申候へハ、是も御条目ニ御座候と被申候間、御せんさく被成可被下候御事

一、神道長上吉田殿ヨリ御裁許状を申請、風折烏帽子・狩衣同神法伝授仕候所ニ、過失申かけ金子壱両宛むたいニ取被申候御事

一、其身之儀者むこいせきニ参我まゝ仕、紫衣同風折を着シ被申候、何方より御裁許状取被申候哉、御せんさく被成可被下候御事

一、　大納言様甲州ニ御在城之御時、八幡宮御神前三間ニ御懸ケ被成候からにしきの御戸張、当神主何ニ被仕候哉、只今者見得不申候処ニ、尓今せんさく不仕候儀不審ニ存候、か様ニ申上候事も只今迄番仕候故御披露申上候御事

右之条々　御下知所仰候

寛永拾八年巳ノ霜月十二日

河東諸社家（印）

河西諸社家（印）

御奉行様

「右如表書之目安指上候間、重而寄合之時分急度罷出可遂対決候、若相違仕者可為越度者也
（裏書）

正月六日

右京
出雲
式部

八幡神主
源太郎」

まず訴訟内容を簡単に整理する。①毎年五・九月の両月、八幡宮で二夜三日の参籠をし、一日に三度の祈念を行う。三日目に大神楽をし、両通の巻数を正月に「上様」に献上してきた。そのために一六〇社から出銭をしているのに、八幡宮神主が自己の礼ばかり述べるのは迷惑である。②権現様から朱印を下付されながら、祈念の巻数を差し上げないのは、以後のために迷惑である。来年頭からは、河東・河西各一名ずつの総代で巻数を差し上げるよう申し付けてほしい。③八幡宮への番は、信玄公の時は諸役免許の上で命じられた。それ以後免許がなくなったので、永々番をしていない。④天正一一年に権現様から朱印状を下された時は、番を命じられなかった。慶長八年に甲州四奉行から墨附を下付された時も、番は命じられなかった。その後、大久保石見守が八幡宮を造営するにあたり、俵役・普請役免許の条目を四奉行衆が出し番を命じられた。現在、この免許がなく百姓並に諸役を果たしているので、八幡宮神主が免許訴訟をし、条目通り免許となれば番をする。⑤去子年、朱印訴訟の時も八幡領ばかりを帳に付け、国中社人を末社と申しかけるなどした。⑥諸社の造営や祈禱に際し難題を申しかけ金子をとるため、小社の造営もできず迷惑である。⑦神道長上吉田家から裁許状を受け、風折烏帽子・狩衣を免許され、神法伝授も受けているところ、過失をいい金子をとる。⑧神主は婿遺跡にきて我儘をしている。紫衣同風折を着しているが、裁許状の有無を詮索してほしい。⑨大納言（徳川忠長）が八幡宮神前へ懸けた唐錦の戸張を詮索してほしい。以上、九項である。

まず社家と八幡宮との関係を確認すると、(1)勤番制度と、(2)五・九月に八幡宮に参籠し祈禱・神楽を執行することとなる。永禄期から施行される(1)勤番制度は、国中一六〇の社家が府中八幡宮に二人ずつ交替で勤番祈禱をする制度である。(2)は関ヶ原・大坂両陣に際して、勤番社家が祈禱神楽を執行し、徳川陣中へ祓を献上した吉例として恒例化された制度で、勤番社家全員が同時に八幡宮に会して二夜三日参籠し、一日に三度の祈念と三日に大神楽を執行するものである。[5]後者は前者に遅れて設定され、またより徳川家との関係を強調するものであるが、勤番制度の上に成立した点で基本的性格は同一である。近世の勤番制度は、これら二つの要素を持つことになる。

訴訟内容の①〜⑨は、以下の四つに分類できる。

(一)八幡宮の我儘行為に対する不当性の主張(⑤⑥⑨)。

(二)勤番制度が家康に求められないとの主張(④前半部)。

(三)勤番制度に対し、諸役免許などを求める主張(③・④後半部、および①②)。

(四)吉田家との関係により、八幡宮の恣意を排除する主張(⑦⑧)。

(一)はいうまでもなく、社家に対し優位に立とうとする八幡宮の権威誇示行為、および権威増大を意図した行為に対する反発である。(二)は、家康を絶対化することにより、役人などの仰せ付けを否定する態度である[6](後述)。(三)では、勤番が社家にとって一つの役として認識されていることがわかる。つまり諸役免許の主張は、重役拒否である。その上で、まず社家が勤番制度をあくまで公儀との関係に求めている点を確認したい。勤番制度は、諸役免許を通じて公儀と社家を結ぶ役割を果たした。諸役免許という公的代償がなければ、勤番制度は単なる社家の八幡宮に対する奉仕ともなりかねない。社家が諸役免許を主張する理由は、勤番制度が八幡宮と社家との私的な関係に転化するのを防ぐためである。社年頭礼や巻数差し上げの主張も同じである。さらに、社家は勤番を「御百姓」並の役と対比していることから、勤番を社家の役として認識していることがわかる。そして諸役免許が叶えば「番可仕」との主張からは、社家としての立場を確立するためには、勤番制度を容認する認識も読み取れる。

つまり社家は勤番制度を通じて神職身分を認識し、また公儀との関係を主張することで、社家としての立場の確立を求めたのである。甲斐国国中の中小社家は、永禄以来、勤番制度が存在したことで、自らの神職意識を強くできた。ただし本史料をみる限り、勤番制度は社会的には一つの地域的・特殊な制度として認識されていたのであり、それはいつ八幡宮の私的な由緒の中に埋没してしまうかわからない不安定な制度でもあったのである。
（四）は、神祇管領長上吉田家との関係である。吉田家は戦国期末から権威を増大させ、江戸幕府の国家的神事再興に伴い幕藩体制内における立場を確立した(7)。特に寛文五年（一六六五）の「諸社祢宜神主等法度」により、全国の社家は吉田家から神道裁許状を取得することにより、幕府から正式な神職として認められた。
勤番社家は、寛永期に吉田家から裁許状を取得しはじめている（表2―1）。これは④の朱印状をめぐる八幡宮と勤番社家との対立に連動したものであろう。寛永一九年（一六四二）にはじまる朱印状下付に先立つ対立を契機として、社家は吉田家から裁許状を取得したと思われる。組織化により明確化された身分意識と組織内部の矛盾が、勤番社家を府中八幡宮より上位の公的権威である吉田家へ結び付かせたのである。備後国の社家の場合、中世段階から一宮を中心とする社家集団が形成されているが、彼らも慶長から寛永期に吉田家と関係を結んでいる(8)。信濃国や陸奥国南部の社家は、山伏との争論を通じて慶長期から吉田家に接近し始める(9)。永禄期からの強力な組織の下で社家意識を強く持ち、しかも八幡宮優位の増大という状況に置かれていた勤番社家にとって、吉田家の権威を利用することは当然の結果であった。

もう一点、社家が吉田家から個別に裁許状を取得していることに注意したい。吉田家の全国的な社家編成においては、まず既存の組織の長となる社家を自らの支配下に組み込み、その上で徐々に組織内の社家を編成した(10)。しかし当該期の国中では、個別の社家が府中八幡宮を介さずに吉田家に編成されている。八幡宮の勤番社家に対する優位が、社家個々の行動を拘束するような性質のものではなかったことがわかる。

本争論に関しては裁許文書がなく、またこの史料には裏書に印がないことから、訴訟自体が中断された可能性が高い。ただし以後次々と展開する八幡宮と諸社家との争論の中で、今回確認した四つの論点が、多少変化を遂げながらも繰り返し主張されていくのである。

勤番体制という組織内にあった社家は、吉田家からの裁許状取得にみたように、府中八幡宮に自らの行動を規制されることはなく、基本的には個々自立した存在であった。社家は中世以来、勤番制度の下で社家意識を強く持っていたためであろう。府中八幡宮はその社家を勤番場所という立場において、統轄する役割を担っていたに過ぎない。これは武田以来の勤番体制の構造でもある。勤番制度は、郷村や武田被官の氏神の祭祀権を掌握し、彼らを武田家に精神的に従属させることに主眼が置かれていた。その場合、神社を統轄する武田氏神の府中八幡宮に大きな特権を与える必要はあるが、個々の社家の自立性・独自性を否定する必要はない。逆に兵神・神農未分離な状態の中で、「神職」を生み出す効果をもたらしたのであり、それゆえに武田家は被官や郷村の祭祀権を掌握することができた。しかし事実上勤番社家に対して格段の

表２－１　許状取得年（初出）

年号（西暦）	数	備考
慶長14（1609）	1	
元和４（1618）	1	
寛永４（1627）	1	
寛永９（1632）	1	
寛永11（1634）	1	
寛永15（1638）	1	
寛永16（1639）	7	
寛永17（1640）	7	
寛永18（1641）	1	
寛永19（1642）	1	
寛永年中（1624～43）	＊1	武田八幡
正保２（1645）	1	
正保３（1646）	1	
慶安元（1648）	1	
承応４（1655）	1	
寛文２（1662）	1	
寛文３（1663）	1	
寛文５（1665）	＊1	二宮
寛文10（1670）	1	
寛文年間（1661～72）	＊1	三宮
延宝４（1676）	1	
貞享元（1684）	＊1	窪八幡宮
元禄５（1692）	1	
享保元（1716）	＊1	府中八幡宮
享保８（1723）	1	
寛政９（1797）	＊1	熊野
文化５（1808）	＊1	御崎

注１：『甲斐国社記・寺記』『峡中家歴鑑』『中世祭祀組織の研究』より作成。
注２：＊印は勤番除社数。備考は除社名。

優位を誇っていた八幡宮は、近世社会における自らの役割と権威の増大をはかっていた。社会的にも、身分制社会の成立とともに、社家統括の核としての八幡宮への比重が高まっていく。しかも勤番社家は自立しているとはいっても、神職身分を確立するには不十分な状態にとどまっていた(後述)。それゆえに勤番社家は八幡宮の優位に対する訴訟の中で、自らの立場を確固としたものにしようとしていたのである。

2節　八幡宮支配体制の構造

八幡宮支配体制の成立

宝永二年(一七〇五)、勤番体制に大きな変化が訪れる。前年、徳川綱豊に代わり柳沢吉保が甲斐国を受封したことに伴う仕法替えが行われたからである。

府中八幡宮神主は、先の訴訟以降も勤番体制を梃子に漸次勤番社家に対する優位を確立していた。貞享元年(一六八四)には、寺社奉行所からの触れを介して、自己を「頭」と位置付けている。そして支配替えのすぐ後、宝永二年(一七〇五)五月に、柳沢の用人五人の連名で社家中に対し七ヶ条の「定」が出された。このうち、公儀法度の遵守などの一般的箇条を除く条項は次の三ヶ条である。(11)

一、(二条)隠居仕家督相渡候節者、支配頭・氏子相談之上相究、為致相続為継目可被罷出候事
　　附、由緒有之各別之社家者、家督相続仕ル前方、其旨書付を以可被申聞候
一、(三条)不依何事　公儀江訴詔願ニ而被罷出候歟、又者他領之対僧俗出入ケ間敷儀有之候ハヽ、支配頭江相達支配頭より先達而可被申聞候事

一、（七条）恒例之神事者各別、臨時之神事仕候節者、其子細可被申達候事
附、社地におゐて歌舞伎操等、惣而何れとも人集之儀停止弥可被相守候、然共先例有之儀者委細書付、支配頭
迄可被差出候

ここにおいて、勤番社家は支配頭に対し、①家督相続の相談[12]、②公儀への直訴不可、③臨時の神事の報告、を義務付けられた。国中勤番社家の「支配頭」となったのは、いうまでもなく府中八幡宮神主である。

これを受けて、同年六月小石和筋を除く河東三筋の社家一三人が、柳沢用人衆に対し訴状を提出した[13]。

乍恐以願書御訴詔

一、古府中八幡神主右門儀、支配頭と今度新に判形取可申旨、社家迷惑仕候、先規より支配頭ニ而無御座候、寛文十弐年□五月　清陽院様御役人衆中より、古府中八幡神主支配ニ候哉又支配ニ而無之候哉と御僉議ニ御座候、先規より宮所并ニ拙者ともニ支配にて無御座候、五九両月御祈禱に八幡宮江寄合申触下ニ而御座候と口書証文差上置申候、其より年々村々宗門帳ニも去申ノ年迄触□（下）与差上置申候、川東御本丸領并ニ御地頭方之社家者、宗門帳ニ触下共書上不申候御事

一、五九両月八幡宮江寄合、二夜三日国家之御祈禱仕、先規より百六拾社御祈禱之太麻　天下様・国主様江差上来申候処に、近年右門押申候御事

（一条略）

一、社家御　公用之儀　御本丸領者石和御屋敷、西丸様領者府中御役人、御地頭方者其所之役人江直々に只今迄差上来申候、先規之通奉願候御事

一、社家居跡に可仕子者、幼少より祭職之心にて相養申候、委細者口上に可奉願候御事

右之条々、先規之通御　下知奉　願候、以上

宝永弐酉年六月

上万力村
今沢権之守
（一二名略）

御用人衆中

①古府中八幡の神主右衛門（「右門」）が、この度新たに支配頭となるのは迷惑である。社家および宮所とも支配ではない。五・九月の祈禱に八幡宮に寄り合う触下であるが、川東の社家は宗門帳に触下とも書き上げていない。②五・九両月八幡宮へ参籠祈禱の太麻は、「天下様・国主様」へのものである。③社家公用は直にそれぞれの支配役所へ差し上げてきたのであり、今後とも同様にしてほしい。④社家の跡式にする子は、祭職の心で育てている（ので、その家にまかせてほしい）。

争論の焦点が、「支配頭」の仰せ付けにあることは明確である。②③の主張からもわかるように、社家は従来八幡宮優位の状況や我儘行為に反発し、自己を公的な立場に据えようとしてきた。その社家にとって八幡宮との関係が支配―被支配となるのは、完全な敗北として認識されたのであろう。そこで彼らは①のように、自分達が「触下」であり「支配」下ではないことを訴えたのである。

では触下と支配の違いが問題になろう。八幡宮と勤番社家との関係が触頭―触下と認識されるようになるのは、貞享頃からと思われる。触頭制度は、幕府や領主からの触を触頭が受け、触下の社家に伝達する社家編成の機構である。貞享元年の触には、「不依何事御　公儀江言上之義、可為其頭方へ申達、頭差図次第御　公儀江可申上」とある。[14] つまり八幡宮は、公儀と社家を結ぶ役割を担ったのである。支配頭は宝永二年（一七〇五）の「定」①〜③の内容を持つもので、ほぼ触頭と共通する。では逆に、勤番社家の訴訟意図が問題となろう。この意味付けおよびより具体的な支配内容は後述するが、訴訟時の「支配」に対する社家の認識を示したい。

吟味の際、柳沢用人衆が「右衛門方ニ者御番帳其御証文ニ頭と申証文、末社祢宜江と申書物有間、支配が軽キ事ニ而候間、同役用人共御上へ申上、御上より被仰付」たと述べたのに対し、訴訟方社家は「支配が軽ク御座候哉又頭か重ク候哉、触頭重ク候共、御先代通触頭触下迄ニ被仰付可被下」と主張している。用人衆は「頭」「末社」という言葉を引き合いに出し、「支配」がそれより「軽い」とする。他方社家側は、支配が軽く触頭が重くとも「触下」を願い上げている。[15] 用人衆の言葉も言い訳がましいが、社家側の主張も説得力に欠ける。結局、実態以前に八幡宮の優位と認められる新法に対する反抗と受け取れる。訴訟方社家の用人衆に対する「八幡神主計御ふだいに被思召、我等共をハ時奉公人と被思召候段迷惑」、「八幡宮計御城鎮守と被思召、御知行之鎮守を御すて被成候ハ迷惑」との主張は、この間の社家意識をよく示す。

訴訟方社家の抵抗は、用人衆に「何と申付而茂聞ぬ者共」という言葉を漏らさせるほど執拗であった。しかし結局訴訟方社家の敗訴で終わる。柳沢用人衆は、「国主様御事者通例之御方与者違、従　御公儀様被　仰出候者、御先祖之旧地故永被下置、国中之儀者寺社共ニ御拝領之上　　御朱印黒印共ニ国主様御心次第之儀ニ候間、違背仕間敷」きことを主張し、「国主様之下知相背候者ニ候間、　　御朱印黒印御取上ケ国中追放」を命じるほどの強硬な態度で社家に臨んだからである。[16] 折りしもの朱印改めに乗じ、用人側が社家「ぢまんの御朱印」を楯にとる作戦に出たのである。結局訴訟方社家は逼塞を命じられ、一二月には八幡宮の支配を認めた。ここに八幡宮は、「支配頭」としての立場を得たのである。以下、八幡宮を支配頭として展開する体制を、八幡宮支配体制と称する。

この仕法替えの理由は他の政策ともあわせて検討しなければならないが、[17] 柳沢家が甲斐国初の大名による一国支配であったことに起因すると思われる。国中はそれ以前、綱豊領と複数の旗本領で構成されていた。柳沢家の受封に伴い旗本領は上知され、さらに宝永三（一七〇六）年には、谷村藩支配の郡内が編入されて甲斐一国支配が成立する。郡内の修験本山派では、崩れつつあった本末関係補強のために同年触頭―触下制が導入されている。[18] これも柳沢家への支配替えが原因であろう。つまり旧来の組織を再編し、より強固な体制を築くことで、初の大名権力・初の一円支配を貫徹しようとしたと考えられる。ゆえに用人衆は、寸分たりとも社家への妥協を許さなかったのである。

八幡宮支配体制の確立

次に、八幡宮支配体制成立に伴う勤番社家の変化および抵抗について検討する。(19)

(前欠)今沢大進儀、美濃守様江手寄御座候而彼是取繕申候故、美濃守様より新法之御書付を以、私共儀大進支配ニ被仰付候、(中略)然処国主様就御所替幸之時節、誠ニ神徳之所為与奉存数年之大願奉申上候、御代々　御朱印黒印頂戴仕罷在候而、八幡社領之内一合茂不申請候上者、従　権現様御代々　文昭院様御代迄之通、大進支配与申儀被遊御除キ被下置候者、大勢之神主共数年之大願相叶難有仕合奉存候御事

一、御公用不依何事大進宅江呼寄、仮初之儀ニ茂口上書ヲ取、其上訴訟願状ニ者今沢大進与宛所為致、其上ニ而大進奥書印形仕、御役所江罷出候節者大進手引仕候故、先規ニ相替直訴不罷成、度々大進方江願ニ罷越漸印形仕候故、何角ニ付別而小社之者共困窮仕候段、難申尽候御事

一、宝永年中安藤右京亮様・松平備前守様　御朱印御改之節、御本書幷写共大進相改江戸表江差遣可申旨大進国主様江相願申ニ付、其通相改可申旨大進ニ就被仰付候、先規与違此段迷惑至極仕候、(中略)目録ニ茂大進支配与肩書仕差上申候、先規ニ相替迷惑至極仕候御事

一、私共隠居仕家督相続茂書付を以大進方江為相願、大進了簡次第ニ申付候得者、実子相続茂遅滞仕候得者、猶又養子相続難成、難儀至極ニ奉存候御事

(一条略)

一、清陽院様御代ニ茂八幡神主支配ケ間敷申上候ニ付、寛文年中両度迄支配ニ而有之哉与御尋被遊候処、全ク支配ニ而無之候段申上御吟味相済、其旨証文認差上候様ニ与被　仰付、則其趣証文御取上被成候、尤証文控御座候(後略)

一、五月九月府中八幡江私共寄合、年中長日之御祈禱相勤申候、且又為御年始川東より壱人・川西より壱人毎年正月六日御当地江罷出　御城江上り御祈禱之御祓献上御礼申上候、尤大進与無勝劣同席ニ而御礼申上候、（中略）然処美濃守様御領地以後、大進支配頭与申ニ罷成、国主様之御威光を以独礼仕、正月十五日御礼申上格別之訳ニ罷成候、（中略）美濃守様御領国以前者、私共大進支配下ニ而無御座候故、不依何事願書差出候節、御領者御代官所、私領者御地頭江直ニ罷出、江戸表御奉行所江奉願候儀者勿論大進差構候儀無御座候、御公用御触書茂村々名主方より申通、宗旨証文者村之帳面与一所ニ差上来申候処、旧例相潰大進支配之社地神主与申掠、御公用者不及申上、何事ニ付而茂大進差構、其上内証之物入等随分ニ割懸及困窮候儀迷惑至極仕候、一郷一社ニ　御朱印御黒印頂戴仕罷在候儀ニ御座候得者、御吟味之上御慈悲を以　権現様御代々　文昭院様御代迄相勤来候通ニ被　仰付、大進支配与申新法之儀御除被遊下置候様偏ニ奉願上候御事

右之通ニ御座候、大進被　召出御吟味之上先々之通被　仰付被下置候者有難奉存候、以上

享保九甲辰年八月六日

山梨郡万力村
大宮権現神主
今沢権守

（二九人略）

寺社
御奉行所

享保九年（一七二四）、柳沢家は大和郡山へ転封になり、甲斐国は再び幕領となった。この支配替えを機に、三〇名の社家が寛文年中の証文写しを証拠として、八幡宮神主今沢大進の「支配与申新法之儀、御除被下置候様」に願い出た。翌年にはさらに一三名の社家を加え、四三名により訴訟が展開される。[20]

訴訟方は、家康以来代々朱印ならびに黒印を頂戴するものであることを前提に、府中八幡宮による支配が宝永二年（一七〇五）松平美濃守（柳沢吉保）領国の時に仰せ付けられたこと、よって「大進支配与申新法」を除いてほしいと主張した。

ここで述べられた美濃守以後の勤番社家の状況は、次の五つである。①公儀への直訴ができない、②朱印改めの際大進の改めを受け、朱印目録に「大進支配」の肩書きを必要とする、③隠居の際、家督相続を大進へ願い出る、④将軍への年頭礼は社家同格のところ[21]、大進のみ正月一五日独礼になる、⑤美濃守以前は公用触書などは村々名主方から達し、宗旨証文も村方帳面と一緒に差し上げてきたのに、旧例を破って何事にも差構いをいう。このほか、公方祝儀などの祈禱祓の献上が宝永七年（一七一〇）以降差し抑えられたことが述べられるが[22]、これは④と同一内容として扱い省略した。

以上①〜⑤が、宝永二年（一七〇五）以降「支配頭」となった八幡宮の権能の全体像である。それらの否定は勤番社家の社会的立場の回復にほかならない。さらに八幡宮への添翰願などは、単なる手続き上の煩わしさだけではなく、添翰料を伴う経済的な圧迫でもあった。その上、史料中「内証之物入」とあるように、社家は様々な出費を余儀なくされた。宝永以降このような圧迫が具体化する中で、社家の反発も強まったと思われる。宝永期に支配に抵抗した社家が一三名であったのに比べ、今回の訴訟で約三倍の社家が参加している一つの理由である。

では内容の検討に戻る。訴訟方の主張は、何よりも八幡宮の「支配頭」という立場が国主美濃守の仰せ付けによるという点に求められる。これは宝永期に柳沢用人衆が国主の意向を強調した結果とみることもできるが、基本的には寛永期（二）にみた家康を絶対化することにより、役人などの仰せ付けを否定する論と同一である。本訴訟中に作成されたと思われる他の史料では、八幡宮への勤番が家康に求められないこと、諸役人の仰せ付けであることの二つを理由に八幡宮の支配を否定している。家康を絶対化することで国主美濃守や幕府役人の仰せ付けを否定し、それにより八幡宮支配体制とその根幹である勤番制度をも否定しようとしたのである。八幡宮支配体制が歴然と存在する以上、その支配の根拠および権威の源泉そのものの否定が必要だったのである[23]。

またここには、先に保留した「触頭」と「支配頭」の認識の違いも示される。「支配」とは勤番制度を基礎とする勤番体制の上に成立する概念ということである。それに対し、「触頭」は幕府による全国一律の神社編成のための機構名であった。宝永段階では、既に勤番体制は八幡宮の社家に対する格段の優位の下に展開していた。それを踏まえた上で、社家は八幡宮の優位をあくまでも勤番体制とは別次元で捉えるために「触頭」を主張したと考えることができる。寛永期には、(三)のように勤番に対する諸役免許を主張することで、八幡宮の由緒に転化しうる勤番の特殊性を払拭しようとした。宝永段階では、触頭制度のような幕府の公的機構に自らを積極的に位置付けることにより、勤番の特殊性を払拭しようとしたと考えられる。

ただし、社家が主張した「美濃守」による「支配与申新法」の否定は受け入れられなかった(24)。

差上申一札之事

(前略)然ル処、支配之儀ハ権現様御代之御書物并其以後段々御役人中様より之御書付有之、直訴不罷成訳ハ先年本多淡路守様寺社御勤役中被仰出候御書付御座候、御朱印大進相改候儀ハ大猷院様御代より数通之御書物、第一私共御朱印頂戴仕候も、甲府八幡宮江御番相勤候ニ付八幡神主奉願御取上被遊との御書物有之候、大進支配との肩書ハ先年安藤右京進様・松平出雲守様御朱印御改之節被仰出候、大進正月十五日御年礼申上候儀ハ、権現様御代之御書物を以御吟味之上被仰付候、古来より諸触等甲府八幡神主より相触、私先祖之もの印形仕置候触書数通大進所持仕候、(中略)私共所持之控書之儀証拠ニ申上候得共、控書ハ証拠ニ可成道理無之候、美濃守様御領国之節も右段々之訳を以、御吟味之上急度支配之筋被仰付候儀を、無故趣ニ出訴仕、重々不届至極被思召候旨、右可奉承知申披無御座奉誤候、向後弥以甲府八幡神主江随順仕、此節迄今沢大進支配致来候通私共子孫ニ至迄違背不仕急度相守、甲府八幡宮御番・五九両月御祈禱之儀ハ、万力・栗原・大石和・小石和・中郡・西郡・武川・逸見・北山筋之もの不残致和融、猶更無怠慢可相勤候、此節私共急度越度可被仰付候得共、奉誤早速御詫申上候ニ付、御聞済御用捨被成下候旨被仰渡難有仕合奉畏候、此以後少ニ而も相背之筋御座候ハハ、何分之越度ニも可被仰付候、為後証仍如件

享保十乙巳年十二月十八日　跡願之者

巨摩郡古市場村若宮明神　水上若狭印
追願之者拾弐人
巨摩郡西八幡村八幡宮　水上伯耆印
（一一名略）
初願之者三拾人
山梨郡万力村大宮権現　今沢権頭印
（二九名略）

寺社御奉行所

支配は権現様代の書物および役人の書付けがあるとし、①直訴不可は、寺社奉行本多淡路守が命じた書付けがある。②大進の朱印改めは、朱印下付が八幡宮への勤番ゆえであり、八幡宮の願い上げにより可能となったためである。支配の肩書きは寺社奉行安藤右京進らの仰せ付けである。④大進の年頭独礼は、権現様代の書き物を吟味の上で命じたものである。⑤触などは古来より八幡宮から触れられてきた証拠がある。訴状にあった③家督相続については扱われず、また反別改めに関する事項が盛り込まれるが、これらは後願いの際の異同と思われる。以上を踏まえ、美濃守は八幡宮に支配を命じたのだとする。社家が証拠とした寛文の証文も、控書との理由で取り上げげにならなかった。

結局、訴訟方の全面敗訴となった。訴訟方が主張した「美濃守」による「支配与申新法」は、寺社奉行所が「権現様」を持ち出してきたことによって正当化させられた。同時に幕府役人の沙汰も、その有効性を認めた裁許であった。いくら家康を最高の権威としても、領主および幕府役人を否定することは幕府にとって自己否定につながらざるを得ず、その意味で当然の裁許であった。結果、社家は八幡宮の支配頭としての地位を認め、さらに勤番制度の遵守を再確認させられて終わる。

宝永・享保の争論は、訴訟方からみれば八幡宮支配体制に対する抵抗であったが、結果的にかえって八幡宮の支配を確立させる方向に進んだ。柳沢家および幕府は、勤番体制を強化し、八幡宮に支配頭という特権的立場を保証することで、国中社家を勤番体制の中にがっちりと組み込み支配することを望んだのである。

社家の確立

ここではさらに、享保争論の⑤の論点について考えたい。⑤は触や宗旨証文の差し出しが村方から八幡宮へ変更されたことである。社家は自己の支配が村方にあると主張し、府中八幡宮の支配を否定したが、宝永期に八幡宮神主が支配頭となるにおよび、社家は支配の上で村方とは区分され、完全に八幡宮へ属さねばならなくなったのである。逆にいえば、この段階に至って、はじめて社家が社家としての支配機構に編成され、その存在を保障されたことを意味する。社家が村方と同一の宗旨証文であったことや、勤番社の朱黒印の別、吉田家からの裁許状取得の時期的差などからも窺えるように、近世初頭の勤番社家は一率に神職身分として確立していたとはいい難い。

例えば、岩間明神（山梨郡栗原筋上萩原村）の神主文珠川家の場合をみたい。岩間明神は延喜式神名帳の神部神社と伝えられ「神部神社」と称するほか、温泉湧出しの霊験により「湯山明神」とも称される。元亀二年（一五七一）に地頭土屋右衛門尉と代官羽中田新兵衛が社殿を造営したという由緒を持つ。文珠川家は代々岩間明神の神主を務めているが、由緒書では寛永一五年（一六三八）に火災により亡籍し、百姓重郎兵衛宅地に仮居住したとする。正徳二年（一七一二）になって神主屋敷へ復帰し、百姓重郎兵衛の亡籍は神主次男が再興した。[25] 以後、正徳六年（一七一六）には、兼帯社の山王権現（同郡同筋下小田原村）・白山権現（同郡同筋下萩原村）に「正一位」の神位を得るほか、[26] 享保期からは自社拝殿の屋根葺替えや、随身門の修復などの普請を積極的に行っている。[27] ところで、同家はその前後におきた宝永・享保の反八幡宮訴訟に参加していないだけでなく、反八幡宮訴訟参加社の多い栗原筋において、八幡宮に反した形跡が認められない。また、天正一一年（一五八三）の家康朱印状を所持するが、寛永以降に朱印状の申請を行わなかったらしく、近世では黒印社となっている。吉田家からの神道裁許状も、寛文二年（一六六二）が初出である。[28] 以上は近世を迎えた同社社家が、社家としての立場をすぐには確立できない状況にあったことを推測させよう。百姓方への仮居住や朱印申請をしなかった事実などからは、神職という立場が近世において決して所与のものではなかったことを示す。ところが宝永期の八幡宮支配体制の成立による村方宗旨証文からの別帳化により、文珠川家は勤番社家として、村方の中で「神職」という別枠に置かれたのである。その上、柳沢家によって行われた正徳検地は、社地・社頭とその支配権を確定した。領主側は社頭・社地の支配権を明確にすることで、社家としての経済的基盤を保証したのである。正徳期を画期とする同家の一連の行動は、八幡宮支配体制にあってはじめて自らの立場を確立したことを示す。これはまた程度の差こそあれ、国中勤番社家に共通の状況であった。八幡宮支配体制の成立により、諸社家は意識するとしないとにかかわらず、好むと好まざるとにかかわらず、以後八幡宮を中心とした一つの「神職者集団」としての体制を本格的に整えていくのである。

甲斐国に初の大名権力・初の一国支配権力として入封した柳沢家は、積極的に組織に介入することで体制の強化をはかった。そこで八幡宮は支配頭として、勤番社家に君臨することになる。一方、勤番社家は八幡宮との同格を意識し、勤番制度における家康との不連続性を主な論拠としながら自己の立場を確立するために訴訟を展開した。しかし享保一〇年（一七二五）、幕府の沙汰により八幡宮の支配頭としての地位、勤番制度がともに絶対化するのである。ここに至って、いわゆる近世的な組織体制が成立したといえる。表現を変えれば、八幡宮の支配頭という立場を含みつつも、この段階で勤番制度が八幡宮の私的なそれではなく、幕府に承認された公的制度として確実に保証されたのである。

また勤番社家は、支配体制の成立により支配頭に自らの行動を規制されていく。朱印改めや吉田家からの許状取得、さらには社家個々の家相続をも拘束され、その自立性は著しく制限された。しかし一方で、支配機構の上で村方とは明確に区分され、確固たる「神職」組織に編成されることにより、誰れ疑うことのない社家として近世社会の中に位置付けられていくのである。つまり支配体制の成立が、勤番社家の神職身分を確立させたのである。

おわりに

勤番制度は、常に権力側との関係において展開した。近世の勤番制度は、あくまでも家康代の仰せ付けに基づく「天下様・国主様」への祈禱であった。勤番社家が否定しようと試みた勤番制度そのものも、またそれに裏付けられた八幡宮支配体制も、結局否定しきれない理由はここにある。諸社家は、常に勤番体制の枠組みの中で自己形成を促され、組織化を遂げていくのである。

今回検討した寛永〜享保期の訴訟において、訴訟方の人数は、宝永期で一三社家、享保期では四三社家であった。勤番一六〇社といっても、勤番社の兼帯などを考慮すると社家は一一〇人前後で推移するが、その内の訴訟方人数をどう評価するかが問題となろう。八幡宮支配や勤番に抵抗する社家は、実際にはさほど多くなかったのである。八幡宮優位の体制は、確かに勤番社家の自立性を奪ったが、実際には近世前期の社会情勢の中で、社家を保障する拠り所となっていた。文珠川家の事例にみたように、勤番体制・八幡宮支配体制は、勤番社家にとって十分有益だったのであり、それを否定する動きだけが存在したわけではない。

さらに社家の訴訟への関わり方、特に寛永期と宝永期の違いを確認しておきたい。寛永期の訴訟方は「河東諸社家・河西諸社家」と記されていたが、それが勤番社家全員を指すとは考えにくい。逆にその表現の中に、個々の社家の姿がみえない。それに対し、宝永期の訴訟では明らかに個々の社家の行動と意志がみえる。大半の社家が八幡宮の支配を認め、また絶大な力を持つ八幡宮とそれを支持する柳沢用人衆の前に、一三人で訴訟に向かうことができるほどの姿がある。約六〇年の間に、勤番体制の枠組みの中で、社家個々の自立が急速に進展していた結果といえよう。

(1) 高埜利彦『近世日本の国家権力と宗教』(東京大学出版会、一九八九年)。
(2) 1章参照。
(3) 1章参照。
(4) 菅田天神社文書(山梨県甲州市塩山、菅田天神社所蔵)一—一二三—一二一。以下、同文書は菅と略述する。『山梨県史　資料編13　近世6下　全県』(山梨県、二〇〇四年)六四七号。以下『山梨県史　近世』六四七号のように略述する。
(5) 『甲斐国志』三巻(『大日本地誌大系』四六、雄山閣出版、一九七一年)。第1章2節参照。
(6) 社家へ勤番が命じられたのは、大久保石見の代官就任によること、その後一時断絶し、寛永一九年(一六四二)に代官触頭平岡勘三郎が再び命じたとする史料もある。寛永一九年の再命令が真実ならば、これは勤番再開に伴う訴訟となる。また当時、勤番社家の番の不履行が問題となっていたようで、八幡宮の勤番強化の動向と連動した訴訟とも考えられる。
(7) 間瀬久美子「幕藩制国家における神社争論と朝幕関係—吉田・白川争論を中心に—」(『日本史研究』二七七号、一九八五年)。
(8) 河合正治「中世武士団の氏神氏寺」(小倉豊文編『地域社会と宗教の史的研究』柳原書店、一九六三年)。
(9) 真野純子「諸山諸社参詣先達職をめぐる山伏と社家—吉田家の諸国社家支配化への序章—」(圭室文雄編『論集日本仏教史7　江戸時代』雄山閣出版、一九八六年)。
(10) 高埜利彦「江戸幕府と寺社」(前掲注(1)書)。
(11) 菅一—五六—九。『山梨県史　近世』六四九号。
(12) 3章2節参照。
(13) 菅一—一〇四—一〇、菅一—五六—一二三。訴訟参加者については、巻末表2参照。『山梨県史　近世』六五〇号。
(14) 菅一—一九五—一二一。
(15) 菅一—五六—一二三。以下の二段落中における「　」引用は、特に断らない限り同文書による。
(16) 菅一—七六。
(17) 宝永期は甲斐国の浪人が成立する画期であること(山本英二「浪人・由緒・偽文書・苗字帯刀」〈『関東近世史研究』二八号、一九九〇年〉)や、寺院政策の上でも変化がみられる点を注意したい。
(18) 高埜利彦「修験本山派の在地組織—甲州郡内地方を中心に—」(前掲注(1)書)。修験の場合「支配」から「触頭」への名称変更となる。これは勤番における「触頭」と「支配」の違いが単なる文言上の意味にとどまらないことも示そう。
(19) 菅一—七六。『山梨県史　近世』六五一号。
(20) 『甲斐国社記・寺記』一巻（山梨県立図書館、一九六七年）、八幡宮由緒書。
(21) 同格意識の基には、社領高・社の創立年代・徳川家との関係がある。八幡宮は武田氏神として台頭したため創立が比較的新しく、また社領高も少ない。さらに徳川家との関係は、天正期に諸社同列で始まる。
(22) 幕府は年頭礼を徐々に簡略化しつつあり、祓献上差し止めの動向も幕府の政策として考える必要がある。
(23) 近年、権現イデオロギーについて議論されている（大友一雄「献上役と村秩序」〈『徳川林政史研究所紀要』二一号、一九八七年〉など）。寛永期以降の勤番制度における一貫した家康との不連続性の主張も、基本的には同一と考えてよい。なお、東照宮を利用し領主権力を超越するというより直接的な論考が、中野光浩氏より出されている（「東照宮信仰の民衆受容に関する一考察」〈『地方史研究』二三七号、一九九二年〉）。
(24) 前掲注(20)。訴訟参加者については、巻末表2参照。『山梨県史　近世』六五二号。
(25) 文珠川家文書（山梨県甲州市塩山、文珠川かね子氏所蔵）ふ二一—一。
(26) 『甲斐国社記・寺記』一巻。
(27) 文珠川家文書　上六—一一。
(28) 文珠川家文書　ふ三—二〇。

3章　勤番体制の深化と変容——慶長〜天明期

はじめに

本章では、近世前半期（一六世紀末〜一八世紀末）における勤番体制の内部構造を明らかにする。勤番体制は幕府や領主によって強化されていった。ただし、勤番体制が単に上からの権力によってのみ強化されたとは考えられない。勤番社家自身による、内発的な体制の確立や維持の要因を確認する必要がある。また、この時期は勤番社家が勤番体制への抵抗を繰り広げ、挫折し、抵抗を内向化させた時期でもある。抵抗の具体像を確認し、それに伴う組織の変容を考えたい。

論を進めるにあたっては、次の三点に留意する。（1）勤番体制に対する支配権力と八幡宮の意向。体制強化の実態に視点をあてることで、勤番体制の内部構造を考える。（2）神職のイエと勤番体制の関係。イエの理念型は、家名・家業・家産の三位一体であるとされる[1]。近世の百姓のイエは、一七世紀後半から一八世紀に成立した。神職のイエはいつ成立し、それが勤番体制にどのような影響を与えたのかを考える。（3）神職の本所である神祇管領長上吉田家の社家編成と勤番体制の関係。幕府は吉田家や神祇伯白川家などを神職の本所とした。全国の神職は、本所からの神道裁許状を得ることによって、正式な神職としての立場を獲得した。寛文五年（一六六五）、幕府は「諸社祢宜等神主法度」を出し、無位の社人が白張以外の装束を着る時は吉田家の許状を得るように命じた。以後、吉田家は全国の中小社家を編成する中心となり、勢力を急速に伸ばしていく。寛文期以降の吉田家の勢力拡大と社家編成の強化が、国中社家にどのような影響を与えたのかに注目する。

1節　勤番体制の深化

社家集団内部の動向

ここではまず、勤番体制という社家集団内部の動向を検討する。

御訴訟　国家安全之御寄念(祈)

一、言上之意趣者、御裁許被仰付候八幡番之義入念申候、八幡神主跡々非分仕取置申候拾ヶ所之宮、惣社家中と致相談其筋目之神主相居候へと、去午之年寺社御奉行様被仰付候、其上遅々ニおゐてハ可為曲事由御墨付被遣候へ共、尓今背御裁許返し不申候、今度以御意を拾ヶ所之御神領物成勘定仕候様ニ被仰付可被下候、返し不申候ハ、番致候義罷成申間敷候御事

一、寺社御奉行様被仰付候八月十五日放生会一日之掃除、我等共ハ毎年不参なく仕らせ候へ共、八幡神主方ニ罷成候者にハ掃除仕らせす候、殊ニ御祈念之御礼をも上ケさせ不申候御事

(後略)

本史料は、府中八幡宮神主が不法に一〇ヶ所の宮を取り置いていることと、八幡宮放生会に際して一部の社家に掃除を免除していることなどを訴えたものである。[2] 年欠に加えて差出人記載もないが、慶安～寛文（一六四八～八〇）頃に勤番社

家が八幡宮神主の不法を訴えたものと推定できる。

　勤番社家は慶長期の勤番制度再編以降権威を増大させていた八幡宮への反発を強め、既に寛永期から八幡宮を相手取る訴訟をおこしていた。ただしこの争論をみると、勤番社家は一律に八幡宮に対抗していたのではなく、八幡宮に与する社家も存在したことがわかる。これは、集団内部が利害を同じくする者によって分断されてきていることを示す。集団内部の分裂は、本争論で問題となっている神社支配に伴う利害の対立や、イエを基本とする同族団・親類関係の成立に起因すると思われる（後述）。

　次に、延宝元年（一六七三）、河東四筋社家間でおきた「座組」をめぐる争論を取り上げる。(3)

「（包紙ウハ書）上　　甲州川東四筋　神主　」

一、言上意趣者　天下様御安全之御為、前々より五月九月二夜三日甲府八幡宮へ一国百六拾社之社家参籠致、御祈禱相勤来り申候、拙者義当丑ノ二月上京仕、吉田殿ニ永々相詰三元十八神道其外之神法相伝仕、其上さいかく重官之御証文御一通頂戴仕、罷帰り申候御事

一、例年之通り八幡宮ニ而御祈禱之御神楽相勤候節、初官之時之座組河東四筋社家三拾人之内七人拙者より上座ニ罷在申候、今度某重官致候ニ付上座ニ居可申と申候得者、小曽村之神主伊勢・栗原村之神主ひたち・鎮目村之神主讃岐・河内村之神主右近・河田村之神主伊賀・成田村之神主主□（釆カ）・矢作村之神主越後、初官之時之座組用、さいかく重官之位階を破り申候ニ付、八幡宮神主右京方へ其段申候へ者、右京申候ハ、右ハ先官次第ニ候間、重官之位階用可然と申候へとも、彼ものとも合点致不仕候故、当五月九月八幡宮神前ニ而拙者共義、別而御祈禱執行仕候事

一、神法御伝受さいかく重官之筋目今度立不申候者、御条目其上神祇官領（ママ）之長上吉田殿ニ而之位階みたりニ罷成申義
　何共迷惑奉存候、右七人之もの共御召出御下知奉　仰候

如斯訴状指上申候間、致返答書、来ル三月九日ニ伊賀守所へ罷出可対決、若於不参ハ可為不届者也

十二月九日

八幡宮で五月と九月に執り行われる神楽では、社家の座順が決められ、その座には上下の別があったことがわかる。「拙者」（勝沼村神主）は、上京して神祇管領長上吉田家から重官の証文を得たことを理由に、旧来の座組を否定し、自分が上座につくことを要求した。そこで、旧来の座組を守ろうとする社家と出入になったのである。(4)

そもそも近世の勤番制度は、武田以来の制度と、関ヶ原・大坂の徳川諸陣へ参集し祓いを献上した吉例として設けられた制度の二つから構成される。前者は一六〇社の社家が二人ずつ組になり八幡宮において交代で二夜三日の祈禱をする制度（イ）であり、後者は勤番社家一同が五月と九月の三日間ずつ八幡宮へ参籠し、天下安全等の祈禱と神楽を執行する制度（ロ）である。本争論では、後者が問題となったのである。

勝沼村神主に対する社家の主張は、次である。(5)

乍恐以返答書申上候

一、甲州一国諸社家之儀、先規より甲府八幡宮江五月九月致参籠　天下様御安全之御神楽仕候、座居先規無官之時より国法ニ而罷有候、其上何茂致上京吉田殿より風折狩衣之御裁許状申請候而も本座ニ罷有候、殊ニ小曽村先神主先年一国之始官仕、再三致上京三通之御裁許状申請候、同河内村之先神主も再三上京弐通之御裁許状申請候へ共、先規之通本座ニ罷有候御事

一、跡々布麻服ニ罷成候神主も尓今本座ニ罷有候所ニ、今度勝沼村之神主先規ヲ破り上座可仕と我儘申候ニ付、先規より国法之座居相定無例儀者罷成間敷由申候へ者、八幡神主重官之位階ヲ用可然と被申候由、弥々偽り成儀申上候、此段者八幡之神主右京方江御尋被遊可被下候御事

一、従吉田殿国中諸社家方江被仰付候社法御書出ニも、何事ニよらす背先規新儀致へからすと被仰付候処ニ、勝沼村之神主先規之座居ヲ破り新法ヲ企申候御事

右之条々先規御吉例之通被　仰被下候ハヽ、難有可奉存候、以上

延宝弐年寅

二月九日

小曽村神主
土屋伊勢（印）

栗原村神主
土屋常陸（印）

山梨子村神主
中村讃岐（印）

河内村神主
柚那右近（印）

川田村神主
土屋主膳（印）

成田村神主
五味求女（印）

矢作村神主
水上越後（印）

寺社
御奉行所様

祈禱の座組は、「国法」（他の史料では権現様以来の旧例）であることを第一の理由とし、仲間中に三度や二度の重官の者もいるのに旧例を守っていること、吉田家の社法でも「新儀」を禁じていることを主張している。後者は吉田家が承応二年（一六五三）に出した触れの一条を指す。(6)

この争論を通じた社家集団内部の動きとしては、次の三点が問題となる。（一）勤番制度における座組の上下が、体制内における社家の序列として認識されていること。ただし、（二）一度決められた座組は維持すべきだという考えが多数

を占めること。これは単なる旧例遵守以上に、相互規制の意味が強いと思われる。(三)吉田家の社家編成のあり方が、両者の主張を正当化する理由になっていること。勝沼村神主は吉田家からの重官の証文、河東諸社家は吉田家からの触、というようにである。

では、以上三つの問題点を検討しよう。そもそも、二人ずつ交代で行う勤番祈禱(イ)における勤番社家どうしの関係は、同列である。番帳の順番は勤番の順序を示すのであり、序列ではない。つまり(イ)は上下関係を伴わない、対等な関係を基本とする。府中八幡宮の役割は、勤番社家集団の統括と調停にあり、勤番社家内に序列を求めるものではない。しかし勤番社家一同が会する祈禱(ロ)は、座に上下があるという事情から、序列が必然化される。ただし、それは従来「旧例」という名目の中に押しとどめられてきた。ところが、勤番社家は吉田家とのつながりを通じて、序列意識を顕在化させたのである。吉田家の社家編成は、各社家との個別的な関係を基本とする。しかもそれは裁許状の有無・裁許状授受の回数・年次、さらには官位や格により秩序づけられた関係だからである[7]。勤番社家の多くは、寛永期から吉田家の編成を受けていたが、寛文期に吉田家が全国の中小社家の編成を幕府により保証されたことによって、その権威を強く認識するに至ったと思われる。(図3—1)。特に勝沼村の雀宮は、永禄以来の勤番社ではなく、慶長期新たに加えられた勤番社であった。新興の社が自らの立場を集団内で確立するためには、旧例とは異なる吉田家の論理を利用する必要があったのだろう[8]。

ただし旧例に基づく社家の相互規制は、勤番体制内での変化を認めない。よって、勝沼村の神主の主張は退けられるのである。同時に社家の相互規制は、勤番体制がいかに強く体制内の社家を規定していたかを示す。勤番社家が旧例遵守の枠組みにとらわれているのは、勤番社家自身が勤番体制を容認し、それを維持していることにほかならないからである。また勝沼村神主の主張は、結局、勤番社家内での上下関係を問題にしているに過ぎないのである。

この争論がきっかけであったのか、延宝二年(一六七四)九月に勤番に関する次の定書が作られている[9]。

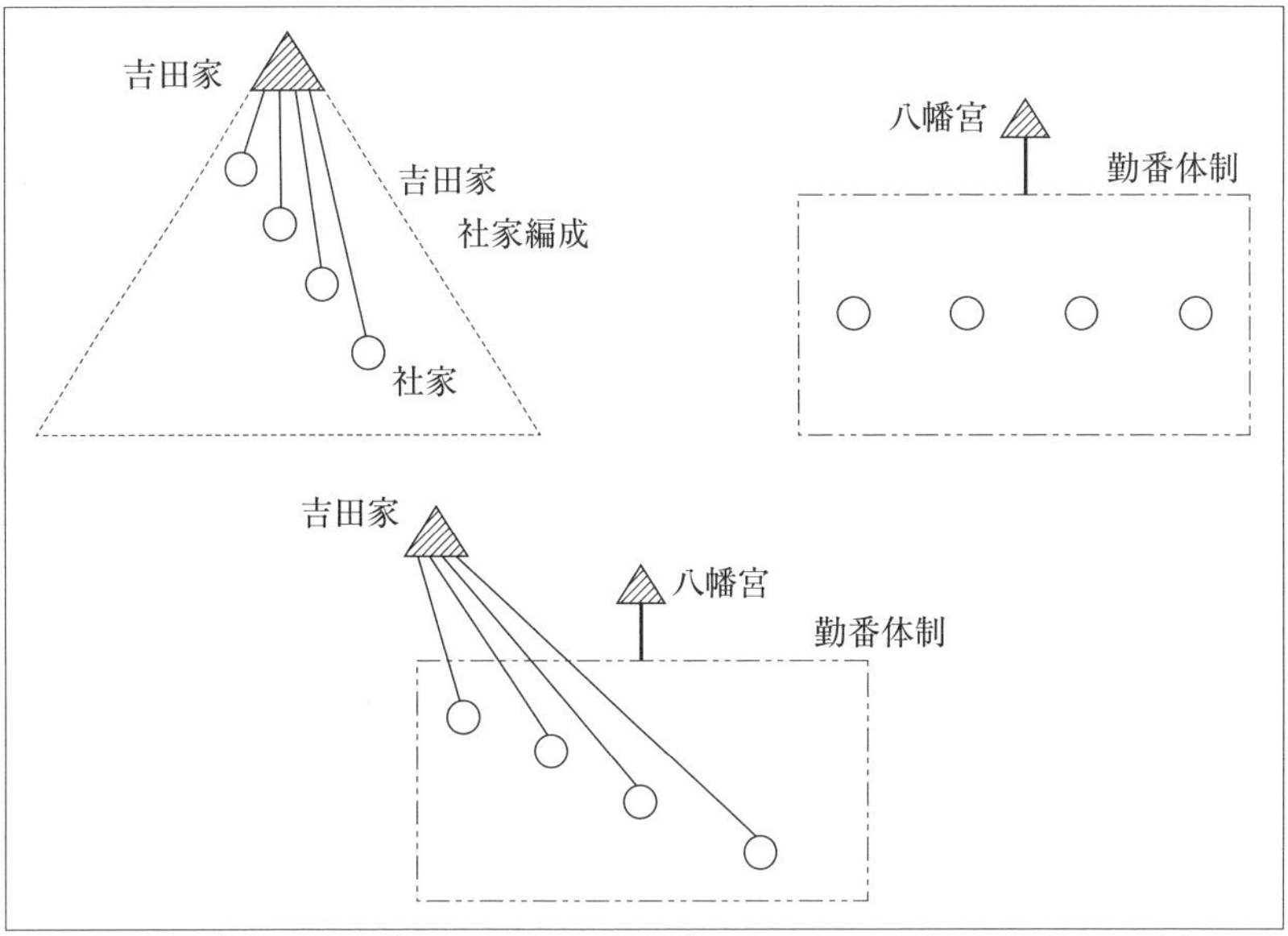

図3－1　吉田家および勤番体制の社家編成モデル図(上)と延宝の座組争論のモデル図(下)

定

一、於八幡宮神前五月九月両月御祈禱之節、朔日より寄合着風折狩衣ヲ、二夜三日急度致参籠、初後夜御（ママ）中之御祈禱可被相勤事

一、三日ニ者御祈禱修行成迄急度相詰、役義可被勤候事

一、八幡宮御番之儀、弐人宛自身番ニ着風折狩衣ヲ、三夜三日初後相勤、宮中掃除三日目ニ者次之番衆ニ改可相渡事

一、当病差合之人、御朱印之通召仕為代番与不可出、相勤衆改之、頼番ニ可為致事

一、八月十五日御神事前ニ如先規之一社壱人之人足を出し可申、掃除之儀者改役人より可申付候事

右之条々如先規之急度可被相勤候、以上

延宝二年
寅ノ九月三日　八幡宮神主
今沢右京

上包

本田長門守様
戸田伊賀守様
小笠原山城守様

御奉行之節
延宝二年寅年九月三日
国中支配之社家連印帳一冊幷ケ条書一通

勤番社家は、五月九月の祈禱を行い役義を果たすこと、番については自身番で勤めること、病気の際は頼番にすること、八月一五日の神事の前に人足を出して掃除をすることの五ヶ条を定めている。府中八幡宮神主名で出されたこの定めは、慶長番帳の末に記された勤番規定の文言を独立させたような形をとっている。そして吉田家の裁許状の有無には触れず、五月九月の祈禱と番において「風折狩衣」を着すことが示されたのである。

イエと勤番体制

次に、社家と神社の関係を考えるために大宮権現（山梨郡万力筋万力村）神主の系図として作成した（図3―2）。これをみると隠居や分家が兼帯社の神主に取り立てられていることや、養子や婿入りの際に兼帯社が持参されていることがわかる。例えば＊印「右京老年ニ及ひ、兼帯所粟生野村山王権現神主職を相兼隠居仕、次男右京進則秋ニ隠居之跡目相続為仕候」、＊＊印「則重次男八宮内則清、別家為致、兼帯所万力筋国府村守宮大明神々主ニ取立候所、其後守宮持参ニ而栗原筋勝沼村雀宮神主江入婿仕候」とある。ここでは、神社の進退が神職の相続に委ねられている。つまり、社家にとって「神社」は家産のように認識されていることになる。

これは勤番体制にどのように関係するのか、文化一一年（一八一四）成立の『甲斐国志』の記述を基に神社の進退状況を確認してみる[10]。本書中、国中には六四四の神社が記されている。このうち、村持や寺持のように神職以外が進退する神社は六五社で、全体の一割にとどまる。神職持の五七九社を一六二人の社家が進退するが、うち勤番社外の社家は三二名である。そのうち本来別枠編成である勤番除社の神主一二名を除くと、二〇名になる。またこの内の六名が、勤番社家の

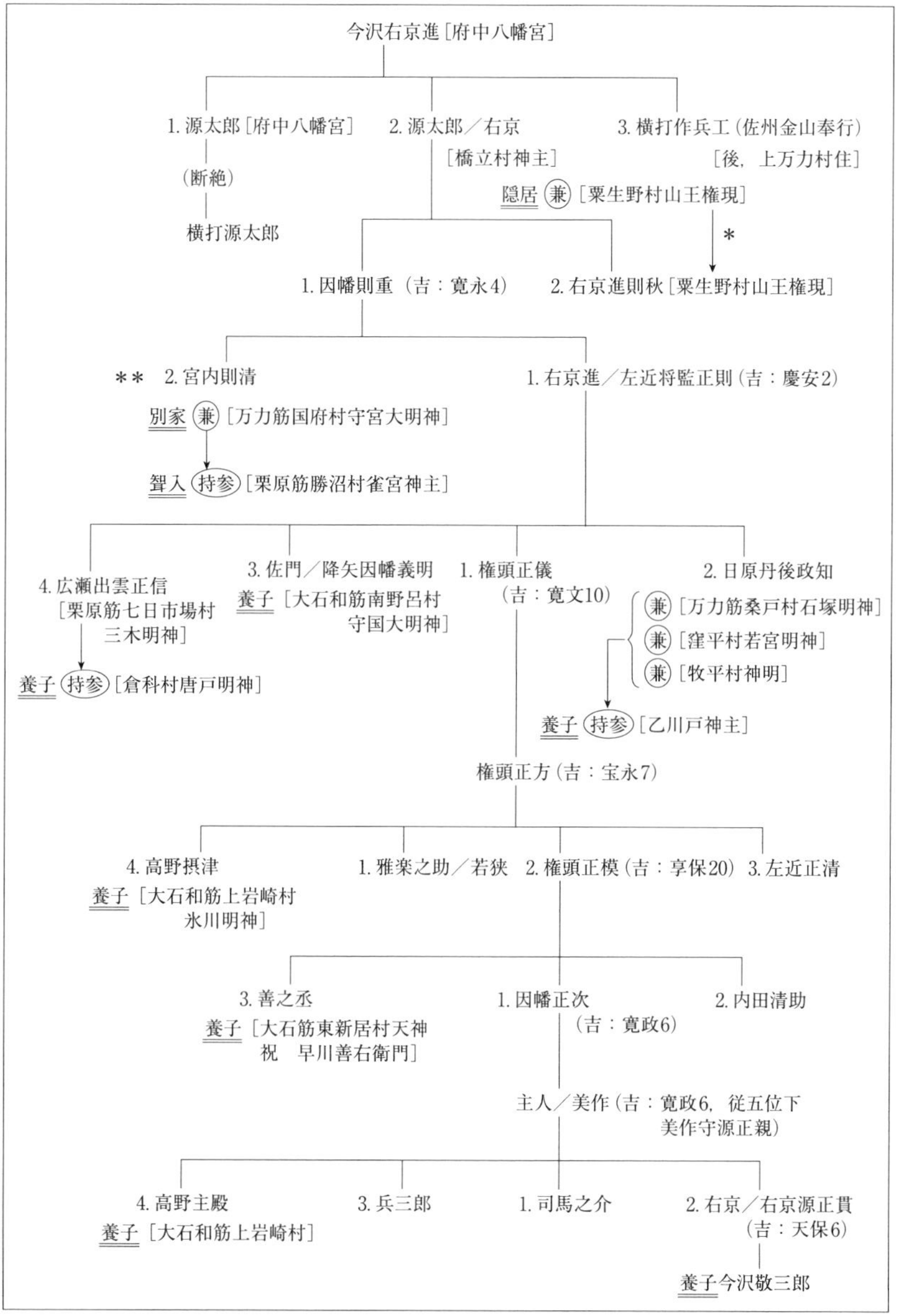

図3－2　大宮権現神主系図

注1：『甲斐国社記・寺記』より作成。

注2：人名の前の数字は，出生の順番。

注3：（　）内，吉は吉田家からの神道裁許状取得年次。

表3―1　国中神社の進退状況

<table>
<tr><td colspan="2">村持・個人持</td><td>13社</td></tr>
<tr><td colspan="2">寺持</td><td>27社</td></tr>
<tr><td colspan="2">修験持</td><td>5社＊</td></tr>
<tr><td colspan="2">不明</td><td>20社</td></tr>
<tr><td colspan="2" rowspan="6">神主持</td><td rowspan="6">568社</td><td rowspan="6">162人</td><td rowspan="5">勤番外
社家</td><td>除社関係</td><td>12人</td></tr>
<tr><td>社人</td><td>4人</td></tr>
<tr><td>勤番外</td><td>3人</td></tr>
<tr><td>勤番勤め</td><td>7人</td></tr>
<tr><td>分家など</td><td>6人</td></tr>
<tr><td>勤番社家</td><td>勤番社家</td><td>130人</td></tr>
<tr><td rowspan="2"></td><td>共同祭祀</td><td>5社</td><td rowspan="2">4人</td></tr>
<tr><td>他所神主持</td><td>6社</td></tr>
<tr><td colspan="2">計</td><td>644社</td></tr>
</table>

注1：＊は勤番社1社を含む

注2：社家人数は『甲斐国志』記載の1神社単位（1神社に複数の社人がいても1人とする。ただし社人が神社を持っていれば，数に数えている）。

分家等と確認できる[11]。つまり国中神社のほとんどが、勤番関係の社家によって進退されているのである（表3―1および6章参照）。

この勤番社家による国中神社の独占化への動きが、近世前半期における国中地域の特徴である。社家が分家へ兼帯社を分与したり、もともと兼帯社を進退していた僧侶や修験あるいは巫女などの宗教者や百姓の権利を抑え込んだりすることで神社に対する支配権を増大させていた。これは勤番体制・八幡宮支配体制により推進された状況である。そもそも勤番制度は、権力側との関係の上に成立する制度である。勤番社家は国家安全などを祈禱するのであり、五月九月に執行される神楽祈禱の太麻は年頭礼で将軍に献上された。このような勤番社家の存在は、ほかの宗教者に対する権威として働く。そして勤番外の神社・宗教者に対する優位と権益の拡大は、同時に勤番社家自身が勤番体制を容認し維持する要因ともなるのである。表3―1の勤番社家一三〇名のほか、一三名が分家や勤番社を兼帯することによって勤番社家となっていることも、この傍証となろう。

このように、勤番体制という枠組みを設定された社家は、それに反発しつつも結局は自らの内にその体制を深化させていったのである。繰り返せば、各社家は兼帯社や近隣の小社に対する支配を確立していく一方で、社家相互間の養子や婿入りを通じて親戚関係を形成し、勤番社家としての内発的な集団を形作っていった。ただし一六〇社内部はイエの成立に伴い逆に小グループ化され、それぞれの利害の下に、連合あるいは対立するという状況を作り出していったのである。

2節　勤番体制の変容

延享の代番一件

争論の経緯

宝永二年（一七〇五）、甲斐国は甲府徳川家から柳沢家へ支配替えが行われた。これに伴い、府中八幡宮は勤番社家の「支配頭」という地位を得る。八幡宮支配の内容は、①公儀への直訴不可、②朱印改めに際し八幡宮神主の改めを受ける、③同神主に家督相続の承認を得る、④宗旨証文を八幡宮へ提出する、といったものであった。八幡宮支配体制の成立により、勤番社家は幕藩領主と個別に交渉する道を閉ざされ、八幡宮に一元的に支配されることになったのである。このような府中八幡宮の権力増大は、さらなる勤番社家の反発と抵抗を招く。しかし社家の意向は受け入れられず、享保期、幕領への支配替えに際して勤番社家は八幡宮支配に対する訴訟をおこすが、それにも敗訴した。八幡宮支配体制が、幕府の裁許により確立したのである（2章参照）。

では八幡宮支配体制は、勤番社家にとってどのような意味を持ったのであろうか。また、社家は支配体制に対してどのように抵抗したのであろうか。延享四年（一七四七）、山梨郡西青沼村穴切大明神神主正木内膳が、府中八幡宮神主今沢大

進を相手取り訴訟をおこした。訴訟方、正木内膳の主張は次の通りである。(12)

（端裏書ウハ書）
「正木内膳御奉行江願出候訴状写　」

乍恐以書付御訴詔申上候御事

甲州山梨郡西青沼村
正一位穴切大明神神主幷
同国同郡府中八幡宮
兼神代
願人　正木内膳

甲州山梨郡府中
八幡宮神主
相手　今沢大進

八幡宮江往古より国中百六十社社家勤番仕来り候処、古法破り代番金取、内分ニ而勤番指免シ候出入

一、甲斐国山梨郡府中八幡宮之儀者、自往古　御城鎮守　天下之御祈禱所、国中社家勤番参篭所ニ而、従　権現様已来御代々御朱印幷御番帳御法度御条目之御仕置、巨摩・山梨・八代三郡之内、村々之神社百六十社江銘々御朱印幷御四奉行御黒印被成下置、八幡宮御番之儀二夜三日宛御条目御文言之通、慶長年中より当卯之三月迄神主両人宛無怠慢急度直御番相勤候所、右社家之内ニ而百人余連判ニ而願書仕、神主大進方へ差出、大進方より御番相免シ皆々退番仕候、御法度御条目奉背代番壱人差置怠慢仕候、国中之社家共第一御朱印頂戴仕候儀、八幡宮江御勤候ニ付被下候と之御裁許御文言ニ御座候所、神主大進支配之社家と馴合候儀者、社家共より御宮代番金貪取、其代りニ

直御番相免シ、御神前江召仕同前之社人壱人差出御番為勤候、然者 公儀御法度御条目可奉犯セ、不依何事ニ神主大進同社家之任我意ニ内証事之指引仕、不奉恐入之致方、社頭より吟味破レ候而者向後支配下之社家千一ニ茂理不尽成義在之節、支配頭役之吟味何を以可申渡候哉、(後略)

(二条目略)

一、(前略)去寅年三月より 御朱印御書替ニ付支配下之社家出府仕目録差上候得者、神主大進相改無之直訴仕候義、吟味不仕捨置候而ハ、御代々御裁許御文言之趣一品茂不奉相用候御事奉存候、(中略)只今至り召仕同前之社人壱人差置申候義、乍恐奉背御条目八幡宮御由緒難立、末々ニ罷成り候ハ、祭礼御祈禱茂疎略罷成可申哉乍恐奉存候、御是非を以神主今沢大進御召被出、前々之通支配下之社家御条目相守、直御番相勤候様ニ被為仰付被下置候ハ、難有御議奉存上候(後略)

(四条目略)

右之通少茂相違無御座候、御慈悲を以神主大進御召被出御吟味被成下候様ニ奉御願上候、以上

延享四丁卯年十月

甲州山梨郡西青沼村
正一位穴切大明神神主幷
八幡宮
兼神代
正木内膳

寺社
御奉行所

府中八幡宮は往古より城鎮守・天下の祈禱所・国中社家勤番参籠所であり、慶長以降社家は番を勤めてきた。ところが勤番社家のうち一〇〇余人が大進へ金を出して退番し、代番を置いて祈禱をさせているので、以後今まで通り直番にさせ

るよう大進へ申し付けてほしい、というものである。代番を不届きとする理由および内膳の主張をまとめると、①国中社家への朱印下付は、八幡宮への勤番ゆえとの裁許文言がある、②大進が代番金を貪り取り、番を免じて召使い同前の社人を置くことは、公儀法度および条目を犯すものである、③支配側が社家の我意に任せて内証事の差引をし、自ら吟味を破れば、以後社家に対して支配頭としての吟味ができない、④朱印書き替えに際し大進が支配下の社家の改めをしなければ、社家が直訴をしてはいけないという裁許を用いないことになる、⑤条目に背き八幡宮の由緒が立たなくなれば、祭礼祈禱が粗略になるであろうこと、の五点である。

②・⑤は慶長一三年（一六〇八）の禁制の勤番規定文言を受ける（1章参照）。またその後数々出された申し付けの確認であり、勤番制度を遵守する主張である。ただし内膳の主張は、それだけにとどまらない。①では府中八幡宮の由緒を確認することにより、八幡宮の社家に対する優位を主張し、さらには③・④のように、享保期に確立した支配頭としての立場の確認にまで及ぶ。つまり代番に関する内膳の主張は、勤番制度および八幡宮支配体制の再確認と、その維持にあるといえる。

これに対し、翌一一月に寺社奉行所に出された八幡宮神主今沢大進の返答書から[13]、内膳の訴え②への反論をみてみよう。

乍恐以返答書申上候

甲斐国山梨郡甲府
御城御鎮守氏神八幡宮神主
今沢　大進

（一条目略）

一、八幡宮之儀国中支配下社家勤番仕候義、権現様被成下候御書物・武田信玄より被下候書物拙者所持仕候、自往古国中社家支配仕来り、八幡宮勤番之社家両人宛二夜三日勤番仕来り候所、国中之社家之内八里九里之所茂御座候

上、山川を越シ罷出候勤番仕候故、大雪満水之節者通路止り又者当病差合之者在之、別而正五九月と大祭礼繁何分ニも定之通勤番勤兼、二夜三日之内雑用等迄難義仕、殊ニ六ヶ月ニ壱度廻り候勤番ニ御座候所ニ、二三月ニ廻り、又者二月ニ而茂廻り国中之社家迷惑仕、拙者養祖父当職相勤候節、支配之祖父右京右之通り相願、内膳養父丹波を相頼置勤番間違なく相勤候故、（中略）先格を以定番仕、間違なく相勤様ニ仕度奉存候、然上者支配下之内ニ而社家両人右勤番之社家共相頼置、急度相勤申度由□《ミ》拙者方迄書付を以相願申候故、承知仕段先格申付候、殊ニ召仕抔申付勤番致セ候義ニ而者無御座候、支配下之内御朱印地之内同国巨摩郡三蔵村諏訪大明神神主篠原大蔵ト申者右勤番之社家共相頼置、八幡宮勤番明キ不申候様ニ相勤申度相願申候故、尤ニ存申付候、乍然篠原大蔵義年寄ニ而長ク相頼置申義罷成す候ニ付、右支配下之内ニ而慥成者を見立、両人常番差置申度と是又勤番社家共両願申候、拙者義右之通八幡宮勤番度々間違申候故吟味仕候内、先番之者留置右勤番明キ不申候様仕度吟味仕候へ共、支配下勤番続キ之社家番次隔り候等も御座候故、度々間違有之候間、別而先番之社家迷惑仕候、右段相願申候、殊ニ国中支配下勤番社家多分相願候故、先格も御座候故承届ケ、右願之社家一同ニ御奉行所へ御届ケ申上、八幡宮勤番明キ不申様ニ仕度奉存罷有候へ共、今只定番之者両人相□《キマ》リ不申候ニ付差控罷有候、然所ニ内膳義申上候者、国中支配下勤番之社家より代番金貪取、其替り直ニ勤番相免与申、召仕同前之社人差出勤番勤さセ候段偽り御座候、定番相頼差置候ニ付、支配下之社家より篠原大蔵方へ朝暮雑用等差出申候者ニ御座候、此段国中勤番社家定番相願申者共被召出御尋被下候へ者、相知レ申候御事ニ御座候、拙者之儀者近年不如意ニ罷成候ニ付、支配下之社家頼母子相頼申候所ニ支配下之内ニ而世話仕者御座候而拙者方へ頼母子仕相送り申候故受納仕候義ニ而御座候、代金貪取申候と申候者内膳偽[redacted]《ミ》ニ而不届成御事ニ御座候、右之定番ニ相拘候御事ニ而者且以無御座候、定番之儀者国中勤番支配下より願書差出相願候事ニ付申付候、馴合申候と書上ヶ仕候者、内膳重々之偽ニ而御座候（後略）

（三条目〜一一条目略）

右之通相違無御座候、被為　聞召分御吟味被成下候様ニ奉願上候、以上

延享四年卯十一月

甲斐国山梨郡甲府
府中
御城鎮守氏神
八幡宮神主　今沢――

寺社
御奉行所

この史料のほか、代番を願った社家の申し開き書があるので(14)、適宜補足・引用しながら内容を要約する。まず勤番制度の問題点が指摘されている。勤番社が八幡宮から遠方であり、その上満水や降雪、あるいは病気などにより欠番や遅刻が生じる。また勤番は一年に二度の割合で廻るはずのところ、実際には年に六度も廻ることがあり、その度に雑用金が嵩んで小社は困窮している。さらに各社の神事祭礼は「一社ニ付年中ニ五度六度、或三十度五十度亦ハ七拾弐度程御座候」社もあり、多忙である。つまり勤番制度は自然条件や病気などにより不可避的に欠番が生じ、経済的にも勤番社家を圧迫し、さらには各社の神事祭礼の妨げにもなることである。

代番を願った第一の理由は、以上のような制度上の問題解決にある。社家は、様々な事情で欠番が生じるので、「長日之御祈禱を逐一大切ニ奉存」るからこそ府中近所の篠原大蔵に代番を頼んだとする。篠原は召使いではなく、勤番仲間の社家なので禁制に触れることはない。不足の一人も仲間から頼るつもりでいた。さらに、代番願人の番の際に篠原らが代われば、「御番茂只今迄之通順々相廻り、私共とやはり名を認、代番計大蔵勤候様ニ」すれば、従来通り番は廻るので問題はないとする。番の届は本来の勤番社家名で認め、祈禱などの実際の勤めを篠原らがすれば、勤番制度の枠組みを変えることなく、制度上の問題を解決できるというわけである。第二の理由は、代番の先例である。大進の養父右京が八幡宮神主の時、病気などの理由で番が勤めかねた場合には、内膳の養父を頼り代番をさせていた。天和～宝永元年（一六八一

〜一七〇四）まで続いたが、養父が老い八幡宮の雑用も増えたため、再び直番となったらしい[15]。

両者の主張を見る限り、いずれにしても実際に勤番制度がうまく機能していたとはいい難い[16]。勤番を行うにあたり、地理的条件や経済的条件が社家の負担となっていたのである。ただし、寺社奉行の裁許では、結局代番は認められず、府中八幡宮神主は閉門、社家は直番を命じられた。

寛延元年（一七四八）一一月になると、八幡宮神主今沢大進は「八幡宮勤番次第不同」を出した[17]。番組は七九番半編成で、七六番に三社が記されるというものであった（巻末表1参照）。その奥書は次のようなものである。

右二日二夜宛堅可被相勤、幷為番衆之役毎朝宮中庭共ニ可被致掃除、或噓病召仕之者為代被勤御番間敷事、右慶長年中権現様より被成下候御番帳之趣を以此度相改候故、無滞相勤可被申候、勤番之節本社大祭礼ニ相当候者次番之差替相勤可被申候、当病差合之節又者満水大雪ニ而通路往来難成候へ者、其以後当番之節可被致、返番より番帳廻り候節入念請取可被申候、番帳三四日前ニ次合可被申候、已上

慶長年中の勤番規定の後に、慶長年中の番帳に従って番帳を改めたことを記している。その上で、祭礼・病・満水・大雪などへの対応が続き、勤番社家の主張に配慮した改正を行っていることがわかる。「代番」という行為自体は否定されたものの、社家の主張を十分に考慮した内容である。

勤番制度の実態

では、この争論がおこる以前の勤番の実態はどのようなものだったのだろうか。永禄の条目では、武田家は「国中之大小社之祢宜」に勤番祈禱を命じ、代わりに「毎月之参籠」を免除した[18]。毎月の参籠が年に数度の勤番になったことは、社家の負担が減少したことになる。とすれば、勤番の意義は、祈禱の実質よりも制度としての枠組みの設定にあったといえるのではないだろうか。例えば、武田家の滅亡とともに勤番制度も中絶するが、甲斐国が徳川家の分国となった天正一二年（一五八四）には、徳川四奉行が尾州小牧の戦いに際し「国中之社人衆」に八幡宮の下知に従って供をするように命じ

ている[19]。その後、豊臣家臣の加藤光泰、浅野長政らが次々と甲斐国を受封するが、加藤は天正二〇年（一五九二）に八幡宮神主に宛て「国中之社人」に「諸役幷手作等之俵役」を免許し「於神前国家之祈禱」をするように命じた[20]。同時に、「国中社人衆」は八幡宮の放生会に際し掃除人足を賦課されている[21]。さらに、浅野時代に八幡宮が躑躅ヶ崎から移築されることになると、「国中社人衆」は八幡宮の普請役を負った[22]。つまり、武田時代の勤番の枠組みが、勤番とは離れても同じ様に機能していることがわかる。権力側にとっての勤番は、祈禱の実質を求めるよりは、役賦課や社家統制のための枠組みであった。

勤番制度は慶長一三年（一六〇八）に復活するが、その後中絶し、寛永一九年（一六四二）に代官の平岡が再度社家に勤番を命じたという。当時、社家は番を「頼番」で行ってきたとし、「自身番」を主張する八幡宮神主と対立していた。既に寛永期には勤番社家が番を履行しないことが問題となっていたのである[23]。また、天和から宝永元年（一六八一〜一七〇四）までは、事実上の「代番」が行われていた。しかし、八幡宮の権威増大志向と権力側の社家統制の進展が、勤番の実質的履行を強制した。宝永期に八幡宮支配体制が成立すると「代番」は行われなくなり、勤番社家に対して厳密な番の履行が要求されるようになるのである。

ただし、制度の確立と形骸化は表裏の関係を示す。八幡宮神主が社家の代番を認めるという行為は、八幡宮神主自身が勤番制度を形骸化させていることと同じである。八幡宮神主にとって「支配」体制の確立が、逆に勤番制度を遵守する意識を希薄化させたのである。他方、勤番社家自身にも勤番に対する意識の希薄化がみられる。社家にとっての勤番は、近世社会における自らの立場の主張であり確認であった。なぜなら、勤番は「天下様・国主様」への祈禱として、また家康以来の吉例として設けられた制度だからである。先にみたように、勤番社家は勤番を主張することによって多くの利益を得ていた。しかし勤番体制が支配という形で確立し、八幡宮および公儀と社家との関係が制度化されるに及んで、実質的な勤番の意味を失ったのである。大規模かつ統一的な「代番」への動きは、その結果であった。

番帳と社家のイエ

さらに勤番の番組編成について考えたい。内膳の出訴に伴い、勤番の現状や従来の番組編成が取り調べられた。番帳の番組は、永禄時で八二番、慶長一三年(一六〇八)時は八〇番である。その後、慶長一五年(一六一〇)に七五番に改められ、延享五年段階では七九番半となっている。番組編成が変動した理由について府中八幡宮神主は、慶長一三年に同社神主が退転したために番が中絶したことによるのではないかとする。[24] 慶長番帳は正本がなく、かつ写本の記述には多少の差異があるため、実際の番組はわからない。[25] 延享段階でも、その状況は同じであったと思われる。しかし、近世の勤番制度の根幹である慶長番帳の異動さえ明らかではなかったのである(巻末表1参照)。

また、番組とともに、番の兼帯が取り調べられた。勤番社が一六〇社であるのに対し、延享段階の勤番社家は一二五人である。勤番社家のうち、五人が三社を兼帯し、残り二二人が二社を兼帯していたからである。先に社家にとって勤番が地理的・経済的な要因によって負担となっていると述べたが、実は社家が勤番社を兼帯することによって生じる負担も大きかった。一六〇社の社家が二人ずつ二夜三日勤番すると、一人につき年に二度番が廻る計算となるが、勤番社を兼帯するとそれだけ番の回数が増えてしまうのである。ただし、勤番社の兼帯状況と延享段階の番組をみると、兼帯社は対になる一組で組まれていることが多い。つまり、社家は兼帯による勤番の負担を、番組を替えることで軽減していたのである。番組編成の変動は、このように社家が各々の事情により番組を替えることによって生じていたと考えられる。[26]

また、この取り調べに際し、奉行衆が八幡宮神主へ「権現様御黒印有之候御番帳百六拾社」のうち「当時拾人程闕有之」る事情を尋ねたところ、神主は「いつれ如何様之訳ニ而かけ候哉、古来之義ニ而申伝もまして不存」と答えている。八幡宮神主は、勤番社が変動した理由を把握していないのである。八幡宮神主は、これも慶長年中に同社神主家が一時断絶したことを原因としているが、八幡宮の事情による以上に、社家統制における勤番体制の限界を示すと思われる。近世初~中期にかけて、勤番体制内における社家のあり様が急速に変化した。社の兼帯や退転のみならず、社家のイエの形成に伴う分家への兼帯社分与など、様々な形で旧来の勤番社編成が改変・再編されたからである。ただしそれは、あくまでも個別社家内、或いは社家間におけるイエの問題として処理されていた。それらの変動を八幡宮が掌握するためには、勤番や参籠といった勤番制度を通じての把握では無理があるのは当然であろう。しかも事実上「代番」が容認されていたことを考慮すれば、八幡宮による勤番社家の統制は、極めて不徹底なものであった。

宝永期に、社家をより強い統制下におくために、柳沢家が八幡宮に勤番社家の家督相続の承認権を委ねた（2章参照）のは、以上の状況からすれば当然といえる。社家統制という目的においては、支配の名の下に家督相続の承認といった各社家のイエへの介入が必要不可欠だったのである。[27] 八幡宮は支配頭となって以降、勤番社家の宗旨証文を取り集めて役所へ提出することになった。八幡宮による勤番社家の人別把握は、まさに「支配」の根幹であった。

支配体制への関与

では次に、なぜ正木内膳が八幡宮を相手取り訴訟をおこしたのかについて考えたい。内膳は、自分が「権現様御代甲州御四奉行御黒印頂戴仕」り、「山梨郡西青沼村正一位穴切大明神神主相勤」め、天下安全の祈禱を神前で執行し、例年正月三日には甲府城代へ祓いを献上してきたとする。さらに八幡宮の神役は「兼神代職」として、八幡宮神主今沢大進の名代を勤め、支配下の社家の願は先年から神主と立合の上で吟味をし、申し渡してきたと主張する。しかし大進親が病死し、五年前から大進一人の了見で差引をするようになってから、「間違古例茂取失」たと述べる。

対する大進の言い分は、まず内膳の「八幡宮兼神代職」との書上は「偽り」であるとする。本来八幡宮の社用や諸事に召使ってきたところ、穴切明神は「八幡宮末社」なので「穴切明神之祠官」をさせた。正月の城内祓い献上は、城近所の支配下社家四名が行うもので、内膳も穴切明神の「祠官」なので願上げた。また「八幡宮神代」とは、「名代」の意味ではない。八幡宮神主「抱之下社家」は内膳の外に三人いるが、彼らを「神代と申しならわし」、諸々の社の神前の用事や諸事に召し抱えてきた。殊に「穴切明神神主正木内膳」との書上は偽であり、「拙者■召仕候下社家ニ而御座候故、祠官」

であるとする。また内膳は代々門前の屋敷に差し置いていたところ、近年不如意になり、氏子場へ引越し助力を得たいと願い出たので許可をした。以後だんだん八幡宮神主の申し付けに背き、勤仕をしなくなった。「拙者下社家相離レ支配下之社家並ニ罷成、支配下之（者脱カ）共迄拙者一同ニ支配仕来り候様ニ申上」るのは不届至極であるとする。勤番社家も内膳の訴訟理由を、「大進を相潰シ又者無筋兼神代役を申立候而、大勢之者共をも大進並ニ差引可仕候神代役を申上候者、大成工ニ而申上候と奉存候、古来より無御座候筋を申立出訴仕候者不届至極」と述べており、大進を潰し大勢の社家を大進なみに支配するためと理解している。

八幡宮側の主張をとれば、内膳の訴訟理由は、元八幡宮の下社家であった内膳が八幡宮から自立し一社家として成長していく過程で、自己の立場の確立とそれを公然化させるための動きということになる。しかもそれは八幡宮神主の名代として、八幡宮神主にとって替わろうという意識をも含む。ただしここでは、内膳の主張が勤番体制や八幡宮支配体制の擁護の上に成り立っていることを注目したい。先述のように、この時期、勤番体制は国中社家の存立基盤となっていた。しかし、内膳の進退する穴切明神は、勤番社ではなかった。内膳が勤番体制との関わりを求めるためには、八幡宮との密接な関係を利用して、自らを八幡宮神主の「名代」と位置付ける必要があったのであろう。

またこの訴訟において、二四名の社家は退番に加わっていない。内膳によれば、これらの社家は「自往古　権現様已来御代々御朱印幷慶長年中甲州御四奉行御黒印御条目之趣奉恐、依之連判願書相除」いたとする。文字通りに解釈できるかどうかは別として、一部の社家は、勤番体制を遵守していることがわかる。幕府（および柳沢家）は、勤番制度の核である八幡宮を重んじ、頭とすることで社家支配の徹底をはかろうとした。ところが、八幡宮は支配体制の中に自己の役割を失い、逆に体制の維持・強化を推進したのは、体制への関与を望む社家だったのである。

天明の朱印改め一件

争論の経緯

天明七年（一七八七）、八幡宮神主今沢大進は、中郡筋上条新居村八幡宮神主上条志摩ら勤番社家六四人を相手取り訴訟をおこした。とはいえ大進は幼年のため、実際には後見の正木主税之介と植松筑前（巨摩郡村山村八幡宮神主）が訴訟の主体であった。訴訟内容は二五ヶ条に及ぶが、争論の原因および経緯を示す部分を掲げる。(28)

（前略）

一、甲府八幡宮神主今沢大進幼年ニ付、代後見植松筑前幷正木主税之介奉申上候趣意、此度乍恐　御朱印被成下置候御儀、私冥加至極難有仕合ニ奉存候、私支配下之社家人数百四拾壱人有之内、　御朱印頂戴仕候社家九拾三人御朱印御改之節者、従先規被　仰付私下御改仕、其上添翰ヲ以御引請差上、於　御奉行所無相違分者先例被為仰付難有仕合ニ奉存候、此度御触渡シニ付御本文ニ私添文言仕早々廻状差出申候所、右九拾三人之内三拾壱人者古例之通御仕置相守、写目録等私方江差出改差引相添申訳者、大進方江写目録等差出之例無之、後見之新法事仕出シ候抔と申触シ、幼年見込頭を掠彼是難渋仕、六拾弐人之者共何ニ而茂相用不申、古例御仕置相破之儀奉対　御上様恐入不申致方ニ奉存候、何ニ而も私ニ相改之儀ニ者無御座候段、御上様被仰付候御儀故相改来申事

（二条目略）

一、私差引仕社数、巨摩・山梨・八代三郡九筋、大小社凡九百七拾余社之内百六拾社之儀者、天正年中・慶長年中・此度乍恐万力・栗原・大石和・小石和・中郡・西郡・逸見・武川・北山、右三郡　東照宮様御仕置御条目御証文被下置、当社江年中二夜三日両人宛参勤交代仕、昼夜無怠慢乍恐　天下御安全・国家安全・五穀成就之御祈禱可仕旨被仰付候社頭ニ御座候、然所先大進代より番宮之者我儘勝手ニ相談仕、番宮一社三社所持之者共壱人番仕、間

ニ者宮明ケ勝手次第あそひ抔ニ罷出他行仕、未家督以前之嫡子抔を差出、当職之者年久敷御番御祈禱不参仕、乍恐　東照宮様御仕置相破不届至極ニ奉存候、是又五月九月朔日より三日迄　天下御安全之大々神楽御祈禱之節、社家共一統相集勤行可仕筈之所、壱筋より五人或者三人抔ニ人数減少仕、出勤少人数ニ而、既ニ御祈禱茂難相勤候節も有之、此義も多年御願申上度日頃心懸候得共、差控罷在申候訳柄者、御尋之節可申上候御事

一、亡父大進病身ものとハ乍申、直差引之節ニ而も兎角難渋仕候事数々有之程之儀故、当時大進幼年殊ニ未熟者ニ御座候得者、不依何事ニ我意計相■《募り》候、頭掠蔑ニ致方事難渋迷惑至極仕候折柄ニ二代相続、大進幼年ニ而後見計と及了簡不申、此節兎角支配之手をはなれ可申工ニ無相違之、左様御座候而者奉対　御上様何共恐入至極難儀仕候、御慈悲を以大勢之者随心仕違乱無之様被為　仰付被下度奉願上候、此度及承候所、巨摩郡龍王村輿石と中大河原江川西之者共相集り、川東之者共ハ万力栗原橋立之社、猶又頭取之者共宅江相集り徒党連判仕由、慥成風聞国中不存者無之、御法度連判等仕、第一　御上様不奉恐入不届至極ニ奉存候事

（五条目〜二三条目略）

一、宝暦十辰年　御朱印御改之節者、前文申上候通亡父大進幼年ニ付芝崎平馬後見仕罷在候所、万事不案内を見込、社家共　御上様江偽り申上候事者、（中略）頭有之者ハ諸国共ニ頭誰与可相認被　仰聞候所、甲州私共一統前々より今沢大進差構無之旨偽申上御改相済申候儀、　御上様不奉恐入　御奉行様欺、偽成義申上不届至極ニ奉存候事

（二五条目略）

天明七丁未年五月

甲斐国総社神主支配頭府中
御祈願所八幡宮神主
今沢大進

幼年ニ付

後見代

植松筑前　印

正木主税之介　印

寺社

御奉行所

天明七年段階で八幡宮支配下の社家は一四一人、うち九三人が朱印社の社家である。朱印改めの手順は、まず支配頭の八幡宮神主が社家の朱印を改め、その上で社家が八幡宮神主の添翰をもって寺社奉行所へ朱印改めを願い出る形式であった。ところが延享と宝暦の朱印改めは、諸々の事情で八幡宮の改めなく社家の直訴で行われた。今回の改めは旧に復し、写・目録まで八幡宮へ提出するよう伝えたところ、九三人中六二人の社家が「後見之新法」として難題を申しかけてきた(29)。そこで社家に古法を守らせようとする八幡宮側が、朱印社社家を相手取り訴訟をおこしたのである。

先述のように、勤番社家は勤番を理由に幕府から朱印状を下付された。ただし朱印願いは社家の自己申請によったため、実際には勤番社内でも朱印・黒印・除地の差異が生じている。しかしそれは、「勤番」が第一義である以上、勤番体制内での意味はない。つまり、この訴訟は朱印改を契機とし、朱印社社家を相手取る訴訟となっているが、事実上、八幡宮側が勤番社家の不当を訴え、八幡宮支配体制を確認しようとするものであった。

延享期の代番一件は、基本的には歪んだ勤番体制の立て直しをはかるものであった。ただしその後勤番体制が立ち直ったかといえば、そうではない。大進側の言い分によれば、先代の大進の頃から番宮の者達が我儘勝手をしているとする。勤番の際に宮を空けて遊びに出たり、家督相続前の嫡子を番に出し神主自らは番をしなかったり、さらに五・九月の太々神楽祈禱では、社家一統が参加すべきところ一筋で三〜五人ほどの出仕しかないことなどが述べられている。何かにつけて八幡宮神主の命令を聞かない社家の様子からして、勤番体制は形骸化の一途をたどっていたことがわかる。その直接の原因は、後見が主張するように、現大進・先代の大進が幼年で神主となったため、社家が「幼年見込、頭を掠」たともいえようが、社家の根強い勤番体制・八幡宮支配体制への不満に基づくことは間違いない。

争論の意味

本争論をめぐる社家の八幡宮への抵抗のあり方は、八幡宮神主の命令無視などによる、一種の怠慢として現れていることである。体制自体を否定しない点で、消極的な抵抗の形である。これは勤番体制や支配体制そのものを否定できない当時の社家のあり様をよく示している。

ただしこのような社家の行動は、強い仲間意識の下にあった。例えば、八幡宮神主今沢大進の伯父右衛門は、飯喰村（巨摩郡中郡筋）熊野権現神主相原右近方へ「遺跡ニ差遣候筈」となり、同時に布施村（同郡同筋）八幡宮神主樋口伊予の妹と縁談を取り結んだ。ところが、上条新居村（同郡同筋）八幡宮神主上条志摩が「支配より仲間江入候而者、仲間之妨ニ相成」るので「縁談破談致候様」に主張した。右近は「一旦致対談、酒迄済」したので、「中々破談申事不相成」と返答するが、上条は「然者仲間ひんはつ相断」るとし、結局破談になった。このように、八幡宮支配に対する社家の仲間意識は、本来その家同志で決定される遺跡や婚姻にまで及ぶ。仲間相互の行動を強く監視・規制する動きが働いているのである。勤番の怠慢も、このような強い仲間意識に支えられていたものと思われ、表面的には消極的にみえるその行動は、逆に勤番の内実を形骸化させる役割を果たした(30)。

次に、正木主税之介と「後見」について考える。主税之介は、代番一件の訴訟方であった正木内膳の子と思われる。正木家は代番一件の勝訴により、八幡宮および社家に対する発言権を増し、八幡宮神主の幼少を理由に「後見」の立場を手に入れたのだろう。史料の二条目には、「正木内膳と申者御公用万事世話仕」り、現大進が天明三年（一七八三）に家督相続を願い上げた際には、寺社奉行や用番列席の場において「正木主税之介幼年大進手を引御前江罷上り、先例之通家督被下置、并国中神主支配頭前々之通被仰付」たこと、その上「正木主税之介・植松筑前後見仕度御願申上候故」、願いの通り命じられ、「後見役相勤罷在」るとする。つまり争論の中で後見の立場を明確にし、さらに後見としての植松・正木を確認する目的も持っていたと考えられる。それは八幡宮支配体制の枠組みの中で、後見が幼少の大進に代わり社家を支配することそのものである。社家は朱印改めを「後見之新法」と非難している。社家に「新法」との意識を駆り立たせたのは、「後見」の存在自体にあったのである。

では、後見と支配体制の関係はどのようなものであろうか。まず、八幡宮神主の支配頭としての役割は、体制の確立とともに完全に有名無実化したことである。支配能力のない「幼年」の者が支配頭となっていることはその一例である。それはまた、八幡宮のイエの問題でもある。「八幡宮神主」とは、同時に「支配頭」となることであり、それを実現できるのは「今沢家」だからである。天明期には既に国中社家のイエは成立していた（6章参照）。それは同時に、八幡宮神主および支配頭としての今沢家の存在も容認し、尊重することにつながる。その上で社家が支配体制に深く関与しようとすれば、支配頭の補佐としての「後見」であった。

同時に、内膳と植松の後見への就任は、勤番社家が支配体制における主導権を握ったとも評価できる。これより先、宝暦期に先代の大進の「親類」で江戸神田明神神主芝崎豊前守の弟芝崎平馬が後見に就任している。ただし平馬は「甲州之社家共差引先例茂一体不案内」であり、殊に「病身」で何事も等閑にしたため、支配下の社家に何も聞き入れられず、むなしく江戸へ帰ったとする。平馬が「後見」に就任したくわしい事情は明らかではないが、勤番社家はこれを「百六十社へ相談も無之、先例を潰シ不埒」という反応をしている(31)。勤番社家は、甲斐国の事情を知らない「江戸」者が、八幡宮の親類という事情で後見になったのに対し不満を示したのである。

それに比べ、植松と正木は勤番社家である。正木主税之介は、勤番社外の穴切明神のほかに、勤番社の一つである上条北割村（巨摩郡逸見筋）八幡宮の神主を兼帯していた。正木は代番一件のおきた延享段階には、既に上条北割村八幡宮を兼帯していたが、そこでの正木の主張は、穴切明神神主として甲府城で正月に祓いを献上することを第一に上げていた。

勤番社とは別の特別の社であり、神主であることを強調していたのである。それが八幡宮の「兼神代」として、八幡宮に代わり社家を支配することの根拠になると考えたからであろう。ただし天明期の朱印改めに際して提出された文書では、正木は自らを勤番社の「上条北割村八幡宮神主」と書き上げている。勤番体制・八幡宮支配体制は、維持するにしろ批判するにしろ、体制に関わる勤番社家に委ねられるという考え方が強かったと考えられる。文政期末、八幡宮神主家が一時期退転すると、八幡宮および勤番体制は勤番社家によって運営されるようになる（5章参照）。その端緒は、既にこの時できていたのである。

社家と吉田家

次に、社家の我儘行為の中に散見される吉田家との関わりを考えたい。訴状中、次の条項をみてみよう(32)。

一、(二〇条)同国同郡（甲斐国八代郡、筆者注）七覚村五社権現神人相川左内、此者儀例年切支丹証文御改其向々ニ御役所より被　仰聞候節者、私方ニ而支配下一統取集、御領(ママ)御私領当国八ヶ之御役所江相集納来候、所然七覚村左内、安永年中京都白川家より拝状仕候由ニ而日向之改名仕、夫より九年以来先例を破り私方江切支丹証文も差出不申候、殊ニ　天下御安全之御祈禱之節、参会成間敷旨旁々難渋仕、私支配下之儀者一統京都　吉田殿より拝状仕候例ニ御座候、右我儘仕大勢之悪例手本ニ罷成、差引難儀至極仕候事

一、(二七条)下栗原村土屋出雲倅掃部儀、未タ上京不仕無官者ニ御座候所、当未五月於当社如例年朔日より三日迄、乍恐天下御安全之大々御神楽、私支配下百六拾社之者共相集御祈禱謹行仕候節、右掃部不法成装束仕候、吉田家免許無之花色蔦唐物紋柄装束着用仕、不埒至極奉存候、右実父出雲儀年久敷御番御祈禱出勤不仕、重々之不届ニ奉存候事

一、(三二条)八代郡高田村一ノ宮大明神神主青嶋摂津守、同郡市川大門村二ノ宮弓削大明神神主青嶋紀伊守両人之者、去午二月上京仕官位昇進仕度旨願出候ニ付、先例之通私添翰仕吉田家江為差登候故、右之通蒙　勅許帰村仕、其後壱度茂五・九両月御祈禱出勤不仕、不届至極ニ奉存候事

（一〇条）七覚村（八代郡中郡筋）五社権現神人相川左内は、八幡宮の支配下社家は吉田家から神道裁許状を受ける例に背き、白川家より拝状した。以後切支丹証文を八幡宮に提出せず、祈禱参会へも難渋を申しかける。（一七条）下栗原村（山梨郡栗原筋）土屋出雲倅掃部は上京せず無官でありながら、吉田家の免許のない不法の装束を着用している。（二二条）高田村（八代郡西郡筋）一宮明神神主青嶋摂津守、市川大門村（同上）二宮弓削大明神神主青嶋紀伊守は、八幡宮神主の添翰で吉田家へ行き官位昇進をしたにもかかわらず、以後一度も五・九月の祈禱に出仕しない。このほか、（八条）（一八条）にも官位昇進に関する条項があるが省略する。

延宝の座争論でみたように、従来、勤番社家は吉田家へ許状や官位を直接願い上げていた。しかし八幡宮支配体制が成立した宝永期以降、社家は支配頭である八幡宮を介して許状や官位を願い出なければならなくなった。八幡宮は吉田家の触頭としても、勤番社家を統制していたからである（図3―3参照）。

しかし本訴訟の条項からは、八幡宮が吉田家の社家編成の一端を担いながら、他方で吉田家の社家編成によって自らの立場を危うくされていることがわかる。延宝期の座争論でみたように、吉田家の序列による編成は、勤番体制を基礎とする八幡宮支配のあり方とは矛盾する。しかし八幡宮自身は吉田家の触頭として、吉田家の編成を推進せざるを得ない。しかも勤番社家の意識は、吉田家の編成を勤番体制内の社家の序列ではなく、八幡宮支配体制への抵抗として利用している。吉田家の全国的な社家編成に組み込まれることによって、勤番の枠組みを相対化しているのである。

ただし、勤番体制においては旧例が保証されていることから、吉田家の社家編成を利用した社家の論理は、八幡宮支配体制を打破する決定打とはなり得ない。その矛盾を具現しているのが、（一〇条）相川の白川家からの拝状である。これについてはより詳しい検討を要するが(33)、少なくとも吉田家と勤番体制との矛盾が、相川を別の神職本所である白川家に結び付けたと考えられる。

この訴訟も結局は八幡宮後見側の勝訴に終わる。再び勤番体制および八幡宮支配体制が、確認されたのである。

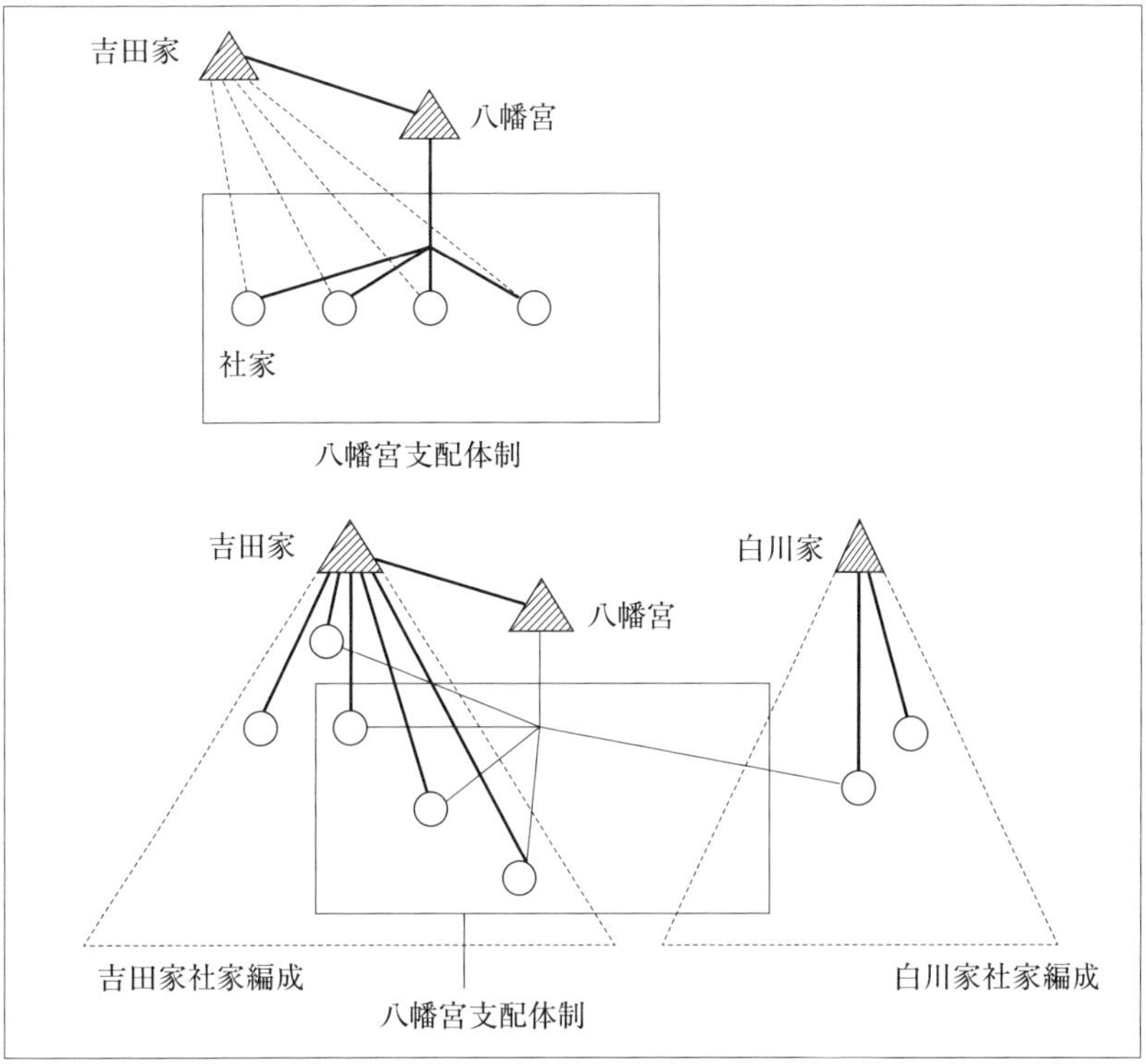

図3－3　宝永期以降の吉田家・八幡宮の社家編成モデル図(上)と天明期の吉田家・八幡宮の社家編成における勤番社家の意識図(下)

おわりに

これらの訴訟を通じ読み取れることは、権力側にとっての「勤番」は、あくまで社家支配の枠組みであったことである。勤番体制の強化は、勤番の実質的な履行と同一ではない。また勤番体制は、社家の経済基盤である神社を兼帯社として取り込むために大きな役割を果たした。その意味で、勤番体制は、勤番社家自身によって強化されたのである。同時に、勤番社家のイエが確立するまでの神社支配の変動は、慶長番帳を無実化させた。さらに八幡宮支配体制が確立すると、八幡宮・勤番社家ともに勤番に対する意識が希薄化する。その一方で、勤番は体制への関与を望む社家によって積極的に維持された。

また勤番社家のイエは、一七世紀後半ま

では、ほぼ成立した。そのなかで八幡宮神主今沢家も、支配頭としての立場を不動のものにする。ただしそれは、逆に八幡宮神主の支配能力の欠如につながり、勤番体制の実質的運営を勤番社家に委ねる結果となった。さらに、吉田家の序列化を伴う社家編成のあり方が、勤番体制の構造を動揺させた。かつ吉田家の全国的な社家編成によって、勤番体制は地域的社家組織として、社家の意識の中で相対化されていく。

勤番は家康以来の由緒に支えられ、権力側の社家統制の手段として維持されていた。ただし、実際に体制を維持・強化したのは、勤番社家自身の利害とイエの成立に伴う集団化だった。勤番社家自身による勤番体制・八幡宮支配体制への抵抗と強化の矛盾は、以後、社家のイエと勤番体制の由緒の中で解決されていくことになる。

(1) 水林彪『日本通史Ⅱ　近世　封建制の再編と日本的社会の確立』(山川出版社、一九八七年)。

(2) 菅田天神社文書(山梨県甲州市塩山、菅田天神社所蔵)一―五六―一九。以下、同文書は菅と略述する。勤番制度に起因して、文禄期以降社家は八幡宮放生会の際に掃除の人足を出すことになっていた。

(3) 菅一―一一―a・b。

(4) この際作成されたと思われる座順の図がある(図3―4)。北側の府中八幡宮を上座とし、それに近い方が上座と認識されていたらしい(「臆乗抄」山梨県立博物館所蔵『若尾資料』〇九二・一―一二)。

(5) 菅一―一四八―一七。

(6) 吉田家の承応の触れの内容は、次のようなものである(菅一―五五―六)。『山梨県史　資料編13　近世6下　全県』(山梨県、二〇〇四年)六四八号。以下、『山梨県史　近世』六四八号のように略述する。

甲州諸社家社法条々

一、於某宮某社、一天下泰平・四海平定・国家之御祈禱、毎年如佳例可抽丹誠者也、恒例之神事祭礼不可懈怠事

一、某社之社人裁状申請、某継目之裁状無之仁者、縦雖為親子兄弟、妄不可着用風折狩衣事

一、不寄何事背先規、不可致新儀事

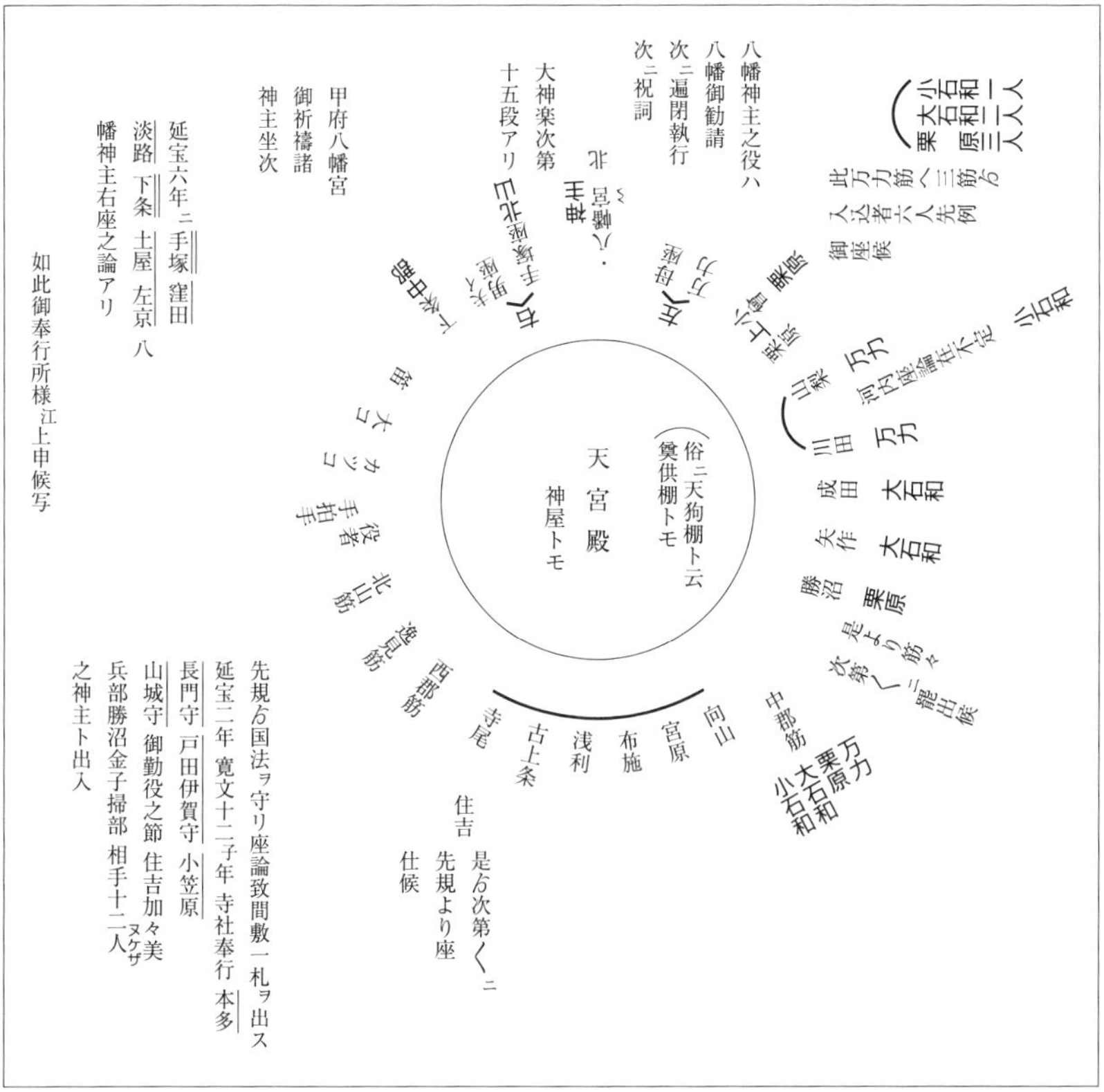

図３－４　神楽における座順の図
注：太字・太線は朱筆。

右之趣諸社家方如此候、某許弥社法不妄可為専用者也

承応二年巳ノ五月吉曜日

神祇管領長上卜部朝《ママ》判

河西五筋
北山筋
中郡筋
西郡筋
武川筋
逸見筋
諸社家中

（7）吉田家の社家編成の問題については、真野純子「諸山諸社参詣先達職をめぐる山伏と社家—吉田家の諸国社家支配化への序章—」（圭室文雄『論集日本仏教史　7　江戸時代』雄山閣出版、一九八六年）の研究がある。

（8）寛文九年（一六六九）に吉田家が信州松本領社家中にあてた史料の中に、「一、某社神主・祠官座配宜随先、縦雖然帯当家許状与否不可無其差別、同等之輩者須従許状之先後、縦雖為一等下座先於蒙免許者可為与上座之輩同座、尤於座上下之輩得免許者可復本座、余者可倣此例事」という一条がある（明治大学刑事博物館所蔵吉田神社鈴鹿家文書3—A—ロ—8）。また詳しい事情はわからないが、吉田家家老からの書翰には、「当国社家方座次之儀、十八神道御相伝之輩ハ新古ニ不限座上有之、其外御許状一通ニ而行事□□受無之分者、年数次第座次被相定候由、尤木綿手繦以下早々被免候とも、行事御相伝無之輩者、御許状頂戴前後ニ随ひ、後官を末座ニ被致候由」（同、鈴鹿家文書3—A—イ—28）とある。吉田家側の意向としては、裁許状の有無やその年次によって座の上下を決めようとしていたことがわかる。

（9）今沢家文書（東京大学史料編纂所影写本）。

（10）『甲斐国志』四巻（『大日本地誌大系』四七、雄山閣出版、一九七三年）。

（11）『甲斐国社記・寺記』一巻（山梨県立図書館、一九六七年）。

（12）菅一—二六七—一。

（13）菅一—二六七—八。

(14) 菅一―二六七―四、および菅一―四四―九。

(15) 菅一―一九一―八。既に寛永年中にも頼番があった（2章参照）。

(16) 内膳の訴え②大進が金銭を受け取り番を免じたとしたが、大進と社家は朱印改めのための頼母子金であり代番金ではないとする。ただしほかの史料からみて、大進へ代番金が支払われたことは確実である。

(17) 今沢家文書。

(18) 『新編甲州古文書』一（角川書店、一九六六）二三八号。

(19) 『甲斐国社記・寺記』一巻（山梨県立図書館、一九六七年）、八幡宮由緒書。

(20) 『新編甲州古文書』一、二四九号。

(21) 『新編甲州古文書』一、二五二号。

(22) 『新編甲州古文書』一、二五三号。

(23) 今沢家文書。

(24) 中絶した番は、慶長一五年（一六一〇）に再興された。

(25) 今沢家文書のほか、『西山梨郡志』収載の文書などがある。それぞれ勤番社の名称に多少の違いがみられる。

(26) 慶長一五年（一六一〇）以来の番帳は、社家が神社を進退する際に生じる変動に伴って記された番組と理解できる。代番一件の後に出された寛延の番組も、延享時の現状を八幡宮神主が追認する性格のものであった。結局「番帳」といえるものは、永禄・慶長の二種類しかなかったことになる。番帳の変遷およびその意味の変化については、5章参照。

(27) 当該期における神社の家産化の進展は、社家の家督相続をめぐる対立も引きおこしていた。八幡宮が勤番社家の家督相続の承認権を得たことは、一つには八幡宮がその調停者としての機能を果たすことを求められたものでもあった（7章参照）。

(28) 辻家文書（山梨県立博物館所蔵）一七八。甲州文庫史料（山梨県立博物館所蔵）甲〇九一・七―三〇（『山梨県史　近世』六五三号）もほぼ同じ内容のものである。

(29) 史料では、相手六二人とあるが、実際訴えられているのは、神主倅三人を含む六四人である（巻末表2参照）。

(30) 経済的な問題も確認しておきたい。天明二年（一七八二）、上条志摩をはじめとする七名の社家が、後見正木主税之介に八幡宮所持の「我等先祖より色々成誤証文」を「盗呉候様」に申しかけた。主税之介はもっとものことではあるが、「盗候而者我等後代之名おれ」になるので、「大進為致得心、望次第盗」むとした。そして「壱通ニ付金百両宛」(後には「金拾両ニまけ」ている)を出せば、八幡宮の社頭修復料として神慮にも叶うので、大進を納得させ証文を渡すとした。結局この話は破談となるが、社家は証文を「盗」むという手段により、支配の根拠をなくそうとしている。また、主税之介は証文を守ったことにはなるが、文書の売買を肯定している点で、意識上は社家と大差がない。

(31) 今沢家文書。

(32) 辻家文書。

(33) 五社権現は勤番社であるが、山伏が進退する社であり、相川はその「神人」である。神主ではない点で、他の社家とは状況が異なる。また白川家自体の甲斐国における勢力の拡大の動きとしても考える必要があるが、その点は今後の課題としたい。

4章　勤番体制の形骸化と社家の言説
——寛政～文政期

はじめに

甲州国中地域の社家は、江戸時代を通じて一つの組織に編成されていた。ただし文政期になると、多くの社家が組織から離脱する。本章では寛政～文政期を対象とし、社家の組織からの離脱をめぐる様々な活動と言説を通じて、社家が自らを社会の中でどのように位置付けようとしたのかについて検討する。

その際留意したのは、次の二点である。一つは、甲斐国国中という地域の特質を重視することによって、具体的かつ多様な神職像を提示することである。もう一つは、社家の言説の基底にある意識や存在形態に注目することによって、近世後期の社会の特性を提示することである。従来、佐々木潤之介氏らによって、近世社会の転換点であり、かつ近代への起点となる時期は、一八世紀後半にあたる宝暦・天明期であるとされてきた(1)。近年、久留島浩氏は一八世紀後半以降一九世紀にかけて、各社会集団が自ら口々に由緒を語りはじめる状況に着目し、このような「由緒の『大衆化状況』」の進展と近代「国民国家」の形成との関わりを提起している(2)。当該期における国中社家の動向は、近世社会の転換を検討する一つの素材となる。

1節　勤番社家の諸活動——組織離脱の社会的背景

文化期に入ると、勤番社家は長年の念願であった府中八幡宮の支配や勤番体制からの離脱を果たす。本節では、寛政期以降の社家の活動を整理することにより、その社会的背景を考えることとする。

楯無鎧と社家の由緒

まず勤番社の一つである菅田天神社を事例として、当時の社家の具体的な存在形態を検討する。同社は承和九年（八四二）の創立とされ、祭神は素盞嗚命である。寛弘元年（一〇〇四）に菅原道真を合祀し、以後菅田天神社と称した。近世には山梨郡栗原筋上於曽村に在し、同村内に一一石八斗の朱印地を持つ。慶長「番帳」八番の「小曽（於曽）之祢宜」がそれにあたる。神主は土屋家である。同家は上・下於曽村内の小社を進退するほか、隣村千野村の飛明神など数ヶ所の神社を兼帯した。飛明神も勤番社の一つで、三石六斗の朱印地を持つ。同じく「番帳」八番の「千野之祢宜」がこれである。[3]そして、菅田天神社神主土屋家は、府中八幡宮の勢力拡大やその支配に一貫して強く対抗し、勤番社家の中における反八幡宮勢力の最も中心的な存在であった。

この菅田天神社には、「楯無鎧」と称される鎧がある。楯無鎧は八幡太郎義家着用の八領の鎧のうち、新羅三郎義光相伝の品として、代々武田家の重宝とされてきた。武田家は本鎧を「軍神」として崇め、「二言ヲ返サヌ古格」として「御旗楯無照覧アレ」という誓明の言を述べたという有名な由緒を持つ。伝存の経緯には諸説あるが、『甲斐国志』によると、武田家滅亡の際に菅田天神社社中に隠されて以後、同社が守護することになったとされる。[4]そして寛政期以降、この「楯無鎧」を軸として、菅田天神社の神主は様々な活動を展開していくことになる。[5]

経済活動と手筋

寛政元年（一七八九）二月に、楯無鎧が何者かに盗まれ、約一ヶ月後に取り戻されるという事件がおきた。これを機に、同三年（一七九一）一二月、菅田天神社神主土屋左衛門は、大破した鎧の修補を決意する。鎧は江戸に運ばれ具足師の明珍長門によって修補された。同四年（一七九二）一一月、左衛門は将軍へ鎧の「上覧」を願い出、同五年正月二七日にこれを実現している。以後左衛門は、御三家をはじめ江戸市中の諸大名・旗本を中心に、それらの家臣に至るまで、鎧を「尊覧」させた。さらに翌六年（一七九四）、左衛門は鎧を納める神庫の補修の助成として、「神宝」を納める上箱への「御紋」と甲斐一国勧化の許可を寺社奉行所へ願い上げた。享和三年（一八〇三）二月、左衛門は卒し、倅の長門が家督を相続する。長門は鎧の拝覧により積極的で、鎧を修補するという名目で江戸へ運び、大名や諸武士、町人の屋敷を訪ねては鎧を拝覧させ、初穂金を得ていた。化政期頃に作成された鎧拝覧者の控と思われる「名前帳」には、万石以下の武士八六二名が記されており、ここからもその活動の広さがわかる。文政三年（一八二〇）、長門は同様に武田家の霊宝を持つ山梨岡神社（山梨郡栗原筋鎮目村）と誉田神社（同郡同筋下井尻村）それぞれの神主と三人で、社頭造営の助成として江戸で六〇日間の霊宝開帳を寺社奉行所に願い出た。結局この開帳は実現しなかったようだが、長門は文政四〜七年（一八二一〜二四）まで、江戸で大名や武士に積極的に鎧の「尊覧願」をだしている。文政七年（一八二四）頃には、鎧宝蔵の建立と社頭大破の助成として、甲斐一国相対勧化の許可を得ているほか、文政九年（一八二六）には、新羅三郎義光七百遠忌に際し、諸氏に鎧の拝覧を願うための引札を作成している(6)。

このような菅田天神社神主の活動は、経済的な目的が第一であったと思われる。寛政段階の鎧の拝覧は、鎧修補に際する寄附者の「厚御信心」に応える披露の性格が強かった。ただしこの段階ですら、寺社奉行から「決而礼法体などのよふニ不相成、手広ニ無之様、御上覧を申立御寄附物等彼是申懸ケ申間敷」ように申し付けられている。また、文政期の鎧の拝覧では、拝覧先一軒あたり平均一〇〇疋程度の初穂金収入があった。先述の名前帳に記載された武士八六〇余名について一人当り初穂金一〇〇疋として計算すれば、二〇〇両ほどの収益になる。国元では開帳仕度金の五〜六〇両の資金を調達することも困難であった状況からすれば、この収入は菅田天神社にとって大きなものであった。

そして、これらの活動を可能にした条件の一つに、手筋の存在がある。そもそも鎧の修補は、後に市川代官となる中村八太夫知剛が、甲斐国廻村時に菅田天神社に立ち寄り、破損した鎧を拝覧したことに始まる。八太夫が、江戸で兵学の師である書院番勤めの清水平三郎時良に鎧の話をすると、平三郎は「武田家之重器之事故、大破と承候而者何分取立再興いたし度」として、菅田天神社神主に甲斐国出身の家々への勧化を提案し、自らは甲州流兵学者へ鎧修補の寄附を働きかけた。菅田天神社神主は寄付や拝覧先の情報を得るために、武田信玄の墓所である恵林寺（山梨郡栗原筋藤木村）での信玄二百遠忌の寄附名簿や、「御旗」・「孫子之旗」など武田家ゆかりの品を持つ雲峰寺（同郡同筋上萩原村）の勧化帳を借り出している。加えて楯無鎧が源氏ゆかりの品でもあることから、源氏を称する徳川家や諸武士へも拝覧を宣伝した。鎧を修補した具足師明珍長門も、菅田天神社神主に鎧の拝覧者を斡旋し、寛政四年（一七九二）には、出入先の「尾州様」方へ、鎧を納めるために「御紋」付の長持を拝借したいという神主の願を仲介している。また開帳願の際には、江戸の事情に通じた複数の神主が活動していた。彼らは開帳を実現するために、水戸家の「奥女中」や一橋家の「御坊主」を頼って両家の助力を得ようとしたり、開帳のための「金主」探しに追われている様子を、甲斐国の神主へ逐一報告している。つまり鎧の拝覧や開帳では、役所への手続きという公的部分とは別に、掛合のルートとなる様々な手筋の存在が重要だったのである。

以上の事例は寺社による江戸への出開帳と類似の性格を有し、江戸と地方との関係や、民衆意識・情報網との関連をあわせて検討しなければならない問題であるが、(7) ここではとりあえず、八幡宮と勤番社家との争論の関連で、その意味を次の二点にみておくことにする。第一は、鎧の拝覧を通じて菅田天神社の財源が潤い、これにより八幡宮に対する訴訟の経済的裏付けができたこと、第二に鎧の拝覧などを通じて菅田天神社神主の手筋が広がったこと、である。手筋は近世社会において様々な問題解決に重要な機能を果たしたので、その広がりは八幡宮との訴訟を進める上にも有益であったと思われる。そしてこの一連の活動の最大の意味は、次にみる鎧の将軍「上覧」を通じた、菅田天神社神主家の由緒の形成に求めることができる。

由緒の成立

由緒を考えるにあたり、まず手筋と関わる事例を紹介したい。菅田天神社は寛政〜文政期頃には、しばしば「菅田天満宮」と記された。確かな理由は不明だが、文政三年（一八二〇）の霊宝開帳では、「開帳ニハ天満宮之方宜敷候ニ付、縁起ハ天満宮ニ致し」たとある。「天神開帳と相成候得ハ、江戸中手習師匠へ手を廻シ席書奉納物等相頼候而も、入用金位ハ手軽き」ことが見越されていることから、「天満宮」としたのは、諸道芸能の守護神である菅原道真の霊験を強調するためであったと考えられる。もともと鎧を拝覧することの功徳は「武運長久」にあるとされた。武士にはそれで十分だが、開帳は一般民衆が主な対象となるため、功徳の拡大のために「道真＝天満宮」を強調する必要があったのだろう。またこの時期には、鎧に関する諸事に「菅田宮・新羅宮」という社名の併記も散見される。社記によれば、新羅宮は承久年中（一三世紀初）に新羅三郎義光を勧請したとするが、実際の勧請は文政五年（一八二二）段階である可能性が高い。[8]これは鎧と義光との関係を強調することで、鎧の拝覧を源氏姓の者へ訴えるためであろう。

表4―1は、菅田天神社の由緒書などの史料から、由緒の変遷をみるために作成したものである。[9]これらの由緒書が提出された宛先や目的はそれぞれ異なるが、同社の文書では、表4―1①の寛政期のものが初見であり、それ以前に作成された由緒書類はなく、また文化一四年（一八一七）以降の由緒は表4―1④とほぼ同じ内容を持つ。これらの点に留意して、①〜④の由緒を比較検討してみよう。ここで特に目を引くのは、①の由緒には、勤番の由緒（H）と八幡宮の神主が勤番社家より上位にあることの由緒（G）が記してあるのに対し、③以降の由緒では、それらが跡形もなくなってしまうことである。以下、その点を検討する。

③(菅１－210－９) 由緒	④(菅１－262－⑥) 由緒
文化12年（1815）正月	文化14年（1817）10月
甲斐国山梨郡上於曽村菅田天神社，同千野村飛大明神両社神主土屋左近	菅田宮神主土屋長門守
(寺社御奉行所〈松平右京亮〉差上候由緒也)	鈴木伝市郎殿（石和）御役所
由緒書（年頭礼仕法替願いについて）	由緒書（社格演説願い）
菅田宮者往古ゟ国家之御崇敬不洩，武田家代々寄附之神領祭田数十ヶ所，願文寄進状等数通所持罷在候，	菅田宮者朝廷委々御崇敬有之，祈年祭幷祈雨止雨等之節々奉幣有之，猶又武田家代々之鎮守ニ而神領祭田等度々御寄附有之，
神宝無楯御鎧…御鎧者武田家ゟ奉納有之，守護役者板垣氏代々相勤申候，	右御鎧者武田家代々之重器ニ候所，当社江代々被納置候，守護役者板垣氏相勤申候，
(ａ)元文五年青木文蔵殿御改之節，絵図ニ仕立差上候， (ｂ)由緒等御糺之上，神主幷社司一同御目見被仰付，八貫弐百五十文之神領御朱印御寄附被成下置，慶長八年三月四奉行御証文を以…御代々様御朱印頂戴仕罷在候， (ｃ)同（寛政）五年正月廿六日，御鎧奉差上，同廿七日御上覧被成下置…弥以大切ニ守護仕罷在，今ニ至候而年々御目附様御社参之節も委細書上申候， (Ｄ)天正十一年四月，東照宮様当社へ御参詣，無楯御鎧御上覧被為遊，(→ｂ) (Ｅ)東照宮様御上覧之後者，拝礼ヲ禁し有之候所，(→ａ)	(ａ)同左 (ｂ')神主宅へ乍恐被為止御尊駕，(以下左に同じ，但八貫二百五十文の記事抹消)(→Ｆ) (ｃ)同左 (Ｄ)同左 (Ｅ)同左 (Ｆ)御紋付御高張二張，御立捨被成下置候，
(ｇ１)先祖刑部少輔定次・弟石見守盛定，関ヶ原・大坂両御陣御供仕，(→ｇ２) (ｇ２) 定次戦死之旨御感被成下置，弟盛定江正宗之短刀被下置， (Ｉ)御凱陣之後，於駿州御目見被仰付，夫ゟ御代々様御目見仕候，	(ｇ１')慶長年中先祖刑部定次，同弟右近盛定，関ヶ原御陣御供， (ｇ２)同左（→ｇ３） (ｇ３)盛定大坂御陣御供仕，左文字之短刀被下置候，右之拝領物今に所持仕候， (Ｉ)同左 (Ｊ)天正年中先祖宮内守重，信州上田・尾州小牧長久手御陣之節御供仕，葵之台之御具足一両拝借，其儘被下置候， （ママ）

表４－１　菅田天神社の由緒の変遷

番　　号	①(菅１－195－24) 由緒	②(菅１－210－10) 由緒
作成年月日	寛政４年 (1792) 12月	文化３年 (1806) ８月
差　　出	武嶋左膳御代官所甲州山梨郡上於曽村菅田天満宮神主土屋左衛門	山梨郡上於曽村菅田天神神主土屋左近 (源定経)
受　　取	寺社御奉行所	松平伊予守 (定能) 様御役人衆中
表　　題 (作成理由)	乍恐書付を以奉願上候 (楯無鎧上覧願い)	菅田宮社記 (「甲府御城代松平伊予守様ゟ御尋ニ付, 書出シ候書面之写」) (『甲斐国志』編纂用カ)
神社由緒	当社之儀者甲州百六拾社之内ニ而も重立候社頭ニ御座候,	
鎧　由　緒	当社神宝八幡太郎義家公御着用八領之鎧之内, 新羅三郎義光公江御相伝之無盾之御鎧, 神体同様年来大切ニ守護仕罷在候,	神器無楯鎧一鈴, 抑此御鎧者高祖伊予守源頼《(ママ)》義朝臣, 後冷泉帝より賜りて陣中守護神とすべきよし宣旨有之と也, 頼義朝臣の三男新羅三郎義光に相伝して甲斐国に移し, 武田家累代の守護神とす,
神　社　・ 鎧　由　緒	(A)元文五年甲州寺社宝物為御改, 青木文蔵殿当社御巡見, 奉御改請候処, 大切ニ守護可仕旨被仰聞, (B)当社菅田天満宮之儀者, 従往古鎮座之所, 天正年中乍恐東照宮様御朱印被成下置, 以後御代々様御朱印奉頂戴, 冥加至極難有仕合奉存候,	(C)寛政五丑年正月上覧ましましてより, 猶諸侯方御寄附有之, 遂に再興成就也,
神主家由緒	(G)東照宮様御代慶長五子年濃州関ヶ原御陣幷元和元卯年大坂両御陣之節, 支配今沢山城并国中百六拾社之神主共一旗ニ而可罷出旨, 乍恐御奉書被成下, 夫ゟ右山城并百六拾社之神主共引率, □登御陣中江参着仕, 御祈禱御守奉献上候, 御目見上難有奉蒙上意, 一方之御用被為仰付, 右両御陣被為得御勝利為御吉例, 今以年々九月従朔日三日迄, 五月従朔日三日まで御祈禱所甲府八幡宮江集会参籠, 大々御神楽奉執行, 御祓奉献上候, (H)乍恐天下泰平御武運長久御延命之御祈願, 年中昼夜無怠慢奉御祈願罷在, 且又慶長年中乍恐東照宮様被為仰出候御証文之通, 右神主共年中甲府八幡宮江二夜三日宛交代勤番仕, 昼夜無怠慢奉御祈願候,	

	(→g 1') (K)神主家之儀者往古ゟ武神兼備之家柄ニ而，(→J)
・同左 ・正保2年以降の将軍への祈禱・年頭礼の書き上げ ・「年頭御礼之儀者，五ヶ年一度宛罷出候得共，当年ゟ惣代ヲ以年々御礼奉申上候，」	・同左 ・同左 ・「年頭御目見之儀者，七年一度宛御祓幷扇子拾本入献上仕候，」

まず、鎧の項目のうち、③の由緒にある天正一一年（一五八三）の「東照宮様」（家康）の鎧「上覧」の記事（D）に注目したい。これは、将軍に鎧「上覧」を願う際の重要な先例となったはずなのに、①の由緒には記されず、③の由緒にはじめて現れる。とすれば、家康の鎧「上覧」という由緒は、現将軍が鎧を「上覧」したこと（②―C）によってはじめて記述することを許されたか、もしくは新たに記されたものと考えられる。①にある青木文蔵の宝物改め（A）の際、当時の神主は鎧を「先祖直ニ奉拝見盲人ニ罷成候と申伝、以来拝見不仕」と書上げているが[10]、③の由緒ではこれが家康以来のこととされる（E）など、家康の鎧「上覧」の由緒が際立っている。

そして、この家康と鎧の由緒の結び付きは、神主家の由緒にとって極めて重要な意味を持った。由緒③では、家康が鎧を「上覧」した際に、神主が家康へ目見を許されたことが書き加えられ、さらに神領の朱印状を家康から直接下付されたことが記されている（b）。八幡宮神主が勤番社家より上位にあることを正当化した論拠の一つは、寛永期に八幡宮神主が勤番を理由に幕府に社家への朱印下付を願い上げ、それを実現させたという点にあった（1章参照）。家康は武田家滅亡直後の天正一〇年（一五八二）に甲斐国に入国し、翌年には国内の主立った寺社領を安堵している。国中では菅田天神社を含む三〇社が家康から朱印状を下付された。ただし江戸幕府成立後の慶長八年（一六〇三）には、甲州四奉行が従来の朱印状に関わりなく、村の鎮守レベル以上の社に対して一斉に黒印状を出した。それが、寛永一九年（一六四二）の八幡宮の願い上げによって、朱印状が下付されることになったのであり、ここに勤番社家は江戸幕府の将軍からの朱印状を得たのであった。ただし③の由緒では、家康が個別にしかも直接朱印状を下付したことを強調することによって、徳川歴代将軍からの朱印状下付の事実を相対化している。幕府自身が家康を「東

備　　考（他の記事）	・「御目見御年礼之儀者，毎年正月六日於松之御間ニ御祓奉献上，御礼申上来候，」	・社地・末社(摂社)・兼帯社書き上げ ・武田家よりの「御寄附御書付写」

注：史料中の（　）内は筆者注。史料引用の後の（→　）は，史料の続き方を示す。史料の欠字・平出・台頭・注記は省略した。…は中略部分を示す。

照大権現」として神格化し、自らの権威を維持するために利用したことからすれば、(11)この論法は寛永期の朱印状下付願い上げを根拠とする八幡宮の上位を否定するのに十分なものであった。

　神領朱印を家康から直接下付されたという由緒は、八幡宮神主の願い上げによる勤番社家への朱印状下付の事実を相対化したが、それは同時に八幡宮が朱印状の下付を実現した前提である「勤番」の存在意義を希薄化させたともいえる。勤番の存在意義の希薄化は、八幡宮の諸社家への上位を正当化するもう一つの論拠であった、徳川諸陣において勤番社家を主導する八幡宮像の否定であり、同時に勤番一六〇社の枠組みの解体でもあった。③の由緒には、はじめて神主個人の名前が現れ、それぞれ参陣の由緒が述べられる（g1・g2）が、これは勤番という集団の拘束から個別社家の由緒が解き放たれた結果というべきであろう。さらに④の由緒では、天正年中の参陣記事（J）が加えられている。これらの記事で注目すべきことは、「戦死」「刀」「具足」など、神主の軍功が強調されている点である。これは「武神兼備之家柄」（K）という由緒に照応するものである。

　以上から、菅田天神社神主は、②の由緒にある将軍の楯無鎧の上覧を契機として、八幡宮が勤番社家より上位にあることの論拠とともに、その前提である勤番と一六〇社という集団の枠組みを由緒において否定したと結論できる。別の表現をすれば、表4―1における由緒①〜④の変化は、それまで八幡宮の下での勤番体制という由緒に包摂されてきた段階から、勤番社家個々の由緒が自立していく過程とみることができる。かくて、菅田天神社神主のイエの由緒は、文化期に至って、はじめて自立的な言説として語られることになるのである。

「神職」意識の高まり

次に、菅田天神社の神主が将軍の鎧「上覧」という契機を自らの由緒に活かすことのできた社会的背景を、寛政期以降の国中社家全体の動向との関連で考えてみたい。

神葬祭問題

慶長期以来、甲斐国国中の社家は、京都の公家で神祇管領長上である吉田家を本所としていた。寛政三年（一七九一）、江戸に吉田家の役所が設置されると、(12)勤番社家は吉田家との関わりを密にした。それがまた、八幡宮と勤番社家との対立構造に大きな変化を引きおこすことになる。

近世後期になると、全国各地で神葬祭問題が頻発する。幕府は全国の寺に宗門人別帳を作成させたため、神職も寺の檀那として把握されることになり、神職の葬儀も仏式で行われた。しかし唯一神道を主張する吉田家の働きかけとともに、寺の檀那から離れ（離檀）、神道式の葬祭（神葬祭）の認可を幕府に求める神職が多くなっていったのである。(13)

寛政一〇年（一七九八）二月、石森・小倉（山梨郡栗原筋石森村熊野権現・巨摩郡北山筋小倉村八幡宮）両神主による神葬祭争論では、「私共仲間百六拾社之儀、往古・代々神家ニ而家内一統神葬祭ニ取行ひ来候処、年久く相立右之古例区々ニ相成、九筋一統歎ケ敷存罷在」るとし、「仲間一統拘り候」との理由で、一六〇社一一五人の社家が出入の入用金割合に関する定書を取り交わしている。

寛政一二年（一八〇〇）、鍋山村（巨摩郡武川筋）願成寺ほか四ヶ寺は、同村神主大村摂津ら五人を相手取り、「猥ニ神道葬祭執行之段、難心得」として寺社奉行所に出訴した。本争論の詳細な「吟味次第留書」の写が直接争論に関係のない菅田天神社に残されているのは、本争論が大規模だったことともに、この時期、社家が神葬祭問題へ深い関心を寄せていたことを示すものであろう。社家は吉田家からの神葬祭伝授を論拠として、先祖の檀那寺による仏葬の事実までも否定し、妻や女子の神子許状伝授を理由に、「家内一同」の神葬祭執行を目指した。それに対し寺側の反発が高まり、争論に及んだのである。争論の結果は、次のようなものであった(14)。

差上申一札之事

甲州鍋山村願成寺外三ヶ寺之儀、同村神主大村摂津外四人を相手取、猥ニ神道葬祭執行之段難得心旨御訴訟申上候ニ付、双方共被為遂御吟味候処、無証拠申争者難御取用、願成寺外三ヶ寺儀、大村摂津外四人共吉田家より神道葬祭伝授受罷在、代々宗判請候儀も無之上者、自身葬祭執行候共可差障筋無之、相手方之儀も御代官所江差出候切支丹宗門改証文ニ葬式之儀者寺院を相頼候趣認入候も有之、其上豊前亡妻年忌之節直心院■■回向相頼候文通も有之上者、家内一同神道葬式ニ執行致由者難御取用候、依之被仰渡候者、以来相手方神主親子正統之者者神道葬祭執行、妻其外次男已下家内之もの者訴訟方引導焼香可請旨被　仰渡承知奉畏候、若相背候ハヽ、御科可被　仰付候、仍而御請証文差上申候処、如件

寛政十二申年四月廿七日

小笠原仁右衛門御代官所
甲州巨摩郡鍋山村
曹洞宗
願成寺

（中略）

右惣代
願成寺
俊峯

訴訟方
直心院
租順

小笠原仁右衛門御代官所

同国巨摩郡鍋山村
白山権現神主
大村摂津
（中略）
右五人惣代
相手方
中村和泉
寺社
御奉行所

右では、吉田家から神道葬祭が伝授され、代々檀那寺からの宗判も受けていないことを論拠に、自身葬祭差障りなしとなったが、神葬祭は神主親子正統の者のみに許され、「家内一同神道葬式」については認められなかった。本裁許の内容は神葬祭に対する幕府の基本方針に沿うものであり[15]、社家側にとって十分な成果であったと思われる。

神葬祭争論の事例から、次の二点に注目したい。一つは、勤番社家の社会的結合関係である。勤番社家は「私共仲間百六拾社」というように、勤番の枠組みである一六〇社を自らの仲間としている。別の事例になるが、文化一一年（一八一四）、吉田家への正月年礼をめぐり、勤番社家の間で争論がおきた際、当事者である勤番社家は吉田家に対して、自らを「甲州三郡百六拾社神主九筋組合九十三人」と述べ、一六〇社の枠組みを「組合」と表現した。社家にとって勤番体制とは、本来自らを拘束する桎梏であったが、逆にこうした枠組みの下で、一六〇社としての共同組織化を遂げていったのである。社家は一六〇社を「仲間」あるいは「組合」と位置付けることにより、勤番体制の下での枠組みを同職者集団として捉え直していたのである。

二つ目は、宗門人別帳の問題である。神葬祭争論においては、檀那寺の宗判の有無が裁許の重要な決め手になった。宗門人別帳の機能で重要なのは、その作成や役所への提出過程が、支配機構のあり方や身分序列を示すことである。例えば、被差別部落と村方との関係や[16]、甲斐国の武田浪人の事例に明らかである。武田浪人は、文化期以降村方の宗門人別帳からの別帳化を望み、村役人の押印を拒否して本人一判の宗門人別帳を役所に提出することで「浪人」であることを明示した[17]。宗門人別帳への村役人の押印の有無が、村内の身分を規定したのである。とすれば、神職にとって宗門人別帳への檀那寺の宗判は檀那寺への従属を示すことにほかならず、村方の人別帳と同一であることは百姓との同列を意味するものであった。

勤番社家の場合、宝永期に八幡宮支配体制が成立すると、宗門人別帳は八幡宮神主に提出され、八幡宮が一括してそれを役所へ提出することになった。つまり社家の宗門人別帳は村方の宗門人別帳とは別帳になり、檀那寺の宗判を受けなくなったのである。これは勤番社家が檀那寺や村方から「神職」として独自の位置を確立したことを意味しよう[18]。ただし、勤番社家は機構上では檀那寺を離れたものの、実態としてはその後も寺の檀那として仏葬を続けていた。それが寛政期に至り、全国的に神葬祭の気運が高まるなかで、「神職」意識に目覚めたのである[19]。

かくて宗判の意味を再認識した勤番社家は、檀那寺のみならず村方からの自立認識をも急速に深めていくことになった。同時に、勤番社家にとって、神葬祭の実現は宗門人別帳の提出先である八幡宮への従属を再認識する結果にもなったのである。

官位取得

社家は吉田家などの執奏家を通じて、受領名や勅許による官位を受けることができた[20]。表4―2は、国中の社家の官位取得状況を表にしたものである。事例は少ないが、寛政から文化期に数の増加がみられる。ここでは菅田天神社神主の官位取得を取り上げて、それが神職に与えた影響を考える。

菅田天神社神主土屋左門は、文化一二年（一八一五）三月四日、勅許により「従五位下長門守」に叙任され、その旨を同年六月一七日に石和代官所へ届け出た。この官位取得に伴い、次の二点が問題となった。

表4－2　官位取得年別件数

取得年	件数
元文3（1738）	1
延享2（1745）	3
寛延期（1748～50）	1
明和2～7（1765～70）	2
安永6（1777）	1
天明6（1786）	2
寛政4～10（1792～98）	8
享和2（1802）	1
文化3～14（1806～15）	7
文政3～8（1820～25）	5
天保7～14（1836～43）	5
嘉永元～6（1848～53）	5
安政4（1857）	3
万延元（1860）	1
文久3（1863）	1
元治元～2（1864～65）	2

注1：『甲斐国社記・寺記』『山梨名家録』『峡中家歴鑑』菅田天神社文書より作成。
注2：同一社家も含む。年号の確定できる事例のみ。

一つは、公式書類に「守」という下司を記すか否かである。長門が官位取得の届を出したところ、石和代官所から「守之字御役所江者可除旨」が申し渡された。長門はそれに対して、以前、寺社奉行の紐し済しの例もあり、容易には受け入れ難いと述べている。しかし翌日には、次の史料を提出した(21)。

御尋ニ付申上候

私共名前守名認候儀、蒙　勅許候条、先達而申上候通り相違無御座候、右ニ付　公儀江差上候ニ茂守名認相済候旨口上書ニ申上候通ニ御座候、尤向後御役所より御呼出御出府其外御役所ニ而御認御座候書物之儀者、守字御認無之候而も願筋無御座候、乍併外御ニ分御役所ニ而外神主共へ守字御認有之、当御役所計ニ而守字御認無之候而者外々へ対し如何ニ付、其節者猶又願上度奉存候、依之此段申上候、以上

文化十二亥年七月廿四日

上於曽村
神主
土屋長門守　印

矢橋松次郎殿
御役所

「守」字の勅許を得た上は、長門から代官所へ提出する書類には「守」名を認めるが、代官所から長門への書類には「守」字がなくても異論はない。ただし、ほかの（甲府・市川）代官所でほかの神主に対して「守」字を認めた場合には、それを願い上げることを付け加えている。

もう一つは、社家の敬称についてである。(22)

御請書

私御呼出有之節、御役所より之御書付ニ候得者、殿付、御役人中之御文通ニ候得者、様付ニ被成下候仕来ゆえ、以来も同様御取計御座候様仕度旨申上候処、一ト通り之儀者御役人中より様付を以御呼出、尤　御朱印之儀、又者出入等ニ付御呼出之有節者、其節之時宜ニ寄而御取計御座候段被仰越、承知奉畏候、依之御請印形差上申候、以上

亥七月廿四日

山梨郡上於曽村
神主
土屋長門守

石和
御役所

長門は代官所に対し、代官所からの書付は「殿」付き、役人からの文通は「様」付きの取り計らいを申し出た。代官所はそれに対し、ひと通りのことは役人から「様」付きで、朱印下付や出入などの呼び出しは時宜により取り計らうと述べている。ここには記されていないが、社家が代官所へ出頭する際には「開門」で通ることも確認された。この時期の甲斐国では、代官所から百姓への書付は姓名書放、百姓から代官所への書付は「様」付が一般的であった。「書放」「殿」「様」の順で厚礼になることは、周知の事実である。

下司と敬称の表記の問題を考えるにあたり、まずこれらが社家と代官所との間で発生していることを確認しておく。甲斐国は享保九年（一七二四）に一国幕領となり、甲府勤番と数ヶ所に代官所が置かれた。後には三卿領の設置に伴い、

各々に陣屋が置かれている。これらの役所は、社領や氏子に関わる諸事に関与するほか、社家が寺社奉行所へ出訴する時や朱印改めの提出に際して奥印を捺した。さらに、社家は出府や帰府などの諸届を役所に提出しなければならなかった。しかし社家は神職（身分）として寺社奉行所の支配を受けたため、甲府勤番らの役所が社家の神職としての側面に関与することはなかった。官位取得も府中八幡宮の添簡で吉田家へ願い出され、役所へは願い聞き済みの後、届け出る形式であった。もちろん吉田家の許状による神職編成も神職の官位下司制も幕府の公認を得ているのであり、また神職の官位は武家官位とは直接対応しないので、役所がそれに関与することはない。ではなぜ、改めて下司や敬称の表記が問題となったのであろうか。

理由は、官位取得に伴う問題が表面化した文化期が、神職身分の確立期であったことによろう[23]。神葬祭争論にみたような社家の村方からの自立への指向は、同時に役所支配からの離脱を求める方向を開いたものと思われる。勤番社の一つである歌田村（山梨郡大石和筋）神主竹内淡路は、その由緒の中で「是迄寺社奉行支配ニ而御席迄刀持参仕来」り、「呼出之節姓名御書捨ニハ不成下、当国御城主或ハ領主御代官致附属居候得共、支配ト申筋ハ毛頭無御座」く、これにより「御代官所又ハ附属役場江御願筋有之節、乍恐ト認候儀決而不仕、三御奉行御判願之筋迚も、御料所御代官御姓名認候節、御姓名之下書放、又ハ殿附ニ認来」と述べている[24]。敬称へのこだわりは、自らを寺社奉行所の支配下と位置付けることによって、代官所支配を相対化するためのものであったことがわかる。朝廷から官位を得ることは、社家にとって村方や役所支配との違いを再確認する絶好の機会であった。それは同時に、社家の役所支配や村方からの離脱指向に拍車をかけたと思われる。役所側はこのような動向を受けて、自らの支配秩序の中に「神職」を位置付け直す必要性を感じたのであろう。

寛政期以降、国中社家は吉田家と積極的に関係を持つことで、神葬祭や官位取得を実現し、社会における神職としての立場を確立した。八幡宮争論の例でいえば、社家個々の社会的な地位が上昇することにより、八幡宮の権威が相対的に低下したといえよう。これ以前、国中においては勤番体制の内にあって神職としての立場を保証される側面があった。しかし神職身分が近世社会の中で確立していくにつれ、勤番体制によらなくても社家個々の力で自らの立場を保証できる状況が作られていったのである。こうして、村方・檀那寺・役所支配などから離脱し、「神職」としての身分を確立した社家にとって、勤番体制は既に単なる桎梏でしかなかったのである。

2節　文化一四年における勤番社家の言説

本節では、文化一四年（一八一七）の勤番社家の言説を中心に、社家が八幡宮の支配や勤番体制からの離脱を果たしていく具体的様相を検討する。その際、1節で確認した様々な動向が、社家の言説の中にどのように反映しているのかに留意した。

「村名」と「社名」

文化一四年（一八一七）五月、府中八幡宮神主今沢大和守は、菅田天神社神主土屋長門守に宛て次の一札を出した。ただしこの史料には、不可解な内容が記されている。[25]

（端裏書）
「八幡宮御番離談いたし書付請取候也、此書付請取候後ニ御番帳切抜候上者不用之書ニ候得共、また信玄公御番帳有之候得者、決而不用之品とも見エす候也」

一札

一、当社八幡宮勤番之義、於曽・千野之社両社怠転之砌、菅田・飛宮与相混、度々出入等差起相互ニ難義ニ付、今般熟談を以御番料受取候ニ付、以後之義者菅田宮・飛宮両社を除キ、於曽・千野之社御番幷諸役之義者我等方ニ而永代相勤可申候、為後日一札差出申処如件

文化十四丑年五月

元城屋町
八幡宮神主
今沢大和守（印）

上於曽村
土屋長門守殿

右の史料の内容は、八幡宮勤番の於曽と千野の両社が退転した際、於曽村の菅田天神社と千野村の飛宮が、それぞれ退転した勤番社と混同されてしまった。以後菅田・飛両社から八幡宮を相手とする出入が度々おこされたが、互いに迷惑なので、今回（菅田天神社神主）土屋長門守から番料を受け取った上は、以後菅田・飛宮を除き、於曽・千野の社の番と諸役を八幡宮方にて勤める、というものである。先にも述べたように、飛宮は菅田天神社神主の兼帯社であり、かつ勤番社であったため、ここに並記されているのである。

先に不可解といったのは、この史料によれば、於曽村と千野村にあった勤番社は退転し、菅田天神社と飛宮はその退転した社と混同されたという点である。これは、菅田天神社が勤番社であるという従来の理解と矛盾する。勤番制度成立以来、菅田天神社の神主は勤番体制や八幡宮支配に対する訴訟に積極的に参加してきたが、この間一度もこのような社の混同を問題にしたことはなかった。とすれば、神主は菅田・飛宮両社とは別に勤番社が存在したと主張することによって、端裏書にあるように八幡宮の番を「離談いたし」たのではないだろうか。

勤番制度の根幹というべき慶長「番帳」では、勤番社の大部分が「村名＋祢宜」で記される（1章参照）。このような村名による社名の記載では、旧例や伝承に頼る以外に、同村内にある複数の社の中から勤番社を特定することはできない。ここが「番帳」の盲点であり、この一札が成立する背景にあったと思われる。結局、この史料は、番帳が「村名」で記載されていることを利用し、架空の勤番社を設定することで、番からの離談をはかった結果作成されたものといえる。

ただしここで注意したいのは、番の離談は勤番体制自体を否定するものではなかったことである。八幡宮は勤番社とされた架空の社の番を自らが勤めることを約束しており、その意味で勤番体制は維持されている。勤番制度の存在が幕府の保証を得ている以上、社家はその枠組み自体を否定することはできなかったのである。

そして右の点は、端裏書にある「御番帳切抜」という社家の行為へ帰結する。(26)

(a)

当社八幡宮禁制之事

（中略）

番帳次第不同

一番　山梨之祢宜
　　　四阿之祢宜

（中略）

八番　秋葉之祢宜
　　　八王子之祢宜

（中略）

八十番　板垣之祢宜
　　　　坂寄之祢宜

以上

右二日二夜宛（中略）仍如件

慶長十三年戊申卯月五日
桜井安芸守信忠
小田切大隅守茂富

──(b)── 前文之通　御本紙相違無御座候、然ル処寛文年中居筆焼失之砌損候得共、其節御奉行所江右写ヲ以御届ケ申上候得共、
其後番組替等いたし候義も有之候得共、御本紙相違無御座候、以上

文化十四丑年
五月

元城屋町
今沢大和守　印

──(c)── 右之通今沢大和守より番帳写印形致させ数通請取候得共、東方ハ世話敷故両通請取、本紙印形有之候者、小屋敷・竹居両所江預置候也、其時之世話役ニ候故也（中略）

──(d)── 「（付箋）小曽之祢宜　」　御番帳如此切抜候分二十有余
「　千野之祢宜　」　何れへ差構無之社ヲ書入候也

この史料は、四つの部分から構成されている。（a）慶長一三年（一六〇八）に、甲州奉行衆から出された八幡宮宛の禁制の写。（b）（a）の本紙は寛文年中に焼失したが、（a）が本紙に間違いないと八幡宮神主が印形した文化一四年（一八一七）付けの文書の写。（c）（a）・（b）の写を数通作らせ、それを世話役が預った旨の覚。そして（d）には、「小曽之祢宜」「千野之祢宜」と明らかに地の文とは別筆で記された二枚の紙が貼り付けられている。（d）の注記から、この付箋状の紙が八幡宮所持の番帳写から切り抜かれたものであることは間違いない。

ではなぜ勤番社家は「小曽之祢宜」などの社名部分を、番帳から切り抜いたのだろうか。推測の域を出ないが、例えば「小曽之祢宜」は既に菅田天神社の別称になっていたためであろう。当時、菅田天神社を「於曽社」と呼ぶように、社を在村名で記す場合が多かった。勤番社が別の社であると認められても、自社と同じ呼称が番帳に記されていては都合が悪いと感じたのであろう。そこで番帳を切り抜き、「何れへ差構無之」社名を新たに番帳に書き入れる必要が生じたものと思われる。これにより、従来からの呼称を保ちつつ、番を離談し、しかも勤番制度そのものを否定しなくて済むことになった。そして番帳には、八番右「小曽之祢宜」に代わり「秋葉之祢宜」の名称が、十番右「千野之祢宜」に代わり「素山

之祢宜」の名称が記されたのである。

この「秋葉之祢宜」・「素山之祢宜」の名称は、（a）中に記されている。つまり（a）は、慶長一三年（一六〇八）の禁制の体裁をとってはいるが、実はそれは全くの偽りで、番帳を切り抜いた後に新たな社名を記し、それを写し取った文書だったのである。これにより、（b）の意味がより明確となろう。偽りの番帳を八幡宮神主に「御本紙相違無御座」と印形させることにより、その正当化をはかったのである。このようにみてくると、番離談は勤番制度の根幹である慶長番帳の改竄という過激な行為を伴うものであった。

では八幡宮側は、なぜ勤番社家の離談や番帳切抜を認めたのだろうか。これまでの諸社家の根強い抵抗で、八幡宮の支配頭としての役割および権能が事実上有名無実化していたこと、その上間断なくおこる出入により、経済的にもかなり逼迫した状態にあったことによるものと考えられる。勤番社ではないと主張する土屋長門守が、なぜ八幡宮に番料を支払ったかといえば、結局それが史料上の解釈にとどまらず、番の離談を実質的に八幡宮に承認させる最も有効な手段だったからであろう。

そして、この番離談は、菅田天神社神主のみの問題ではなかった。「番離談一同人数」と題された史料では、三六名の社家が書き上げられ、内一九名が番帳からの社名の切り抜きを承知している。（a）の慶長番帳と異なる名称の社もほぼ同数になるが、これは社家を単位とするため、その兼帯社も含めれば実際にはもっと多くの社が番を離談したことになる。後の記録では、六〇社ほどが番を離談したとされ、全勤番社数の三分の一に及んだことがわかる。ここに、勤番体制は空洞化した。

「支配」と「触下」からの離脱

同じく文化一四年（一八一七）五月、土屋長門守は八幡宮神主今沢大和守らから「除支配」の一札を得た(27)。

差出申一札之事

其奉仕菅田宮・飛大明神両社之儀者支配之内ニ無之、格別重キ御由緒有之、小牧長久手・芦田・関ヶ原・大坂其他　御出陣之度々別段御供被致、忠勤之家柄ニ而書類数通所持被致候得共、連々支配同様ニ相成候より混雑不絶度々出入等有之、相互ニ及難儀候間、今般以熟談除支配候上者、先規之通切支丹御改証文直々御役所江被差出、都而公辺江被出候節添翰奥印等無之、吉田家御指揮等直々被請候儀聊差障申間敷候、且先年より取置候書類ハ不残致消印、若シ相残候共不取用筈致議定候上者、向後支配之由抔申立御願ケ間敷儀致間敷候、惣而其社御由緒ニ差障候義子孫永久為致申間鋪候、若外々より否申者有之候共埒明厄介掛申間敷候、為後証一札差出申処仍而如件

文化十四丑年五月

元城屋町
八幡宮神主
今沢大和守（印）
同嫡子
同　万太郎（印）

土屋長門守殿

菅田・飛宮両社が八幡宮の支配下ではないことの論拠は、「格別重キ御由緒」に求められる。その内容は、先の表4―1④の由緒そのものである。社家は天正年中以来、家康の下へ度々参陣したことを強調することで、八幡宮を上位とする勤番体制を相対化したのである。八幡宮は、宝永二年（一七〇五）以来の支配頭としての地位を支えてきた論拠を失い、八幡宮支配体制は否定された。これが「除支配」の持つ意味である。

この時、同様の趣旨の一札を八幡宮神主から得た社家が複数いる。勤番社家は同時に同じ論拠を提示し、支配体制から離脱したのである。菅田天神社神主は楯無鎧の将軍上覧によって、勤番体制の由緒から自らのイエの由緒を自立させたが、それは菅田天神社神主のみの例外的事態にとどまるものではなかった。勤番という同じ由緒を共有するものにとって、菅

田天神社神主が「格別重キ由緒」を持った時点で、これが一六〇社の社家全体に共通する由緒となったのである。

では、「除支配」の具体的内容を検討したい。これは、宝永期に成立した八幡宮「支配」体制からの離脱を意味する。その内容を史料から確認すれば、①社家は切支丹改証文を役所に直接届けることができる、②公辺へ出る際に八幡宮の添翰や奥印の必要がない、③吉田家の直支配を受ける、などである。さらに今までの訴訟関係の書類が全て消印（無効）とされた。幕府の裁許では先例が重視されたから、現時点まで一貫して八幡宮との争論に敗訴していた勤番社家にとって、裁許の書類が無効となるのは必至であった。

また、この時同時に「除触下」という言葉を使った文書が出されている。[28]

以書付申上候

山梨郡於曽村
菅田宮神主
土屋長門守

（二名略）

右三社代兼
同郡小石和
石和川船形神社神主
石禾近江

右四社切支丹御改宗旨証文、是迄者今沢大和守方江差出、夫より御役所江差上候得共、此度為取治別紙議定書之通、竹居斎宮一同今沢大和守除触下候間、明寅年春方より右宗旨証文直々御役所江差上、尤以来公事出入其外総而御公辺（下札）江差上候書面先規之通一判ニ而奉差上候間、此段以書付申上置候、以上

文化十四丑年八月九日

右
石禾近江（印）

鈴木伝市郎殿
石和
御役所

「本文之趣、神祇道本所吉田家江相届、筋々相済候間、依之下ケ札を以申上候」(下札)

(後略)

文化一四年(一八一七)八月付で、土屋長門守ら四名の社家は石和代官所に宛て、今度「今沢大和守除触下」となったので、今まで同人方へ差出してきた切支丹改宗旨証文を代官所へ直納すること、公事出入など公辺への証文も一判(添簡・奥印なし)にすることを届け出た。

これは「除支配」の内容と全く同じである。それは単なる言葉上ではなく、当時社家が置かれていた立場の問題として考える必要がある。宝永期に八幡宮が支配頭になると、社家は八幡宮の「触下」から「支配下」となった。「触下」とは幕府の触の伝達機構上の名称であるのに対し、「支配」は勤番体制の下で成立する概念である(2章参照)。ここで確認したいのは、宝永段階で八幡宮と社家の関係が、「触頭—触下」関係から「支配—支配下」へ移行したのではなく、あくまで二重に設定されたこと、少なくとも社家にとってはそのような意味を持ったことである。勤番制度を基礎とする八幡宮上位の「支配」は、それを正当化する論拠を否定することで解消できた。しかしそれだけでは、幕府の神社編成機構である「触下」関係は残されてしまう。そこで「除触下」の一札が必要となったのである。

ただしこの「除触下」では、下札にある吉田家との関係も考えなければならない。菅田天神社の場合、同年(一八一七)八月に江戸と京都の吉田役所に宛て、「直指揮受候様」願書を出している。また、一一月には、今沢大和守が田安役所に宛て、次の一札を出した。(29)

以書付申上候

西後屋敷
堀内権頭
（四名略）
平井村
岩間鷹之介

右六人往古より《之》儀ハ拙者触下ニ無御座候処、吉田家御触等一紙ヲ以相達シ、追々触下同様ニ相成候より度々出入等有之、相互ニ迷惑致し候ニ付、此度以示談往古之通除触下候間、右之趣以書付申上候、以上

文化十四年十一月　今沢大和守

田安
御役所

西後屋敷村（山梨郡栗原筋）神主堀内権頭ら六名は、吉田家の触などについて八幡宮の触下同様になっていったが、ここで「除触下」とすることを述べている。吉田家は全国の社家を編成する中で、旧来の組織を吉田家の「触頭―触下」関係に組み込んでいった。国中の場合には、本史料が示すように、本来存在していた吉田家と社家との関係に、八幡宮が割り込む形で「触頭―触下」関係が成立する。勤番社家の多くは、寛永期に個別に吉田家から許状を得ていたが、八幡宮が触頭となり、その支配体制が確立する中で、社家は八幡宮を介してしか吉田家との交渉を持てなくなった。そこで社家は「除触下」により、吉田家の直支配を望んだのである。

勤番社家は、「支配―被支配」「幕府の触頭―触下」「吉田家の触頭―触下」という三重の関係を八幡宮との間に強いられていた。従って八幡宮の下から完全に離脱するためには、「除支配」のみならず「除触下」の達成が不可欠であったのである。そして「除支配」「除触下」とも、まず宗旨証文の一紙書上が主張されていることを確認したい。宗旨証文を一

判で役所に提出すること、それは勤番社家にとって、檀那寺・村方、そして八幡宮のいずれからも「自立」した存在であることの証左だったのである。

3節　文政五年における勤番社家の言説

ところが勤番からの離脱は、そう簡単には達成できなかった。文政五年（一八二二）になると、勤番社家は再び八幡宮の支配の下に置かれることになり、勤番体制も旧に復した。この間の詳細な事情は不明だが、文化段階の取り決めが八幡宮と勤番社家との出入の最中の混乱に乗じて取り交わされたものであること、また八幡宮と勤番社家との内証相対によるものとして、幕府の承認を得られなかったからである。

「神主」か「祢宜」か

では、勤番体制が旧に復した文政五年（一八二二）以降の勤番社家の動向を、竹居村（八代郡小石和筋）熊野権現神主竹居斎宮を事例にみていくことにする。ここで斎宮を取り上げたのは、以後の活動が斎宮を中心に展開したためであり、これに倣った菅田天神社の文書中に、斎宮関係の史料が多く含まれていたからである。

斎宮は、文政五年（一八二二）閏正月に、八幡宮神主今沢大和守から次の願書下書を得ている[30]。

（包紙ウハ書）
「離談一件、御役所江届候写」
（端裏書）
「竹居氏祢宜神主家引分之積り、下書」

以書付奉願上候

一、竹居斎宮家之義ハ往古より国造家ニ而、百六拾社之内ニ無之処、先年百六拾社祢宜家退転候ニ付、祢宜職兼帯仕候故、其後宗旨証文之儀私方江請取候義も有之候得共、其以前直納之義ハ数々証拠御座候間、此度祢宜家引分ケ相立故、祢宜家宗旨証文ハ私方江取集メ相納メル筈ニ取極メ候上ハ、百六拾社由緒ニ付先年御裁許并其外御窺等ニ聊も差障候儀無御座候間、国造家之義ハ斎宮方より　御役所江相納候様御聞済被成下候様奉願上候、以上

文政五午年壬正月

甲府

八幡宮神主

今沢大和守

山本大膳殿

御役所

右の史料は、「竹居斎宮家は往古より国造家であり、一六〇社の内ではない。しかし一六〇社中の祢宜職を兼帯したために、八幡宮へ宗旨証文を差し出してきた。以前直納の証拠もあり、今回祢宜家を引き分け独立させた上は、祢宜家分の宗旨証文は一六〇社の由緒通り八幡宮が扱い、国造家の分は斎宮から役所へ納めたいので承認を願う」という内容である。

この史料は斎宮の「番離談」に際し、八幡宮神主が作成したものである。先の文化一四年（一八一二）の離談においては、このような「祢宜」の問題が取り上げられていなかったことからすれば、これは斎宮が番帳の「祢宜」名記載を利用し、「祢宜」家と「国造」家とを区別することにより、番からの離談をはかったものである可能性が高い。先に「村名」を利用して架空の勤番社を創り出し、番を離談したのと同様に、ここでは架空の「祢宜」家を想定し、それに番を負わせる形で離談したのではないだろうか。

特に、斎宮は自らを古代の地方官の家柄である「国造」と位置付けることによって、徳川家や武田家によって保証された八幡宮の勤番社家への優位を解消しようとしたものと思われる。同時にそれは、斎宮が一宮や総社などにも優越した由緒を誇ることであった。ただし、斎宮が「国造」を用いたのはこの史料が唯一で、以後は全て「神主」号を用いている。

これは結局、①「国造」でも「神主」でも「祢宜」家を区別する上では同じであったこと、②番を離談するにあたっては

勤番社家全てに共通する言説が求められたため、実際に勤番社家が使っている「神主」号の方が現実的かつ説得的であったことによろう。斎宮は番帳における「祢宜」名記載を利用して、「神主」家と「祢宜」家を区分し、番を離談したと推定できる。[31]

ではこの仮説をより強固なものにするために、祢宜・神主という名称の意味や、番帳における用法を検討しておきたい。両名称の一般的な理解は、地域・時代などによる意味内容の相違はあるものの、神主は「神に仕える者の中、その主なるもの」であり、祢宜は「専ら祭祀に従事するもの」で「宮司・神主・祢宜・祝の順を以て上下の別をたてられ」る。しかし神主・祢宜・祝は併称され、また神職の総称ともされることから、両者の差は極めて曖昧である。[32]『新編甲州古文書』に収載された寛永期以前の国中の社家宛文書では、神職の名称は「神主」「祢宜」「社人」が主で、そのほか「宮司」「鍵取」などが散見される。このうち「神主」の用例は最も一般的で六割近くを占め、内容も寄進・条目・社領安堵と多様である。「祢宜」宛の文書は寄進状が多く、その半数には「祈念」「宿願成就」「神前御鬮御落着」などの文言が記される。これは祭礼を専らとするという祢宜の性格によろう。勤番制度が武田家や徳川家に対し武運長久などを祈念するものとして設定されたことを考えれば、番帳の「祢宜」名記載は納得がいく。ただし実体としては、勤番祢宜となった者がそれを機に神職として成長したのであり、永禄・慶長段階から神主と祢宜が区分されていたとは考え難い。実際に、勤番社家が自らを「神主」と意識したのは、延享期（一七四四年～四七）のことであった。[33]このとき勤番社家は寺社奉行大岡越前守から年頭礼の「殿中御礼之式法献上之品幷神主祢宜祝祠官等之品迄書上可申旨」を仰せ渡されたことに対応して、吉田家へ「自今已後者神主号ニ而被下置候様」にと願い出た。それ以前は「慶長年中　権現様より已来頂戴仕罷在候御朱印御黒印ニ茂、不残神主号ニ而被成下候事顕然」であり「公儀ニ差上候御祓幷諸証文等ニ茂、皆々神主号ニ而差出シ」てきたが、「只今迄御本所様より被成下候御許状ニハ皆々祠官ニ被成下」ていたとする。つまり前々から公的に「神主」を使用していたが、吉田家からは「神主」号を受けていなかったのである。近世の神職制度が整備されるにつれ、神職者内での階層や役職分化が顕在化したのである。以上から、勤番社家が番帳の「祢宜」を「神主」として認識していたことは確実であろう。つまり竹居斎宮は、近世中期以降における神職内での職分分化を利用して、架空の「祢宜」家を設定し、番から離談したのである。

そして「神主祢宜引分」は、社家の番からの離談にとどまらず、八幡宮の支配をも否定した。先の史料で、神主・祢宜引分の上は、神主家分の宗旨証文を役所へ直納するとあるが、前述のように、宗旨証文は支配方へ提出されるものであるから、神主が宗旨証文を役所へ直納する事実のみで、十分「除支配」の条件を満たしたのである。また八幡宮の吉田家助成金滞納を理由に、吉田家直触下の地位も獲得した。

「神主祢宜引分」は、同様の趣旨により、他の勤番社家へも広まった。菅田天神社神主土屋長門守も、その一人である。文政六年（一八二三）二月、今沢大和守から土屋長門守に対して「向後神主家に対し、聊茂差障申間敷事」と記された一札が出されている。最終的な人数は不明だが、文政六年（一八二三）一〇月から僅か一ヶ月足らずの間に、一二名の神主が祢宜引分証文を八幡宮と取り交わした。今まで番を勤めてきた神主達は、これによって自らを「祢宜職」を兼帯するものとして位置付け、八幡宮神主に「御番料」を支払うことで事実上番を勤めなくなった。再び勤番体制は、空洞化することになったのである。

神主家と祢宜家

竹居斎宮をはじめとする勤番社家は、「神主祢宜引分」により番を離談したが、逆にこれによって一つの論理矛盾に突き当たった。以下では、その矛盾をみながら、「神主祢宜引分」という言説の背景を考える。

文政六年（一八二三）になると、斎宮は八幡宮神主と次の議定を取り交わした。(34)

議定証文之事

一、此度触出候番帳写江祢宜号を不認、社与認候段申立候儀者、斎宮幷ニ外兼職之者進退社頭之儀ニ付、心得違出来致度々混雑有之候間、此度以熟談右様之儀無之様取極候上者、以後社与認候共此儀ニ付聊茂惣方ニ而異論有之間敷事

一、祢宜家兼職之者ハ往古住所転居等之儀ハ不相弁候ニ付、斎宮申立候仕儀ニ至り候、此度相済候上者、本紙御番帳得与為致拝見、同物異名有之儀者兼而申談置、以後混雑不起候様取計可申事

一、吉田家江諸願筋御礼録御助成金等是又遅々致候ニ付、以来直指揮ニいたし可申事

前書之通取扱内得熟談行届、右趣意取用候上者、祢宜家配下之儀ニ付向後混雑無之候、依之議定証文致置候処、仍如件

文政六未年二月

甲府元城屋町
八幡宮神主
今沢大和守

竹居斎宮殿

右の史料は、(イ)触れ出しの番帳写へ「祢宜」と記さず「社」と記したのは、(祢宜職を)兼帯する者が進退する「社頭」の意味であること、(ロ)祢宜家兼職の者が転居をわきまえていなかったために、今回の仕儀に至った。今後混雑のないよう、番帳の本紙をみて、異なる名前が記されている場合には申し出ること、(ハ)吉田家への願い筋など遅々に付き、以後吉田家の直指揮にすること、の三条からなる。従来の勤番社家は、「祢宜家兼職」(の「神主」)との位置付けが確認された上で、ここでは「触出候番帳写」に「祢宜」ではなく「社」と記したことと、「祢宜家」を兼職している者の社名の混乱を問題としている。慶長番帳は、勤番社の退転や兼帯などの変動に応じて書き換えられ、実態にあった形での「触帳」(「触出候番帳写」)として毎年社家に触れ出されていたらしい。斎宮は番帳の「祢宜」名記載を利用し、祢宜家が

番を勤めるとしたが、今度はそれによって、従来の触帳の「社」名記載や慶長番帳と触帳との社名の異同を意味付け直す必要に迫られたものと思われる。では、議定の前提となる争論の内済をみながら、もう少し具体的に検討することにしよう[35]。

乍恐以書付奉願上候

甲州八代郡竹居村熊野権現神主竹居斎宮より甲府元城屋町八幡宮神主今沢大和守相手取不法出入申立、（中略）於国元ニ熟談内済仕候趣意、左ニ奉申上候

一、甲府元城屋町八幡宮之儀者、慶長十三申年中桜井安芸守殿・小田切大隅守殿御番帳被下置、今沢大和守幷ニ国中百六拾人之祢宜ニ而致奉仕、毎年五九両月三日之神事幷ニ御番与唱、年中日割之御祈願相勤、大和守右相触罷在候得共、年久敷儀故追々祢宜家退転候茂有之、外神主或者下社家等ニ而致兼職候、残りハ大和守ニ而兼職罷在候、然ル処此度竹居斎宮儀大和方ニ而祢宜号を不認、社与認メ触出候段申立候得共、右者兼職之者江者祢宜号を以触候儀者難致、近年いつとなく社与認替候間、此度熟談ニ而是迄之通致置、往々祢宜家を引分ケ御由緒之通祢宜家不残立候節者祢宜号を以相触可申筈極メ、当午年触帳ニ是迄書載無之石宮与申名目書加江候儀者、大和守兼職候甘利勘七郎与申祢宜跡、甘利村石宮明神神職ニ為相兼候間右名目加江候儀ニ而、是迄類例有之儀ニ候得者、是又申分無之、脇々江渡置候御番帳写江者斎宮兼職竹居之祢宜を書載無之由申立候儀茂得与承合候処、元来斎宮兼居候祢宜跡、慶長年中青柳長三郎儀竹居村ニ住居候節者竹居之祢宜与有之候得共、元和年中者塩田村ニ転居候ニ付塩田之祢宜与認候儀も有之、其後退転致し斎宮兼職ニ相成候処、此度差出候御番帳写江塩田之祢宜与認有之候而竹居之祢宜与無之候ニ付、省かれ候儀与心得候得共、素より竹居之祢宜・塩田之祢宜両家ニ無之、住所を以唱来候名目ニ而、斎宮兼居候祢宜家ニ相違無之上者、古来之名目を省き新名ニ可引替候巧ニ無之段も相分り、以来是迄斎宮兼職いたし候祢宜家之御由緒ニ付聊以差障無之間、斎宮方ニ而茂申分無之候、斎宮幼年之節預ケ置候　吉田家御助成金之儀茂先議

定之通相用、此度不残相渡し斎宮方江請取候間、是又申分無之候、右八幡宮神楽殿之儀も早速御修覆いたし、五九両月御祈願候儀差支無之相勤り候様仕候上者、私欲之儀ニ無之、向後者八幡宮　御免勧化之儀被　仰付候節者勧物不残御修補ニ相成候様可取計筈極、以来混雑無之治り宜敷様議定証文いたし置、双方無中分内得熟談相整、偏ニ御威光与難有仕合奉存候、何卒以　御慈悲御吟味以前御下ケ被成下置度、一同連印以書付奉願上候、以上

文政六未年二月

山本大膳御代官所
御朱印地
甲州八代郡竹居村
熊野権現神主
竹居　斎宮（印）

御朱印地
甲府元城屋町
八幡宮神主
今沢大和守（印）

寺社
御奉行所

右は、「神主祢宜引分」という架空の論によって社家の実態を説明しようとしていることを前提に、次のような内容になろう。八幡宮は慶長一三年（一六〇八）に番帳を下し置かれて以降、今沢大和守と国中一六〇の祢宜により、五月と九月の神事および年中日割りの勤番祈禱を勤めてきた。しかし年を経て退転する祢宜家もあり、その跡の番をほかの神主や下社家が兼職し、残りを大和守が兼職することになった。これを前提に、以下の点が確認された。①大和守が（触帳に）「祢宜」ではなく「社」と記したのは、（祢宜家）兼職の者には「祢宜」とは触れられないので、近年「社」と書き替えた。今後は今まで通り「社」と触れ出すことにし、由緒の通り祢宜家が成立すれば「祢宜」号で記す。②今年の触帳にこれま

で記載のなかった「石宮」を加えたのは、大和守が兼職していた甘利勘七郎という祢宜の跡を、甘利村石宮明神の神職へ兼帯させせたためである。③番帳の写へ斎宮兼職の「竹居之祢宜」の記載がなかったのは、斎宮兼職の祢宜跡である青柳長三郎は慶長年中は竹居村に居たので「竹居之祢宜」と称したが、元和年中には塩田村へ転居したので一時「塩田之祢宜」と称した。その後退転し斎宮の兼職となったが、今回番帳写に「塩田之祢宜」とあったので「竹居之祢宜」を省いたと思った。ただし本来両者は二つの家ではなく、住所で呼ぶので斎宮兼職の祢宜家に間違いない。④斎宮が幼少の折、大和守方へ吉田家助成金として差し出した金子も、先の議定通り残らず斎宮方へ返した。八幡宮神楽殿も早速修復し、五・九月の祈願に差し支えなくしたからには、私欲があるわけではない。

先の今沢大和守からの議定証文が、本史料④部分にある「先議定」に相当する。議定証文の（イ）は①、（ロ）は②③、（ハ）は④に、それぞれ対応する。

まず触帳へ「社」と記した理由は、「神主」が祢宜を兼職しているために「祢宜」とは記せないとする。ただしこの実際の理由は、社家にとって「神職」と「神社」が同義のものとして認識されていたために生じた変化と思われる。神職が神社を世襲する状況が、神社を神職の家産のように認識させ、両者を同一視させていたのである。これに、前述の「祢宜」=「神主」、「村名」=「在村の神社」という認識が結び付いて、例えば「竹居之祢宜」が「竹居村の熊野権現社の神主」、つまり「竹居之社（熊野権現社＝神主）」のみで記されるようになったと考えられる。

ただし、神主と祢宜を区分したことによって、「社」名記載では不都合が生じたのである。②③と（ロ）をみると、勤番を命じられた祢宜は、転居した後も番を勤めることになっているから、斎宮は勤番を神職の世襲する勤めと位置付けようとしていたことがわかる。そもそも祢宜と神主を引き分ける発想は、神主家の者は神主職を、祢宜家の者は祢宜職を世襲するものであるという認識を前提に成立する。このようなイエと職の関係をここでは「家職」と呼ぶが[36]、斎宮は勤番を家職の一部に取り込んだのである。神社が神職の家産と認識され、同時に勤番が神職の家職であるとすれば、触帳に

「社」と記された場合には、神社を進退する神主家が想起され、勤番は神主家の家職と認識されてしまうことになる。斎宮の理想は、熊野権現社は神主竹居斎宮の家産であり、勤番は架空の祢宜家の家職であることであった。そこで触帳の「社」記載の意味を、「（祢宜家）兼職之者」が進退する「社頭」、と限定する必要があったのである。(37)

この「神主祢宜引分」という事態は、結局、家産・家職というイエ意識に深く根ざしていたことがわかる。これは、勤番社家が文化期に個々のイエの由緒を確立し、神職としての社会的立場を上昇させていた一つの結果でもあった。

おわりに

勤番社家の組織離脱をめぐる活動と言説から、社家が自らを社会の中でどのように位置付けようとしたのかを検討した。まず、菅田天神社神主が、同社に伝存する「楯無鎧」を寛政五年（一七九四）に将軍へ「上覧」させ、その後江戸で諸大名などへ拝覧させた事例を取り上げ、社家の地域を越えた広範な経済活動と手筋の拡充のあり方をみた。同時に同社神主は、将軍への鎧「上覧」を機に、八幡宮優位の下での勤番体制という由緒から、勤番社家個々のイエの由緒を自立させた。このような由緒の形成を支えた背景の一つに、「神職」意識の高まりがある。勤番社家は、寛政期以降の神葬祭争論の中で、役所への宗旨証文の提出のあり方から、檀那寺や村方から「神職」として自立していることを強く意識し、化政期には、官位取得に伴う下司や敬称の確認を通じて、代官所支配からの離脱を意図した。所属集団や身分序列が再確認されるとともに、「神職」の社会的立場が確立していったのである。勤番社家は、以上の事象や自らのイエの確立を背景に、旧来の「文書」の読み替えを行い、様々な言説を展開することで、勤番体制を形骸化させていった。

従来組織にあってその存在を保証されてきた社家が、由緒の上でも社会的な立場としても、組織によらず個々のイエとして存続できるようになったのであり、それは一八世紀末から急激に展開したのである。

最後に残された課題を、仮説を交えて四点述べたい。

（一）本章でみたような勤番社家の言説は、幕府の権威を否定することと同義である勤番制度そのものの否定には至らず、そこからの離脱にとどまり、この後も勤番制度自体は維持され続けた点である。こうした動向が、文政期以降の社家の言動にどのような規定性を与えたのかを検討する必要がある。

（二）社家の言説の巧みさという問題である。社家にとって重要だったのは、何が事実かではなく、彼らにとっての「真実」を主張することにあった。「神主祢宜引分」は、その最たるものである。斎宮は八幡宮神主の書物を金で引き取ったり、「古筆印形等写取、証拠書物を拵」え出入を申し掛ける「巧事多きもの」と評されており、当時の斎宮に対する人々の認識の一面がわかる。勤番社家は、国中における知識階級に属する者であった。神学や国学はもちろん、京都に遊学し天文暦術・有職故実、あるいは和歌を嗜み、塾や文化サークルでの活動も多面的である。なかには『甲斐国志』という地誌編纂事業に参加した神主もいる[38]。社家は文書や金石文に造詣が深く、それらが巧みな言説の背景にあったのではないだろうか[39]。

（三）幕末維新期における社家の動向である。国中の社家は、武神兼備の家柄、すなわち「兼武神主」と称される。ただしこの呼称が勤番社家にみえるのは、管見の限り文化期以降である。近世初頭には神職と武士が未分離な場合もあったが、勤番社家が徳川諸陣へ参陣する目的は、戦勝祈願の祓を献上することにあった。これは勤番社家が五月と九月に八幡宮へ参集し祈禱をするという、勤番制度へとつながる。しかし社家は八幡宮支配体制から離脱する過程で、参陣を個別社家の由緒のうちに捉え返した。さらには家康の諸陣で軍功を立てたという、「武」士の由緒を確立したのである。これが後に、「断金隊」や「赤心隊」という神職草莽隊の結成の背景として注目されるのではないか。

（四）社家と同職者組織の関係についてである。社家は、家康という権威に自己を結び付けることで由緒を展開したが、これを媒介したのは、神祇管領長上吉田家であった。しかし吉田家へ接近することで社会的立場を上昇させ、八幡宮の支配を否定した社家は、以後吉田家との関係を求めなくなる。嘉永七年（一八五四）の文書では、社家が「職掌筋之道を失ひ、吉田家之指揮も一向不相守、乱妨ニ相成」ったと記される。つまり社家にとってみれば、吉田家も彼らの社会的立場を確立するための一つの道具にしか過ぎなかったのである。地域的な神職組織である勤番体制や、吉田家による全国的な神職編成といった旧来の組織は、近世中期以降、社家個々のイエが確立する中で実質的な機能を失っていき、社家のイエを保証する新たな社会体制への模索が進められるのではないか。

（1）佐々木潤之介『幕末社会論』（塙書房、一九六九年）、中井信彦『転換期幕藩制の研究』（塙書房、一九七一年）など。
（2）久留島浩「村が「由緒」を語るとき―「村の由緒」についての研究ノート―」（久留島浩・吉田伸之編『近世の社会集団―由緒と言説―』山川出版社、一九九五年）。
（3）1章参照。
（4）『甲斐国志』五巻（『大日本地誌大系』四八、雄山閣出版、一九六八年）。
（5）以下、特に断らない限り、本文中の「　」内引用史料および事実関係は、菅田天神社文書（山梨県甲州市塩山、菅田天神社所蔵）による。8章参照。
（6）静岡県旧所領村岩田幸恵家文書　四九四。高埜利彦氏のご教示による。
（7）比留間尚「江戸の開帳」（西山松之助編『江戸町人の研究』二巻、吉川弘文館、一九七三年）によれば、甲斐国の江戸への出開帳は時代が下るとともに増加する傾向にある。菅田天神社らの開帳志向も、それと連動しよう。また開帳においては、講中のような信仰組織の役割が重要な比重を占めるなかで（北村行遠『近世開帳の研究』名著出版、一九八九年）、それを持ち得ない地方中小社の限界を考える必要がある。このほか、鎧に関しては、寛政三年（一七九一）の将軍の相撲「上覧」（高埜利彦『近世日本の国家権力と宗教』〈東京大学出版会、一九八九年〉にみるように、この時期の将軍権威と民衆意識の問題など、多くの論点を含んでいる。8章参照。
（8）文政八年（一八二五）、菅田天神社分家六所明神神主土屋備後は、訴訟の一条で新羅宮が文政五年（一八二二）の勧請であると主張した。長門側の答弁はなく、裁許では「新規ニ縁起取調候ハ長門守不行届」とあるが、特に咎はない。六所明神側の主張の信憑性に疑問もあるが、少なくとも文政期以前には存在しても省みられなかった神社と思われる。

(9) 近年由緒が作られる社家的背景や権威に対する民衆意識に注目し、由緒を捉え直す研究が盛んである（大友一雄「献上役と村秩序」〈『徳川林政史研究所研究紀要』二一号、一九八七年〉、『近世の社会集団』前掲注(2)など）。甲斐国の由緒は、『甲斐国志』という地誌編纂事業に伴い（文化二年〈一八〇五〉開始、同一一年〈一八一四〉成立）確定する（山本英二「浪人・由緒・偽文書・苗字帯刀」〈『関東近世史研究』二八、一九九〇年〉）。社家の由緒も、その一環として考えられる。

(10) 「武州信州甲州古文書」（東京国立博物館蔵）。『甲斐国志』五巻には、「州人自古栖無ト称シ奉祀シテ開櫃コトヲ為ザリシニ元文中青木文蔵奉命本州ニ来リ閲州中故事時始テ開櫃弥後間々請テ観之者アリ」（巻百十九、附録之一）とある。ほかにも、鎧の拝覧には所説がある。

(11) これは「権現イデオロギー」の問題として研究されている（大友・山本前掲注(9)論文など）。この後、社家の由緒が朝廷などに向かうのは、「権現様」に結び付いた由緒が社会の中で相対化され、飽和状態となっていかざるを得なくなったことや、朝廷や地域権力（例えば戦国大名など）の存在を一つの権威として容認しうる社会認識が形成されたことによろう。

(12) 椙山林継「吉田家関東役所の創立と初期の活動」（『日本文化研究所紀要』四五号、一九八〇年）。

(13) 辻善之助『日本仏教史研究』四（岩波書店、一九八四年）。在地における神葬祭運動についての近年の研究では、澤博勝「近世後期の地域・仏教・神道―神葬祭運動の意義―」（『史学雑誌』一〇五編六号、一九九六年）がある。

(14) 菅田天神社文書一―二九〇―一。以下、同文書は菅と略述する。

(15) 椙山前掲注(12)論文。

(16) 塚田孝「近世における賤民身分の人別帳について」（『近世日本身分制の研究』兵庫部落問題研究所、一九八七年）。

(17) 山本前掲注(9)論文。同「甲斐国「浪人」の意識と行動」（『歴史学研究』六一三、一九九〇年）。甲斐国の浪人は社家との姻戚関係も多く、社会的には同一の階層に属す。従って浪人と社家の行動は極めて類似しており、山本の論点は社家にも共通する部分が多い。また同時期の国中の動向として、次の二事例を掲げたい。浪人網野新五左衛門は、屋敷の北にある安田稲荷社の祠官を吉田家へ願い出ることで一紙人別書上を主張した（網野末彦家文書、山梨県甲州市塩山、塩山市史収集写真資料）。妙心寺を本寺とする雲峰寺ら臨済宗七ヶ寺は、小本寺の恵林寺へ人別帳を差し出すことを拒否し、本寺へ直接人別帳を差し出すことを求める訴訟をおこしている（雲峰寺文書、山梨県甲州市塩山、雲峰寺所蔵）。

(18) 享保期におきた反八幡宮支配争論の際、訴訟方の社家は八幡宮への人別帳の差し出しを否定し、村方と同一人別帳であることを主張した。当時社家は宗教者としての自立よりも、目前に存在する八幡宮支配の打破に力を注いでいたからである。2章参照。

(19) 一宮の神主は安永期に吉田家から神葬祭を伝授し、二宮の神主は寛政元年（一七八九）に神葬祭争論をおこしている。吉田家江戸役所の設置以前にも国中社家の神葬祭への関心は高まっていたと思われるが、本格的な神葬祭争論は江戸役所の設置以後である。

(20) 武家官位以外で、官位制度を幕藩制国家の中で位置付け直す研究としては、宮地正人「幕藩制下の官位官職制度」（『天皇制の政治史的研究』校倉書房、一九八一年）などがある。

(21) 菅一―二六二―二―二―③。

(22) 菅一―二六二―二―二―②。

(23) この時期に官位に伴う問題が取り上げられたのは、近世中期以降、幕府が儀礼重視による秩序維持をはかろうとしたことや、幕藩体制の安定の中で朝廷の権威が復活してきたことの影響と思われる（小野将「近世後期の林家と朝幕関係」〈『史学雑誌』一〇二―六、一九九三年〉）。寛政期に仙台藩の家臣の間で「殿」「様」の敬称をめぐる争論がおきている（加藤信明編著『伊達家御給主高梨家文書』小谷三志顕彰会、一九九三年）のも一連の現象であり、この時期各所で同様の一件があったと思われる。

(24) 『甲斐国社記・寺記』一巻（山梨県立図書館、一九六七年）。これは慶応四年（一八六八）の書上で、神社や社家の由緒が維新政府の神祇官付属を願う文脈で述べられている点は注意が必要だが、文化期以降の文書は、ほぼこの主張通りの文言である。

(25) 菅一―三〇二―二。

(26) 菅一―四七。

(27) 菅一―三〇二―四―一。

(28) 菅一―三〇二―七。

(29) 菅一―一五六―二。

(30) 菅一―三〇二―五・六。

(31) 『櫛形町誌　史料篇』（櫛形町、一九六六年）には、文化一四年（一八一七）五月付で、神主祢宜引分と同種の史料が収載されている（四一〇・四一一）。これに関しては、現時点では保留としたい。
(32) 宮地直一・佐伯有義編『神道大辞典（縮刷版）』（臨川書店、一九八六年）。
(33) 菅一—一〇四—一二。
(34) 菅一—一〇四—五、裏書略。同史料は下書きで、ミセ消部分があるが、本文では修正後のもののみ記した。
(35) 菅一—一〇四—二。
(36) 本稿の「家職」は、個々の神職のイエ単位の職、いわば家業の意味で使用する。近世の神職は個々がイエを形成し、神社を家産化するほか、職すら相伝すべきものとして幕府および地域社会から公認されているからである。これについては、7章参照。
(37) 『甲斐国社記・寺記』によれば、竹居村下川鎮座の熊野権現（斎宮進退の熊野権現は、大野寺村分に鎮座する別社）は、「前々より私方進退守護」してきたが、「文政年中より宮座青柳孫右衛門江相任置申候、尤同人儀本所吉田殿許状ヲ帯神勤仕候」とある。また斎宮兼帯の奈良原村国建神社も、文政年中に産子による社木伐取訴訟のところ、示談の上「産子方江相任置」いていた。文政期の斎宮は、兼帯社の宮座や産子の突き上げにより、村方における旧来の権利を維持していくことが困難になっていた。「神主祢宜引分」は、村方における斎宮の権益確立の動向とも読める。化政期以降における村内の変質は多くの研究の示すところであるが、その状況を踏まえた上で社家側の動向も整理し直さねばならない。
(38) 『甲斐国社記・寺記』、上小河原村熊野権現神主村松弾正左衛門。
(39) 由緒の作成における学習については、久留島前掲注(2)論文や、小野将「幕末期の在地神職集団と「草莽隊」運動」（『近世の社会集団』前掲注(2)）にまとめられている。

5章　勤番制度の再編——天保〜幕末期

はじめに

ここでは文化期に実質的に空洞化した勤番体制が、その後どのように推移したのかについて、文政期から幕末期を対象としてみていく。文政期の社家の言説が勤番制度そのものの否定には至らず、勤番制度自体は維持され続けたことが、文政期以降の社家の言動をどのように規定性したのかについて、具体的に検討していく。その際、社家の言説の中に勤番制度と社家のイエや職分がいかに強く結び付いていたのかを考えることとしたい。

1節　八幡宮の断絶と勤番の再編

文政期になると、国中社家間の争いは、ほかの集団とも関わり合いながら展開していくことになる。文政一〇年（一八二七）、八代郡白井河原村表門神社神主宮川伊勢を頭取とする四四名の社家が、府中八幡宮神主と上曾根村（八代郡中郡筋）本山派修験東養院義敬を相手取る訴訟をおこした(1)。ここでは、八幡宮神宝の馬印と八幡宮隣寺の長谷寺との地境が問題となった。八幡宮には「拾六人山伏」とある慶長一九年（一六一四）の人留往来手形と「御寄附の訳等不相分」「馬印と申伝候品」があった。修験義敬は仲間組合の言い伝えとして、先祖が「往古御陣中」へ出て「馬印」などを拝領したという話を持ち出し、八幡宮が所持する馬印を八幡宮配下の祢宜と一緒に徳川陣中（の家康）へ御目見に出た際に修験に下されたものであり、それを八幡宮に預けたということにした。それを引き取る代わりに奉納金二両を八幡宮へ納めたのである。八幡宮から譲り受けた馬印は新しく葵紋付の長持ちに入れ、これを守護することになった義敬は、守札に「御祈願所」と記し、格別の由緒があるように申し触れたという。八幡宮が所持するという人留往来手形とは、次のようなものである。(2)

甲州社人府中八幡宮幷勤番之宮共　大御所様御目見江ニ参罷帰候間、上下百十五人分御裏判被成可被下候、但内拾六人者山伏、以上

（慶長一九年）十二月十九日　嶋清左衛門

日半兵衛

本　上野様

成　隼人様

安　帯刀様

右無相違可被相通候、以上

本　上野

成　隼人

安　帯刀

人留
御役所中

この往来手形は同月同日付で一六〇社以外の勤番除社など一九人分のものが一宮にも残されている。御目見から甲斐国へ帰国する際の一時的な効力しか持たない文書であるが、家康との関係を示す文書として、後年その価値が意識されたのであろう。勤番社家が家康に関わる由緒を作り上げていく中で、修験もそれに倣った行動を起こしたものと思われる。

結果、東養院義敬をはじめとする山伏一五名、府中八幡宮神主今沢大和守方社人山本兵庫らが逼塞や押込となり、社家四五名が当初は事態を等閑にしながら出訴したことにより急度叱、九四名も事態を等閑にしたことにより叱りを受けた（巻末表2参照）。勤番社家のほぼ全員が処罰を受けるという大規模な仕置きであった。大和守はこの一件によって軽追放となり、八幡宮神主職を追われたため、神主家は断絶した。この訴訟の際、勤番社家は「先年取置候配下除之証文ニ者勝劣者無之、別社別格ヲ書顕し請取置、御信用ニ不相成迚、後ニ者俄之振り替、配下之筋を申立」てた。勤番社家はいったん配下から離脱したにもかかわらず、この一件において府中八幡宮神主の「配下ニ而附属之趣ヲ自分より品々申立」(3)てたのである。勤番社家は自ら八幡宮の配下であると主張し、吟味を願うことによって、府中八幡宮神主を断絶に追い込んだのである。これにより、勤番体制は再び社家の中で意味を持つことになった。

八幡宮神主断絶後、勤番体制はどうなったのであろうか。文政一〇年（一八二七）一二月二四日、訴訟方表門神社神主宮川伊勢らは、次の請書を甲府勤番山手役所に提出した。(4)

御受書之事

一、今般御仕置被　仰渡候節、私共江茂被　仰渡候通り、地所境目元形ニ相直り候場所為御見分、御出役其節八幡御朱印拾六通、御白旗二流、私共等与相改候上、御役所御封印被成下、是迄之通り御宮江差置不取締無之様急度守護仕り、私共勤番罷出候節、姓名帳面ニ相認印形仕り、退番之節山手御役所江御届可申上候、是亦被　仰渡奉畏候、以上

文政十亥年十二月廿四日

勤番神主

八代郡白井河原村
表門神社神主
宮川　伊勢　印
同断
巨摩郡駒井村
尾鱗神社神主
上原伊勢之介印

山手
御役所

八幡宮の朱印一六通と白旗二流を改めた上で、これらを今まで通り八幡宮において守護すること、勤番に出た際は帳面に姓名を認め印形し、退番の時は山手役所へ届けるという。八幡宮神主が追放となったために、勤番社家は八幡宮の朱印状と白旗を守護するという役割を得たのである。勤番に関わる条目と番帳は、翌年、神主の親類から勤番社家に引き渡された。それには、次のような添状があった(5)。これを見ると、番帳がどのような状態であったのかを知ることができる。

添書之事

一、今般御渡申候御番帳御条目都合四巻之内、慶長年中桜井安芸守殿・小田切大隅守殿被成下置候御番帳ニ者、削十二ヶ所、削書入五ヶ所、削之上張紙三ヶ所、飛火焼穴三ヶ所、尤文字ニ者無差支、墨引十ヶ所、墨附拾六ヶ所、文字無障汚廿弐ヶ所、外ニ条目之上下中程之下と奥書之上ニ有之虫喰廿弐ヶ所、内表紙三ヶ所、本紙ニ四ヶ所、奥書ニ廿弐ヶ所、文字者差支無之、殊ニ奥書之儀異紙ニテ御座候内、四奉行方御条目ニ者、桜井安芸守殿信忠之忠之字削有之、林部之三字削書直し、宮三之二字摺、尤文字無差障、右之趣私立会相改御引渡申候所無相違御座候、為念如此御座候、以上

文政十一子年　五月十七日

今沢右衛門親類
上万力村神主

今沢美作守　印

国中
御同勤中

右之番帳ニ添へ請取

「御番帳・御条目都合四巻」のうち、慶長年中の番帳には、文字の削り一二ヶ所、削り書き入れ五ヶ所、削りの上に張紙三ヶ所のほか、文字には差し支えないというものの焼け穴や、墨引一〇ヶ所、墨附六ヶ所、汚れ二〇ヶ所に加え虫食い二二ヶ所があった。同様に慶長の条目には、発給者の実名、林部の神社名が書き直されていた。まさにボロボロの状態だったのである。番帳と条目がこのような状態になったのは、4章で述べたように、文化・文政期に番帳の改竄が行われた結果と考えられる。文化一四年の一札に「八幡宮御番離談いたし書付請取候也、此書付請取候後ニ御番帳切抜候上者不用之書ニ候得共、また信玄公御番帳有之候得者、決而不用之品とも見エす候也(6)」とあったように、ボロボロの慶長番帳であっても、永禄の番帳が存在する限りは不用と認識されなかったのである。

ただし勤番社家は「永禄慶長両度之御番帳者素より不相分御書物ニ付、無拠当時之人数三組ニ相分り番外を除候組も有之、故障無之組者番外迄も差加、壱組壱人ツ、都合三人昼夜相詰勤番致居」といったように(7)、永禄・慶長の番帳はもともとよくわからない書物と位置付けた上で、神主を三組に分け、一組一人ずつ三人で番を行った。その際、勤番外の社家を含めて番を行う組もあったことがわかる。文政以後の勤番は、従来の一六〇社にとらわれない形で再編されたのである。しかも、勤番は甲府勤番支配の監視の下に置かれた。この勤番体制は、甲府勤番頭の役替えによって仕法替えが行われる場合も多かったようで、各筋を単位に組合を作り、組合単位で勤番を行った時期もあった(8)。組合は社家の上下関係を伴わない、対等な同職者集団であり、社家の望む形であったといえよう。

勤番制度の基本である一六〇社は、八幡宮との対抗関係はもちろんのこと、兼帯などによって既にかなりの変質を遂げていた。それを再編する場合、旧来の一六〇社を維持するよりも、現存する社家を単位とする方が、はるかに現実的かつ実質的であったといえる。勤番社外の社家が勤番体制に編入されることを拒まなかった理由の一つは、国中社家が勤番体制という枠組みの中で、自己の権益を確立していたからであろう。もう一つの理由は、勤番外の社家は実質的に勤番社家と大差はなかったからである。『甲斐国志』に記された国中社家一六二名のうち、勤番社外の神主は三二名である。このうち勤番除社等の神主を除く一六名のうち、勤番社の兼帯が七名、一六〇社社家の分家と確認できる者が六名ある。(9) 神主どうしの婚姻も多い中で、勤番外の社家は既に勤番社家といってもよい状況であった。

同時に、番帳は永禄・慶長とも無用の長物と化していた。文政以後の番を維持する力となったのは番帳ではなく、甲府勤番頭という幕府権力だった。甲府勤番支配の任務は、主として甲府城を守護し府中の政務を行うことにあった。甲府城鎮守・氏神という性格を持つ八幡宮は、甲府勤番支配の管轄下と認識されたのである。この時期既に勤番体制は空洞化していたが、勤番体制の枠組みが存在し、かつ勤番が公儀に対する祈禱という性格を持つ以上、幕府はそれを再編という形で維持せざるを得なかった。これまでの社家の言動をみるにつけ、幕府の監視の下でしかその再編はあり得ないとの判断があったのではないだろうか。

では、甲府勤番支配の監視下に置かれた勤番体制は、この後どのように推移していったのであろうか。天保九年（一八三八）には、祖母石村（巨摩郡逸見筋）神明宮神主上原民部ら四六名が、西下条村（同郡中郡筋）八幡宮神主下条薩摩之介ら一二名を相手取り訴訟をおこした。理由は、上原らが「頭役職」がなくては万端不取締であり、社家のみでは「御由緒之神宝旧書等乱妨ニ成行」、自己区々の分別を含んで隔意になったとして、「（今沢）大和孫（仁）二助江先規之通、跡職願上」げたいと相談していたところ、下条らが故障を申し立てたというものであった。(10) この一件中、仁助への八幡宮跡式願い上げに反対する社家は、小屋敷村六所明神神主土屋石見を中心に結束し、八幡宮相伝の白旗を六所明神相伝の品と主張して、八幡宮跡式の乗っ取りを企てている。(11) この白旗一件は石見の揚屋入りをもって決着し、その後天保一一年（一八四〇）に至り、跡式出入も双方示談になった。石見の件でもわかるように、故障を申し立てた下条らの形成は不利で、結局は上原らの主張する通り、仁助への大和守跡式願いを国中惣社家連印で行うことになった。ただしこの願いは、寺社奉行からの沙汰が下されないまま等閑に付された。

2節　世話役一件

文政一〇年（一八二七）の八幡宮神主断絶後、八幡宮は勤番社家により守護されていたが、それはうまく機能していなかった。八幡宮は神主がいなくなった後も「八幡役所」と称され、諸社家間の出入や寺社奉行所への添簡、社家と村方との対立など、様々な問題に対応する役所としての機能を持ち続けた。そのため各筋から惣代が選出されていたが、惣代は八幡宮へ出仕せず、諸事滞っていたようである。例えば嘉永二年（一八四九）に栗原・大石和筋の社家が取り決めた「連印規定書」八ヶ条の前文では「栗原・大石和両筋之儀者古府八幡宮之儀ニ付諸事打合相談ニ而両組弐人ツヽ惣代相定済来候処、追々等閑ニ相成、差掛りヲ以相談有之、刻付廻文差出候儀数度有之候得共、兎角途中ニ留置、剰会席江出張も無之、用向差支連々同職之好合も薄相成候ニ付、以来猥ニ不相成様」相談の上改めるとする[12]。後の世話役の主張によれば、諸社家は八幡宮を守護するどころか、惰溺に流れ、八幡宮収納米金なども我儘勝手に使い、勤番もせず、宮向諸殿も全て腐倒する有様であったという[13]。

そのような中で、嘉永六年（一八五三）、甲府勤番支配追手役所松平伊予が八幡宮の修復を決めた。これにより宮修復のための御免勧化が願い出されたほか、「市中重立候御用達町人・御蔵宿・両替屋、其外肝煎名主とも之内」から一一名が普請世話役に選ばれ、金子取締方などの全てが彼らに任された。この時同時に、造営中の諸事取締として神主一四名が世話役に選ばれたのである。万力筋鎮目村日光権現神主中村和泉、同筋上万力村大宮権現神主今沢右京、栗原筋下栗原村大

宮五所権現神主土屋志津摩、同筋上於曽村菅田天神社神主土屋啓次郎、小石和筋小石和村諏訪明神神主石禾直宿、中郡筋宮原村八幡宮神主桜林左馬右衛門、同筋上向山村大宮明神神主佐々木伊予、北山筋千塚村八幡宮神主窪田造酒之介、同筋小松村諏訪明神神主土屋鄯、逸見筋岩下村勝手明神神主腰巻因幡、同筋村山西割村八幡宮神主植松筑前、武川筋台ケ原村荒尾明神神主台ケ原長門、西郡筋高尾村御崎明神神主穂坂備中、同筋寺部村八幡宮神主内藤左馬之介である。これに伴い、勤番制度も仕法替えとなり、「宮中勤番ニ付申渡」書が触れ出された(14)。

宮中勤番之事

一、惣人数取調世話役之者相除、日割番帳認候上、御役所江壱帳、宮中江壱帳止置、壱帳国中神主江相廻、旧来江古復可致事

但詰切ニ而代番引受候者猥ニ相成候基ニ付、本職を忰江譲り候者、或者幼年之者等、先々申渡有之候通決而不相成趣得与相心得、於宮中飲食等之儀も前々仕来之趣を以手賄可致事

一、勤番交代届之儀者、宮中出番之節其人急度見届候上、帳面江印形取之、月々晦日ニ至、世話役当番之者月番御役所江持参いたし、改受可申事

一、世話役其外一統勤番之者申合、年中神祭諸入用其外雑費等成程省略いたし、御宮為ニ相成候様取計候を専一ニ勤功与相心得、是迄之悪弊を省、仮初ニも職行ニ不応働等決而致間敷事

一、世話役取扱之者両人充組合月番相立、其内壱人充日々詰合可申候、尤自分賄入用之儀者組合持ニ而割合相応ニ出銀可致事、

但公用ニ付飛脚人足賃銭等、同断之事

一、是迄国中神主共心得方区々ニ付、兎角行事茂治定不致次第之趣相聞如何之事ニ候、依而其筋之組合限ニ申論取極等可致者勿論、自己勝手侭之儀申暮　御趣意ニ相背候者於有之者、無拠事故其者共之姓名書付を以、早々月番御役

所江可申立事

社人共勤方之事

一、社人両三人抱置、御宮最寄ニ住居致させ、壱人充者無相違日々神前江出勤可申付事

但給分之儀者国中配札初穂物等、村分ニ而無甲乙割為取可申事

右之通此度申渡候間、一統厚相心得急度相守可勤事

丑七月

世話役を除く社家について日割番帳を作り、晦日ごとに世話役が甲府勤番の月番役所へ帳面を届け出ることが決められている。代番・隠居・幼少の者の勤番を禁じるなど徹底した仕法であり、「旧来江古復」することを目的とした内容であった。世話役は、これとは別に、二人ずつ組んで月番をたて、そのうちの一人を宮中へ詰め合わせるように命じられている。

これに対し、世話役を命じられなかった社家から嘆願書が提出された。「天正年中東照宮様御入国之節、当社交代番日割御番帳其外数多キ御由緒被下置、百六拾社御趣意重ク相心得、従古来壱人も無欠席相勤罷在申」ところ、「拾四人御番相欠候趣、左候而ハ被仰置之御趣意ニ相振候哉」として、世話役を番から除くことは東照宮の趣意に触れると主張した。世話役は日割番帳から除かれたといっても、実際には月番交代で宮中へ詰め合わなくてはならなかったが、社家にとって問題だったのは、世話役がほかの社家と異なる状態に置かれることだったのである。その上で、世話役を置くとすれば世話役の選出は国中社家が筋単位に一ヶ年ごとの入札によって決めること、世話役の賄い方も神事入用のほかは自分賄いにすべきことを主張した(15)。彼らにとって世話役は本来「甲乙無之同職」の者であるにもかかわらず、甲府勤番支配によって「筋々名主役定、格別高下」の法により設定されたものと認識された。仲間一統の入札による世話役任命を主張しているように、彼らが望んだのは、「国中神主共平均仕」る上での普請成就であり、宮造営であった。「同格」意識の強い社家に

とっては、甲府勤番支配による世話役任命は支配頭としての八幡宮神主への反発と同様、許容できないものであった。甲府勤番支配役所では、世話役仰せ付けについて筋ごとに請印を取らせようとしたが、実際に請印を集めることは困難であった。ただしそれを強行する形で世話役による普請が開始された。甲府勤番頭が世話役を置いた経緯やその選出基準は不明であるが、ともすれば区々になりがちな社家を統制し、八幡宮造営の気運を高めるためには、かなり強圧的な施策が必要だったはずである。そのために「旧来江古復」した日割番帳や世話役を設定したのであろう。しかしそれは、かえって社家から大きな反発を招くことになったのである。

八幡宮の修復が始まり、随身門が完成した。しかし世話役以外の社家の難渋が重なり、造営途中の七月に世話役は解任され、造営も中止となった。そして嘉永七年（一八五四）一〇月、広瀬村（八代郡小石和筋）八王子権現神主河野兵庫が、国中社家の約八割強にあたる神主一一七名の惣代として、元世話役のうち三名を相手取り訴訟をおこした。相手となった三名とは、村山西割村八幡宮神主植松筑前守、小松村諏訪明神神主土屋蔀、上於曽村菅田天神社神主土屋啓次郎である。

訴訟内容は、次のようなものであった[16]。

①甲府八幡宮神主の家筋は、「元来私共同輩仲間」である。

②八幡宮神主家断絶後は、植松筑前・水上安芸が悪意をもって八幡宮仕法をたて、一統の相談が行き届かないようにした。

③甲府勤番頭より、一三八人中一三人の者に八幡宮取締世話役が仰せ付けられ、世話役は勤番日割番帳から除かれ、その分をほかの神主へ割付け、役料を差し出させた。

④神領収納金を残らず取り上げ、本社と元八幡宮社中まで伐木して売払った。また寅正月から御免勧化のところ、いまだに行っていない。

⑤安政元年（一八五四）七月に、社務差し支えにつき世話役を免じられたが、世話役中の収納金・伐木代金のことを掛

け合っても一切相談を受けない。
⑥世話役中の三人で馴れ合い、ほかの一〇人へ相談をせず、社役の差し支えになった。
⑦今般の朱印改めに際し、収納米金がなくては社役に差し支えるようにした。そのほか一切社役に差し支えるようにした。
⑧今沢大和守縁辺の者と同志の者が仁助へ神主職取立を願い、なお後見取締として永く横行するつもりである。
これに対する相手方の主張は、次である。[17]
①大和家にて、国中神主を支配してきたことは、享保一〇年（一七二五）の出入でも自明である（寛文・享保・天明の裁許状提出）。
②植松・水上については、訴訟方が述べるような事実はない。
③世話役の請書は役所へ差し上げる印書で済ました。また複数の神主はいったん請印を承知したにもかかわらず、市川大門村二宮神主青嶋美濃らの弁舌によって変心した。
④八幡宮収納米金取り立て方は、その時々役所に伺いの上取り計らい、伐木も相手方土屋志津摩（下栗原村）などと相談の上、（役所の）下知で入札した。御免勧化巡行は、ともかく人気区々にて相談が決着しないために延引となった。
⑤世話役を免じられたのは青嶋や河野の仲間が世話役を妬み我儘勝手をしているからであり、造営も中止となった。
まず、なぜ訴訟方は世話役のうち三人のみを相手取り、訴訟をおこしたのであろうか。先にみたように、諸社家にとっては世話役自体がその反発の対象であったはずだからである。しかも同じ世話役だった者ですら、訴訟方に加わっていた。この原因の第一は、①の主張にみられる八幡宮支配体制に対する認識の違いにあると思われる。訴訟方の社家は、八幡宮と自分達が「同輩」であると主張している。従来からの八幡宮支配体制への抵抗、またはその否定の論と同一である。これに対し、相手方三人は、八幡宮支配体制を認めた上で、八幡宮神主を「支配頭」であると認識している。つまりこの争論は、八幡宮支配体制を容認する者と八幡宮支配体制を否定する者との対立であった。さらにいえば、訴訟方の主張⑧に

あるように、訴訟方は相手方が八幡宮支配体制を利用して「永横行可致巧」と認識している。八幡宮神主およびその支配体制そのものを支持するか否かではなく、八幡宮支配体制を借りて台頭しようとしている（あるいは台頭しようとしていると諸社家が認識した）社家を支持するか否かの問題であったといえよう。相手方三人が八幡宮支配体制を支持しているのは、自らの権益を拡大するための方便として諸社家に理解されていたのである。

巻末表2を参照すれば、この世話役一件の特徴がより明らかとなる。訴訟方の社家の中には、従来反八幡宮支配に関する訴訟に一度も参加したことのない者が多く含まれている。逆に相手方の三人、および訴訟に加わっていない社家の中には、従来一貫して八幡宮支配体制を否定してきた者が含まれているのである。世話役一件の相手方の一人、菅田天神社神主土屋啓次郎は、その典型である。

相手方となった世話役三人について、多少説明を加えておく。この三人は、世話役の中でも主要な立場の者であった。植松筑前守と土屋蔀は、世話役惣代である。土屋啓次郎は不明であるが、世話役を勤めている間の諸事記録を残していることから、それ相応の地位であったことが推測される。植松筑前は村山西割村八幡宮の神主である。同社は中世では熱那庄九ヶ村の総社であり、近世では村山三割（三ヶ村）の惣鎮守として、逸見筋でも有力な社であった。天明期頃からは府中八幡宮神主の後見役を勤め、反八幡宮争論に参加した形跡はない。いわば従来からの八幡宮支持勢力であった。それに比べ小松村諏訪明神神主の土屋蔀は、享保・天明と反八幡宮訴訟に参加している。土屋啓次郎の場合、一貫した反八幡宮勢力であり、その主導的な立場にあった。ところが世話役に就任した啓次郎は、全くその立場を逆転させてしまう。あまつさえ、世話役一件における彼の行動は、今までの自家の活動を全否定したに等しい。

菅田天神社神主土屋啓次郎は、なぜこのような態度をとったのだろうか。訴訟方が主張するように「永横行可致巧」かどうかはわからないが、他社家をそのように思わせるだけの実力を持っていたことは確かである。楯無鎧を守護し武田家から崇敬を得ていた菅田天神社は、天正一一年（一五八三）の朱印状、慶長八年（一六〇三）の四奉行黒印状を得て、いち早く寛永一九年（一六四二）に家光朱印状を下付された神社の一つであった（補論参照）。さらに神主土屋七郎次は、神祇管領長上吉田家の神道裁許状を慶長一四年（一六〇九）に取得している。土屋家が近世初期の段階から反八幡宮争論を主導したのも、国中の大社であると自負していたからであろう。さらに反八幡宮争論を展開する中で、土屋家は国中社家の中で名実ともに有力な社家になっていた。反八幡宮争論で獲得した社家の由緒は一六〇社という枠組みの中で均一化されるものであったが、菅田天神社の場合、それ以上に神社および神主家の勢力が抜きん出ていたのである。

3節　今沢家と八幡宮神主職

八幡宮神主跡式願い上げが天保一一年（一八四〇）に上原民部らによってなされたこと、それは沙汰のないままであったことは前に述べた。世話役一件の少し前、嘉永六年（一八五三）冬に、水上安芸守が神主一三人の惣代として天保一一年の再願を寺社奉行所に提出した。水上の願書がないので詳しいことはわからないが、翌年一一月に世話役一件相手方の三人から、水上の再願を援護する形での口上書が提出されている[18]。彼らは先に見たように、八幡宮の支配体制を認め、その上で今沢大和孫仁助への跡式相続を願い上げたのである。再願いを提出した一三人は、世話役一件における三人の仲間であった。

それに対し、他社家は反発の色を濃くした。嘉永七年（一八五四）一一月二二日、三郡神主一二三人惣代兼として、倉科村（山梨郡万力筋）黒戸奈神社神主今沢大内之介と、野呂村（八代郡大石和筋）大宮橋立明神神主古屋（降矢）伊勢亮が、寺社奉行所に対し八幡宮神主職についての願い上げを行った[19]。これによれば、今沢大和家筋は、「不相当」な頭職になったために、その後混雑が絶えないとし、八幡宮支配体制を否定した上で、大和守孫の仁助に「八幡宮・三輪明神両社神主のミ」仰せ付けられるように願い上げたのである。さらに文政期国中一三八人の神主へ仰せ付けられた八幡宮の白旗と朱印の守護については、本来の白旗は焼失していること、朱印も神主出来の際に引き渡せば諸社家が大切に守護すべき由緒の品はないと述べ、以後銘々奉仕の社の社格をたて、年頭礼などを行いたいとした。そして、八幡宮は「永久支配頭与無之」「百六十八人之者共義ハ、八幡宮ヲ相離れ」たき旨を主張したのである。大内之介らは、仁助への神主職を願い上げた上で、八幡宮の守護を否定し、その上で八幡宮支配体制の中核である支配頭としての仁助を否定したのである。

ここにはいくつかの背景と、社家の妥協があったと思われる。一つは、この段階において八幡宮神主職自体は全く無力化し、八幡宮神主としての仁助は事実上とるに足りないものとなっていたことである。社家が恐れていたのは、「支配頭」という枠組みの存在であった。二つ目は、八幡宮神主職がいないことで、諸社家が八幡宮の造営修復や朱印改めなどの諸事取り計らいをしなければならなくなったことである。八幡宮の守護は、結局社家の負担増加という形ではねかえってきた。文化期から始まる番離脱の結果、勤番社家は支配機構の上でも府中八幡宮から自立した一個の社家として社会的な立場を得ていた。「権現様」との関係も自らの由緒の中に取り込んでしまった社家にとって、府中八幡宮が所持する家康の白旗や朱印状は、大した意味を持たなくなっていたのである。社家にとって八幡宮の守護は八幡宮神主を断絶に追い込んだ時点では大きな成果であったが、八幡宮の造営修復や朱印改めなどの諸事取り計らいを経るに従って、かえって諸社家を煩わせるものとなった。そこで神主職を立て、八幡宮の守護から逃れようとしたのである。三つ目は、訴訟方が自らの中に従来から八幡宮を支持していた社家を抱え込んだためである。これらの社家の中には、仁助の八幡宮神主職願い上げに賛同する者も少なからずいたはずであり、彼らを訴訟方の中にとどめておくためにも、仁助の神主復職を容認することが先決だったと思われる。以上のような理由により、訴訟方の社家は八幡宮神主職を願い上げ、逆にその支配を離脱する方法をとったのである。

寺社奉行側は、二つの願書を受けた形で、安政元年（一八五四）一二月中、仁助へは八幡宮と三輪明神の神主職のみ仰せ付けることを諸社家へ申し渡した。それが正式に申し渡されたのは、翌年の四月一日のことである。同日、前述の旨が今沢仁助に達せられるとともに、神主一二人惣代水上安芸守代兼土屋啓次郎と神主一二三人惣代兼降矢伊勢之亮、今沢大内介の連印により、今沢仁助の神主職仰せ付けについての請書が提出されている。(20) 請書写の控によれば、「甲府八幡宮元神主今沢大和儀、文政十亥年十二月御仕置被　仰付候処、今般右大和孫今沢仁助江同社神主職為相立度旨国中神主共総代ヲ以奉願上処、願之通り御聞届被遊」たとし、「尤仁助頭職之儀者先此節何れとも御沙汰不被及、且大和跡式与者相心得間敷旨被仰渡、是迄八幡宮勤番神主共ニ而守護致し罷在候　御朱印幷社附之品々者仁助江引渡シ可申旨是亦被仰渡」たものであった。仁助の「頭職」は沙汰をせず、「大和跡式」ではないと断った上での八幡宮神主職への復帰であった。これは双方満足のいく内容であったと思われる。勤番社家は、朱印・社付の品を仁助へ引き渡すことを約し、八幡宮の守護という任務を終えたのである。

ところが、この請書が提出された一一日後の四月一二日、一二三人惣代として大内介・伊勢亮の二人から、寺社奉行に対して再び願書が提出された。勤番免除願いである。(21)

(端裏)「大内介・伊勢亮より除支配之願書、四月十二日差上、同廿五日御利解有之御下ヶニ被成候控、尤百廿三人惣代之趣ヲ以差上候、御掛り安藤長門守様」

乍恐以書付奉願候

甲府御城鎮守八幡宮元神主今沢大和義、去ル文政十亥年御仕置被仰付候砌、同社　御朱印幷御白旗等ハ勤番致来候神主共大切ニ可致守護旨　御裁許之御趣意相守罷在候処、先達中一同より大和孫仁助江同社幷三輪明神神主職奉願候ニ付、願之通頭職之義ハ已来差支ニも相成候旨、厚　御賢意を以御沙汰不被及、新規神主職のミニ被　仰付、一同難有仕合奉存候、且又　御朱印幷社附之品等ハ同人江引渡可申旨御請証文差上候段、国許江申遣候処、百廿人之もの共より申送候次第、左ニ奉申上候

八幡宮守護兼帯罷在候神主共之義、天正十一年　東照宮様御朱印被下置、一村一社江神領御寄附被為遊候、外ハ其

後慶長八卯年　四奉行衆御黒印を以御神領御寄進有之、廿三ヶ年之間同社勤番不被仰付候処、同十巳年　四奉行衆より右神領之外、壱社ニ付弐拾石ツヽ之俵役同普請役御引被下、猶又勤番被仰付候ニ付、小録之神主共勤番相勤申候、同十三申年　四奉行衆より勤番帳仕立御渡被成候処、寛永十七年右廿石宛之役引も御潰被成、同十九年大和先祖今沢源太郎江百六十社之神主及出入候砌、右勤番帳之義ハ御取上ニ相成申候、然処其後御代官平岡治郎右衛門殿御取扱を以双方和熟之ため猶又勤番仕候得共、度々及混雑、大和代ニ至迄頭職相勤来候処、文化文政之度同人より除支配之証文差出し、猶勤番料と号銘々より為致出金、御番御祈禱長々同人方ニ而相勤、切支丹証文其外御願筋ハ銘々一判ニ而相済候様夫々御代官所江相届平和ニ相成候処、同人義御仕置被　仰付候ニ付、同社守護之義百六十社と無之、新規百三十八人之もの江被仰付候、然ニ此度仁助江　御朱印幷社附之品等引渡、　御白旗と唱候御品ハ御取用難被遊由ニ而、天保度大和跡式差障り出入之節御焼捨ニ相成、寛永十九年御取上ニ相成候已後番帳と申伝候品ハ全如何之書物ニ付、同御取上ニ相成申候、然上ハ百三十八人之もの共大切ニ可致守護御品無之、殊ニ仁助奉仕之社頭江多人数携候得者又々争論之基ニ御座候間、銘々江被下置候　御朱印御黒印大切ニ守護仕奉仕社格相守罷在候様仕度奉存候、左候得者已来出入等決而不差起、仁助ハ勿論一同安穏ニ社務相続相成候間、何卒格別之御仁恵を以、文政度新規被仰付候勤番之義御免除被成下候様奉願候、願之通被仰付安心ニ　御朱印幷社附之品等引渡候様被仰付被下置候ハヽ、偏御憐愍難有仕合奉存候、以上

願書では、勤番制度が「東照宮様」に求められないこと、役引きがないことを述べ、その上で文化・文政期の除支配の経緯を述べ、勤番は八幡宮が勤めるようになり「平和」になったとする。その後、八幡宮神主家の断絶により、同社の守護は「百六十社と無之、新規百三十八人之もの」へ仰せ付けられたとする。また、御白旗というものは天保期に大和跡職出入の時に焼き捨てたほか、寛永十九年（一六四二）以後の番帳という品は「全如何之書物」であり、一三八人の者が守護すべき物は何もないとする。そこで文政度に新規に命じられた勤番の免除を願い上げたのである。

この願書は次の二つの点で興味深い。一つは、大内介らがあくまで「新規」勤番の免除を願い出ている点である。これは、勤番制度を否定できない諸社家が、新規という点を強調することにより番離談の正当化をはかったと考えることができる。ただしこの願書が寺社奉行所で認められれば、その論の組み立て上、諸社家は権現様による勤番仰せ付けという従来の見解を否定し、文化・文政期の除支配および勤番料による番離談も認められることになったはずである。その意味を含めて、「新規」が主張されたと思われるのである。つまり、新規勤番を主張することにより、旧来の勤番制度を否定はせず、しかもその上で旧来の勤番制度の事実変更と八幡宮支配体制からの離脱の事実を認めさせようとしたのである。

二つ目は諸社家にとって勤番制度の存在がいかに大きな力を持っていたかという点である。諸社家は八幡宮の守護から解き放たれ、仁助に対する頭職の仰せ付けもなかったにもかかわらず、それに満足していない。国中における社家関係の根幹である勤番制度の免除無くして彼らの満足はあり得なかったのである。先の請印は諸社家にとっては一つの段階にしか過ぎず、目的を達成し得たとは認識されなかったのであろう。

ただしこの願書は直ちに願い下げられ、五月一日に再び請書が提出された。寺社奉行所からの差図がないうちは、今まで通り甲府勤番支配の下で勤番をすることが命じられた[22]。結局勤番の免除はなかったのである。

この間、四月二五日に世話役一件も内済となった。訴訟方河野兵庫の完敗であった。河野らの主張した①諸社家と八幡宮神主の「同格」は否定され、支配体制の枠組みおよびそれを支える勤番体制は継続されたのである。その上で神主としての仁助に八幡宮の諸事取り計らいのみが委ねられ、甲府勤番支配の下で勤番が実施されたのであった。

おわりに

文化期に勤番から離脱した社家は、文政期には八幡宮神主家断絶のために言説を翻し、再び勤番を行うことになった。

ただし、それを実現させると勤番および八幡宮の守護をおろそかにし、最終的には勤番の否定を試みることになる。この間、勤番および府中八幡宮支配の維持をはかる社家と、それに反発する社家の間で絶え間なく争論が繰り広げられた。社家の対立構造も、それまでとは異なり、文政期までの争論の中で社会的な地位を確立した社家が勤番や八幡宮支配を支えるという逆転現象も見られた。さらに文化期に確立したイエの由緒は、勤番との関わりが二転三転する中でも変わらず機能し続けた。

今沢仁助への八幡宮神主職をめぐる争論では、①今沢というイエの再興、②府中八幡宮・三輪明神の神主への復職、③支配頭（頭職）の任命、という三つの要素が複雑に絡み合っていた。①②③は本来別のものでありながら、「跡職」として、それらが同一のものとして意識されている。府中八幡宮の神主は今沢家でなくてはならず、それは同時に支配頭としての地位をも保証するものであった。よって今沢家の再興と神主職の任命が、「支配頭」にはつながらないことを何度となく確認する必要があったのである。このような状況は、神職が神社を世襲する中で作り上げた不文律であり、同時に社会全体の不文律でもあった。

菅田天神社文書において、府中八幡宮関係の文書は安政期以後一点も存在しなくなる。幕末の動乱の中で文書が残されなかったのかもしれないが、仮に勤番制度が存続したとしても、それはもう菅田天神社社家にとって全く意味を持たないものになっていたからであろう。世話役一件以後、勤番制度が再び形骸化の一途をたどったであろうことは容易に推測できるからである。慶長以来続いてきた国中社家と勤番制度との関わりは、ここに幕を閉じたのである。

（1） 歌田昌収家文書（山梨県韮崎市、山梨県史収集写真資料）。『山梨県史　資料編13　近世6下　全県』（山梨県、二〇〇四年）六五四号。以下、『山梨県史　近世』六五四号のように略述する。
（2） 『甲国律令雑輯』三、一四号（甲斐叢書刊行会編『甲斐叢書』七、第一書房、一九七四年）。

(3) 菅田天神社文書(山梨県甲州市塩山、菅田天神社所蔵)一―二八五―二五。以下、同文書は菅と略述する。
(4) 菅一―二八五―三五―一。
(5) 歌田昌収家文書一二―二―五。
(6) 菅一―三〇二―二。4章2節参照。
(7) 文珠川家文書(山梨県甲州市塩山、文珠川かね子氏所蔵)はこ一七五。
(8) 甲州文庫 甲〇九一・七―八二。
(9) 3章表3―1参照。
(10) 文珠川家文書 はこ一七五。
(11) 文珠川家文書 た二―一三。
(12) 菅一―一八五。
(13) 菅一―二八五―二五。
(14) 菅一―二八五―六。
(15) 文珠川家文書 はこ二三二。
(16) 菅一―二八五―二〇。世話役は一四名であったが、史料中では「拾三人」とある。
(17) 菅一―二八五―二〇。
(18) 菅一―二八五―二五。『山梨県史 近世』六五五号。
(19) 文珠川家文書 はこ二三二。『山梨県史 近世』六五六号。
(20) 菅一―二八五―二二。
(21) 菅一―二八五―一五。『山梨県史 近世』六五七号。
(22) 菅一―二八五―三〇。『山梨県史 近世』六五八号。

第2部　神主の家とその活動

6章　兼帯社支配にみる神主と氏子

はじめに

慶応四年（一八六八）、甲斐国では東海道総督府参謀の申し付けを受けて、代官所から次のような廻状が村々へ出された(1)。

当村戸数人別且無宿立払之儀、神職中江申付候事

右之通於甲府東海道副御総督府参謀方より達相成候ニ付而者、神主衆江其村々家数人別等之儀諜（カ）耳有之候ニ付、不都合之儀無之様可取計候、此廻状村名下江為請印、以刻付早々順達、従留村可相返者也

辰月（ママ）廿一日
巳ノ上刻
西野村より順達
六科村江順達
市川
御役所

これは一年限りの臨時の措置であったが、神職に対して各村々の戸数と人数を調べること、無宿者の立払いを行うこと

を命じたものであった。神職に対して右のことが命じられたのは、慶応四年（一八六八）三月に出された神仏分離令の影響と、甲斐国各地に編成されつつあった浪人や神職の草莽隊への配慮と思われる。神仏分離令により、宗教の面では僅から神職へ重心が移ったことと、(2)神職に対する責任を強調することによって、彼らをすばやく新政府に取り込むための動きであった。

ところが、神職が村方の戸数人数の取り調べを担当することに対して、各村々から大きな反発がおこった。慶応四年（一八六八）六月には、巨摩・八代両郡の村々から市川代官所に宛て、次のような内容の嘆願書を参謀方に提出するための添簡願が出された。(3)

（表紙略）

乍恐以書付奉歎願候

増田安兵衛支配所、甲州巨摩郡八代郡村々惣百姓惣代村役人一同奉申上候、（中略）然処今般神職中江戸数人別無宿立払方被仰付候旨御触之上、猶神主より掛合有之誠ニ以驚入候、一体当国神主之儀者甲府八幡神主今沢（大脱）進配下ニ有之候処、右進文政度有故而一旦没収相成、其後神主触頭無之を幸ひ人別証文一紙ニ差出、兼武神主抔与申誇一己勝手之訴状を以百姓江蛩事難題申掛、国中所ニおいて迷惑仕候儀御座候、素々神主儀者天下泰平之祈願いたし、時々配札初穂取集相続仕来り候処、御朱印除地等者其身之営方ニ、社殿修覆者村々勧化いたし、剰絣目上京ニ(ママ)節も是又村方江助成を乞候身分ニ乍有之、兎角重頭之取計有之、此上人別取調無宿立払等被仰付候而者、弥増長相誇何様之奸謀取巧上を奉欺難渋申掛候儀難計、片時も安心不相成、無数之百姓一同承伏不仕、元来村方取締之儀者村役人専務与奉存候間、何様ニも精勤仕度、殊ニ大切之戸数人別帳神職とも取次差上候儀、何分承不仕、此段一同挙而奉歎願候、何卒前件奉申上候始末　御賢慮被成下、従来ニなく戸数人別書上を初メ、其余万端村方取締之儀村役人共被仰附、安心御百姓永続相成候様一同連印を以願上候、右願之通り御聞済被成下置候ハヽ、広大之御仁恵難有仕合奉存候、以上

増田安兵衛支配所
甲州巨摩郡八代郡両郡

慶応四辰年
六月

市川大門村
名主
伊祖右衛門

長百姓
半之丞

百姓代
吉右衛門

（中略）

大塚村
名主
初次郎

長百姓
市郎左衛門

百姓代
伝兵衛

下大鳥居村
名主
丈右衛門

長百姓
常蔵

百姓代
粂七衛門

□参謀方
ミ
御役人中様

（後略）

まず、当国の神主は甲府八幡宮神主今沢家の配下でありながら、同家が一時没収になり触頭が不在であることを幸いに、本来頭に提出すべき「人別証文」を「一紙」で差し出し、「兼武神主」などと称して村方百姓に難題を申しかけると述べている。もともと神主は天下泰平の祈願をし、時々配札の初穂を取集めにくるところ、朱印地や除地は自らの営みにし、社殿修復には勧化をし、神主の「継目上京」まで村方の助成を乞いながら、とかく「重頭」の取り計らいがある。このうえ人別取調・無宿立払などを命じれば、さらに増長し、どのようなことをするかわからない。また、村方取締は村役人の専務であるとする。つまり村方は神主によって、身分的にも経済的にも圧迫を加えられてきたと感じているのである。ここからは、明らかに村方と神主との確執が読み取れる。

　村方と神主との間に、このような確執が生じた経緯とその背景は何であろうか。先の史料から神主の行為についてみると、「天下泰平之祈願」「配札初穂取集相続仕来り」「御朱印除地」「勧化」となる。すなわち神主は様々な祈禱を行い、守札を配り、その対価として氏子村方から初穂や勧化金を集めた。神主はこれらの収入と社領経営によって生計を立てたのである。神事祭礼の執行とそれに対する金銭の徴収、神社の社頭や社領の経営、あるいは神主の家の存続に至るまで、それらは村方と神主との共同の営みであり、場合によっては大きな確執を生む要因ともなった。

　本章では、村内の神社が他村の神主によって支配される「兼帯社」を事例として、神主と村方との確執を明らかにし、その性格について考えたい。兼帯社の場合、神主と村方との関係が希薄となるので、それだけ両者の言説における論理を抽出しやすいからである。またあわせて神主の社会集団としての存立構造をみながら、神主の言説が、その背後にある社会集団の存在によって、いかに拘束されるのかを検討したい。

1節　前提

神職の社会集団

　まず前掲史料から、「当国神主」、すなわち甲斐国の神主の概況をみておく。右は村方からの一方的な神主像であるために事実関係に多少の誤認があるものの、甲斐国の神主の特徴をかなり的確に捉えているからである。「当国」とあるのは、甲斐国の中でも「国中」という地域に限定される。それは訴訟方の巨摩・八代両郡のうち富士川河川域にあたる「河内」を除き(4)、山梨郡を加えた地域である（図6―1）。この国中地域には、永禄三年（一五六〇）以来近世を通じて勤番制度があった。勤番制度とは、一宮などの大社を除く国中の一六〇社の神職が、甲府城の鎮守であり氏神でもある府中八幡宮に交代で参籠し、「天下様・国主様」に対して国家安全などを祈禱する制度である。この勤番制度により、府中八幡宮を中心とする勤番社家の組織である勤番体制が成立した。府中八幡宮は勤番場所であることから勤番社家より優位に立ち、貞享頃（一七世紀末）には勤番社家の触頭となっていた。さらに柳沢家が入封した宝永二年（一七〇五）以降、府中八幡宮は勤番社家の「支配頭」となった。先の史料で「甲府八幡神主今沢進配下」とあることの意味である。それと同時に、勤番社家は神職として村方人別帳から別帳化され、支配頭である八幡宮に宗旨人別帳を提出するようになった。さらに文化期（一九世紀初）に入ると、勤番社家は府中八幡宮の支配から離脱し、「人別証文」を「一紙」で代官所に提出するようになった。そして村方人別とは異なる「人別証文一紙」の提出という事実が、「兼武神主」＝武士を兼ねる神主、という言説を生む一因になっていくのである。

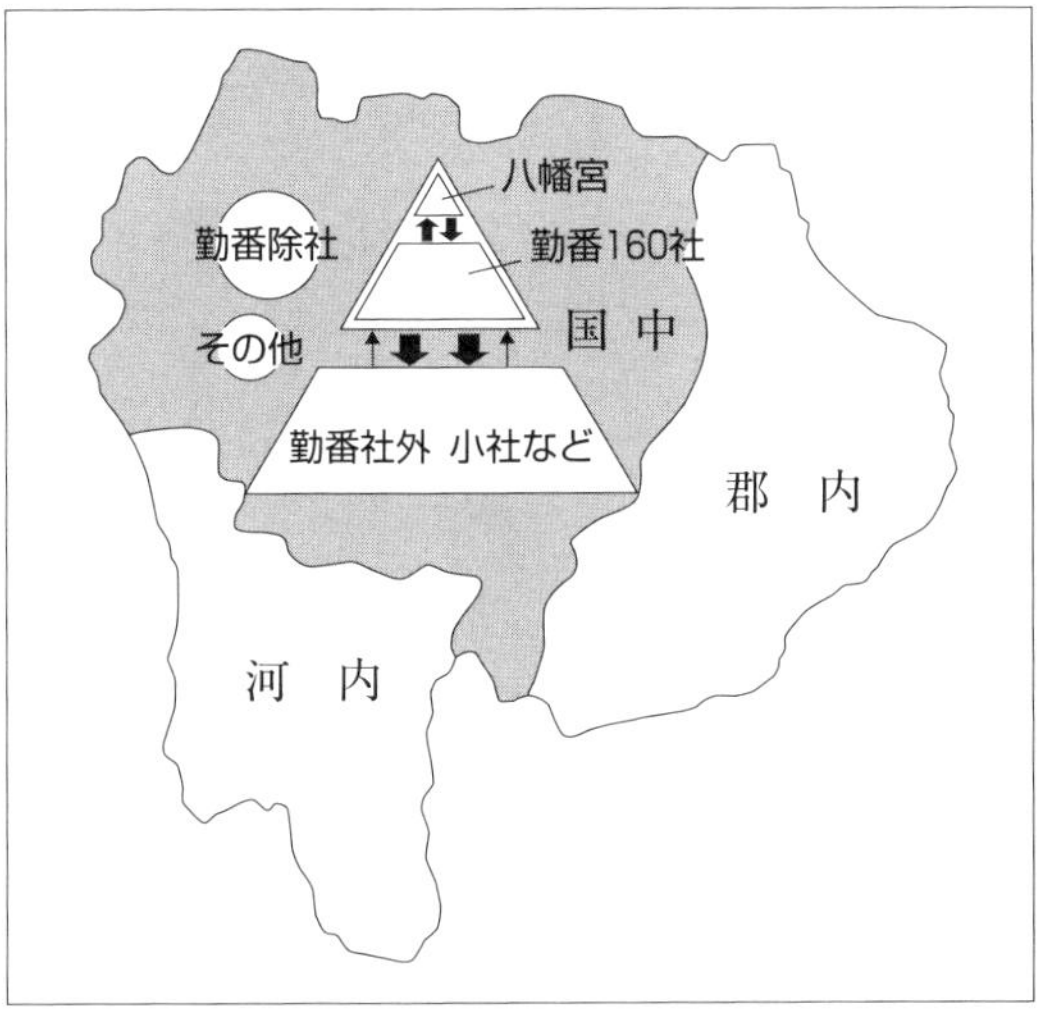

図６－１　国中神社組織模式図

また、社家は勤番を勤めることで、幕府から神職として公認されていた。その理由は、第一に「御朱印除地」の存在がある。家康は甲斐入国直後の天正一一年（一五八三）に、国中の一部神社に朱印状を下付した。その後、慶長八年（一六〇三）に甲州四奉行が各村の主立った神社に対して一斉に黒印状を発給し、さらに寛永一九年（一六四二）・慶安元～二年（一六四八～四九）には、勤番を理由として再び朱印状を下付している。これらによって社領が確定され、その支配権が朱印状や黒印状を受取るものに保証されたのである。またもう一つの理由は、勤番社家が神職の本所の一つである神祇管領長上吉田家から、神道裁許状を得ていたことである。近世の神職は、吉田家や神祇伯白川家などから神道裁許状を得ることで、神職として公認された。勤番社家の多くは寛永期に吉田家から許状を得ており、史料中の「継目上京」とは、神主が跡式相続をした際に、吉田家から再度神道裁許状を得るために上京したことを指す。

このように国中の神主は、近世の早い段階から勤番体制に編成され、これを契機として社会集団化を遂げ、神職身分として自らの社会的な立場を確立したのである。

兼帯社について

神職が複数の神社を支配することの意味は、従来あまり論じられていない。『神道大事典』の「兼務社」の項目には、「もともと神社には常住の神職はいなかったこともあり、兼務社という概念が意味を持つのは、神社の管理形態が整備されるようになる明治以降である」(5)と記されている。また土岐昌訓氏によれば、化政期の武蔵国の場合、全神社の五四%が寺持、三五%が村持、神職持は四%である。しかも近世末期の神職一人あたりの平均神社支配数は一・六社であり、明治以降に五・三社となる(6)。つまり、近世においては寺持や村持の神社が多く、神主が神社を兼帯すること自体あまりなかったことになる。

甲斐国国中地域の状況を、文化一一年(一八一四)成立の『甲斐国志』から概観すると、ここには六四四の神社が記されている。このうち寺持・村持・百姓持などの神社は六五社(一〇%)、神職持の社は五七九社(八八%)であり、後者を一六二人の神主が支配する。武蔵国に比べ、格段に神職持の神社が多い。そして一六二人の神主のうち、勤番社家は分家等を含め一四三人(八八%)を占める(3章表3―1参照)。つまり国中の神社は、勤番社家によってほぼ独占的に支配されていた。それは勤番社家が複数の神社を兼帯することによって生じた事態であった(図6―1)。

例えば、勤番社家の一人、下円井村（巨摩郡武川筋）諏訪明神神主歌田出雲は、入戸野村天神宮と折井村八幡宮を兼帯していたが、寛永一九年（一六四二）七月一六日付で、自村および兼帯する神社のある二ヵ村の「きもいり」から、各社が同神主の「支配」である旨の証文を提出させている。[7]先にも述べたように、寛永一九年は勤番社家が朱印を下付されはじめた時期にあたる。諏訪明神への朱印下付は慶安二年（一六四九）であるが、寛永一九年の三通の証文は、勤番社家として社領支配を意識した結果と考えられよう。しかも歌田出雲は寛永一七年（一六四〇）に吉田家から神道裁許状を得ており、神職としての自覚を強めていた時期でもあった。神職として公認され、しかも権力側と近い関係にあった勤番社家が、近隣村落の各社に対しても支配権を主張し、兼帯という状況を生み出していったのである。[8]

2節　下ノ若宮八幡宮一件

争論の経緯

本節で取り上げるのは、勤番社の一つである菅田天神社（山梨郡上於曽村）神主土屋家の兼帯社である。表6―1と図6―2に示した通り、菅田天神社神主土屋家は近世を通じて四つの兼帯社を支配した。

ここでは下於曽村の下ノ若宮八幡宮を事例として、近世前半期における神職と兼帯社の関係を考える。正徳三年（一七一三）、下於曽村では宝永二年（一七〇五）に甲斐国に入封した柳沢家によって検地が行われた。それに際し、下於曽村の若宮八幡宮の巫と村役人が、菅田天神社神主土屋釆女を相手取る訴訟をおこし、次の訴状を柳沢役所宛に提出した。[9]

乍恐書付を以奉願候

一、栗原筋下於曽村若宮八幡巫宮ニ而、往古より度々ノ御改証文等　御公儀様江巫支配と指上ケ置申候、社中幷免田

表6－1　菅田天神社神主兼帯社一覧

神社名	社領高		氏子村落（村）	在村	石高	戸数	人数	勤番
菅田天神社	朱	11石8斗	上於曽・下於曽	上於曽	799.9	95	347	勤番社
上ノ若宮八幡宮	除	2段1畝14歩	上於曽	同上	同上	同上	同上	—
下ノ若宮八幡宮	除	1段2畝14歩	下於曽	下於曽	998.1	120	411	—
飛明神	朱	3石6斗	千野	千野	1038.8	203	683	勤番社
鶏冠権現	除	2段2畝12歩	一ノ瀬・高橋	一ノ瀬高橋	36.3	36	182	—
六所明神	朱	13石3斗	小屋敷・藤木・三日市場	小屋敷	697.7	101	360	勤番社
大石明神	朱	4石5斗	赤尾	赤尾	588.4	85	290	—

注1：村高・戸数・人数は『甲斐国志』による。

注2：社領高の前の朱・除は，それぞれ朱印地・除地の略である。

注3：六所明神と大石明神は，慶長期～寛文4年，天保12年～嘉永5年まで菅田天神社神主の兼帯社であった（寛文5年～天保11年，嘉永6年以降は菅田天神社神主分家持であった）。

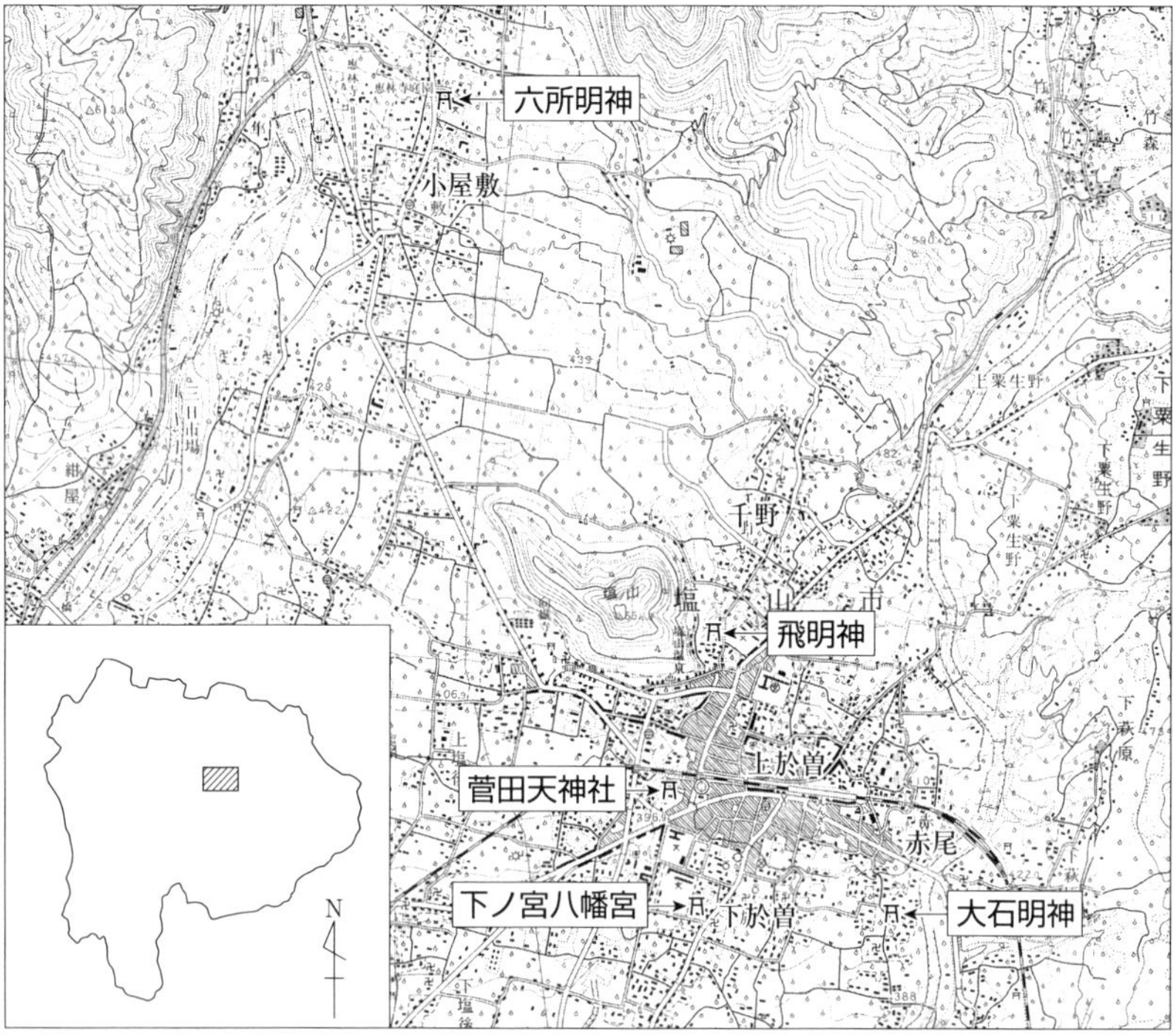

図6－2　菅田天神社および関連周辺図

之義ハあわし田ニ而田数六枚、是ハ巫支配仕、為致小作則取集仕、宮之修覆幷御供免ニ仕来り申候、然所ニ当春御検地之砌、巫留主待御宮之鍵上於曽村采女持参仕、宮も向後支配ニ致度旨申候、左様ニ仕候而ハ宮之修覆幷巫渡世送り申義難成奉存候御事

一、元禄五年申年より申年迄十三年、右巫中絶仕候節ハ、右免田名主方ニ而小作為作修覆仕候、此節采女養父伊勢代ニも右之宮支配と申、伊丹大隅守様御陣屋迄御訴訟申上候所ニ、下於曽村名主長百姓御召出シ御論議被遊候所ニ、何ニ而も伊勢支配ヶ間敷義無御座候ニ付、前々之通り巫宮ニ被仰付候、勿論先巫孫拾年已前申年より巫役只今ニ至巫宮ニ而勤来り申候御事

一、拾年以前申ノ年、巫役勤申候節、上於曽村菅田宮度々之御祭日定可申迚、采女方より案紙遣申候、ヶ様成心懸とハ努々不存寄、則巫方より其通り相認遣申候、然所ニ只今ニ罷成以外支配と申上候、何分ニも采女支配ニハ罷成間敷と奉存候御事

一、若宮二度御祭礼七五三作等神主頼候義も御座候、且又菅田度々之御祭礼相互ニ勤合申候間、今度御検地ニ付若宮御書上ニ采女兼帯巫支配と書上ヶ可給と采女達而申ニ付、不苦と奉存書付指上ヶ申候、然所ニ只今ニ罷成以外支配と申候、此上ハ兼帯ニも罷成間敷と奉存候、前々之通り巫支配ニ被為　仰付被下置候様ニ奉願候御事

一、右免田所務を以、廿年已前拝殿御普請仕候、幷六年以前御殿之檜皮替之節、赤尾村大工三之丞・清右衛門・石森村新之丞・檜皮大工八幡村長兵衛を頼修覆仕候、其節諸入用金不足仕候ニ付、赤尾村涌泉寺ニ而小判拾両借用いたし修覆成就仕候、右之利足として壱年ニ籾四表（俵）宛今以相渡し申候、此之通り之御普請等ニも采女始終何ニ而も存候義無御座候、然所ニ今度御検地ニ付各別之御願申上候御事

右前々より巫宮ニ紛無御座候、弥向後共ニ巫宮ニ被為仰付被下置候ハヽ、難有奉存候、已上

正徳三年巳六月　　栗原筋下於曽村訴訟人

巫　　　　　　　　印
巫夫
　仁兵衛　　　　　印
名主
　三郎兵衛　　　　印
同
　平次右衛門印
長百姓
　矢左衛門　　　　印
（以下八名略）

訴訟方は、下於曽村若宮八幡宮が「巫宮」であり、往古より公儀への書上げの際に「巫支配」としてきたとし、菅田天神社神主土屋采女による支配の不当性を主張している。社中と免田は巫が支配し、それを小作させて宮の修復料などに当てていたが、この年の春、柳沢家による検地の際に、神主采女は巫の留守を待って宮の鍵を持参し、訴訟方に対して「宮も向後支配ニ致度」と述べた。宮が神主采女の支配となれば、宮の修復や巫の渡世が成り立たなくなり迷惑であると訴え出たのである。

若宮八幡宮が巫の支配である理由については、次のように説明している。①元禄五年（一六九二）から申年（宝永元年〈一七〇四〉）までの間は巫が一度中絶したが、その免田は引き続き名主方で小作させ宮の修復料に当てていた。②采女の養父伊勢の時にも若宮八幡宮の支配を主張したが、領主であった十組藩伊丹大隅守陣屋の裁許により、従来通り巫宮であることが認められた。③宝永元年（一七〇四）に巫が巫役を勤めていた際、菅田天神社神主が同社の祭日を定めるためとして一札の案紙を遣わしたので、それに従って一札を認め差し出した。今になり、その一札を菅田天神社神主による支配の根拠として主張するのは不当である。④巫・神主とも両社の祭礼を相互に勤め合ってきたこともあり、今度の検地に際し、采女が若宮八幡宮を「采女兼帯巫支配」と書き上げたいというのでそれに従った。これも今になり采女による若宮八幡宮支配の論拠とするのは不当である。⑤巫に与えられた免田の所務で二〇年以前に拝殿の普請をし、また六年以前には御殿の檜皮替えをした。これは巫支配の正当性を証明するものであり、采女は一切それに関与していなかった。

返答書にみられる菅田天神社神主采女の主張は、次の通りである。(10)

一、下於曽村若宮八幡宮ニ付、御検地之節書上仕候所、今度御百姓願書差上、若宮八幡巫宮ニ而往古より御改証文等ニも御　公儀様へ巫支配と差上、社中幷免田巫支配と御百姓書上仕候由被仰聞承知仕候、御百姓申上候所偽ニ而御座候、先書ニも書上申候通、若宮八幡宮往古より代々拙者共抱之宮ニて、支配仕来候証拠者、天正年中御　公儀様へ指上申候指し出し之控、幷古府中八幡宮神主方より出し候書物所持仕候、先年御国絵図ニも代々相勤、神主支配仕来候旨書上申候、且又菅田巫之儀似合敷者無之候ニ付、永々中絶仕候所ニ、下於曽村御百姓似合敷者御座候由申候ニ付、村中と相談之上拙者方へ証文取差置申候、証文之写別紙ニ差出申候通　御公儀様御法度相背申間敷旨幷宗旨之儀、次ニ両社祭無懈怠相勤可申旨、依之巫免として社中木実落葉等被下忝由書入、下於曽村名主長百姓証人ニて一紙証文取置申候、如此之証文出シ相勤候巫社中支配と可申事無之候、尤巫夫婦儀者文盲成ル者ニも御座候、拙者支配ニ而無之候者、名主長百姓加判仕証文出し申間敷事ニ御座候、次ニ免田之儀、只今迄拙者存不申候、巫給ニ者社中之木実とらセ差置申候、免田巫支(ママ)可致事無御座候、拙者支配ニ成り候へハ修覆幷巫渡世送り申候儀難成旨申上候段一円了簡不仕儀ニ御座候、今度御検地之免田之儀、拙者不存候所ニ此度承知仕候ニ付、拙者儀免田之支配願可申と御百姓気遣申心底ニ相聞へ申候、右者不存免田今以望申儀無御座候、御百姓江賄ニ而永々宮修覆仕候様被成被下候者忝奉存候、宮之儀ハ前々之通拙者支配ニ偽無御座候、先規之通被仰付可被下候、以上

正徳三年巳八月　栗原筋上於曽村

菅田天神神主
土屋采女　印

山田彦左衛門殿（柳沢用人）

采女は、若宮八幡宮が菅田天神社神主代々の「抱之宮」であり、「拙者支配」の下にあるとした。采女は巫や百姓が訴訟をおこした理由を、今回の検地により今まで采女の知らなかった免田のことが知られ、采女がその支配を願い出るのではないかと気遣ってのことであろうと推論し、自分は免田の支配を望む気はなく、免田は百姓賄いとし、これによって宮の修復ができるようにしてほしいとしている。

采女が若宮八幡宮の支配を証明するものとしてあげる論拠は、次の四点である。①天正年中に公儀へ提出した「指出」の控や古府中八幡宮神主方からの書物を所持していること。②国絵図にも、代々神主支配であると書き上げたこと。③巫中絶の折り、下於曽村の百姓から巫に似合いのものがいると申し出があり、村中相談の上、私方へ証文を取り置き、巫を差し置いたこと。証文もありながら、巫社中支配というのはおかしい。また巫夫婦は文盲であり、私の支配でなければ名主・長百姓加判の証文など出せないこと。④免田のことは今まで知らなかった。もともと巫給には社中の木の実を取らせ差し置いていたのであり、今般私方支配となれば修復や巫の渡世が成り行き難いというのはおかしいこと。

ところで、菅田天神社には宝永元年（一七〇四）付で、「下於曽村巫まん」と「同所夫仁兵衛」、証人として名主ほか二名の連名で、菅田天神社神主「土屋河内」へ宛てた「指上申一札之事」の写が残されている。(11) そこでは下ノ若宮八幡宮は「菅田宮末社」と記され、「土屋河内殿村中相談ニ而巫役」を仰せ付けられたこと、「菅田宮御社役」として「正月三ヶ日籠」「同十六日ニ籠十七日之御祭礼御供、二月廿五日、三月三日、四月酉ノ日、五月五日、六月御祭礼御供、九月廿九日、十一月酉ノ日、節分籠」して、巫役を勤めることのほか、下ノ若宮八幡宮の二度の祭礼を勤め、八幡宮社中の木の実は「巫免」として村中に相談の上で下されること、そのほか公儀法度を守ること、宗門のことの四ヶ条が記されている。この一札が、巫と采女のいう③の「案紙」であり「一紙証文」であると思われる。請状と同じ形式のこの一札をみる限り、巫は菅田天神社神主に従属的である。

裁許は正徳四年（一七一四）に、甲府評定所から出された(12)。

（包紙ウハ書）「正徳四甲午年十一月二日五ッ時、於甲府御評定所被仰渡、則如此之御墨付被下、頂戴仕罷帰候、御本書ハ御領主様ニ御留置候、向後ため如此記置也」

（端裏書）「下於曽村八幡社地出入」

栗原筋下於曽村若宮八幡宮之社地七百三拾弐坪之事、従古来除地ニ而巫夫仁兵衛支配ニ無紛之間、前々之通ニ改請度之旨、今度就検地巫幷名主長百姓以書付申之、然所ニ上於曽村菅田天神之神主土屋采女代々支配之由、為証拠天正年中　公儀江書上之控、幷府中八幡宮神主方より差出書物等差出之、巫役之儀先年致中絶相続之もの無之処ニ、巫夫仁兵衛相応之者ニ在之間、相勤させ可然之由、村中相談之上、宝永元年より巫役相勤させ、則社例神役古法之通可相守之旨、巫幷名主長百姓加判之証文取置之由申之、右詮儀之上神主采女数通之書物令取持、巫幷名主長百姓申所者無証拠にて難用、右社地者神主采女之支配也、巫者前々之通双方相談之上差置之、社例式法者神主之可応下知、且同社免田之事前々より高外之除地ニ而、巫中絶以後村中より令支配入、上籾四俵宛年々取集宮修復之用ニ相立之由名主長百姓申之、神主采女者此免田之儀一円ニ不存之旨申之、場所吟味之上三百七拾四坪者除地、四畝拾歩者巫夫仁兵衛所持之年貢地相違無之、除地者弥向後共村中ニ而令支配之、若宮八幡宮之修復料ニ可用之旨申渡之

裁許は、采女が数通の証拠「書物」を所持するのに対し、巫側は証拠がないとして、若宮八幡宮の「社地」を「神主采女之支配」と認めるものであった。巫は神主と村方双方の相談で差し置くこととし、巫の社例式法は神主の下知に従うことが申し渡された。免田については、三七四坪が除地として村中の支配となり、四畝一〇歩が巫の夫仁兵衛の所持する年貢地と確定された。その理由は、免田が高外除地であること、巫の中絶後は村方が支配し宮の修復料に当てていたこと、

采女がそれを全く知らなかったことからである。結局、采女の主張が全面的に通ったのである。

巫と神主の言説

この争論で、巫は免田の所務や修復の実務を実質的に管理し運営してきたことを支配の論拠とした。それに対して、神主は「公儀様へ指上申候指し出し之控」をはじめとする証拠「書物」の所持を支配の論拠にしている。神主自身が宮へ実質的に関与していないことを認めていることからすれば、宮支配の根拠は「書物」の所持にあるといえよう。

では、なぜ神主は証拠「書物」を持っていたのであろうか。菅田天神社神主は、中世末以来の勤番社家の一人である。しかも菅田天神社神主は、勤番社家の中で最も早い慶長段階に吉田家から神道裁許状を得ており、それだけ神職意識を強く持っていた。また、菅田天神社は、天正一一年（一五八三）に家康の朱印状、寛永一九年（一六四二）に家光の朱印状を下付されて以降、代々の将軍から朱印状を下付されていた。朱印状を受け取る神主土屋家は、これによって菅田天神社の支配を保証されていたのである。さらに菅田大神社神主を含む勤番社家は、正月に将軍へ祓を献上するなど、幕府と強く結び付いていた。加えて、勤番社家は近世初頭から勤番をめぐる様々な訴訟をおこしており、訴訟にも馴れていた。神主は裁許の場で、何が有効な証拠となるかを熟知していたと思われる。菅田天神社神主は、本争論が宮支配をめぐる問題であるがゆえに、検地による社地支配を直接の論点とし、「指し出し」や「国絵図」を有効な証拠として用いたのであろう。さらに神主は返答書の中で「巫夫婦文盲」と述べており、巫に対して明らかに知識階級としての優位を誇っていた。つまり神主の言説は、勤番体制という社会集団に属する者の主張であった。勤番体制の核である「府中八幡宮神主方」から「出し候書物」が有効であったのも、そのためである。同じ宗教者とはいっても、巫は中絶を余儀なくされるような弱小の宗教者であった。巫は実質的な宮の支配は行っても、権力側との関係の中で取り交わされる証文を所持することはなかったのである。

この争論では、下於曽村の村役人が積極的に巫に加担している。これは、村の祭祀の問題と考えられる。本来上於曽村と下於曽村は、『倭名抄』（一〇世紀前期成立）に「於曽郷」と載せられる山梨郡一〇郷の一つであった。ただし、於曽郷は文安年中（一五世紀半ば頃）には「上方」と「下方」に分かれており、慶長六年（一六〇一）に至って、上・下両村に分かれたとされる。[13] また菅田天神社は承和年中（八三四～）の勧請といわれ、中世では在地土豪於曽氏の氏神であり、戦国大名武田家の守護神であった。上・下の若宮八幡宮の創立は不明であるが、上ノ若宮八幡宮は上於曽村に、下ノ若宮八幡宮は下於曽村に鎮座する。

以上から、次のことが想定できる。菅田天神社は於曽郷の鎮守であったが、戦国期に入ると武田家の崇敬社として権力側との関係を密にし、村方からは遊離していく傾向にあった。その一方で、於曽郷の分化とともに、「上方」「下方」それぞれの鎮守として、上・下若宮八幡宮が祀られていった。そして慶長年中に於曽郷が分村するのに伴い、両社はそれぞれの村の鎮守と認識された。ところが、近世になると菅田天神社は庇護者であった武田家を失い、再び「於曽郷」の鎮守としての性格を強めた。その際、上於曽村にあった菅田天神社は、上於曽村の鎮守としての立場を比較的容易に築いていった。元文期（一七三六～）に入ると、神主土屋家は上ノ若宮八幡宮の起返地の集積をはかっている。それに対し別村となった下於曽村では、上於曽村にある菅田天神社を自村の氏神とはできなかった。郷の鎮守としては菅田天神社を祀りながら、村の鎮守としては自村内の下ノ八幡宮を自立的に運営する必要があった。この争論で村方が求めているのは、「神主支配」でも「采女兼帯巫支配」でもない、あくまで若宮八幡宮を「巫支配」とするものであった。巫を担いだ村方の言説に、祭祀面における村の自立意識をみることができる。

中世から近世への地方中小神社の一大変化は、神社の運営主体が在地領主から在村の村方へ移行したことにあるとされる。[14] 同時に、神社の存立基盤となった村方自体が、村切りによって従来の共同体秩序を変容させた。その両者があいまって、中世以来の郷の祭祀の分掌と個別村落の祭祀の確立が進んでいくのである。[15] そして勤番社の多くは、菅田天神社と同様に、在地領主の氏神であったり、中世以来の郷の鎮守であったりした。勤番社家と村方はそれぞれの思惑の下に、近世前半期をかけて徐々に祭祀における互の権利を確定していったのである。

下ノ若宮八幡宮の支配をめぐる対立は、勤番体制という社会集団を背景に持つ神主と、下於曽村という社会集団の利害を代表する巫との対立であった。このような対立は、朱印状・黒印状の下付や検地などによって、社地や社領の権利が確認される時や、神主が神職意識を強くした時に表面化した。その意味で、先の下円井村の事例にもみたように、国中の神社支配の問題は、黒印状が一斉に発給された慶長期から朱印状が発給されはじめる寛永期頃に端を発し、その後何度となく繰り返されてきたのである。

そして近世前半期においては、神主による神社の兼帯は、「兼帯」という名目を獲得する段階にあった。神主が神社を兼帯しているとはいっても、そこには巫のような宗教者がいた。その宗教者や村方の意向を押さえこみながら、勤番社家は国中神社の実質的な独占を果たそうとしていくのである。下於曽村に巫が確認できるのは、宝暦期（一八世紀中頃）までである。[16]

3節　飛明神の二つの一件

押領出入の経緯

本節では、千野村の飛明神を対象として、近世後半期における神職と兼帯社の関係を考えたい。飛明神は先の表6－1からもわかるように、菅田天神社と同じ勤番社の一つで、朱印地三石六斗を持つ。この飛明神はいつからかは不明だが、近世初頭には既に菅田天神社の兼帯社となっていた。

文政四年（一八二一）、菅田天神社神主土屋長門守は、千野村百姓・修験ら一四名を相手取り、押領出入の旨を寺社奉行所へ願い出るために、田安役所へ添簡を願い出た[17]。

乍恐以書付御訴訟奉申上候

押領出入

山本大膳御代官所
甲州山梨郡於曽村
御朱印地
菅田宮神主
訴訟人
土屋長門守

同御代官所
同州同郡千野村
禅宗
相手
昌寿庵

同
同村
浄土宗
同
港良

同
同村修験
同
海運

同
同村
名主
同
五郎兵衛

同
同村
長百姓
同
七郎右衛門

（百姓七名略）

同御代官所
同州同郡中萩原村
当山修験
同　瀧本院
田安御領知
同州同郡熊野村
当山修験
同　永照寺

右訴訟人土屋長門守奉申上候、千野村正一位飛大明神者　御朱印地ニ而代々私兼帯守護仕罷在、　天下御安全国家豊饒大祭礼ハ勿論、諸神事等無怠慢相勤、村内諸末社組々小祠等ニ至迄、神事祭礼之義者私方ニ而相勤来候所、当四月四日同村宮組・中組・町屋原組、右三組之内、世話人藤右衛門・武兵へ・善兵へ、昌寿庵を召連、其外組中飛大明神社中江入込、禦祈禱いたし候迚、大造ニ酒肴等持参熟酔之上高声ニ騒立候故、何事与存早速欠附差押候へとも不相用、猶以高声等いたし、既ニ可及狼藉ニ茂相見候ニ付、一先其場引取、翌五日右之趣名主方江罷越相尋候所、以之外成不法之挨拶仕候者、雨乞防等其外差掛り候祈願祈禱之義ハ、先例より其時々以信仰、寺院修験等勝手次第相頼ミ、御社中江罷越致執行候儀ニ御座候、右場所ニおいて如何様之義出来候共、御《其元》世話ニハ不相懸候間差構義無用之由申之候、　御朱印社頭江猥ニ入込、寺院修験等我儘ニ祈念祈禱いたし候儀、其儘差置候而者私守護之詮難相立、殊ニ祈雨止雨防等其外一村一組之神事ハ、村内ニ罷在候寺院修験ニ而可相勤義ニ無之、一家一人之信心を以祈念祈禱相頼ミ候与ハ間違之儀ニ御座候、猶又同村金毘羅大権現、上之山天神、古来より神事祭礼ハ勿論、修覆造営等之節遷宮・下遷宮等私方ニ而致来候所、去辰十一月金毘羅修覆致候所、未遷宮等も不致由ニ罷在候所、其砌世話人宇右衛門・吉之丞・栄助方より村内修験海運・熊野村永照寺相頼ミ候由ニ而遷宮いたし、其後祭之儀ハ村内港良を以祭礼等度々致執行候由ニ御座候、右永照寺・海運・港良、村内之者と馴合候故、右様之義出来候由御座候上之山天神之儀、私方ニ而祭礼致来候所、両三年以前より世話人七郎右衛門・忠左衛門・中萩原村瀧本院相頼ミ祭礼いたし候由ニ御座候、瀧本院猥ニ入込候趣意無之、是又村内馴合候義ト奉存候、千野村之儀、私産子場ニ而神事祭礼之儀ハ私方ニ而相勤、他之神職ハ勿論寺院山伏等入込候例無御座候、右躰猥ニ他より入込、神事祭礼勝手ニ相勤候様相成候而ハ、職行之差障ニ相成、往々ハ村内惣鎮守氏神社頭衰微之基ニ相成候間、無拠奉願上候、何卒御憐愍ヲ以、御朱印社頭江入込、押領ニ祭礼等不致、村内ニ有之諸末社之祭礼、他之寺院山伏等相頼ミ不致執行候様、被仰付被下置候ハ、難有仕合ニ奉存候、余者御尋之節口上ニ可奉申上候、以上

山本大膳御代官所
甲州山梨郡於曽村
御朱印地
菅田宮神主
土屋長門守

文政四年巳七月十日

寺社
御奉行所

（後略）

神主長門守は、まず「千野村正一位飛大明神」は「御朱印地」であり、「私兼帯守護」し、村内の諸末社組々の小社に至るまで神事祭礼を勤めて来たことを主張した。千野村は「私産子場ニ而神事祭礼之儀ハ私方ニ而相勤」てきたところ、寺院や修験などが入り込みになって神事を行っている。そのようなことでは「職行」の差し障りであり、村内の惣鎮守である氏神社頭が衰微する基となる。修験などが御朱印社頭に入り込み押領に祭礼などをしないように、また村内にある諸末社の祭礼に至るまで、ほかの寺院や山伏を頼んで執行することがないよう命じてほしいというものであった。時期は異なり、寺社の名称に異動もあるが、参考までに明治三年（一八七〇）の千野村内の寺社をあげておく（表6―2）。千野村

表6－2　千野村寺社小社書上

名称	支配
飛大明神	上於曽村土屋孝次郎
慈徳院	（禅宗塩山向嶽寺末）
正寿院	（禅宗塩山向嶽寺末）
応量寺	（禅宗塩山向嶽寺末）
能知院	（浄土宗八幡市河村龍宗寺末）
常光院	（禅宗中山広厳院末）
観音堂	村中支配
阿弥陀堂　2ヵ所	村中支配
不動堂	正寿院支配
大六天	村中支配
山神　2ヵ所	村中支配
六地蔵　2ヵ所	村中支配
地蔵　4ヵ所	村中支配
地蔵	重郎右衛門支配
天神社	村中支配
天神　3ヵ所	村中支配
供養塚	清右衛門支配
供養塚	幸内支配

注：明治三年『明細帳』（『山梨県史資料叢書　村明細帳　山梨郡編』1985年）より作成。

には飛明神だけではなく、多くの小社や堂があり、村中や百姓が支配していた。

押領の具体例は、次の三つである。①禦神事の執行について。禦神事とは、疫神の侵襲を防塞する神事のことである。相手は村内三組（宮組・中組・町屋原組）の世話人である百姓藤右衛門ら三人、同村昌寿庵（臨済宗塩山向岳寺末）、および名主五郎右衛門である。百姓三人は、当四月中に昌寿庵を召連れ、飛明神社中において禦神事を行った。その際社中において酒肴持参の上、酔狂高声で騒ぎ立てた。その事情を名主に尋ねたところ、雨乞などの祈願祈禱はその時々の信仰の寺院や修験に勝手次第に頼ることが先例であり、神主が社中のことに差し構うことは無用であると述べた。しかし御朱印社頭にみだりに入り込み、寺院や修験などが祈念祈禱をするのをそのままにしては、私の守護が成り立たない。また祈雨・止雨・防などの祈禱や、一村・一組の神事は村内にある寺院や修験が勤めるものではなく、一家一人の信心で祈念祈禱を寺院などに頼るのは間違いである。

②金毘羅大権現の遷宮や祭礼について。相手は世話人の百姓宇右衛門ほか二名、千野村の修験海運、同村観音堂港良、熊野村（山梨郡栗原筋）当山修験永照寺である。金毘羅大権現は、神事祭礼はもちろん修復や造営の際の遷宮・下遷宮とも、私方にて執行してきた。それにもかかわらず、去辰年（文政三〈一八二〇〉）一一月の修復では世話人の百姓三人が海

運と永照寺を頼り遷宮を行い、その後の祭礼は港良を頼り度々行っている。これは海運らが村方と馴れ合っているからである。

③上之山天神の祭礼について。相手は世話人の長百姓七郎右衛門ほか一名、中萩原村（山梨郡栗原筋、当山派）修験の瀧本院である。上之山天神の祭礼も私方にて執行のところ、両三年以前から世話人の百姓らが瀧本院を頼り祭礼をしている。これも瀧本院と村方の馴合のためである。

この一件に関する百姓らの反論は残されていない。そのため百姓の意向や具体的な事情を知ることはできないのであるが、千野村側では出入になれば「大勢難義仕」るとし、上於曽村の名主を頼って長門守方へ詫証文を出し、内済させてしまった。(18)

「(包紙ウハ書)
上　山梨郡
　　千野村　」

差上申一札之事

今般当村宮組・中組・町屋原組一同ニ而、当四月村内昌寿庵相頼、其御兼帯所飛大明神於御神前ニ組中寄合防キ祈願為致候段心得違、殊ニ　御朱印地御社頭茂不恐入不埒之趣、翌五日名主所江御達有之、外掛り合江茂御断、江戸表御出訴ニ茂可相成、既ニ石和　御役所ニ而茂早速御差出之趣、左候而者大勢難義仕候ニ付、一同御詫申上候趣意、左ニ申上候

御朱印御社頭茂不恐入、昌寿庵相頼ミ祈願仕候段御立腹之所御詫申上、御聞済被下候上者、以来他之僧徒・山伏等相頼御社中江為立入申間敷候、且上之山天神宮、金毘羅・蚕影大権現之儀、熊野村永昌寺、中萩原村瀧本院、村内修験海運・観音堂港良相頼、遷宮幷祈願等相頼候儀、世話人共心得違ニ付御立腹之段ハ幾重ニ茂御詫申上、以来御遷宮者勿論、年々祭日祈願他之僧徒・山伏等決而不相頼古例之通り可仕候、其外敷地ニ而茂有之分ハ勿論、組々之小社至迄、

決而他之法者不相頼候様可仕候、依之御詫一札連印ヲ以差上申処、仍而如件

文政四年巳七月

山梨郡千野村

防祭世話人 百姓 藤右衛門

代印 茂左衛門（印）

同 武兵衛（印）

同 善兵衛（印）

金毘羅宮 蚕影宮 世話人 百姓 宇右衛門（印）

同 吉之丞（印）

同 栄助（印）

天神宮 世話人 百姓 忠左衛門（印）

立入詫人

上於曽村
名主
栄左衛門（印）

土屋長門守様
御社役中

（後略）

相手方となった百姓からの詫証文では、以後遷宮や祭日の祈願にほかの僧徒を頼らないこと、組々の小社に至るまでほかの宗教者を頼らないことを約束した。後略した詫証文の末には、千野村の名主と長百姓七名の奥印がある。そこでは、「右祭礼遷宮等執行仕候寺院等江茂、私共より得与掛合候所、訳柄不相糺任頼ニ遷宮祭礼祈願候段、不行届旨申之」とあり、寺院や修験が自らの行為を不行届であったと認めたことがわかる。

その後長門守は、千野村名主・長百姓衆中に宛て、「差出申対談書之事」を出した(19)。内容は、「右詫書之内、組々之小社迄他之法者不為相願文言有之候得共、此儀其村方壱人壱家之勧請・家々之鎮守之儀ニ而者無之、右鎮守之祭祈願之儀、帰依次第何方被相頼候共、以来共差障申間敷候」というものであった。村方一人一家の勧請や家々の鎮守については、村人の帰依次第どの宗教者に頼っても構わないとしている。この一件により、飛明神をはじめ組々の小社の祭礼などは長門守を頼ること、一人の勧請や家の鎮守の祭礼などは村人の帰依次第であることが確定した。

押領出入における神主と村方

では、この争論が兼帯神主にとってどのような意味を持ったのかを考えるために、争論以前における千野村と菅田天神社神主との関わりを確認したい。

文化八年（一八一一）から、菅田天神社では拝殿の檜皮を葺替えることになった。その際、菅田天神社神主左近は、千野村の名主に飛明神普請分の檜皮を所望した。千野村の名主は、書翰で「然者先日者御光来被下、其節被仰聞候氏神様檜皮之儀、同役江茂申談候処、先達而茂御咄有之候節申上候ハ、当所氏神様拝殿之儀少し宛所々損シ有之候得とも、急御用之由被仰聞候儀ニ付、此度ハ差上可申候」と返答し、飛明神分の檜皮を譲ることを積極的ではないながらも承知している。ただし「又々当御社中御普請之節ハ、菅田御社中檜皮被下候趣思召ニ而、此度御用立申候、先ハ右之段申上度、取込早々如此ニ御座候」と続け、飛明神が普請の時は菅田天神社社中の檜皮を用立てる約束を確認している[20]。神主は、兼帯社の檜皮を自由に使うことはできなかったのである。

さらに遡り、享保一七年（一七三二）、千野村内の上切と下切との間で、氏神の祭礼に関する争論がおきた。飛明神は享保九年（一七二四）に、村中相談の上、正一位の神位を得た際に祭日を決め、さらに祭礼は上・下隔年持ち、懸りは村中惣氏子で勤めることになっていた。ところが、下切が上切を除き新例に舞太夫を呼び、懸りも下組のみで勤めたことから、上組が「我儘不仕様」訴え出たのである[21]。兼帯神主は、兼帯社の祭礼に関するこの出入に、「扱人」という立場でしかない。しかも、飛明神の神位や祭日などは「村中相談」で決められており、兼帯神主は氏神祭礼の諸事に関与していなかったことがわかる。

以上から、神位や祭礼を含めた飛明神の運営主体は、村方にあったといえる。とすれば、飛明神の祭礼やそのほか様々な村内の神事が、在村の寺院や信仰の修験などによって行われることは当然であろう。千野村の名主の言い分が、千野村内の神事の実情であった。では、村方が村内の諸祈禱を兼帯神主以外に依頼していたとすれば、なぜ改めて神主が争論をおこしたのかが問題となる。

理由の一つは、この一件が宗教者という同職者集団の問題だった点である。国中の場合、神職は二つの社会集団に編成されていた。一つは、神祇管領長上吉田家という神職の本所を中心とする社会集団である。近世中期になると各宗教者とも本所による家職編成が進み、各宗教者の社会集団が確立してくる。それにより、旧来漠然としていた各宗教者の職掌が、家職間争論を通じて区分されるようになった。僧・神職・修験をはじめ、陰陽師・虚無僧・盲僧・座頭などに至る者までが、それぞれの職掌を確定しつつあった[22]。特に文政期は国中社家が「神職」意識を増幅させる時期にあたる。寛政期に吉田家の役所が江戸に設置されたことを契機に[23]、社家は神葬祭問題などで寺院との対立を深めていた。そのような時期における千野村村方や寺院・修験などの行為は、神職意識を大いに刺激するものであったにちがいない。

さらに国中の社家は、再三述べているように、勤番体制という社会集団に属していた。府中八幡宮は、従来、勤番社家を率いて「権現様」の諸陣に参加し、祓を献上したという由緒によって、自らを頭とする体制を正当化していた。ところが文化期になると、勤番社家個々が「権現様」の諸陣に参陣し、軍功を立てたという由緒を確立する。参陣の由緒を勤番社家個々の由緒とすることで、府中八幡宮を頭とする体制を払拭するのである。勤番体制によって社会的立場を確立してきた勤番社家は、文政期に至れば、勤番体制によらなくても個々それぞれが社会的に認められるようになったのである（4章参照）。強い自負の下に勤番社家が村方やほかの宗教者に対して訴訟をおこしたとしても不思議ではない。

文政期に兼帯神主と村方との対立が表面化したもう一つの理由は、菅田天神社神主の行為が、兼帯神主としての権益を拡大するものだった点にある。神主の権益の拡大は、神社の獲得に伴う神領の増加や、氏子への配札の拡大にあった。しかし国中では、近世中期までに勤番社家が神社を独占的に支配する体制が築かれていた。しかも神主が代々神社を支配することによって、神社は神主の「家産」と認識されていた。神主は互いの支配する神社を勤番の枠組みの中で維持しなければならず、ほかの勤番社家の「家産」を尊重することは、自らの「家産」を維持する前提であった。とすれば、神主の権益の拡大への動きは、ほかの神職が支配する神社の獲得ではなく、現在自らが支配する神社や兼帯社への支配強化へ向かわざるを得ない。前章の下ノ若宮八幡宮一件にみたように、近世前半期においては、兼帯神主は宮支配の名目を獲得する段階にあった。近世後半期においては、兼帯神主は兼帯社に対する実質的な支配を村方に要求するようになっていたのである。

勤番社家による権益拡大の一事例をみてみよう。[24] 天保四年（一八三三）、宮脇村（巨摩郡武川筋諏訪大明神）神主矢巻将監は、黒沢村長百姓清兵衛を相手取り訴訟をおこした。将監の申し立てでは、黒沢村の「産神黒印地天神領」は、将監の「往古より兼帯社」であるとする。「黒印高弐石弐斗」は清兵衛へ賄わせているが、社領改は将監が書き上げ、黒印社領の納米も清兵衛方から年々将監が受け取ってきた。ところが、去年から清兵衛が社領の納米を未進しているので、未進分を差し出すように命じてほしい。なお勘定所からの黒印高改も神主から書き上げたい。また、正月常例の配札も清兵衛巧みの様子により、村中一同が受納しない。それをこのままにしては、「神職相続難相成」いとして、訴え出たのである。

それに対し清兵衛は、次のように主張している。天神社の神領は、慶長年中に甲州四奉行から清兵衛の先祖で祝であった清七郎へ下し置かれたものであり、寛文と貞享の検地の際も黒印地と認められ、代々宮を進退してきた。社頭修復造営の際も、清兵衛方で大半を出金し、そのほかは村方で出している。神事祭礼奉幣については、寛永年中は台ヶ原村神主民部を頼っていたが、民部が天神社を兼帯所にしたい存意から差縺れ、その後は近所の理由で宮脇村神主を頼るようになった。将監には年二度の祭礼の謝礼として籾一俵鐚弐百文を渡しているだけである。兼帯所の神領賄として年々納米を送っているなどと主張しているのは、「御神領奪取、兼帯所ニ可致存意、跡形も無之儀申掛、神職ニ不似合」であるとする。黒印改も清兵衛方で行っており、神主から書き上げたいとはもってのほかである。また、将監が村方に配札をする常例もない。神主は従来「時之間柄を以相頼、神事祭礼奉幣為致」てきたが、将監は様々な難題をいう「心底不宜鋪神主」なので、「以来祈願ニ相頼」ることは村中にとって「迷惑」であり、「向後ハ外村神職相頼度」とした。さらに、社内神領のことに将監が干渉しないように命じてほしいとする。

先にも述べたように、甲斐国では慶長八年（一六〇三）に、甲州四奉行が神社に対して一斉に黒印状を発給した。その際天神宮の黒印状は、祝の清七郎がもらった。ただし国中で神職となったのは、勤番社家とその分家であり、ほかには勤番を除かれた有力社数名の神主など、ごくわずかの者だけであった。慶長段階では祝であった清七郎も、その後は百姓となり、天神宮は百姓持の社として扱われることになったと思われる。そこで神事などを行う際に、近隣の勤番神主であった台ヶ原村の民部（荒尾明神神主古屋氏）や宮脇村の神主矢巻将監を頼る必要が生じたのであろう。台ヶ原村の神主も宮脇村の神主も、国中では希なこの「百姓持」の社を、自らの「兼帯社」にしたかったことは想像に難くない。文化一一年（一八一四）成立の『甲斐国志』には、黒沢村天神宮が宮脇村神主の「兼帯」と書き上げられている。(25) ただし、天神宮の黒印状が「祝清七郎江被下置」た事実によって、天神宮の支配権は清兵衛家に保証されており、宮脇村の神主は天神宮の兼帯を実現できずに本訴訟に至ったと思われる。

この訴訟は、結局内済となった。その内容は、①勘定所の黒印改は、清兵衛の先祖が黒印状を頂戴したものにつき、清兵衛方で書き上げる。②神前奉幣は、これまで通り宮脇村神主を頼み祭礼を行う。③社領は清兵衛方で進退し、社頭修復造営は清兵衛方から村方へ相談し、神慮に叶うよう取り計らう。④永代天神奉幣頼料として金拾四両を清兵衛方から神主方へ支払い、神主が所持する享保年中の高帳控は、黒沢村役人の名前分を破印する。⑤田畑風水祭は、村方より神主へ初穂を差し出す。神主からの村方配札は、天神宮が黒沢村の「産神」であるので受納することとなった。

結局、天神宮の黒印状を清兵衛の先祖が受け取っていたことから、天神宮は百姓清兵衛持の社であることが確認された。宮脇村神主矢巻将監は、神前奉幣を行う立場にとどまったのである。ただし、清兵衛のいうように、「時之間柄」で天神宮の神事祭礼を神主に頼ってきたという認識に立つならば、将監は従来明確ではなかった天神宮の祭礼や配札の権利を確定したといえる。将監はこの一件で、天神宮の祭礼を行う神主としての立場を利用し、天神宮の兼帯を実現するために、逆に清兵衛と村方の不法として訴訟をおこしたと考えられる。

いったん確定された国中の神社編成の中で、神主が自己の権益を拡大するには、現在自らが持っている権利を利用し、それを強化する方向に向かわざるを得ない。その対象となったのが、百姓持の社や、修験、寺が持っていた神社への権益だった。押領出入で神主長門守が寺院や修験の行為を「職行之差障」と述べ、宮脇村神主が村方の行為を「神職相続難相成」と訴えたように、そこでは、「神職」という「職分」が強調された。これは社家が排他的に神社支配を進めていく時の、最大の言説だったのである。

神事故障出入の経緯

文政五年（一八二二）閏正月、土屋長門守は石和代官所に、千野村の名主と長百姓など一〇名を相手取る訴訟をおこした。(26) 先の押領出入において、菅田天神社神主は飛明神の氏子との間に大きな対立の要因を残していたからである。

（端裏書）
「文政五午年閏正月　飛宮神事出入一件　」

以書付奉願上候

山梨郡於曽村
菅田宮神主
訴訟人　土屋長門守

神事故障出入

同郡千野村
名主　戸蔵
長百姓　五郎兵衛
相手
（長百姓六名略）
百姓　五郎右衛門
同

万右衛門

右訴訟人土屋長門守奉申上候、私守護千野村産神　御朱印地飛大明神祭礼之儀、従往古正月廿日・八月初申日申上刻神輿行幸有之、御供幷警固等往古より千野村より出し来り、無怠慢　天下御安全御祈禱相勤来候所、去々辰年八月祭礼之砌、私義先規之通社頭江出張待請居候所、一同御供幷警固不差出候間、同村先名主与市左衛門方江度々掛合候処、不取留義のミ申、御供警固不差出、刻限延引相成候間、先規之通神事難相勤り夜ニ入引取申候、依之右之趣可奉出訴存候所、粟生野村神主今沢丹後・同村百姓浅右衛門立入和談仕、向後ハ先規之通毎年無怠慢御供可差出候間、右神事相勤直し呉候様申之候間、同月廿五日神事相勤申候所、猶又去巳年八月祭礼之節、名主戸蔵より申来候ハ、当年旱損ニ付村内一同相談之上御供警固不差出候由申之候ニ付、縦旱損ニ候共神事手軽ニ成共可相勤旨申遣し候得共、彼是申段々延引仕、猶又当正月廿日祭礼差掛り候間、戸蔵方へ仕来通可相勤旨掛合候処、同人忰勇吉を以御供警固差出候義難相成挨拶有之候間、何れ之訳合ニ而右様神事等閑ニ仕候哉、始末及出訴候旨名主方江相断候処、上於曽村栄左衛門を以私方江以之外之事共申来、迚も済方ニ不相成、　天下御安全国家豊饒之神事我儘勝手ニ延引致候様相成候而者神祇道衰微之基、職分之差支ニ相成何共歎ヶ敷奉存候、且又同村万右衛門右飛大明神社守兼帯致候所、当四月四日社木伐取、伐候木隠置候間、名主方江掛合候処、是以等閑ニ仕挨拶も無之、右者村内之者共馴合を以伐取候儀与奉存候、且又千野村之内石河原組石尊宮之儀、毎年八月十八日祭礼之節ハ、同組世話人ニ而入用物等差出勤来候所、去々辰年より右祭礼入用物等不差出候間、去巳年世話人五郎右衛門へ得与及掛合候所、今以右挨拶無之、是又等閑ニ致候、右者村役人共申合、前書之通神事故障仕候義ト奉存候間、何卒以　御憐愍右之者共被　召出、御吟味之上神事祭礼先規之通相勤り候様被　仰付被下置候様、奉願上候、以上

文政五年午閏正月

山梨郡於曽村
菅田宮神主

土屋長門守

（石和代官所）
山本大膳殿
御役所

（後略）

訴訟内容は、次の三点である。①飛明神の祭礼が滞っていることについて。飛明神の祭礼は、正月・八月の年二度行われ、神輿が行幸される。その際の御供・警護は、往古より千野村から出し「天下御安全」の祈禱を勤めてきた。ところが、文政三年（一八二〇）八月の祭礼は、千野村が御供と警護を差し出さなかったために延引となった。その後、粟生野村神主らが立入り和談し、同月二五日に神事を勤めた。去八月の祭礼も名主方から旱損という理由で御供・警護を差し出せないといわれた。神事を手軽にしてでも勤めるようにいったが、そのまま延引となった。さらに当正月の祭礼も、名主から御供などを差し出し難いとの挨拶があった。どのようなわけで神事を等閑にしているのか出訴すると名主に伝えたところ、上於曽村栄左衛門を通じてもってのほかのことをいった。「天下御安全・国家豊饒」の神事が我儘勝手に延引となっては、「神祇道」が衰微をする基であり、「職分」の差し支えになる。

②百姓万右衛門について。万右衛門は飛明神の社守を兼帯しているところ、当四月中に社木を伐り隠しおいていた。それを名主に掛け合ったが、等閑にしており、村内の者が馴合の上で伐り取ったと思われる。

③千野村内の石河原組石尊宮祭礼について。毎年八月の祭礼の節は、同組世話人から入用物を受け取り祭礼を勤めてきたところ、去々年より入用物を差し出さない。去年の世話人の五郎右衛門に掛け合ったところ、等閑にし、村役人が馴合の上の神事故障と思われる。

この一件は、同月中上於曽村村役人立合の卜で内済となった。①飛明神の祭礼の神輿御供と警護については、去・今年は稀の干ばつにより休んだもので、以後は必ず勤める。②社中での社木伐取を宮守が知らないのは心得違いである。ただし小木であり、かつ万右衛門は老衰につき、不行届の段は立入人より神主へ詫びる。③石尊祭日は、その年の時宜に応じ入用物を差し出し神主が勤める。

この神事故障出入は、先にみた押領出入のように小社を祀る組単位ではなく、千野村の氏神である飛明神が問題の主体であるために、より「神主」対「千野村村方」といった構図が浮き彫りになっている。千野村側は氏神の祭礼に参加せず、社中の木を勝手に伐り取り、さらに小祠祭礼の入用物を神主方へ差し出さないなどして神主と対立したのである。

神事故障出入における神主と村方

神主長門守の訴状から、飛明神の祭礼は文政三年(一八二〇)以来滞っていたことがわかる。また、先の押領出入で村方が修験や寺を頼っていたことが問題になったのも、文政三年以来であった。つまり村方の神主に対する「不法」の時期が一致するのである。村方は神主の奉仕する飛明神の祭礼や入用物を干ばつなどの理由で拒絶する一方で、飛明神の社中で神事を行ったり、組々の小社や神事祭礼は修験や寺を頼り執行していたことになる。

この原因の一つは、村方の望む神事祭礼と、神主の言説のずれにある。先の史料中、神主は「国家」や「御朱印」といった言葉を多用し、しかもこれらを台頭で記すことによって、権威を強調している。千野村の飛明神は村の惣鎮守として人々の信仰を集めていたことは事実であろう。と同時に、同社は「天下御安全・国家豊饒」を祈願する「御朱印社」であった。飛明神は、権力側に直接結び付く公的な社だったのである。しかも「神祇道」や「職分」を主張する社家にも結び付いている。しかし村方が望む祭礼は、自己あるいは自村の生活に直接関わるものであり、小祠への信仰や小さな神事で満たされる場合も多かったと思われる。そしてそれが村方の生活に結び付いた自村寺院や、信仰の修験への祈禱の依頼として現れたとしても不思議ではない。神主が神職という「職分」を強調すればするほど、あるいは神事における「国家」を主張すればするほど、実際には神主自身が村方から遊離していかざるを得なかったのである。(27)

これは、神主の身分意識の問題でもある。先にも述べたように勤番社家の宗旨人別帳は、宝永以降、村の宗旨人別帳と別になり、府中八幡宮を介して役所に提出することになった。勤番社家は村内の一員でありながら、村内の一員ではなかったともいえる。しかも宗旨人別帳の提出過程は、村内の身分秩序や序列の一指標となる。例えば甲斐国の浪人は、文化期に村方人別帳から別帳となり、浪人一判で役所に人別帳を提出することによって「浪人」となった。[28] さらに勤番社家は文化期以降、府中八幡宮へも人別帳を提出しなくなる。神主の「一紙人別」化は、徳川諸陣への参陣の由緒とあいまって、「兼武神主」の言説へと展開していくのである。神主が武士への志向を強くしたことは、勤番社家の身分上昇志向であると同時に、村方への差別意識の表れでもあった。これは当然ながら、村方に神主への対立意識を生じさせたのである。

原因の二つ目は、宮守の万右衛門に代表される千野村という社会集団の存在である。飛明神の社中には、日常的に社の管理をする宮守が置かれていた。[29] 神主は万右衛門と村方の馴れ合いを主張しているが、これは下於曽村の若宮八幡宮の出入と同じように、千野村の祭祀面における自立意識によると思われる。村方は神事祭礼自体を全て拒否しているのではなく、神主に関する諸事故障によって、神主を排除しているからである。一概に比較はできないが、祭祀面における村方の自立意識は、下於曽村に比べ本来村の成立状況も全く異なり、しかも勤番社である飛明神を持つ千野村の方が、はるかに強かったと考えられる。神事祭礼に対する村方の自立意識は、神主によって押しつぶされたのではなく、逆に実力行使的な側面を強く持ちながら、近世を通じて維持され続けたのである。

原因の三つ目は、惣鎮守の祭礼を拒絶する村人の意識である。神事祭礼は社会集団の精神的紐帯であるとされる。とすれば、神事祭礼に対する村人の意識の変化は、村という社会集団内部の秩序の変容を意味する。[30] 村の惣鎮守の祭礼に氏子が参加しないということは、単に兼帯神主に対する反発にとどまらず、村の枠組み自体の動揺を示す。幕末になるに従って、組単位の祭礼や道祖神祭礼が活発化し、しかもイエ単位の祠の祭りや個人信仰が隆盛を迎えるのも一連の現象であろう。

近世後期における兼帯神主の村方に対する存立基盤は、一見強力に確立したかのようにみえて、その実極めて不安定なものであった。神主が神職という「職分」を強調することは、かえって神社における多様な宗教者と百姓の権限を明らかにし、「御朱印」や「国家」を主張することは、神主自身が村方から遊離していることを顕在化させた。しかもそれは、神主と村方との間に対立を生む要因となった。加えて、勤番体制という社会集団も、村方という社会集団も、近世後期には大きく変容し、両者の対立をより複雑なものにしていたのである。

おわりに

村方が、神職による戸数人数取調と無宿立払いの命令を拒絶した理由をみてきた。近世においては、宗旨人別帳の提出過程そのものが身分序列や秩序を反映した。しかも神主は宗旨人別帳の別帳を梃子にして、村方への差別意識を強く持つに至っていた。「殊ニ大切之戸数人別帳神職とも取次差上候儀、何分承不仕」という村方の主張に、神主による戸数人数取調が村方の神主への従属を意識させたこと、ゆえに強力にそれを拒否したことが読み取れる。

さらに、村方が「素々神主職者天下泰平之祈願いたし、時々配札初穂取集相続仕来り候」とする主張の中に、神事における村方と神主との距離を読み取ることができる。神主が自らを「兼武神主」と呼び、「天下」や「国家」を主張して幕藩体制の中に自らを積極的に位置付けようとすることは、決して日常的な村方とのつながりを生むものではなかったのである。

（1）文珠川家文書（山梨県甲州市塩山、文珠川かね子氏所蔵）、た―三―三―二四。

（2）山梨郡では、七月一八日付で鎮撫府参謀からの達、一一月に石和代官所から触が出されている（文珠川家文書　た―三―三―

一)。神仏分離自体には、神職による人別改の条項はないが、改革構想の基本目標として、「村氏神で氏子改めを行って旧来の宗門改めにかえ、人員帳を作製して神祇局へ差出す、それにともなって葬儀を神葬祭に改める」という布告案があったとされる(安丸良夫「近代転換期における宗教と国家」〈『近代日本思想大系 五 宗教と国家』岩波書店、一九八八年〉五〇三~五〇四頁)。

(3) 甲州文庫史料(山梨県立博物館所蔵)、甲〇九一・七―一二七。『山梨県史 資料編13 近世6下 全県』(山梨県、二〇〇四年)六五九号。以下、『山梨県史 近世』のように略述する。

(4) 史料中、訴訟方は「巨摩郡・八代郡両郡」として村名が列記されているが、このうち「河内」地域の村名は含まれていない。

(5) 國學院大學日本文化研究所編『神道事典』(弘文堂、一九九四年)一七八頁。

(6) 土岐昌訓「神社動向の一面」(『神社史の研究』桜楓社、一九九一年)。土岐の利用した『新編武蔵風土記稿』をみると、一村につき五社以上記されているものも多いのに比べ、『甲斐国志』は一村につき二社程度までしか記されていない。『新編武蔵風土記稿』は村内の小社まで含み、『甲斐国志』は村の氏神社を中心にしていることになる。『甲斐国志』の記述に準じた場合には、武蔵においても神職持ちの神社比率は高くなるものと思われる。

(7) 歌田昌収家文書(山梨県韮崎市、山梨県史収集写真資料)。『山梨県史 近世』六七四号。

(8) 『甲斐国志』では、河内領の神社は一四四社、うち一二三社を二四人の神主等が進退する。兼帯社は一~二社が一一人、七~一〇社が五人と差が大きい。郡内(都留郡)では、神主持の神社は六割近くを占めるが、修験持と「社主・宮主」と記される百姓持の社が目立つ。そのほか、富士山御師の存在が大きい。武蔵国に比べると、甲斐国は神主による神社支配が進んでいるが、河内・郡内の状況は国中よりも多様であった(表6—3)。

表6—3 甲斐国神社支配状況

	国中(%)	河内(%)	郡内(%)
神主持	579(90)	123(85.4)	273(56.3)
寺・修験持	32(4.9)	14(9.7)	52(10.7)
百姓・村持	13(2.0)	7(4.9)	77(15.9)
不明	20(3.1)	0	83(17.1)
全社数	644(100)	144(100)	485(100)
神主・社人数	162	24	52
平均兼帯社数	4	5.1	5.2

注1:神社には他国・共同含む。
注2:神主持には社人を含む。
注3:百姓が社主の場合, 百姓を優先した。

郡内の神社に関しては、水久保克英「近世後期における神職出入一件―甲斐国都留郡下吉田村渡辺大明神社を中心にして―」(『富士吉田市史研究』五号、一九九〇年)がある。

(9) 菅田天神社文書(山梨県甲州市塩山、菅田天神社所蔵)一―二五五―b―五。『塩山市史 史料編 二 近世』(塩山市、一九九五年)四二四号。以下、同文書は菅と略述する。

(10) 菅一―二五五―b―四。『塩山市史 史料編 二 近世』四二五号。

(11) 菅一―二六四。『塩山市史 史料編 二 近世』四二三号に、天野上家文書一〇―二として同内容の文書が掲載されている。

(12) 菅一―一七〇。『塩山市史 史料編 二 近世』四二六号。

(13) 『甲斐国志』四巻(『大日本地誌大系』四七、雄山閣出版、一九七三年)。

(14) 高埜利彦「江戸幕府と寺社」(『近世日本の国家権力と宗教』東京大学出版会、一九八九年、九三頁)。

(15) 近世になり郷が村切りをされていく過程で、郷の氏神は分断された数か村の惣鎮守となり、各個別村落には各村単位の神社が氏神として設定される。その場合、氏子の各個別神社および惣鎮守に対する権利や意識に違いが生じる。菅田天神社の場合、上於曽村と下於曽村の氏子に共通の事項は、祭礼における警護や入用物・勧化金の割合などである。しかし下於曽村は上於曽村とは異なり、菅田天神社神主の跡式相続などには関与しない。氏子として神社の祭礼などは共通であるが、神主が上於曽村に居住し、しかも社頭や神領が上於曽村内にあるために、神主の相続や神領などの進退は上於曽村のものと認識されていたのであろう。同一神社の氏子とはいっても、神社や神職に対する権利や義務が異なることを正確に捉えない限り、実像を探ることは難しいと思われる。

(16) 近世における神社の「支配」「進退」や「兼帯」は、かなり曖昧に記される(表6―4)。また、慶応四年(一八六八)の書上げでは、菅田天神社は「氏子」、上於曽村・下於曽村の若宮八幡宮はともに「信徒」と記されている。下ノ若宮八幡宮も、明治期ともなれば、完全に菅田

表6―4　兼帯社の名称変遷

年 ＼ 神社	宝永3年 (1-146-6)	寛政5年 (1-19)	(―) (1-73)	文化3年 (1-210-10)	文化12年 (1-210-9)	文化11年 (『国志』)	慶応4年 (『社記』)
上ノ若宮八幡宮	兼帯	末社	末社	末社	摂社	―	(信徒)
下ノ若宮八幡宮	兼帯	末社	末社	兼帯	摂社	兼帯	(信徒)
飛明神	兼帯	兼帯	兼帯	兼帯	―	摂ス	(氏子)

注:年号下の( )内は,数字が菅田天神社文書の文書番号,『国志』が『甲斐国志』,『社記』が『甲斐国社記・寺記』である。

天神社の下に組み込まれてしまうのである。

神職間の神社支配をめぐる研究としては、岩本税「藩制下における地方神官の専業化」(『熊本史学』二七号、一九六四年)などがある。
(17) 菅一―一〇七―六。
(18) 菅一―一〇七―一五。『塩山市史　史料編　二　近世』四三〇号。
(19) 菅一―一〇七―八。
(20) 菅一―一〇七―一九。
(21) 菅一―一〇七―一〇。
(22) 高埜前掲注(14)書。家職間争論の事例として、甲斐国の西井出村当山派修験海寿院の抱え神子と、同国巨摩郡中丸村(現山梨県北杜市長坂)藤武神社兼帯神主輿石土佐との争いをひいている。
(23) 椙山林継「吉田家関東役所の創立と初期の活動」(『日本文化研究所紀要』四五号、一九八〇年)。
(24) 『甲斐国社記・寺記』一巻(山梨県立図書館、一九六七年)一〇一二~一四頁。
(25) 黒沢村の天神宮は、『甲斐国社記・寺記』で「百姓護持」として書き上げられている社の中で、唯一『甲斐国志』に神主の「兼帯」と書き上げられている。
(26) 菅一―一〇七―一二。
(27) 民衆側に国家意識がなかったとするものではなく、むしろこのような村側の態度が、幕末における様々な民衆運動や民間宗教へと展開していくと考えられる。安丸良夫「民衆運動の思想」(『日本思想大系　五八　民衆運動の思想』岩波書店、一九七〇年)や、立野晃「栗生野村宮三郎一件をめぐって」(『歴史科学と教育』六・七、一九七八・八八年)、近世後期における神職の権威志向と民衆の宗教への期待の乖離については、井上智勝『近世の神社と朝廷権威』(吉川弘文館、二〇〇七年)などがある。
(28) 山本英二「甲斐国「浪人」の意識と行動」(『歴史学研究』六一三号、一九九〇年)一二三~一二四頁。
(29) 兼帯社には、日常的に宮の管理をするための「宮守」が置かれる事が一般的であった。千野村で宮守が確認できるのは、宝永三年(一七〇六)からである。
(30) 村落共同体と神社との関係に関しては、白川部達夫「享保期における村落共同体と祭祀問題」(『立正史学』四三号、一九七八年）や、池田利彦「「小祠」信仰にみる幕末期長州藩の民衆意識」（馬原鉄男・岩井忠熊編『天皇制国家の統合と支配』、文理閣、一九九二年）などがある。

7章　神社経営における神主と氏子

はじめに

神社は「神道の神々を祀るため設けられた建物、または施設の総称」である。[1] 神社が施設であるならば、それを維持・運営する者が必要となる。それは、神主らの宗教者そして氏子である。神主は、「神々と人々の間にあってその仲介（仲執り持ち）の役をなし、人々に代わって神への奉仕を行うとともに、ときに神に代わって、また神そのものとして、その意志を人々に伝達する役目も果たしていた」者で、氏子は「一般に一つの神社を崇敬し、信奉する鎮座地周辺の地縁的集団あるいはその構成員のこと」をいう。[2]

在地において氏子が成立する契機は様々であるが、惣村などの地縁集団が成立する中世以降と考えられている。他方、地方中小社に専業の神主が成立するのは、身分制の確立する江戸時代に入ってからである。宮座や頭屋制などが残る地域では専業神主が成立しないこともあったが、本章で検討する甲斐国の場合、戦国期以来神主の専業化が進み、江戸時代のはじめには神祇管領長上吉田家から神道裁許状を得るなどして、その存在を明確化させていた。では、このような地域における神主と氏子との関係はどのようなものだったのであろうか。江戸時代における神社は、いったい誰がどのように管

表7－1　菅田天神社神主系図

名前		家督相続年	卒年	許状取得年月日	受領名・官位
定良	源太郎	(嘉慶)			
定通	知太郎	(応永)	永享8.2.3		
定直	左近之介		文正元.5.4		
定真	一郎治	(寛正５)	延徳2.7.4		
定之＊	仁之介		永正6.5.2		
守吉	左近之進		天文14.10.10		
守重	宮内少輔		天正19.3.28		
定次	刑部少輔		慶長５		
定次	七郎次		慶長14.12.7	慶長14.正.5	
盛定(定次)	右近		寛永17.8.7	寛永3.3.23 寛永17.3.6	石見守 宮内大輔
(盛次)△					(宮内大輔)
定永			元禄2.10.29	寛永17.3.6	刑部大輔
盛定	七郎治		宝永4.12.4	寛文8.2.28	伊勢守
政定	主税之介		元禄8.8.3		
精定＊	釆女		寛延2.3.28	元禄15.2.24	河内守
定包			寛延4.4.27	寛延3.2.29	播磨守
玄定			安永6.7.8	明和3.3.3	近江守
清定	大膳	明和５	天明５		
定賢	釆女	安永７			
信定	左衛門	天明７	享和3.3.22	寛政6.3.8	
広定	左近		文政12.12.26	文化12.3.24	従五位下長門守
定郷	主税之助		天保8.2隠居	文政12.9	
定喬＊	啓次郎	天保8.2			
孝定		(明治)			

注１：菅田天神社文書1-263-1-ｃ・ｄ・ｆより作成。△は菅1-238より作成。
注２：＊は兄弟相続。

表７－２　菅田天神社・六所明神訴訟等一覧

年月	事　項	結果
慶長８	六所明神神主死罪，跡式闕所・神主家退転	六所明神，菅田天神社神主の兼帯社となる
寛文4.11	宮内大輔(菅田)跡式争論	寛文５　兄刑部(菅田)，弟勘兵衛を分家し六所明神譲渡
寛文5.8	六所明神神主職をめぐる争論 【訴】西後屋敷村神主【相】刑部(菅田)	六所明神，菅田天神社神主の兼帯社承認
明和5.6	菅田・六所神主，百姓と口論につき仕置	近江(菅田)江戸所払，駿河(六所)所払
明和６	駿河倅玄蕃，六所明神社中へ引越	
安永2.4	近江・駿河，母老衰につき大赦願い	天明３　駿河赦免
天明６～９	采女(菅田)離縁一件，菅田天神社跡式相続一件	寛政元　内済
文化元.7	天神900年祭につき，親類差し置き他神主へ神事を頼ることなど不届出入 【訴】中衛(六所)【相】府中八幡宮神主ほか４人	７月　内済
文政4.10	玄蕃(六所)，長門(菅田)妹と再縁	
文政8.12	楯無鎧，飛明神・鶏冠権現は備後進退すべきものに付き一件【訴】備後(六所)【相】長門（菅田）	文政10　吟味取り下げ(鎧・兼帯社長門の進退承認，鎧江戸持参については不届にて長門押込)
文政頃	六所は土屋の本家にては無き旨申し立て	
天保10.9	府中八幡宮跡式出入一件，白旗一件 【訴】石見(六所)【相】府中八幡神主ほか	石見(六所)甲府勤番取り調べ中牢死，天保11　倅玄蕃(六所)軽追放，神主職召放
天保12.正	六所明神・大石明神跡式，菅田天神社神主兼帯につき氏子村方との議定	４月　寺社奉行所，願聞済
天保12.7	啓次郎（菅田），六所明神兼帯につき，留守預倉科村神主への朱印引き渡し願い	８月　六所朱印７通，大石朱印６通ほか受取
天保12.11	六所氏子を相手取る押領出入 【訴】倉科村神主今沢大内之介【相】四ケ村氏子	12月　願い下げ，啓次郎の兼帯確認
嘉永元.9	六所明神三ケ村氏子，神主啓次郎規定書	
嘉永4.10	玄蕃(六所)赦免，小屋敷村立ち帰り社務引渡し願	
嘉永4.11	倉科村神主ら玄蕃倅松太郎へ六所・大石明神の跡職願	嘉永5.2　寺社奉行所，松太郎への朱印など引き渡し許可，菅田天神神主拒否
嘉永5.10	玄蕃倅松太郎(六所)へ六所社務相続願など難渋出入【訴】玄蕃(六所)【相】啓次郎(菅田)	12月　内済，六所朱印松太郎へ引き渡しなど

注１：菅田天神社文書より作成。
注２：【訴】は訴訟方，【相】は相手方。

理し運営していたのであろうか。本章では神主の家相続と神社の経営をめぐる問題について考える。

ここで取り上げるのは、山梨郡栗原筋上於曽村の菅田天神社と同小屋敷村の六所明神である。菅田天神社神主は代々土屋家が務め（表7―1）、六所明神神主は寛文期以降菅田天神社神主の分家が務めた。表7―2は、菅田天神社と六所明神をめぐる訴訟などを年表にしたものである。なぜ、このように両家の間で争論が繰り返されたのか、その論点は何だったのかを考察していきたい。

1節　菅田天神社跡職相続をめぐって

両家の争論の始まりは慶長期に遡る。慶長八年（一六〇三）、六所明神の神主五右衛門は、公儀から死罪を命じられた。跡式は欠所となり、神主家は退転した。そこで六所明神は隣村於曽村の菅田天神社神主甚太郎へ下し置かれ、以後同社神主の兼帯社となった。寛文四年（一六六四）、菅田天神社では神主宮内の跡職をめぐり、兄刑部と弟勘兵衛との間で争論がおきた。これをきっかけとして、寛文五年（一六六五）に勘兵衛は分家をし、六所明神を譲渡された。(3) 同じ寛文五年、五右衛門の孫で西後屋敷村（山梨郡万力筋）諏訪明神神主堀内土佐守が、六所明神は「代々拙者神主仕」と主張し、菅田天神社神主土屋刑部を相手取る訴状を寺社奉行所へ提出した。堀内は六所明神の神主であることの証拠として、同社宛の「権現様代々御朱印、次伊奈熊蔵殿幷甲州四奉行之証文拙者只今迄持来」ることを主張した。堀内は菅田天神社の跡式争論の最中に、血縁の正当性と証文の所持を根拠として訴訟をおこしたが敗訴し、六所明神は菅田天神社の兼帯社であることが確定した。(4)

では、菅田天神社神主の分家が進退することになった六所明神は、その後どのようになったのであろうか。寛文一一年（一六七一）、次の一札が出された。(5)

差上ヶ申口書之事

一、小屋敷村之内松尾六所大明神、社領拾三石三斗余并社中御朱印弐通頭戴《ママ》仕、有来御祭礼相勤代々支配仕来候、恵林寺より鎮守之由ニ而壱年ニ弐度宛御勤被成候、其外何ニ而も恵林寺より御構被成候儀無御座候、為後日之一札指上ヶ申候、以上

寛文拾壱年亥六月八日

六所神主
土屋石見守

雨宮瀬兵殿
橋爪理右衛門殿
向山留兵衛殿

指上ヶ申下書

六所明神神主は、社領一三石三斗余の朱印を頂戴し祭礼を勤めてきたことを述べた上で、同社は乾徳山恵林寺（臨済宗妙心寺派）の鎮守であるが、年二回の祭礼以外は恵林寺より構いがないとした。さらに、元禄一五年（一七〇二）、六所社中の重空から、六所神主へ宛てた手形は、次のようなものであった。(6)

出し申手形之事

一、今度六所御社中ニ而、村之衆木ヲ伐り我儘被致候ニ付、拙僧ニ御尋御座候、我等者努々不存と申上候故、御立腹被遊、御払被成候段誤至極仕、東陽軒并ニ市之丞ヲ頼入様々御訴訟仕候得者、御承引被遊、右之通りニ被仰付忝奉存候、此上者随分大切ニ相守り、御社中ニ而落葉何様之細木枝木成共猥ニ為伐申間敷候、拙僧義此上何ニ而も相背申候者、何時成共御言次第訳立可申候、於其時少シも違論申間敷候、為後日手形仍而如件

元禄拾五年

小屋鋪村六所社中

午ノ四月八日

重空（印）

同村　東陽軒（印）

同村　市之丞（印）

六所神主
石見守様

六所社中の木が村人に勝手に伐り取られた際、神主から事情を尋ねられた重空はそれに取り合わなかった。しかし神主が立腹したため、以後重空は村人に細木たりとも伐り取らせず、また神主に背かない旨の手形を出したのである。

この二つの史料から明かになるのは、六所明神は恵林寺の鎮守として寺からの干渉を受ける可能性があったこと、さらに社中には重空という僧がおり、日常的にはその者が社を管理していたこと、しかもそれは重空と村人によって独自に行われていたらしいことである。ただし恵林寺の鎮守という性格を払拭し、社中の僧や村人による社の管理に対して神主が立場を強めていることがわかる。それは、六所明神の恵林寺からの自立、社中の僧に対する神主の優位、さらには僧の排除へと展開する。菅田天神社の兼帯社であった六所明神は、分家が神主として取り立てられたことにより、神主による社の進退が強化された。これはほかの宗教者や村人に対し、社家が排他的に六所明神の進退を独占する動きであった。

釆女離縁一件

明和五年（一七六八）、菅田天神社神主土屋近江と六所明神神主土屋駿河は、村方百姓との口論によって罰せられた。近江は江戸所払および上於曽村払となり、駿河は所払となった。六所明神神主であった駿河は、寛文五年（一六六五）の分家以降も本家のある上於曽村に居住していたが、所払によって六所明神のある小屋敷村に引き移ることになった。この時、駿河は六所明神の宮本へ居住することを認められなかったが、跡を継いだ倅の玄蕃は、幼少であるため通いでは神役を勤めかねると氏子に無心し、翌年、六所社中へ越すことを許された。このことが、結果的に本家に従属していた分家の経済的・社会的自立を促していく(7)。

菅田天神社では、近江が咎を受けた後、村方から養子に入った大膳が跡式を継いだ。ただし、大膳は安永七年(一七七八)に病弱であるという理由で隠居し、跡式は近江の子とめの婿養子で河内村(八代郡小石和筋)神主抽那権少輔の子、采女に相続された(8)。天明三年(一七八三)になると、六所明神神主駿河(中衛と改名)が赦免となる(9)。中衛は近江の娘と結婚していたため、菅田天神社神主采女とは義兄弟の関係にあった。中衛は血縁関係において菅田天神社神主と対等な立場にあり、かつ社会的な立場を回復したことによって、以後菅田天神社の諸事に関与するようになる(表7―3および図7―1参照)。

天明六年(一七八六)四月、上於曽村村中一統惣代として名主新兵衛ら九名と、親類土屋中衛、土屋采女の媒人瀧本遠江(下井尻村白幡明神神主)が連印し、府中八幡宮神主今沢大進に対して、采女の親元引き取りを願い上げた(10)。

書付ヲ以奉申上候

一、当村菅田天神宮神主土屋采女殿義、近年段々不埒相募旁々不道之致方共中々御神役相尋《(勤カ)》候仁躰ニ無之、兼帯所村方ニ而も右躰之不埒等閑ニ致置候旨申之、何共右村方江対無據、依之氏子共相談仕村中一統右之次第左ニ申上候

①一、天下泰平国家安全長日御祈禱相勤候義、一向無之候事

②一、正月元日ハ従往古明七ツニ者被致出勤、式礼之勤等も有之候処、当正月ハ御神前之御戸も不開、出勤も不被致御様子、尤大晦日より十七日迄ハ参籠仕候義古例ニ御座候処、左様之義も一向無之事

③一、当正月十七日大祭礼ニ御座候処、御祭礼道具幷神輿錺物等、猶又幕簾等一向無之候間、親類共方江相尋候処、質入ニ相成候由、依之右御祭礼道具神輿錺物等無之、旧例申刻御神事ニ相定候所、夜半過子刻頃御神事ハ相渡候得共、

表7－3　菅田天神社家督相続一件関係年表

年	月日	事項	差出（【訴】【相】）	宛先
天明6	4.—	釆女不埒につき，親元引取り願（3月にも不埒「申上」あり）	土屋中衛，下井尻村神主瀧下遠江，上於曽村名主新兵衛ほか5名，氏子惣代武兵衛ほか2名	府中八幡宮神主今沢大進
	5.—	釆女親元引取用捨願	土屋釆女母・妻，親類惣代岩手村治郎左衛門	今沢大進
	6.—	釆女禁足中につき，神事祭礼を他の神主に仰付の旨承知	百姓代弥五左衛門ほか6名，土屋中衛，瀧下遠江	今沢大進
	6.19	釆女禁足中につき，神事祭礼を他の神主に仰付の旨承知	土屋釆女，河内村神主抽那右近(釆女親)	今沢大進
	9.—	釆女親元引取願	土屋釆女母・妻代親類治郎左衛門	今沢大進
	9.24	菅田天神跡式を他の親類のみに相談するのは，後見竹森村神主網蔵美濃の取り計らいにて，以後親類一統熟談願	六所土屋中衛	今沢大進
	閏10.—	釆女親元引取用捨願	抽那右近，親類惣代白井河原村神主宮川伊勢	今沢大進
	12.28	離縁状之事	釆女	とめ
天明7	2.—	釆女親元引取一件済口	【訴】菅田宮神主母妻両人代次郎左衛門，土屋中衛，瀧下遠江，上於曽村大組名主栄左衛門ほか1名村方氏子惣代3名 【相】抽那権少輔代宮川伊勢ほか1名，石和八幡宮別当扱人土屋丹波，宿新左衛門ほか1名	
	10.—	東作を婿養子にする旨の届	菅田宮神主土屋備後後家・同人娘とめ，上於曽村名主奥印	今沢大進
	10.15	養子東作引取につき届	土屋備後後家	今沢大進
	——	備後後家，中衛を義絶		
天明9	1.—	賄賂金を貪め取り，理不尽に菅田天神社跡式縁談を取り組んだ件につき出入（4月に郡方役所へ差出願）	【訴】土屋中衛 【相】今沢大進後見植松筑前・正木主税之助＊・同悴兵庫＊，神主妻とめ＊，網倉美濃＊，鈴木新吉(飯田代官)手代吉川善三郎，武嶋左膳(石和代官)手代山田喜兵衛＊，石和宿新左衛門・善右衛門悴伴七，上於曽村村役人，松本村親類大蔵寺＊	寺社奉行所
寛政1	4.—	謂われなき難渋申しかけ出入（8月内済）	【訴】菅田天神神主土屋左衛門 【相】六所明神神主土屋中衛・玄蕃	寺社奉行所

注1：菅田天神社文書より作成。
注2：【許】は訴訟方，【相】は相手方。＊は天明9年4月の相手方。

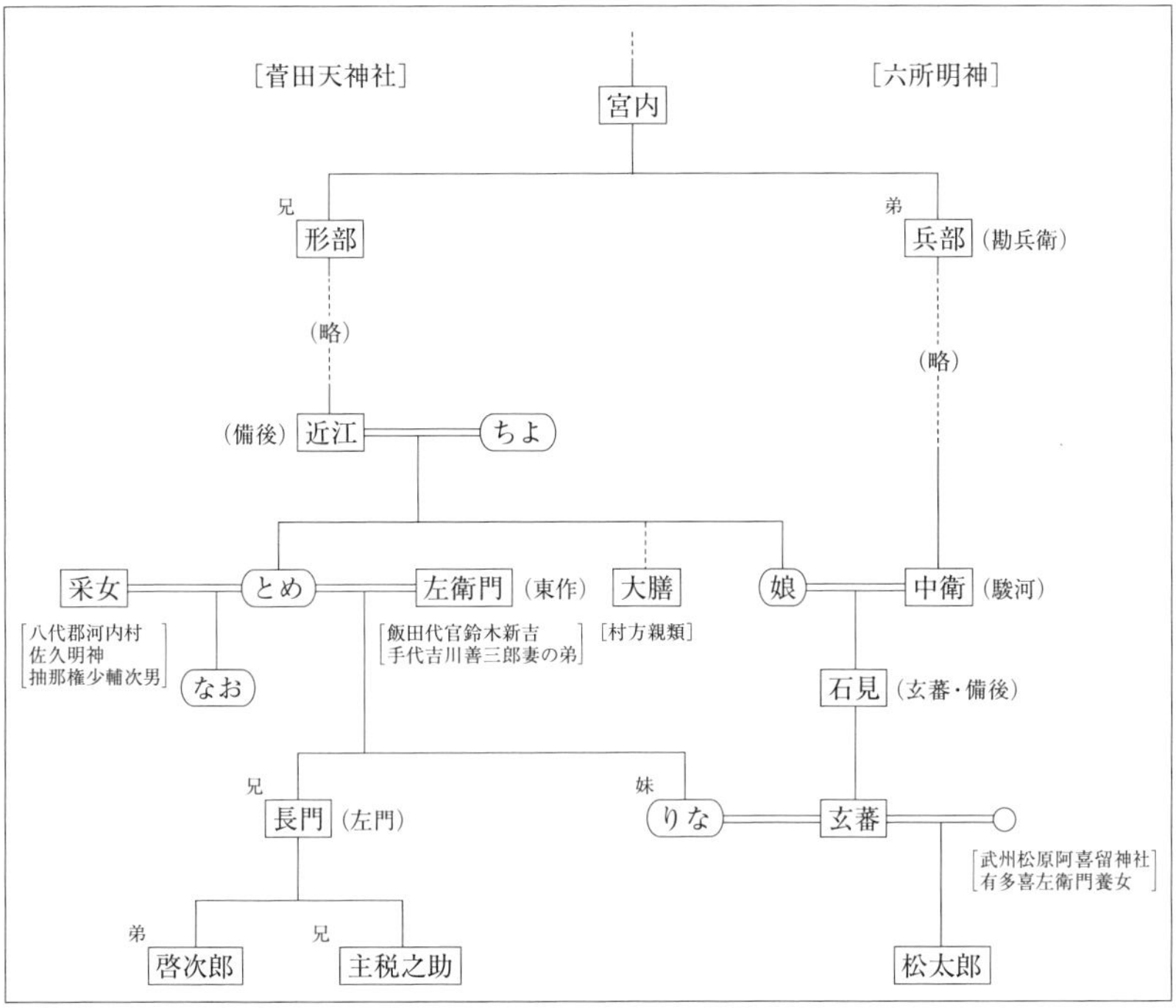

図７－１　菅田天神社跡職一件関係図
注：菅田天神社文書より作成。

氏子ニ而も立会候者無之様御座候事
④一、御宮御修覆等一向不仕、既及大破候義、氏子共茂歎敷儀奉存事
⑤一、御神前神具幷神輿鍔物御祭礼道具其外幕籏等迄、千野村質屋五左衛門方江入置申候事
⑥一、御法度之博奕仕候ニ付、親類共度々異見仕候得共、承知不仕候事
⑦一、千野村飛宮大明神者兼帯致し罷有候処、去ル巳ノ秋頃当村親類代右衛門与申者江、右兼帯所　御朱印其外社中共ニ売渡申候由及対談ニ、右代右衛門千野村懇意之者江相廻り候由、然ル処ニ代右衛門急病ニ而死去いたし候間、等閑罷成候事
⑧一、武田信玄公御奉納之由大盤若《(ママ)》経、往古より六百巻有之候所、当正月立会相改候處、百巻余も相見江不申候事
⑨一、村方四節御祈禱御日待等相願候節も、一向相勤呉不申候事
⑩一、末社愛宕大権現之御神体質入ニ致し置候由、風聞有之候事
⑪一、往古より二季之御祓納来り候処、此儀も去年ハ一向無之候事
⑫一、社木私用ニ猥ニ売木仕候事
⑬一、金山嶺善右衛門与申者、何方出生ニ御座候哉行衛不知者ハ一夜之宿茂御法度ニ御座候処、去年永々差置候義村方江届ヶも無之、右之者与馴合如何様之義仕出候も難計奉存候事
⑭一、入会山内鶏冠権現ハ釆女兼帯仕罷有候、然ル処先年黒川金山有之候節、右権現御神前江献候吹身共、黒川金由緒之様是迄所持仕罷有候処、是も質入ニ致し置候由、右ニ付炭吹身多分拵候様子、右黒川出生之吹身与申立千野村五郎兵衛方江質入ニ致し置候事
⑮一、千野村　御朱印地御神領、右村重郎右衛門方江売渡申候間、右証文江致印形呉候由、当村親類栄左衛門方江相願候事

右ヶ条之趣相違無御座候、依之当村御宮御修覆も不仕、既破却致し、猶又神主跡式も可相立様無之候間、不得止事御願申上候、何卒御威光ヲ以右釆女早速親元江引取候様被仰付可被下候、尤其上跡式家督相定、国家安全恒例之祭礼無怠慢相勤り候様、親類幷氏子共一同連印ヲ以奉願上候、以上

天明六年午四月

山梨郡小屋敷村
親類
土屋中衛

同郡下井尻村
瀧下遠江

同郡上於曽村
名主
新兵衛

（以下、名主一名・長百姓四名・氏子惣代三名略）

甲府
今沢大進様

中衛らが釆女の親元引き取りを願う理由は、次の四点である。

ⓐ釆女が神事祭礼などを怠慢している（①天下泰平・国家安全の祈禱をしない、②正月恒例の式礼勤めをしない、⑨村方四節の祈禱などをしない、⑪二季の祓をしない）。

ⓑ釆女が祭礼道具・神体・奉納物などの社付の品、社木および朱印や神領を質入れしたり、売却したりする（③祭礼道具などの質入れ、⑮兼帯社である千野村飛明神朱印地の売り渡し、ほか⑤⑦⑧⑩⑫⑭の各項目）。

ⓒ釆女が宮の修復を怠慢している（④）。

ⓓ釆女が公儀の法度に違反している（⑥博奕、⑬行衛知れずの者を社中へ差し置く）。

これを受けて、五月には釆女の義母と妻・親類惣代岩手村治郎左衛門とが、釆女を親元へ引き取ることは用捨してほしいとの願いを出した。離縁となれば「当社之神主相続茂相成兼、親子共ニ歎ケハ」しいので、「親子之者御すくい」のためとする。これにより釆女の実家がある河内村の庄右衛門が釆女に意見を加え、事は決着したかにみえた。しかし九月に入ると禁足中の釆女が不埒を働いたという理由で、今度は義母・妻・治郎右衛門から、釆女の親元引き取り願いが出された。閏一〇月には、釆女の実家と親類惣代宮川伊勢（白井河原村八乙女権現神主）が、再び親元への引き取り用捨を願い出たが、結局釆女は親元へ引き取られ、一二月にはとめへ離縁状が渡された。[11]

まず、先の訴訟内容を検討してみよう。ⓐⓑⓒⓓの四つのうち、ⓐⓑⓒの三つは、神社が神社として機能するための基本的要素である。ⓐは神事祭礼の執行、ⓑは社付の品や社領の管理、ⓒは社頭の管理であり、これらの実行によって神主は神社を円滑に進退し、初穂などを得ることができたのである。つまり、ⓐⓑⓒは、神社経営そのものといえる。[12]今回の訴訟は、社家による神社経営の不履行が原因して引きおこされたのであった。では、なぜ神主は神社経営を行わなかったのであろうか。例えば、釆女は社領や社付の品を自己の取り計らいによってのみ進退しているが、これは神社がある特定の社家に代々進退されることによって、それらが家産のように認識されてしまったことによる。[13]神社が社家の家産であるという認識に立てば、社家による社領の質入れや売買は当然のことである。神事祭礼の執行についても、職が社家のイエに相伝されるものであるとの認識があるからこそ、平然と履行されないのである。社家にとっては、ⓐⓑⓒの進退それ自体が社家の家産であり、権利であったといえる。

ただし、神主による神社経営の不履行が訴訟の対象となり、結果、釆女が親元へ引き取られたことからは、ⓐⓑⓒの履行は社家の義務だったことになる。この義務は神社が村や氏子の信仰の対象であることから生ずるものである。神社は共同体の精神的主柱であり、氏子は生活上不可欠な神事を神社を通して行うのである。神事祭礼の不履行や、神社を維持するために必要な神領や社付の品の分割・散逸は、自らの生活に対する重大な危機として認識されたのである。つまり神社が社家の家産として認識されていく一方で、氏子らの信仰の対象という側面がそれを抑制していたのである。この釆女離縁一件は、根本的には以上のような神社をめぐる社家と氏子との認識および立場のずれを示す一件であった。では、そこに関わった六所明神神主土屋中衛の目的は何にあったのであろうか。

左衛門家督相続一件

天明六年（一七八六）九月、義母らが釆女の親元への引き取り願いを出した時点で、菅田天神社では既に釆女に代わる跡職相続人の取り決めを始めていた。ただし、同家ではそれを全く中衛に相談しなかった。中衛は「大切之家名相続人縁談取定候儀ニ付、本別之実意無之、他親類而已相談致し、私方江者一向ニ相談不相掛」のは、菅田天神社後見網蔵美濃の取り計らいのゆえであると支配頭の府中八幡宮神主方へ訴えている。その後、中衛は自らの子を釆女の養子として跡職を継がせようとしたが破談し、結局釆女の親元引き取りが決まった。中衛は跡職のいなくなった菅田天神社の神用を務めることになったが、菅田天神社側の非協力で思うようにいかなかった。次には次男を釆女の子の婿養子にしようとするが、菅田天神社側が後家入（後家の聟に相続させること）にしたいと主張したため、破談となった。そこで中衛は後家の聟として御岳山御師を媒人するが、これも菅田天神社側に断られている。結局は親類の大蔵寺が媒人となり、飯田代官所の手代吉川善三郎の義弟、東作が後家の聟になることが決まった。中衛はあくまで菅田天神社の跡職を自分の意中の人物に継がせようとし、逆に菅田天神社側は徹底して中衛の意向を排除する態度をとったのである。翌年（一七八七）一〇月、東作は菅田天神社の婿養子となり跡職を相続した。

菅田天神社の跡式相続への道を絶たれた中衛は、天明九年（一七八九）正月、寺社奉行所へ「賄賂金貪取、理不当ニ縁談取組候出入」として、菅田天神社の後家らを含む一一人を相手取り訴訟をおこした(14)。中衛に訴えられた者をまとめると、次の四グループになる。

①菅田天神社神主イエ関係者（跡職相続の当事者である後家とめ、東作の義兄吉川善三郎、後見竹森村玉宮大明神神主網倉美濃、親類大蔵寺）。
②府中八幡宮関係者（府中八幡宮神主今沢大進後見植松筑前、同正木主税之助、主税之助子兵庫）。
③村方関係者（上於曽村村役人）。
④役所関係者（代官所手代山田喜兵衛、石和宿公事宿新左衛門、同伴七）。

では、これらのグループと中衛との対立点を探ってみよう。まず、①菅田天神社神主イエ関係者である。これは家族・親類・後見といった広い意味で家の構成員とみなすことのできる者たちも含む。後見は、神主が幼少の場合などに家族に代わり公的折衝の役割を担ったり、神事などの諸事を取り計らい神主の補佐をしたりする役割を持つ。多くの場合、後見には隣社や親類の神主があたった。この①グループが、中衛との対立の中心である。家督相続においてその家族内に適任者がいない場合、特に養子相続の場合などには、イエの存続上より近い血縁者が跡職を継ぐことが多い。菅田天神社についていえば、分家であり義兄弟であり、加えて神職である中衛の家が親類中で最も跡職を継ぐのにふさわしかったはずである。ゆえに中衛は、跡式を継ぐことになった東作を「出所も不知、無縁之他国もの」と評し、自分の子供や仲間を養子にしようとしたのである。ただしそのような中衛の行動を抑えたのも、また親類であった。親類の大蔵寺は、義母（近江妻）に中衛を義絶させている。大蔵寺は後見網蔵とともに東作の跡式相続を積極的に進めていくが、中衛はこれを賄賂金に迷ったゆえの行為として訴えたのである。

次に②グループは府中八幡宮関係者である。国中社家は、宝永二年（一七〇五）に府中八幡宮神主今沢家が支配頭となるにおよび、家督相続を支配頭に相談し、宗旨人別帳も府中八幡宮を介して幕府へ提出することになった[15]。中衛によれば、府中八幡宮後見の正木主税之助は、菅田天神社の跡職が売買となれば三〜四〇〇両の物成になると見積もった上で、府中八幡宮方へ一〇〇両を差し出せば東作のことを取り持つと菅田天神社後見の網倉美濃へ密約したこと、さらに兵庫は触頭の権威をかさに東作の仲人となり菅田天神社に世話をしたという。主税之助は、逆に中衛が金子を差し出し、采女の娘を男子として人別帳に書き上げてほしいと頼んできたと述べている。いずれの主張が正しいかは判断し得ないが、社家の家督相続において府中八幡宮が重要な役割を担っていたことがわかる。中衛は府中八幡宮後見役を訴えた理由として、「国中之神職居跡相続之儀、触頭之商ひものニ相成候而ハ、往々甚差支ニ相成」、大勢の仲間たちが難儀をするのは心得難いからであるという。ただし両者の言い分をみるにつけ、触頭による家督相続への関与は、社家自らが互いの利害関係の中で招いたといえよう。例えば、この後、左衛門（東作）が残した「言置状之事」では、家督相続人や後見人を決め、さらに「一、若死後ニ何れより茂何事ニよらす故障六ケ敷有之候ハヽ、頭今沢江相願万端差図請跡式相続可致候、尤左門（左衛門倅）儀今沢大和守より因ヲ請可申候事」とある。何事によらず頭である府中八幡宮神主今沢に願い出て指図を受けるように遺言したのである。頭による家督相続の承認が単なる府中八幡宮神主の権限や我意によって成り立つものではなく、諸社家の利害を調停する役割として必要とされていたのである。

③グループは村方、④は支配役所関係である。これを検討する前に、簡単にことの経緯を述べる。中衛によれば、東作の婿入りについて氏子側で差し支えがあったという。そこで東作の義兄である吉川が主人の飯田代官鈴木を頼り、上於曽村が支配域にあたる石和代官の武嶋へ村方の説得を依頼した。武嶋の手代山田はその意を受け、村役人を食応の上、東作の婿入りを納得させた。ただし今度は小前が差し支えをいったので、山田が公事宿の新左衛門・伴七を使って説得にあたらせた。その際、新左衛門らは東作が跡職に入れば、神領のうち一〇俵分を永久に村方へ渡すことを約束したという。中衛はこのような村方の行為を、「東照宮様より御代々被下置候国家安全御祈禱料、村方之私欲ニ致候様ニ相成候而ハ是以奉恐入、外之悪例ニも相成可申哉」として訴えたのである。社家の家督相続において、氏子の意向が重視されていたことがわかる。家督相続は社家のイエを第一義とするものの、神社を経営するにあたり、社家は氏子によって自己のイエを管理されていたともいえる。もう一点注意しておきたいことは、中衛の「東照宮御祈禱料」を「村方之私欲」にすることは

悪例という文言である。ここからは神社の進退を任されたのが社家であり、それゆえに神社においては社家の権限が村方に優越することを主張していると読み取ることができる。

このように社家の家督相続は、様々な人間関係の中で成立していた。社家はイエの存続のために分家を創出し、神社支配を強固にしていくが、その一方で分家により自己の存立基盤であるイエの存続すら危うくされている。また社家は神社をイエの論で進退し、氏子に対する優位を主張しながらも、氏子によって家督相続を干渉される。しかも社家が対抗していた府中八幡宮神主による支配体制は、逆に社家自身の手によって利用され、同時にイエ存続の保証機関として機能している。各々が各々の存在を支え、かつ脅かしていたのである。ここからは実際には社家のイエ自体が、かなり不安定なものであったともいえよう。

寛政元年（一七八九）四月、今度は菅田天神社神主左衛門（東作）が、中衛を相手取り「無謂難渋申懸候出入」として寺社奉行所に出訴した。六所明神神主中衛と玄蕃親子が、左衛門が菅田天神社の婿養子に入ったことを不服とし、同社の祭礼前夜に玉襷をかけ社中へ踏み込み、乱暴を行うなどの「種々不法之事」が重なったとする[16]。菅田天神社側は、このような中衛らの行動が「不埒至極之謀計を企、私家督を可奪取巧を以色々難渋申懸」ると認識している。八月に至り、訴答両者の檀那寺であった上於曽村正覚寺が扱人となり、上於曽・小屋敷両村の名主などが連印し内済となった。これにより、一連の家督相続争いは決着した。①菅田天神社の神職家督ならびに諸事に対し、六所側は差し障らず諸事睦まじくすること、②左衛門の縁談についての差し障りは扱人がもらい受け、以来親子の挨拶睦まじく孝行すること、③菅田天神の大祭礼では、中衛と左衛門は兄弟であるので、三年間は中衛が世話をし、神事は左衛門が執り行うこと、などが取り決められた。中衛らの菅田天神社への干渉は否定されたのである。ただし、以後も六所明神から菅田天神社の諸事に関わる争論が繰り返されていく。

2節　六所明神跡職一件

六所明神の兼帯

六所明神神主土屋石見（玄蕃）は、菅田天神社神主を相手取る訴訟を繰り返す一方で、府中八幡宮を相手取る訴訟にも積極的に関わっていた。天保一一年（一八四〇）、府中八幡宮の跡職差障出入の吟味中に石見は牢死し、跡職相続人の玄蕃は一件余事につき「神職御構軽追放」の裁許を受けた[17]（5章）。これにより、六所明神の神役を勤める者がいなくなったのである。

天保一二年（一八四一）正月、跡職のいなくなった六所明神では、小屋敷・藤木・三日市場三ヶ村の氏子が、石見の本家である菅田天神社神主土屋啓次郎に六所明神の兼帯を願い出た。啓次郎はそれを受け、寺社奉行所に同社の兼帯を願い出ている。四月には村方からの願いによる啓次郎の兼帯が聞き済みとなり、七月に入って啓次郎は寺社奉行から六所明神の兼帯を許可された。同時にこれまで石見が兼帯していた赤尾村大石明神も、啓次郎の兼帯となった。石見が召し捕らえになった際、六所明神の社領朱印状と大石明神の黒印状二通は石見の甥にあたる倉科村黒戸奈神社神主今沢信濃へ預けられていたが、啓次郎の兼帯が決まったことに伴って同人へ引き渡された（図7―2参照）。

このようにして、啓次郎による六所明神の兼帯が始まった。ただし、同年（一八四一）一一月には六所明神の留守預であった倉科村黒戸奈神社神主今沢信濃悴大内介と西後屋敷村諏訪明神神主堀内権頭らが、六所明神・大石明神の四ヶ村氏子を相手取り「押領出入」の旨を訴えたのである。権頭は六所明神の朱印状と大石明神の黒印状一三通等を預り、かつ同社の神役を勤めていたこともあり、跡職に石見の孫にあたる次男道之介を入れようとしていた。親類の横森丹宮（宮久保

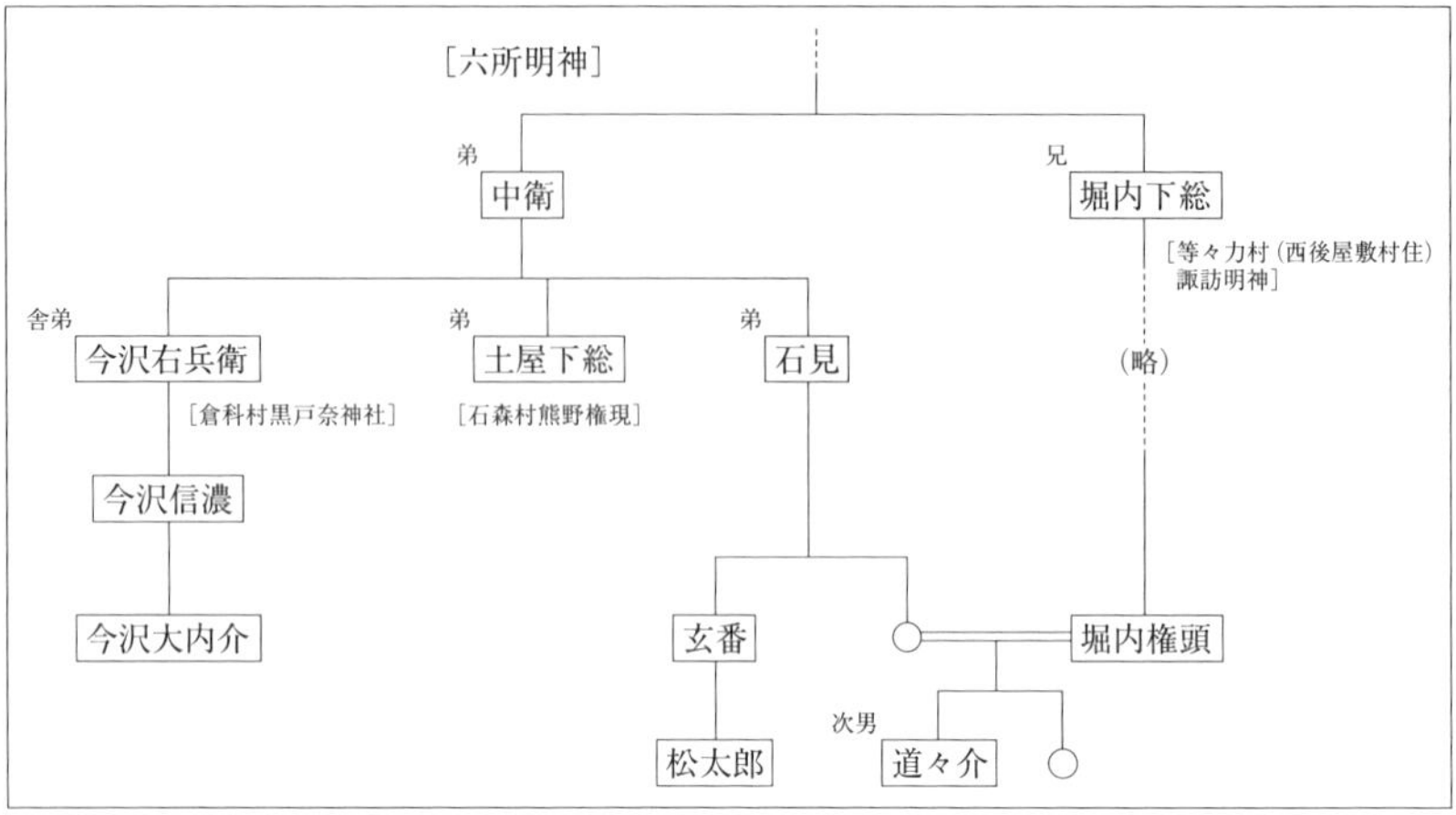

図7－2　六所明神跡職一件関係図
注：菅田天神社文書より作成。

村古宮明神神主）を惣代とし、寺社奉行所にその旨を願い出ていたが、手続に手間取っている間に、六所明神氏子からの願いによって、本家の啓次郎による兼帯が決まってしまったのである。訴状の内容は、次のようなものであった(18)。

（前略）氏子之者共何様之御願奉申上候哉、当七月中右権頭被
召出被　仰渡候者、氏子共願之趣御聞済ニ相成、上於曽村菅田
天神神主土屋啓次郎江兼帯守護被　仰付、権頭江御預ケニ相成
居り候　御朱印引渡し可申旨被仰渡奉畏御請奉申上候、依
之早速帰国之上　御朱印引渡相済申候、尤追而神主之もの
出来致候節者、右啓次郎方より神主職之もの江　御朱印引
渡可申旨被　仰付難有仕合ニ奉存候、然処氏子之者共社人土屋
志摩ヲ早速為引払、家来倉蔵分御公田村方江引取、作置候諸作
物引荒し、樹木之菓等乱雑ニ落し竹木等切、採用水を止、境内
ニ借地居候百姓権兵衛水車挊度候を差止渡世ニ為致難儀、彦左
衛門・茂兵衛義者、社中境を犯し非夫耳石見家作迄茂売払可申
旨申之、啓次郎方江ハ纔之御供料ニてのミ差遣申候、社頭物成
迄も私欲押領仕候、一躰甲州神主之儀者余国与者違ひ、乍
恐　御入国之砌依忠勤　御朱印・御黒印等被成下
置、　御目見被仰付候程之御由緒之者ニて、社頭之儀者神主

江被下置候得者、氏子共我儘勝手ニ取計可申所為無御座候、尤三日市場村・藤木村之儀者小屋敷村より頼ニ任せ同意いたし候由ニ申之候得共、一同之儀与奉存候、赤尾村之儀者先年より神領之内を致押領居候を、石見在職中石和御代官西村貞太郎殿御役所江願立候処、可及内済旨被　仰聞立入人有之夫々行届、既ニ済方ニ茂可相成折節、石見儀右様之次第ニ相成候を幸ニ致し、小屋敷村与馴合無法之儀仕候者、全神主株取潰し候巧ミ与奉存候、啓次郎之義者本末之異論有之以来義絶同様不和ニ有之、且同人未若年ニて格別之思慮も無之候を氏子共之内重立候者共邪欲之弁舌ヲ以、少々之御供料ニて已差遣し品能言成置、右様之儀取巧ミ候次第心外至極ニ歎ケ敷奉存候、何卒格別之御憐愍ヲ以、前書名前之者共銘々被　召出御吟味之上、是迄之通り諸事権頭江御預ケ被下置、早速跡式相続相立候様被　仰付被下置度（後略）

権頭らは六所明神氏子の様々な不埒を書き上げ、氏子が社頭物成まで私欲に横領したという。甲州の社家は他国とは違い格別の由緒があること、よって社頭は神主へ下されたものであり、氏子どもが我儘勝手に取り計らうものではないと主張した。同じく兼帯所であった赤尾村大石明神の氏子に対しては、石見の在職中から神領を押領し、神主株を取り潰すつもりであると訴えた。兼帯の啓次郎に対しては、六所明神とは義絶同然の不和であったこと、啓次郎は若年ゆえ思慮がなく氏子の邪欲の弁舌に少々の供料でだまされていると主張した。その上で、六所明神の諸事を以前のように権頭へ預け、跡職相続が立つように願い上げたのである。

権頭らの訴えは、六所明神の跡職に道之介を入れるための手段であったと思われるが、ここで注意したいのは、訴訟の相手が兼帯神主の啓次郎ではなく氏子であった点である。かれらは啓次郎の兼帯の否ではなく、氏子による社頭および社領押領を訴えたのである。この理由を明らかにするために、啓次郎が六所明神を兼帯することになった事情を振り返ってみたい。

啓次郎が氏子の兼帯願いを受けた天保一二年（一八四一）閏正月、兼帯のための規定書が啓次郎と三ヶ村氏子等との間で取り交わされた(19)。

規定書之事

一、御供米幷神事為諸入用、六所明神社領物成之内氏子ニ而世話いたし、米拾俵ツヽ、無遅滞年々神主方江差送可申候事、尤凶作ニ而従　御公儀御引方等有之候節者、右ニ准シ俵数之内送方相減候事

一、神事祭礼之節、祭主幷供廻り之者賄方之儀、右拾俵送米之内ニ而相賄候事

一、社内掃除之儀、貞実之者見立、氏子ニ而相談之上、社領物成之内ニ而給米相渡シ、差置可申候事

一、社内落葉・下草・木之実等之儀も、氏子ニ而世話いたし、御修覆入用ニ差加へ可申事

一、御修覆及大破ニ物成ニ而不行届節者、社木之内枯木之分、氏子一同相談之上取計ひ可申事

右ヶ条之趣、対談書共四本相認メ、神主幷三ヶ村氏子壱本宛所持罷有、相互違変為無之連印致規定置候処、如件

天保十二年丑閏正月

甲州山梨郡

上於曽村

神主

土屋啓次郎（印）

同村親類

長百姓

勘兵衛（印）

下於曽村親類

長百姓

周右衛門（印）

上井尻村西方

長百姓

重右衛門（印）

小屋敷村

名主

喜左衛門（印）

（長百姓八名・百姓代三名略）

藤木村

名主

源兵衛（印）

（長百姓一名・百姓代三名略）

三日市場村

名主

武右衛門（印）

（長百姓七名・百姓代二名略）

規定は次の五ヶ条である。①供米ならびに神事諸入用のため、六所明神社領の物成は氏子方にて世話をし、そのうちから米一〇俵宛を神主方へ渡すこと。②神事祭礼の際の祭主・供廻りの者の賄いは、一〇俵のうちで賄うこと。③社内掃除については、貞実の者を見立て、氏子相談の上で社領物成のうちから給米を渡し差し置くこと。④社内の落ち葉・下草・木の実なども氏子で世話をし、修復入用に当てること。⑤修復大破におよび物成では不行届の時は、社木のうち枯木の分を氏子相談の上で取り計らうべきこと。

先に、神社に対する社家の権利および義務は、ⓐ神事祭礼の執行、ⓑ社領などの管理、ⓒ社頭の管理、にあるとした。しかしこの規定書をみる限り、兼帯神主としての啓次郎の六所明神に対する権利および義務が著しく限定されたものとなっていることがわかる。啓次郎は六所明神に関わる神事祭礼を行い（ⓐ）、その代償として米一〇俵を得ているに過ぎず

（①）、社領や社頭の進退（ⓑⓒ）は氏子によって行われることになったのである（③④⑤）。しかも祭礼の供廻りの賄いまで、神主方で負っている（②）。兼帯の実態は、神主側からみれば、氏子との契約的な関係の中で神社に対する権利を著しく限定されたことになる。つまり、神社はまず氏子によって経営されることになったのである。四月に啓次郎の兼帯が聞き済みとなった際、村方から寺社奉行に対して提出された請書には、「啓次郎江社務兼帯為致、御朱印守護者勿論、都而神役社用共御差支無御座様、為相勤可申候」とある。この文言からは、神社に対する進退の主体が兼帯神主の啓次郎ではなく、氏子にあるという関係を読み取ることができる。

　では、話しを権頭と氏子との争論に戻そう。石見の死後、六所明神の諸事は権頭らが取り計らい、同時に権頭の子道之介の六所明神跡職相続が着々と進められていた。それは氏子も十分承知していたはずである[20]。ただし氏子が望んだのは、道之介が六所明神の跡式を継ぎ、神主として神社を進退することではなかった。神主が取り立てられれば、六所明神は神主によって経営（ⓐ神事祭礼の執行・ⓑ社領などの管理・ⓒ社頭の管理の掌握）されることになる。神事祭礼の執行は別として、氏子は社領や社頭の管理を自分たちの手に握ることを望んでいた。氏子は兼帯神主を願い上げることで、その目的を達成しようとしたのである。

　神主は神社に奉仕する中で、神社を家産化し、神事祭礼の執行（ⓐ）・社領や社頭の経営（ⓑⓒ）を自己の義務以上に権利として認識するようになっていた。また社会もそれを容認してきたのである。ただし神社は氏子の信仰対象であることから、氏子らの手による神社経営という選択もあり得たのである。神事祭礼の執行を切り離した上で、神主との間に契約的な関係を結び、社領や社頭の管理を氏子自らが掌握する形である。それに対し神事祭礼の執行と社領・社頭の管理全ての掌握を目指す神主との利害が対立したのである。これがこの争論の本質であった。ここでは菅田天神社社家と六所明神社家の本家・分家関係も、権頭らの親類関係も、結局は名目的・二次的に関わっているに過ぎない。

　権頭らは氏子に対し、甲斐国の社家は他国と違い格別の由緒があり、社頭は神主に下されたものであると主張することによって自己の権益を守ろうとしていた。この論理は勤番体制に基づくものである。文政期、勤番社家は八幡宮支配体制の下から格別重い由緒を理由に離脱した。格別重い由緒とは、小牧・長久手の戦い以降、権現様の諸陣に参加し、目見を蒙り、社領朱印状を得たというものである。それが一方では自己の上位に立つ府中八幡宮への抵抗の論として表れ、他方では自己の存立基盤である氏子を抑圧するための論となっているのである。社家は自己の権益を拡大すべく抗争を続けながら、反対に他者の権益を押さえ込むことによってその存在を維持しようとしていたことになろう。[21]

結局、権頭らの訴えは相手方となった氏子に代わって啓次郎が答弁し、出入となれば困窮している村方の迷惑になるとして穏便に済まされた。一ヶ月後の一二月に、訴えは願い下げられたのである。結局、氏子側の思い通り、六所明神は啓次郎の兼帯社であることが確認されたのである。

松太郎相続一件

嘉永四年（一八五一）一〇月、軽追放となっていた玄蕃が捨免され、小屋敷村へ立ち帰った。玄蕃は早速、啓次郎に六所明神の社務職引き渡しを要求した。菅田天神社がその対応に苦慮している最中、石見の親類惣代として倉科村神主今沢大内介が、寺社奉行所に玄蕃の子松太郎へ六所明神と大石明神両社の跡職を願い出た。翌年二月には願いが許可され、寺社奉行所から啓次郎に対し松太郎へ朱印などを渡すべき旨が達せられたのである。

これに対し、啓次郎は六所明神の朱印引き渡しを拒否した。その主な理由は次の五点である。①松太郎の出生が不明であること。②去年一一月以降、社中で乱暴をおこすなど、玄蕃に不法の取り計らいがあったこと。③兼帯している私や氏子に相談もなく、石見の跡職を願い上げたことは不実意であること。また、本分の間で兼帯を仰せ付けられた上は、血縁相続は不服であること。④松太郎は幼少につき、玄蕃が後見同様の世話をするつもりであるとみえること。親の不業をみるにつけ、氏子への難渋が心配なこと。⑤（倉科村神主）大内介も所業がよくないとの風聞があること。まとめれば、（1）

松太郎の出生への疑問（①）、（2）玄蕃や大内介の所業に対する批判（②④⑤）、（3）本家・分家という家秩序に基づく神社相続の主張（③）、となる。

一〇月に入ると、今度は逆に松太郎側が啓次郎を相手取る訴訟をおこした。ここでは氏子から啓次郎へ兼帯願いが出された際、朱印を預かっている権頭らに不沙汰であったことを述べるほか、石見の孫である松太郎が寺社奉行より跡職を仰せ付けられたにもかかわらず、啓次郎が難渋を申しかけるのは不法であるとする。さらに松太郎側は、啓次郎が不如意につき大石明神社領を質入れにしたことや、村役人と馴合の上、難題を申しかけてくることなどを訴えた。啓次郎はそれらの訴えの全てを否定した上で、このような松太郎側の態度を、「私先祖分家分社之間柄を失ひ、社頭兼帯之私を蔑ニいた」す振る舞いであると主張した。啓次郎はことさらに本家・分家といった言葉を多用し、松太郎に対する本家の優位を強調することによって、兼帯の正当性を訴えようとしたのである。

六所明神跡式をめぐる今回の争論が、先にみた兼帯による神社経営（ⓐ神事祭礼の執行は神主、ⓑⓒ社領・社頭の管理は氏子に分割する形）を維持するか、あるいは跡職を相続させ神主による神社経営（神主によるⓐⓑⓒの一元化）に戻るか、という延長線上にあったことは間違いない。啓次郎は自分が六所明神を兼帯して以後、「社頭物成等氏子方ニ而世話いたし、追々修覆行届、氏子末々ニ至迄安心罷在」ようになったというが、まさにそれは氏子の理想にほかならなかった。しかし、本争論では石見の孫という血縁関係を重視するのか、本家・分家といった家秩序を重視するのかという、社家のイエ秩序が最大の論点となった。ここに、当時の神社経営の特徴が示されているといえよう。啓次郎による六所明神の兼帯が、氏子の神社経営への積極的な関わりへの意思表示であったとしても、結局は神社を進退する社家の跡職相続というイエの問題に集約されてしまうのである。神社経営を行うのは神主であり、氏子はそこに二次的に関わることしかできなかったのである。

翌嘉永五（一八五二）年の済口証文は次のようなものであった[22]。

差上申済口証文之事

甲州山梨郡小屋鋪村松尾神社神主土屋松太郎煩ニ付、代同人父土屋玄蕃より同州同郡上於曽村菅田天神神主土屋啓次郎江相掛り候難渋出入申立、当九月中当　御奉行所江奉出訴候処、相手啓次郎出府罷在候ニ付、其後御吟味ニ相成引合之もの共被　召出、追々御吟味中之処、厚御利解之趣双方奉承伏、掛合之上和融内済仕候趣意、左ニ奉申上候、（中略）去亥年中玄蕃儀御赦被仰渡候後、今般石見孫松太郎江神主職相願候儀ニ候ハヽ、社頭兼帯之啓次郎者勿論、産子共江茂篤与相談之上承知一札取之可相願之所、右等之相談茂篤与不致、剰兼帯神主幷産子共ニおゐても一同故障無之抔相認、親類惣代大内介を以松太郎江神主職相願候段不行届、今更先非後悔心得違之旨相弁、右始末此上御吟味請候而者奉恐入候間、松太郎・玄蕃・大内介其外権頭四人より別紙一札を以、啓次郎幷産子共江も厚相詫、尤石見家筋者啓次郎方に而者分家之由承伝候得とも、松太郎儀者新規神主職被　仰付、石見家筋相続致候儀ニ無之上者、今更ニ至り互ニ本分之儀可申争筋ニ無之、尤松太郎者未幼年之儀に付、大内介幷同人親類共ニ而後見致し職業相続致し候積ニ候得共、是迄啓次郎兼帯罷在候儀に付、品ニ寄同人江茂職務相談致し実意ニ突合、且当子年迄社領収納之儀者、啓次郎方ニ而是迄神役致し候儀に付、同人方江請取勿論、以来松太郎方ニ而社務相続致し候儀ニ付、右産子共等江茂随分実意ニ取計、収納物等猥ニ不遣捨、物入等帳面ニ記置可申、尤氏子共厄介不相成様可致、　御朱印地竹木之類、社頭修復又者神主身分ニ付無拠節者、親類共江茂相談之上、其段氏子一同江茂申聞伐採可申、其余自己勝手ニ猥ニ竹木伐採申間鋪、勿論氏子ニおゐても、社附御朱印地之儀ニ付、勝手之筋を以無謂差障申間鋪、若此以後松太郎方に而社中為筋ニ不相成、猥之取計致し候節者、大内介始外親類とも取計、聊右産子江対不法之儀無之様可致積、夫々示談相整、然ル上者　御朱印・御黒印共帰村之上、早々松太郎方江引渡可申筈取極、一同聊無申分熟談内済仕、偏ニ御威光与難有仕合奉存候、然ル上者右一件に付御願筋毛頭無御座候、依之為後証一同連印済口証文差上申処如件

嘉永五子年十二月　（訴訟方、相手方など略）

内済の内容は、次の六点である。①社頭兼帯の啓次郎や産子に相談をせず、松太郎を神主職に願い出たことは不届につき、松太郎などより両者に厚く詫びること。②松太郎へは新規神主職仰せ付けにつき、石見家筋を相続したのではないこと。よって本家・分家のことは、争うことではない。③松太郎は幼年につき、大内介ら親類にて後見のつもりもあろうが、今まで兼帯をしていた啓次郎へも職務の相談をし、実意に付き合うこと。④当子年までの社領収納は、神役を行ってきた啓次郎が受け取ること。以後は松太郎方で社務を相続したので、産子へも実意に取り計らい、収納物をみだりに遣い捨てず、氏子の厄介にならないようにすること。⑤朱印地の竹木類は、社頭修復や社家の身分に関わって致し方ない時には親類へも相談し、氏子へもその旨を申し聞かせて伐り取ること。⑥氏子も社付朱印地について、差し障りをいわないこと。

この済口によって、啓次郎は松太郎へ六所明神と大石明神の朱黒印状を渡し、かわりに松太郎などから詫證文を受け取った。さらに六所明神・大石明神の氏子から兼帯中の社領収納帳面が啓次郎へ引き渡され、争論は幕を閉じた。

済口は松太郎の神主職承認を基本として（②）、兼帯神主であった啓次郎への実意（①③）、氏子に対する実意と氏子の神主に対する権利の制限（①⑥）、神主松太郎の神社に対する権利の制限（④⑤）という、いわば各方面における妥協の産物であった。結局、寺社奉行所は跡職相続において、本家分家の秩序を重視するか、血縁関係を重視するかという論点を除外することで、本家としての啓次郎の面目を保ちつつ、石見の孫松太郎の新規神主職を認めた。また松太郎は本来あるべき神社経営のあり方（ⓐⓑⓒの一元化）を氏子によって厳しく監視され、その上で氏子は従来獲得した社領・社頭の経営（ⓑⓒ）を放棄させられた。このことは、天保期における社家と氏子との神社経営をめぐる争論の延長として捉えた場合には、氏子側の権利の後退といえるであろう。

おわりに

菅田天神社と六所明神をめぐる神社経営のあり方をみてきた。近世を通じ、社家の本家と分家が神社の進退をめぐって対立を繰り返していた様子が読み取れる。しかし、その底流には神社経営をめぐる社家のイエと氏子との対立があった。

明治四年（一八七一）、「伊勢両宮世襲ノ神官ヲ始メ大小ノ神官社家ヲ改正補任セシム」という太政官布告が出された。神職の世襲制が廃止されたのである。「神社ノ儀ハ国家ノ宗祀ニテ、一人一家ノ私有ニスヘキニ非サルハ勿論ノ事ニ候処、（中略）其余村邑小祠ノ社家等ニ至ル迄総テ世襲ト相成、社入ヲ以テ家禄ト為シ、一己ノ私有ト相心得候儀天下一般ノ積習ニテ、神官ハ自然士民ノ別種ト相成、祭政一致ノ御政体ニ相悖リ、其弊害不少」という。神道国教化を目指す明治政府にとって、神社は国家の宗祀であり、神職の私有するものであってはならなかった。尊王思想に支えられた社家にとって明治維新は彼らの理想であったが、それはまた自らが築き上げた神社という経済基盤の否定でもあったのである。

神職の世襲制が廃止されたことによって、国幣社の神職は自らが奉仕してきた神社や地域から切り離され、国家の役人として全国各地の神社へ赴任することになった。このような状況の中で、神主による神社の家産化を食い止め、その経営を脅かしていた氏子は、逆に旧来から氏神社に奉仕していた神職の存続を求めて争論を展開することもあった(23)。氏子にとっては慣れ親しんだ神主であるからこそ、自らの信仰する神社を委ねることができたのである。小屋敷村の事例に見たように、氏子が松太郎を六所明神の神主として受け入れたのは、松太郎の家が代々同社の神主として存続してきたという事実にほかならず、それを容認する社会全体の共通認識があったためである。とすれば、一見常に対立していたと見える氏子と神主は、同じ方向を向いて戦っていたということもできる。近世後期の社会は、地域社会全体が個々のイエを維持存続させようとしていたのである。

(1) 國學院大學日本文化研究所編『神道事典』(弘文堂、一九九四年)三頁。
(2) 注(1)。
(3) 菅田天神社文書(山梨県甲州市塩山、菅田天神社所蔵)一―一七二。以下、同文書は菅と略述する。
(4) 菅一―一二三―一二二。
(5) 菅一―四〇。
(6) 菅一―一五八―五。
(7) 同様の事例として、3章2節参照。
(8) 大膳は菅田天神社に養子に入るにあたり、近江の咎が免じられた場合には菅田天神社の家督相続を近江に返し、兼帯社であった飛宮の神主職を大膳に分けること、ただし免じられなかった場合には近江の子供へ神主を継がせ、大膳は飛宮を受け取り公田を二分することが取り決められていた。人膳の隠居は、相続から一〇年経ち、近江の子とめの婿が決まったことによるものである。ただし大膳には飛宮は渡されず、隠居屋普請金として甲金四〇両が支払われたのみであった。
(9) 近江は安永六年(一七七七)に死去している。翌年、大膳が隠居するのは、このこととも関連すると考えられる。中衛の赦免は、親類の大蔵寺が手筋をたどって増上寺を頼り、勘定奉行桑原伊予守へ願い上げて許可された。
(10) 菅一―二五六―一〇。史料中の番号は筆者が付した。
(11) 采女の親元引き取りを願い出た岩手村次郎左衛門・中衛・村役人らは、采女親類の宮川伊勢らを相手取り訴訟をおこしたため、この一件に最終的な決着がつくのは、翌天明七年(一七八七)一一月になってからである。天明一一年(一七八一)の内済では、親元引き取りや持参金などを含め二〇両を采女に渡すこと、跡式相続は母の了見にて決めるとされた。
(12) 寛文五年(一六六五)に出された諸社祢宜神主等法度は、社家の守るべき事項が示されたものである。吉田家に関わる二・三条を除けば、一条は神事祭礼の執行(ⓐ)、四条は社領などの管理(ⓑ)、五条は社頭管理(ⓒ)に相当する。
(13) 3章1節参照。
(14) 菅一―二〇七―二一。
(15) 2章2節参照。
(16) 菅田天神社に踏み込んだのは、中衛のほか妻・悴玄蕃、御嶽山御師蔵人、瀧下遠江・堀内下総・金子相模、そのほか大勢の者であったという。これらは、中衛の家族、菅田天神社の跡式に入れようとした蔵人、そして親類の神主らであった。

(17) 石見については5章1節参照。玄蕃は菅田天神社神主土屋長門の妹を妻としたが、文政七年(一八二四)に事件をおこして小屋敷村を離れ、江戸本郷春木町に店を借り升屋六治郎と名乗って三味線の指南をしていた。公事出入の多かった父石見に代わり、寺社奉行所などへ出頭していたようである。

(18) 菅一—二七八—五。

(19) 菅一—二七三—七。六所明神の氏子は、小屋敷村、藤木村、三日市場村の三ヶ村であった。これは中世の「松尾郷」に由来すると思われるが、近世では、藤木村には牛頭天王社、三日市場村には白髭明神が祀られていた。現在、松尾神社(六所明神)の氏子は小屋敷全域と藤木の下藤木・西藤木および三日市場の町屋・天王宿・大手先であり、八坂神社(牛頭天王社)の氏子は上藤木のみ、白髭神社の氏子は三日市場の武士原・乙川戸となっている(塩山市史編さん委員会編『塩山市史民俗調査報告書 平成五年度 松里の民俗』塩山市、一九九四年)。村の枠組みと信仰圏の齟齬は、それぞれの氏子の格差を生み出し、表面的には同一にみえる行動も、実際には多くの矛盾を孕んでいたと思われる。嘉永元年(一八四八)には、三ヶ村で新たな儀定を取り結ぶが、その理由は「小屋敷三ケ村天保十二丑年兼帯御願ニ付三ヶ村産子惣代入用出金割差支、嘉永元申年迄八ヶ年之方不和合ニ相過候処、時至和睦候ニ付」というものであった。

(20) 議定書が取り交わされた一ヶ月前の正月には、啓次郎と氏子との間で兼帯願い上げの対談書も取り交わされている。そこでは願い上げの入用は村方が出金するが、「万一脇より同社之儀望人有之」り、品々申し立てて出入となれば、その入用は啓次郎方にて賄うことが約束されている。

(21) 6章参照。

(22) 菅一—二六〇—五。

(23) 福井純子「地域社会と明治維新—氏神から郷村社へ—」(岩井忠熊編『近代日本社会と天皇制』柏書房、一九八八年)。

8章　神主の経済活動

はじめに

山梨県甲州市の菅田天神社には、「楯無鎧」が所蔵されている。楯無鎧は、正式には「小桜韋威鎧」といい、平安期の形態を残す甲冑として、[1]国宝に指定されている。この鎧は源家重代の八領の鎧の一つとして、新羅三郎義光から武田家に伝えられたという由来を持つ。武田家では楯無鎧を軍神として崇め、誓いを立てる時には「御旗・楯無照覧アレ」と唱えたという。[2]ただし、楯無鎧の存在自体については、近世中期まで人々に知られることはなかった。近世後期に至り、菅田天神社神主らの努力によって、大名や旗本などを中心に、その存在が広く知れ渡ることになったのである。伝承だけの存在であった鎧が、実体を伴って人々の前に現れたといえよう。

5章では勤番体制の中における鎧の拝覧活動の意味について述べたが、本章では勤番という枠組みから離れ、楯無鎧に関わる伝承と由緒の変遷を社会背景を交えながら考察する。さらに神主の活動を支える役割を果たした手紙に注目することによって、うわさや伝聞に示された近世社会のあり様についても考えてみたい。

1節　鎧の再発見

武田家の重宝が菅田天神社（甲斐国山梨郡上於曽村）に所蔵されることになった事情には、諸説ある。菅田天神社の由緒によれば、同社は府の鬼門にあたるため、武田家が楯無鎧を於曽氏へ預けて宝蔵へ納め、大事がある度に出納を命じていたが、勝頼が田野で滅んだ際、「家ノ重器亡ビ失ハン事ヲ患ヒテ窃カニ当社ニ秘置」いたという。(4) ほかに、田野の戦場に打ち捨ててあった勝頼着用の鎧を納め置いたという説(5)や、武田家滅亡の際に家臣の田辺左衛門尉が鎧を奉持し塩山向岳寺（山梨郡栗原筋）の杉樹の下に埋めたものを徳川家康入国後に掘り出して奉納したという説がある。(6) いずれも根拠となる史料はなく、詳細は明らかにし得ない。近世になってしばらくの間、鎧の存在は謎に包まれてしまうのである。

元文五年（一七四〇）、ようやく鎧はその姿を現すこととなる。この年、幕府は青木文蔵（昆陽）に、甲斐・信濃・武蔵・相模・東海各地の古書旧籍の採訪を命じた。これにあたり、菅田天神社神主土屋釆女は、宝物として「新羅三郎義光公」の「御具足之由申伝、尓今御神前有之候、此御具足神主先祖直ニ拝見盲人ニ罷成候と申伝、以来拝見不仕候」とし、寛文三年（一六六三）の伊丹大隅守、宝永八年（一七一一）の松平甲斐守の社参に際しても、直に鎧をみることはなかったと書き上げている。(7) これまで鎧が人目に触れることがなかったのは、鎧をみると盲人になるという言い伝えがあったためと考えられる一方で、このような言い伝えを記すことによって、誰も鎧を目にしていない理由を説明したとも考えられる。いずれにしろ、この時、青木文蔵がはじめて櫃を開けて以後、度々鎧をみる人が出てくるようになったという。(8)

表8－1　盗難にあった鎧の部品

品	数	備考	発見場所
鎧胴			村内に捨てあり
兜鉢	1ツ	小道具類無し	盗賊が八田村分内川除蛇籠の下に埋め置く分
板かね	1枚	鎧袖か，銹なし	
小板かね	3枚	銹なし，何に付く品かわからず	
観音(銅仏・丈80)	1体	左右の手なし	
丸き座かね体の品	1ツ	銅・真鍮なんともわからざる品	石和宿盗賊家内にあり
真鍮板かね	1ツ	折曲がる体,なんともわからざる品	
花菱座かね体の品	大3ツ	銅色付，なんともわからざる分	
同断	小22	右同断	
同断	小16	右同断，釘様のもの通しあり	
鋲釘様にて頭花菱	16	銅色付	
角薄板座かね	29	大小取交	
鋲釘様の類品々	30計	銅真鍮類	

注：菅田天神社文書1-142より作成。

2節　鎧の修復

鎧に関する記事が本格的にみられるようになるのは、それからしばらく後の寛政元年（一七八九）に入ってからである。この年の二月に、盗賊が菅田天神社の玉垣を破り、御殿の扉を鋸で引き取り錠を捻じ切って、鎧を盗み去るという事件がおきた。鎧胴は村内に捨てられ、そのほかの部分は盗賊の捕縛後に発見されて、社へ戻された。この時、鎧からは多くの金具が取り去られるなど、大きな被害を受けたのである(9)（表8－1）。

寛政三年（一七九一）、神主土屋左衛門は大破した鎧の修補を決意した。後に甲斐国市川代官となった中村八太夫知剛が、神主に宛てて次のような書状を認めたからである(10)。「先だって、甲州廻村時に参詣した際、楯無鎧を拝見したのは大慶この上ないことであった。帰府後に兵学の師である書院番勤めの清水平三郎という人に鎧の話をしたところ、楯無鎧は武田家の重器であるので、大破と聞いては何とか再興したいという。楯無鎧を再興したいと思うのであれば、当年中に一式を江戸へ持参しなさい。平三郎の書面の内容からは、再興もできるのではないかと思う。このことを承知くだされば、早々に出府をするのがよいであろう」というものであった。八太夫は、さらに追而書でも、すぐに出府したほうがよいと勧めている。

八太夫の兵学の師という清水平三郎時良は、清和源氏を祖とする旗本（一〇〇石余）である。明和元年（一七六四）から書院番士となり、寛政八年（一七九六）に御徒頭となった。同年に死去し荘武神霊と号している。また、平三郎時良の父時庸は、兵学を嗜み『兵器或問』を著したほか、神道を学んで八柱神霊と号した。[11] 平三郎が神霊号を付し、鎧に興味を持ったのは父の影響であろう。平三郎の鎧再興への決意は、清和源氏を祖とする家筋と兵器や神道への造詣によるものとみて間違いない。八太夫の書状に添えられた平三郎からの書状には、平三郎の鎧修補への強い意欲が読み取れる。[12]

以手紙啓上仕候、不正之天気相御座候得共、弥御安泰被成御座珍重御儀奉存候、然者先日も御手紙被下、其節貴答不申上候、其後彼是御無音仕候、具足師被遣被下御世話忝奉存候、心易色々相談仕候事ニ御座候

一、先日具足師を以甲府楯無鎧之再興寄附之発起仕度旨申上候、貴公様ニも御世話可被成思召ニ御座候ハヽ、御便之節甲府菅田天神神主江被仰遣、私儀随分出情可仕候間、再興之志御座候ハヽ、出府仕候而右御鎧一式持参仕、私方江罷越候様被仰遣可被下候、尤私儀可被成丈《（ママ）》出張仕外々寄進も相勧可申候、神主も罷出候而甲州出之家々江帳面を以勧化仕候ハヽ、相応御寄附も出来可申候、幷諸方甲州流之兵学者へ先私相働寄附願可申候、左候ハヽ、さして大物成事も無之出来可仕奉存候、いつれ兎角一覧之上ニ而神主江得与相談仕度奉存候、御便之時節可然ニ被仰遣可被下候、甲州出之家々者雲峯寺様も例相廻り申候間、数之程も甲府ニ而承糺候者相知可申候間、何方ニも御賢慮を以可然被仰遣可被下候、神主承知ニ御座候ハヽ、世話之儀者随分出情可仕候、右之段可得貴意如此御座候、猶期拝顔候、以上

九月三日　　清水平三郎

中村八太夫様
用事

平三郎は鎧を修補するにあたって、甲州出身の家々への勧化を提案し、自らは甲州流兵学者への寄附を願い出るという。しかも、雲峰寺（山梨郡栗原筋上萩原）の事例を参考にして、勧化先の件数を調べることも提案している。この裂石山雲峰寺は、武田家伝来といわれる「風林火山」を記した孫子の旗や、「御旗」（日の丸の旗）を所蔵していた。先に述べた「御旗・楯無照覧アレ」の御旗である。同寺は明暦二年（一六五六）に裂石観音と「信玄公御旗堂」の修復を目的として、武田家に所縁の者からの勧化を募っていた。平三郎は、この動向を熟知しており、同様の手法を楯無鎧にも用いようとしたのである。

中村八太夫からの書状が神主の手元に届いた二ヶ月後、鎧は江戸へ運ばれ、具足師明珍長門宗政・同主水宗妙によって修補されることとなった。この時、平三郎も鎧に使う白皮の調達や「忍之緒」の製作にあたっている。特に、忍之緒は「流義」があるので、「私（平三郎）手細工ニ仕」りたいとし、私の細工ゆえ手際はよくないが、それでもこれを始終用いるようにとの書状を神主に送っている(13)。平三郎の鎧再興への強い思い入れは、兵学者としての存在意義の確認であったのかもしれない。

また、神主は寄附願いのために、次のような文章を著している(14)。

源家重代無盾鎧再興発願之記

夫《それ》源氏重代の鎧八領ありし事。くわしく保元平治《ほうげんへいぢ》の物語ニみえたり。世遠くなり行くまま。今世《いまよ》に残る物希《まれ》也、只《たゝ》無《たて》盾《なし》の鎧の外、新羅三郎義光より甲州武田の家に伝たまふ言によつて武田家第一の重器とす。其家にて。重き誓言にハ、御籏無盾をもつてする事。記録にもしるし。世上もつて。しる所也。然れ共、武田家衰微の後。勝頼敗亡の時にのそみて、此鎧を失たまひなん事を。患て甲州山梨郡上於曽村菅田天神の社頭にひそかに納て討死したまふと也、其後当社の宝物とし奉るといへとも。今甚大破腐朽《ふきう》におよび。其上近来盗賊あり、此御鎧をぬすみ取て去る。然といへとも奇瑞《きたい》の事ありて盗賊おそれて又社頭にかへし納む、此時鎧の御金物多損失して益大破となりぬ、某数年是を患て修復し奉ん事を願望といへ共力不及、今年幸なる哉、中村・清水の両士掌て信古の志深切にして、此宝鎧の古雅《こが》なる事、且名家の重器なる事を感して同志の輩とはかりて力を合せ、此御鎧の旧制《きうせい》に随て是を繕修《ぜんしゅ》して納奉らんと也、某兼而願ふ所の事なれは悦にあまり有、猶御志の面々又者甲州武田家に縁ある御家へ告奉り、多少に不限御鎧修復の料御寄附奉願もの也、所願のことく宝鎧繕修再興成就においてハ、源家重代の名器永く腐朽の患なく末代に存んし伝ん事実に幸にあらずや、今御寄附の御姓名悉く記録し奉り、後代に伝んと欲する事願たてまつる所なるのミ

寛政三辛亥年十二月

甲州山梨郡上於曽村

菅田天神宮神主　土屋左衛門惶恐謹言

楯無鎧が「武田家第一の重器」であり、かつ「源家重代の名器」であることを強調し、平三郎の指示通り、甲州武田家に所縁のある家などへの寄附を呼びかけたのである。翌寛政四年（一七九二）一二月には、鎧はひと通りの修補を終えた。この間、平三郎の奔走によって、旗本を中心として鎧再興のための勧化が行われた。寛政五年（一七九三）六月の収支簿によれば、二八二筆三二三人から三二両余りの資金が集められ、このうち二二両余が、修復料や諸入用として支出されている。(15)

3節　将軍の鎧上覧と大名らへの拝覧

神主は鎧の修補が軌道に乗った寛政四年（一七九二）一二月に、将軍家斉への鎧「上覧」を寺社奉行所へ願い出た。これより以前、将軍吉宗は武具や書物・書画などを積極的に上覧し、(16)武州御嶽権現が所蔵する鎧を二度にわたって上覧している。(17)ほかの将軍も諸品の上覧を行う先例があったから、神主にとって鎧修補の完成は、またとない上覧の機会となった

のである。

願書は「当社菅田天満宮之義者、従往古鎮座之所、天正年中乍恐　東照宮様　御朱印被成下置以来　御代々様　御朱印奉頂戴冥加至極難有仕合奉存候」との文言から始まり、同社が関ヶ原・大坂両陣において甲斐国の神主らとともに祈禱御守を献上して東照宮（家康）に目見たこと、以後、勝利の吉例として甲府八幡宮へ参集して太々神楽を執行し、年頭礼として毎年正月六日に松之間で祓を献上してきたことなどを述べている。続いて当社の神宝「八幡太郎義家公御着用之御鎧之内、新羅三郎義光公江御相伝」の楯無鎧は、これまで神体同様に大切に守護してきた。元文五年（一七四〇）に甲州寺社宝物改めとして青木文蔵が当社に巡見した時にも、大切に守護するよう命じられたが、大破腐朽に及んだため、当春に鎧を修復し、近日修復補が出き上がるとする。ついては冥加のため上覧に備えたいと願い上げたのである。上覧が叶えば神慮にも叶い、「御威光」をもってますます神位も増し、宝物を長久に守護できるというのである。[18]

ここでは神社と東照宮および将軍との関係が強調され、幕府に対する自らの貢献度を主張している。その上で鎧の由緒を述べるが、武田家には触れず、新羅三郎義光所縁の品であることと、幕命による青木文蔵の宝物改めの事例をあげて上覧を願い上げたのである。この願書を受け、翌寛政五年正月二七日に将軍の上覧が実現した。清和源氏を標榜し様々な由緒を駆使してきた徳川将軍にとって、楯無鎧は上覧するにふさわしいものと認識されたのであろう。上覧後の二月二〇日に鎧は神主に差し戻され、翌月には白銀七枚が下された。[19]

以後、六月一三日に江戸を発つまで、神主は修補の寄附者などに鎧の拝覧を行った。清水平三郎が記した収支簿の筆頭には、小笠原右近将監、津軽土佐守、松平讃岐守らの名前があり、以下、旗本などが続く。[20]当初の寄附者以外にも、田安家や松平相模守などの拝覧を得ている。当然のことながら、これらは清和源氏を祖としたり、本国を甲斐としたりする大名たちが主であった（表8―2）。

『会津藩家世実紀』寛政五年（一七九三）六月五日の記事には、この間の神主の活動を知り得る記述がある。[21]前年の五月、神主は楯無鎧の拝覧を願う書付を会津藩江戸屋敷の御聞番に出した。書付には、無楯鎧を修復するに至った経緯の後に、次のような内容が記されていた。

甲州武田家御所縁之御方様へ申上、不限多少御寄附之儀奉願上候処、乍恐此御鎧之儀、武田家御重宝之旨被為及御聞、武田家御所縁ニ不限、御三家御一門様方奉始、御大名様方追々御拝覧被遊度旨被仰付差出申候、其外諸御旗本様方之儀も御拝見之上、追々御寄附等被成下、御神慮も相叶候儀と、誠冥加至極難有仕合奉存候、然処当方様御儀も甲州御所縁被為在候御家之趣奉承知、先年信玄公弐百年御忌於恵倫《ママ》寺執行有之節、御香奠御備被遊候御例も御座候間、何卒御鎧奉入尊覧候様仕度奉願上候、勿論御寄附之儀も多少共御聞済被成下置候様奉願上候、左候ハ丶、大切之宝鎧末代ニ至迄無患永可奉守護御儀、偏ニ御神慮ニも相叶可申、難有仕合奉存候

神主は鎧の尊覧と寄附を求めるにあたり、会津藩主である松平肥後守（保科）が甲州に所縁があることや、信玄二〇〇回遠忌に際して恵林寺へ香典を出した例をあげている。武田信玄の墓所がある乾徳山恵林寺（山梨郡栗原筋藤木村）では、信玄二〇〇回遠忌にあたる明和六年（一七六九）に大規模な勧化を実施していた。神主は清水平三郎が雲峰寺の勧化先の調査を提案したことを受けて、武田家所縁の寺院の勧化帳を寄附願いのリストとして活用していたことがわかる。用人は前例がないことや、縁のない寺院などへの寄附は断っているとの判断を示し、そのまま留保していたところ、神主が帰村することになったので返事をしないわけにもいかず、再度対応を検討している。屋敷が火事にあったために帳面が焼け信玄二〇〇回遠忌のことはわからないが、香奠を備えたことに間違いないのではないか、武田家に由緒がないわけではないので特別に銀子二枚を寄附するかどうか、鎧の拝覧は神主が間もなく江戸から出発するのに手間取るかもしれないので取り止めてもよいのではないか、などの見解が出されている。最終的には、寄附と鎧の拝覧は断るが、銀子三枚を渡すことが決まった。ただし、神主が屋敷へ鎧を持参したので、結局は御座間において鎧を拝覧している。かつ、家臣の武川五十郎は甲州家の由緒があるので、内願によって広座敷で一覧し、金二〇〇疋を寄附している。武田家ひいては源家の霊宝と

表8－2　鎧を拝覧した大名（一部）

年代	名前	国	藩	石高	本国	氏	備考
寛政	津軽土佐守	陸奥	弘前	4万6千	陸奥	藤原氏	
	戸田因幡守 ［日向守］	下野	宇都宮	7万7千余	三河	藤原氏	
	土屋但馬守 ［相模守］	常陸	土浦	9万5千	甲斐	清和源氏	
	中山備前守	常陸	（松岡）	2万5千		丹治氏	水戸家付家老
	米倉長門守	武蔵	金澤	1万2千	甲斐	清和源氏	
	松平弾正大弼 ［中務太夫］	美濃	高須	3万		清和源氏	尾張分家
	酒井修理大夫	若狭	小浜	10万3千余	三河	清和源氏	
	松平（池田）相模守 ［因幡守］	因幡・ 伯耆	鳥取	32万5千	近江	清和源氏	
	松平讃岐守	讃岐	高松	12万	三河	清和源氏	水戸分家
	小笠原右近将監 ［大膳太夫］	豊前	小倉	15万	甲斐	清和源氏	
	小笠原近江守	豊前	小倉新田	1万	甲斐	清和源氏	
文化・文政	南部大膳太夫	陸奥	盛岡	20万	甲斐	清和源氏	
	松平（保科）肥後守	陸奥	会津	23万	三河	清和源氏	
	松平越中守	陸奥	白河	11万	三河	清和源氏	
	秋元左衛門	出羽	山形	6万	武蔵	清和源氏	
	保科弾正忠	上総	飯野	2万	三河	清和源氏	
	藤堂和泉守	伊勢	津	32万3千余	近江	藤原氏	
	松平（柳沢）甲斐守	大和	郡山	15万1千余	甲斐	清和源氏	
	松平（島津）豊後守	薩摩	鹿児島	77万余	薩摩	清和源氏	

注1：菅田天神社文書1-63・65・192・200・203・307，『大武鑑』『寛政重修諸家譜』などより作成。

注2：寛政期の名前の［　］には，文化・文政期にも拝覧や寄附を行っている大名の名前を入れた。

いうことで、積極的に鎧を拝覧する者もいる一方で、本事例のように勧化金の負担や先例をめぐって躊躇する向きもあったのである。しかも会津藩としては特段に鎧の拝覧を希望していないことからは、鎧そのものへの興味はなかったこともわかる。

ただし、武士にとって、自らの出自に関わる品という名目は、寄附を拒否できない大きな力を持っていたことも確かである。折りしも、幕府は寛政三年（一七九一）に大名・旗本らにそれぞれの家譜を提出するようにとの触れを出している。鎧修補の寄附願いが出されたのは、ちょうど大名らにとって自らの系譜や事跡を再認識する時期にあたったのである。その意味で、楯無鎧の拝覧は時宜に叶うものであった。

4節　鎧の出開帳願い

享和三年（一八〇三）に菅田天神社神主家の家督を継いだ土屋長門は、しばしば鎧を江戸へ運び、大名などへの拝覧を行った。さらに文政三年（一八二〇）四月になると、長門は菅田天神社と同じく武田家の霊宝を持つ山梨岡神社（山梨郡万力筋鎮目村）神主中村和泉と誉田神社（同郡栗原筋下井尻村）神主加藤伊勢亮と三人で、社頭造営の助成として江戸で六〇日間の霊宝開帳を寺社奉行所に願い出た[22]。開帳に積極的であった中村和泉は、江戸の状況に詳しい神主や菅田天神社神主の親類で江戸在住の細井良助という人物らとともに、江戸で開帳の準備をしていた。その状況を、国元の長門らに手紙で伝えている[23]。

一、菅田一件、先日中細井良助殿江茂度々罷越内談仕、其外手筋之所江掛合候処、甚面白き手掛り有之、折角出情仕候奉加之儀ハ、当時ニ而ハ思ハしき儀ハ有之間敷、何れ開帳之積可然旨、何方ニ而も申候、依之種々苦労致候処、水戸様・一ツ橋様御両家江能手筋有之、大半相調可申儀ニ被存候、水戸様ハ御医師・奥女中ニ手引有之、一ツ橋様ハ御坊主ニ甚御意ニ入有之、此仁御直ニ申上候筋ニ御さ候、此御両家之内御内覧被仰出候得ハ誠ニ大望成就ニ御座候、開帳之儀ハ先例無之候而も願方ニより相済候訳委敷承及候、自然開帳ニ相成候得ハ金主ハいくらも有之、殊ニ来春ハ開帳も無之候ニ付、能折からニ存候、回向院釈迦開帳大あたりニ而、昨五日仕舞ニ御座候所、五千両もぬけ候よしニ御座候、此方之儀も御両家之内壱軒仕らせ候得ハ開帳ニ罷成申候、誠ニ時節到来と存悦入申候

和泉は、開帳は先例がなくても願い方によって叶うことを詳しく聞いたという。それは、水戸家か一橋家の助力が得られれば開帳は許可されるというものであり、水戸家は医師と奥女中、一橋家は坊主によい手筋があるという。幕府から開帳の許可を得るために将軍一門の助力が必要といううわさがあり、そのためには手筋という伝手が重要であったことがわかる。

また、和泉はこの手紙で、回向院の釈迦開帳では五〇〇〇両も儲けたといううわさまで記している。開帳の目的が、社頭造営を名目とした利益追求であったことが窺われる。寛政段階の鎧の拝覧は、修補資金寄附者の「厚御信心」に応える披露であった。ただしこの段階ですら、寺社奉行から、決して「礼法体などのよふニ不相成、手広ニ無之様、御上覧を申立御寄附物等彼是申懸ケ申間敷」ように申し付けられている[24]。将軍の上覧によって権威を増した物品を利用して、寄附を願う行為が行われており、幕府はそれを抑制しようとしていたのである。

別便で和泉が記したところによれば[25]、開帳については先例がないのでどのようになるかわからないが、「御両家之内相調候得ハ、先年之通、御内拝計ニても百両くらいハ御手ニ入可申儀、其上ニ而開帳願ハはつれ候而も其分ニ御座候、御両家様之内相叶候得ハ、最早国元評判ニ相成候而も不苦候間、願入用金主等も可有之義と奉存候」という。水戸家や一橋家への拝覧が叶えば、内拝だけでも一〇〇両ほどは集まるであろうこと、その上で開帳願いが叶わなくても仕方がないというのである。開帳の助力を求める以上に、両家のもたらす波及効果を期待していたことがわかる。手紙は、次のように続く。

然所御当地之儀ハ何れ江頼入候ニも少々ハ入用致候事故、菓子等持参致候ニも弐朱と壱分ハ懸り、(中略)何卒長門守様と御相談被下金子三両計御差働急便ニ御送可被下候、年内御願済ニ相成建札等差出し不申候而ハ春開帳ニハ間ニ合不申候、右入用金之儀定而無心之儀と御あやぶミも可有之候得共、中々此度之義ハ左様之筋ニ而ハ無之、御両家之内何れニ而も御聞済ニさへ相成候得ハ、其上之儀ハ此方ニ而金主附候事故、最速損金致候気遣ハ無之候間、高々三両歟五両之水金ニ而大変之事ニ相成候事故申上候、(中略)一ツ橋様手入之方色々内談仕候、是ハ十ニ九ツ首尾致候事と出情被致候、白山宮川ハ取る事計先江致し、金子手放し候儀ハ中々容易ニハ不致、開帳願之儀ハ随分相叶候事故請合候而取持可申旨申候

和泉は、開帳を願うためには菓子代など様々な入用があり、そのための金子を送ってほしいと懇願している。別便では、「右手筋之儀も中以下之役人ニ而ハ、正直之人ハケ様之取持ハ上ヲ恐れ、手軽く引受候人ハ、水金望ミニ而上江ハ通り不申、おこハニ懸り候同前ニ御座候、御坊主・御医者衆抔ハ御側勤故手短ニ御座候、全前金等取候様成儀ハ無之候得共、進物等ハ入り申候、先便ニも呉々申上候通、三両計ハ御はり込御覧可被成候」として、手筋へ渡す進物の必要性を強調している。中以下の役人で正直者は手筋を引き受けてくれず、手軽に引き受ける者は金がほしいだけで役に立たない。その点、坊主や医者であれば前金等は必要がなく、進物だけで済むと説得しているのである。

また、両家は大家であるので、手筋といっても「御坊主・御医者衆も御前勤之衆ニ候得ハ、手軽き仁ニ而ハ無之、右御内意申上候ニハ奥役人衆之内江茂御意ニ入候御方江内談頼入レ、其上御前御機嫌見合振能く申出さねハ」成就しないので、性急にはいかないこと、しかも「右手筋之仁ハ各宜敷暮し方奢り人ニ而、立派之衆ニ候得ハ、頼ミ事ニ参候ニは御当地之習ニ而素手ニ而ハ不被参、衣服等も見苦敷候而ハ面談も恥ケ敷」いという。手筋も気軽な者ではないので話を通すまでには時間がかかること、彼らに会うには菓子代だけでなく身嗜みまでに費用がかかるというのである。これは、江戸と甲州との慣習の違いや経済格差を示す内容でもある。

さらに、開帳願いが叶うためには、入用だけではなく縁起や霊宝の充実が必要であった。開帳願いに際して記された「菅田宮縁起」の端裏書には、出府した宮川へ縁起を差し出したところ「開帳ニハ天満宮之方宜敷候」とのことなので、縁起は天満宮にし、社記は別帳に地主の神を書き入れて差し出したと記されている。これに関連し、先の手紙には、次のように記されている。

一、天神宮開帳、霊宝盾無其外添開帳霊宝物ハ取集品々有之候旨懸合申候、依之天神宮御社記霊宝も手の届候品御書立被遣可被下候、尤手広ニ取集候者願済之上ニ而宜候得共、さけ石御籏借出し候様仕度、天神御正体ハ勝沼ニ結構成像有之候由承り候、是等之儀、弥此方首尾能参り候ならハ御出府被下、万端御相談可被下候、（中略）釈迦之開帳金主蔵前和泉屋と申ニ御座候、京都江三千両渡之由ニ御さ候、是ニても能手筋有之懸合相始メ申候、追々可申上候弐百両位之乗金ハ手取レ可申、此様之事ハ田舎之了簡とハ大違ひニ御座候、天神開帳と相成候得ハ江戸中手習師匠へ手を廻シ席書奉納物等相頼候而も入用金位ハ手軽き段申候、万事書面ニ而ハ難尽候間、此度ハ天神社記宝物之荒増、御書立早々御送り可被下候

和泉は、天神の開帳となれば、江戸中の手習師匠へ手を廻して席書奉納物などを頼むとしている。武士のみならず一般庶民までを対象とする開帳には、様々な功徳を強調する必要があった。そこで、諸道芸能の守護神である菅原道真の霊験を強調するために「天満宮」であることが求められたのである。また、開帳の霊宝には、鎧のほかに「さけ石御旗」の借し出しが検討されている。これは、先に述べた裂石山雲峰寺に伝存する武田家伝来の旗を指す。このほか、天神宮の開帳にふさわしい霊宝類も集める必要があり、天神の正体には勝沼村の像が検討されている。最終的には、神輿・軍配扇・塩後玉・一ノ宮光法寺軍扇・鶏冠権現の鏡・石蛹・裂石尊師（孫子）幟・神体・天神御影が集められた(26)。それが何を指すのかわからない物もあるが、一ノ宮光法寺の軍扇は、本山派修験三坂山大覚院興法寺が所蔵する信玄関係の宝物かと思われる(27)。鶏冠権現の鏡は、武田家の金山（黒川金山）に祀られる鶏冠権現に奉納された「天正五丁丑年八月念四日」銘のある黄金の鏡

である。(28)開帳に際しては、天神の強調のみならず、近隣の宝物が一同に集められたのであり、　種、展覧会の様相を呈するものであった。ちなみに、このとき記された縁起は、次のようなものである。(29)

菅田宮縁起

夫当社菅田天満宮と奉申ハ、畏も　一條天皇　御製作像ニて寛弘元年二月廿五日依　勅定勧請鎮座の　御尊容世に類例無く威霊の顕然たるを挙て数ふへからす、中にも異賊降伏、疫病悉除、懐孕安泰、雷難鎮護の御誓ひありて、上　朝廷を始め奉り代々の大将軍・国司・領主より下庶民に至るまで崇敬あらざる事なく、御社も宏麗ニして神田等数多ありし也、殊ニ当社宝物の内、無楯御鎧は　神功皇后妊娠の御身に着せられ三韓を討したがへ御凱陣の後、豊前の国にて安らかに　応神天皇を産せ給ふ、是を今八幡宮と称し奉る、誠に嘉瑞の異器なれハ、源家の重宝として（貼紙）「奥州貞任誅伐の時、伊予守源頼義朝臣に賜りて陣中守護神とす、頼義朝臣の三男新羅三郎義光に相伝して」武田家に伝ハりしを国の鎮守に納置たるハ、　朝家にても三種の神器の威を恐れて大和国笠縫の社に納置給し例なりとそ、されハ　神功皇后の着させ給し御鎧の威霊なれハ世人此御影を懐にする時は武運長久、降魔除疫、懐孕安泰ならしめんとのおん誓ひ空しからす、武田家此御鎧を納め置かれ厚く当社の御神を崇敬し給けれハ、新羅三郎義光公より信玄公の世に至るまで軍陣に利を失ひ給ふ事なく、疫病に悩ミたる事なく、武田家の一族に難産の災ひなしと云伝ふ、是をもつて当社の繁栄霊威の揚焉こと国民のしる処なり、然りと云へとも、時運遁れ難く後主勝頼公には崇敬おろそかになしたれハにや終に軍利を失ひ没落し給ふの後、黠賊国中に横行し当社も兵燹にかかり神領悉く奪ひかすめられけるに、猶御鎧は時の祠官密に守護して黒川山に遁れたれハ、賊徒の為に奪はれす、天運循環して　東照神君東国を治めさせ給ひし砌、旧蹤由緒等詳に尋させ給ひ、今の神領を寄せられ神前に賽し給ふ、尊きや聖明の君の絶たるをつぎ廃たるを起し給ふ御恵ニより社も直に過日の容をなし、神威もむかしの如く輝きいにしへより年の祭礼は十余度あり、中にも六月晦日ハ名越の大祓を行ひ、兇賊退治、疫病悉除の跡を追ふ、国中の貴賤袖をつらね踵を重ねて群集し除疫を祈り平産を願ふ、就中無実の罪に当り不慮の害に逢ふもの神前に詣し実を訟ふれハかならす其慮を蒙り疫病を遁れ難産を免くもの日々に多しと云、其神威の厳なる悉く挙は自から街に近けれハ略して贅せざるもの也

文政三年辰五月

これまで鎧の由緒は武田家や源家所縁の品であることが強調されていたが、神功皇后所縁の品であることを述べ[30]、武運長久のほかに、異賊降伏・懐孕安泰・盗賊退治・疫病悉除などの功徳を主張している。さらに東照宮と神社との結び付きを語ることによって、それらの功徳を近世社会に適合させたといえる。また、武田家滅亡の際に祠官が鎧を守護して黒川山に逃れたというくだりは、開帳の宝物に黒川金山所縁の黄金の鏡を入れたため、縁起と宝物との関連性を強調したのであろう。この時、同時に記された社記では、「奉仕菅田宮之儀者、寛弘元年依　勅命、神田明神江菅相公を会殿奉祭菅田宮与称し、度々　勅祭有之、猶又武田家累代崇敬之社ニ而菅相公本社ニ相成」から始まり、東照宮との由緒を述べた上で開帳を願い上げている。ここでも縁起との整合性や社格の上昇のために、朝廷や菅原道真が強調されているのである。

また文政期には、鎧に関する諸事に「菅田宮・新羅宮」という社名の併記も散見される。社記によれば、新羅宮は承久年中（一三世紀初）に新羅三郎義光を勧請したとするが、実際の勧請は文政五年（一八二二）段階である可能性が高い。これは鎧と義光との関係をより強調する効果を狙ったためであろう。

以上のように、多くの努力を払って願い上げた開帳であったが、場所差し支えおよび由緒などの取り調べ方が行き届きかねるという理由で、結局、沙汰止みとなった。江戸での開帳は先例のある寺社か大寺社しか許可されておらず[31]、手筋を駆使し、由緒を荘厳にしても、実現は厳しかったのであろう。

5節　江戸での鎧拝覧活動

開帳願いは不調に終わったものの、菅田天神社神主土屋長門は文政期頃まで江戸で積極的に鎧の拝覧を行っていた。大名には年賀状や暑中見舞いを出し、出府中にはほぼ毎日いずれかの屋敷に鎧を持参した（図8―1および表8―3）。鎧の持参先を地域ごとにまとめた帳面には、番町・青山・築地・牛込・小石川・湯島・下谷・本所など、江戸市中を網羅する地名が記されている（表8―4）。万石以下の武士については、姓名をいろは順に並べた帳面があり、そこには八六二名が記されていることからも（表8―5）、その活動の広さがわかる。ただし、長門の努力にもかかわらず、大名家などでは、先例の確認ができないことや財政逼迫の折の節約を理由に拝覧を断る場合も多かった。

このような中、文政七年（一八二四）には、長門は鎧宝蔵の建立と社頭大破の助成として、甲斐一国相対勧化の許可を寺社奉行所へ願い出ている。さらに、文政九年（一八二六）には、新羅三郎義光七〇〇回遠忌に際し、比較的大規模に鎧の拝覧活動を展開した。その際配られた引札には、次のように記されている(32)。

当社菅田の社に伝へ奉る無楯《たてなし》の御鎧ハ、そのかミ源頼義公奥州安陪貞任等御誅伐御下向の折り、三男新羅三郎義光公へ授与遣はせ給へる御鎧なり、その後承久の頃、義光公を当社にあはせ祭り、御鎧をも奉納ありといへども、昔より深く秘めおさめてのミありしかバ、たとへ当社神職たりともこれを拝するによしなし、しかるを天明年間故ありて此ノ御鎧始て世に現れ給ひたれバ、我も人も拝することを得て其頃大江戸にも守護し出たりき、扨こたび文政戌年義光公の七百御忌にあたり給へるをもて結縁のため、且ハ信心の御方・好古の君子達にも、おのおの拝見あらせられなバ、元来源家御什代の御鎧にて、一たび拝せらるゝ方々には、御武運長久、子孫繁栄たるべきものなり

甲斐国　菅田天満宮神職　土屋長門

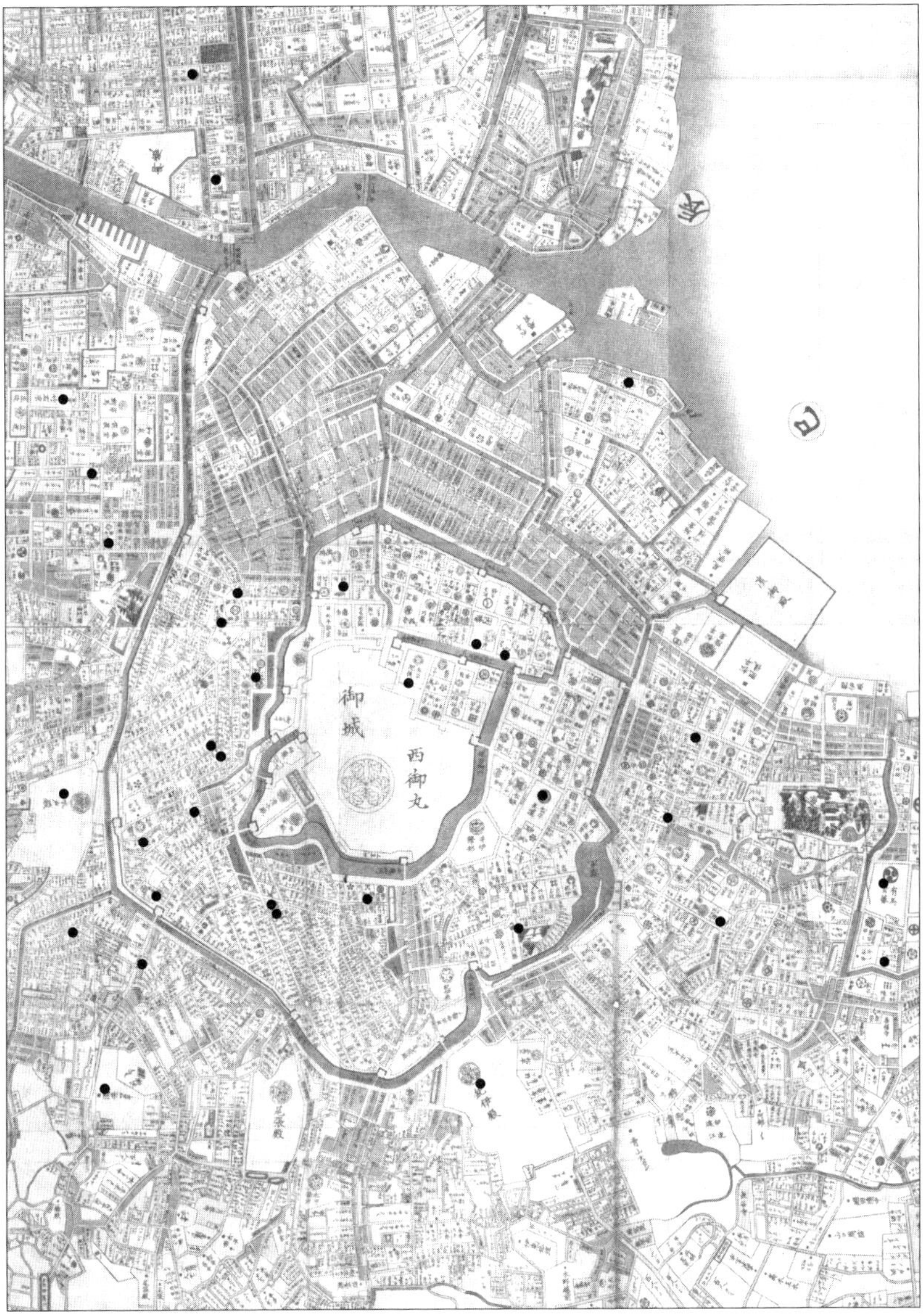

図８－１　「出府中日記」にみる鎧拝覧場所

注：『天保改正御江戸大絵図』（国立国会図書館デジタルコレクション）に，鎧拝覧者の屋敷（あるいは地名）をポイントに落とした。

初尾	備考	在城[石高]
金100疋・金150疋		有馬（筑後久留米[21万石]）
白銀１枚	支度あり	泉州岸和田[5.34万石]
金100疋		
金200疋・銀子２包	５月20日に初尾金送る	
金100疋	幼年に付拝覧断る	
金100疋		
白銀１包		
金200疋	支度料理あり	肥後熊本新田[3.5万石]
金１分(奉加)・金２朱(初穂)・金２朱(願代)		
金300疋	支度料理あり	奥州黒石[１万石]
金200疋		若州小浜[10.3万石]
金２朱・金２朱	７月10日初穂	
金100疋	支度菓子あり	
金300疋・金２朱・銀子		
金200疋・銀１匁		上総飯野[２万石]
金100疋		
金50疋		(御進物御番)
金300疋・金200疋		奥州八戸[２万石]
	養安院御用人斎藤恵左衛門引合，鎧は用人へ引渡す	
金200疋	極内覧	奥州一ノ関[３万石]
金100疋		
金200疋・金100疋・金100疋・金50疋		因州鳥取[32.5石]
金100疋	先年の寄附200疋	
金200疋		上州安中[３万石]
白銀１枚		丹波篠山[５万石]
金２朱・白銀１包		(御先手御弓頭)
金200疋	支度料理あり	豊前小倉新田[１万石]
金２朱		
白銀１包		
金２朱		
金300疋・金100疋・銀子		豊前小倉[15万石]
金300疋		
金300疋	中ノ口にて豊田九右衛門へ引渡す	
金200疋		
金200疋		(西丸附御小納戸)
金100疋		
	終日	
金200疋	文政７年８月10日内願	
白銀３枚	文政８年３月22日内願	奥州会津[23万石]
金500疋		

表8－3　「出府中日記」における鎧の拝覧者一覧

月	日	場所	拝覧者
		芝赤羽橋近所森本町五丁目町宅	有馬玄蕃頭家臣ほか24名
	8	山王右となり	岡部美濃守
	10	本所回向院後	土屋平八郎
	14	小日向切支丹七軒屋敷	間宮庄五郎
	15	久保町	稲葉辰治郎
	24	表二ばん町	高嶋喜兵衛
	24	表二ばん町	平岩六左衛門
	25	つきじ	細川釆女正
	26	するが台	土屋熊三郎
5	2	本所三ツ目	津軽甲斐守
5	3	牛込末寺町	酒井若狭守嫡子酒井修理大夫
5	4	小川町きし橋通	養安院・親類とも
5	6	五ばん町	三枝政三郎
5	10	四谷新屋敷大名小路（於清水平三郎）	清水平三郎・小次郎・山下平吉ほか11名
5	11	芝新ぼり向	保科弾正忠・御留守居大出貢
5	13	広尾御下屋敷	保科下総守（弾正隠居）
5	14	表四ばん町	武田与左衛門
5	15	麻布市兵衛町	南部左衛門尉，同家臣
5	16		水戸
5	17	愛宕下	田村右京太夫
5	17	愛宕下三才小路	山高新右衛門
5	18	やよすかし	松平因幡守若殿松平乙五郎・御年寄女中浦島・その外奥向名前不知
5	19	牛込御門内	間宮釆女・用人3名
5	20	一ツ橋外	板倉百助
5	20	一ツ橋外（中屋敷）	板倉百助隠居
5	21	西ノ御丸下	老中青山下野守若殿青山因幡守
5	23	牛込若宮	武川讃岐守・（同別家）武川釜太郎
5	24	西御丸下	小笠原備後守
5	28	飯田町	戸川大次郎内清水俊蔵
5	29	小石川御門内飯田町	酒依又兵衛
5		小川町水道橋道	近藤勘右衛門
5		小川町神保小路	
6	1		小笠原大膳大夫・家中他14名
6	2	芝三田聖坂下	紀州家臣豊田九右衛門
6	3	糀町五丁目	紀伊宰相
6	4	やよすかし	松平因幡守家老津田信濃
6	5	小川町きじ橋通	戸川大隈守
6	5	神田明神下金沢町	小笠原大膳大夫医者山上洞庵・ほか家中一同
6	6	小川町	養安院御内斎藤恵左衛門
6	9・10	四谷	清水平三郎
6	11	下谷七曲（佐竹次郎中屋敷）	不施銀平
		和田くら御門内	松平肥後守
		三味せん掘	佐竹右京大夫

注：菅田天神社文書1-3，『大武鑑』より作成。

表８－５　拝覧者石高別人数一覧

石高(石)	人数(人)
1,000以下	20
1,000～	307
1,500～	131
2,000～	107
2,500～	54
3,000～	89
3,500～	14
4,000～	21
4,500～	17
5,000～	56
5,500～	8
6,000～	18
6,500～	5
7,000～	7
7,500～	3
8,000～	3
8,500以上	2
計	862

注：菅田天神社文書1-54より作成。

表８－４　拝覧者居住地別帳面

表紙記載場所	表紙記載軒数	備考
青山　麻布　浜町　築地　十三軒	13軒	表紙「拾冊之内」
小川町　飯田町　二十七軒	27軒	表紙「拾冊之内」
小日向　三十二軒	32軒	表紙「拾冊之内」
愛宕下　芝　赤坂　十九軒	19軒	表紙「拾冊之内」
本所		表紙「拾冊之内」(目録より)
番町　五十壱軒	51軒	表紙「拾冊之内」
四谷　二十四軒	24軒	表紙「拾冊之内」
駿河台　本郷　下谷　湯島　四十壱軒	41軒	表紙「拾冊之内」
小石川　駒込　巣鴨　二十九軒	29軒	表紙「拾冊之内」
牛込　市ヶ谷　三十二軒	32軒	表紙「拾冊之内」
赤坂　麻布　愛宕下　二十軒	20軒	
四谷　大久保　三十七軒	37軒	
小石川　駒込　巣鴨　根津　弐十六軒	26軒	
番町筋		
小川町辺　九軒	9軒	
本所筋　築地　八丁堀　はま町　三十軒	30軒	
御宿所不知御名前帳		51名分
(四谷辺名前帳)		
(名前覚)		
小日向　牛込　二十二日帯金様		
市ヶ谷		
居所不訳分		

注：菅田天神社文書1-32-1・2，45-14，113-2・6，181，188-1～3，266，43-2～8・18・25・26，200-2より作成。

表8－6　鎧関係年表

年月日	事項
寛政元.2.19	石和代官所宛，鎧盗難注進書
寛政元.3	盗品引渡につき
寛政3.9.3	清水平三郎より中村八太夫宛，鎧再興につき書簡
寛政3.10.17	中村八太夫より土屋左衛門宛，鎧再興につき書簡
寛政3.12	「源家重代無盾鎧再興発願之記」
寛政4.11	今沢大進宛，上覧願につき寺社奉行所への添簡願
寛政4.12	寺社奉行宛，上覧願
寛政4	尾州様へ長持拝借願
寛政5.1.27	御本丸様上覧
寛政5.3	諸大名へ拝覧
寛政5.4	寺社奉行宛，神宝神庫補理のため甲斐国勧化御免願，御紋御免願
寛政5.6	清水平三郎より土屋左衛門宛，無盾御鎧御修復寄進幷諸入用覚帳
寛政5.9	寺社奉行所宛，無盾鎧再興寄付金集めにつき甲府にて勧化願
文政3.4	為取替議定一札之事(開帳につき)，土屋長門・中村和泉・加藤伊勢亮
文政3.4	本所役所宛，江戸表開帳願につき加判願
文政3.5	菅田宮縁起
文政3.5	寺社奉行所宛，社頭大破につき神器60日開帳願
文政4.12	尊覧願(～文政5)
—	山本大膳江戸役所宛，開帳場所差支えなどにつき，願い方成りかねる旨
文政6.12	府内御免勧化願
文政7.1	石和代官所宛，鎧宝蔵建立・社頭大破につき支配下村々相対勧化添触書替願
文政9	義光公700回遠忌にて鎧尊覧引札
文政10	幕府函工岩井与左衛門により再修理

注：菅田天神社文書1-116・119・142・143・204・227・269・307，『塩山市史』史料編2-432号，『国史大辞典』より作成。

右鎧御懇望之御方ハ、神田はたご町二丁目家主平次郎
旅宿迄御申越可被下候、何方へも持参可致候、以上

ここでは、先の開帳の縁起のような神功皇后伝記は削られ、従来からの源家の重器として、武運長久・子孫繁栄がうたわれている。ただし、武士だけではなく「信心の御方・好古の君子達」をも対象にしたものであり、町人などにも積極的に拝覧を勧めていたことがわかる。武士のみでは拝覧数に限界があったのであろう。また、この引札は駿河国駿東郡に伝わったものである。江戸で配布されたものを、土産の一つとして持ち帰ったのであろう。引札の配布が鎧の拝覧に結び付くか否かは別として、江戸から離れた地域へも楯無鎧の存在を知らせるきっかけとなり得たのである。

この後、文政一〇年（一八二七）に、幕府の函工岩井与左衛門により、鎧の再修理が行われたというが[33]、この間の事情は明らかではない。文政九年（一八二六）を境に、鎧に関する記事は菅田天神社の所蔵史料群の中から再び姿を消すからである[34]（表8—6）。

6節　鎧の名声

以上のような神主の一連の活動によって、当時の江戸では、楯無鎧はよく知られるところとなっていた。松平定信が編集した『集古十種』（全八五冊、寛政一二年〈一八〇〇〉）は、碑銘・鐘銘・兵器などの遺例を図示したもので、この「甲冑九」に「甲斐国菅田天神社蔵武田家楯無甲冑図」が収載されている。将軍が楯無鎧を上覧した寛政五年（一七九三）には、定信は老中職に就いていた。寺社奉行からの伺いに対応する職務上、楯無鎧のことはよく知っていたのであろう。さらに定信は、寛政七年（一七九五）に楯無鎧を修復した具足師明珍長門宗政・同主水宗妙に鎧の模倣品を作らせ、国許である奥州白河城下の鹿島神社に奉納している。『集古十種』では、楯無鎧の項に「俗工猥修補ヲ加フ」と記し[35]、修復以前の模

本を版におこすなど、明珍の修復技術を評価してはいなかった。それでも明珍に模造品を製作させたのは、文字ではなく写生や拓本という「画」によって情報を記録しようとした定信の意向からすれば(36)、究極の記録方法であったといえよう。

また、雑学者の山崎美成を中心とする好古・好事者が集まってそれぞれの持ち寄った古書画・古器財などの珍品・希物の展観批評を記録した『耽奇漫録』（文政八年〈一八二五〉）には、新羅三郎義光七〇〇回遠忌の引札が収録されている(37)。本会には『集古十種』の絵師であった谷文晁も参加しており、鎧についての知見が既に存在していたのかもしれない。

さらに平戸藩主であった松浦静山の随筆『甲子夜話』続編（文政四〜天保一二年〈一八二一〜四一〉）には、文政一〇年（一八二七）に楯無鎧を「甲州の社家土屋長門と言えるが携えて都下に出たと聞て、市川一学に憑て見んことを謀しが、見ずして止ぬ。この社家は何れの祠官か、これも今詳にせず（又この鎧を諸侯に持出るには、社家付添礼服して来ると云）」とし、続けて『武田三代記』から、鎧に関する由緒を長文にわたって引用し(38)、鎧の伝存についての考えを示している。

このように、楯無鎧は『集古十種』をはじめとする書に記載され、その存在が人々に広まることによって、名実ともに源家所縁の品としての地位を不動のものとしたのである。

おわりに

江戸時代の半ばまでは、人々の目に触れることもなく、伝承でしかなかった楯無鎧は、菅田天神社神主などの活動によって、世の中にその存在を知られることとなった。神主は、鎧修補の寄附願・将軍上覧願・大名への拝覧願・開帳願などの度に、鎧をみる対象にあわせて伝承を由緒として整え、あるいは新たな由緒を加えていった。武田家の重宝という鎧の由緒は、江戸時代においては武田家所縁の品であると同時に、源家の重宝であることが強調された。同時に鎧を所持する菅田天神社も、東照宮以来の朱印社であることや年頭礼の格式といった幕府との関係を強く述べている。これによって、将軍への鎧上覧や武田家あるいは源家所縁の大名らへの鎧拝覧を促したのである。開帳においては、庶民も拝覧の対象となることにあわせて、神功皇后が鎧を着用したという由緒が加わった。神社の由緒も天神であることが強調され、朝廷からの崇敬や兇賊退治・疫病悉除の功徳が説かれている。開帳の失敗後、新羅三郎義光七〇〇回遠忌の寄附願いでは、源家の鎧として武運長久と子孫繁栄の功徳が簡略に示されるにとどまった。ただし、拝覧活動などを通じて、鎧のことが知られるようになり、鎧の記事が各所で書き留められることによって、広く一般にその存在が伝えられたのである。

別の言い方をすれば、次のようになろう。楯無鎧に関わる活動の対象は、武士であった。楯無鎧が源家所縁の品であることこそが、将軍をはじめ大名や旗本にとって意味があったのである。武士にとって、鎧の修復や拝覧に関わることは、自らの出自や社会的な位置付けを確認することと同義だったからである。ところが、開帳のように拝覧対象が庶民へも拡大すると、源家所縁の品というのみでは拝覧を促すことができず、由緒の見直しや功徳の強調といった様々な工夫が必要となった。ただし、近世中期以降、考証学が進展したことや復古主義的あるいは好古趣味的動向が高まっていたこと、戦記物などの出版が盛んになっていたことなどによって、幅広い階層にまで鎧への興味を駆り立たせる状況が作られていたことも間違いない。鎧の引札が『耽奇漫録』へ記載されたのも、その一端である。

また、江戸から甲斐国の神主に宛てた手紙には、伝聞やうわさが多く含まれていた。例えば、開帳には御三家の助力が必要であるといった類の話は信憑性に乏しく、実際にはうわさの域をでないものであろう。ただし、坊主や奥女中・医者が手筋として重要な存在であると認識されていたことや、菓子代をはじめとする江戸の慣習についての情報は、当時の社会の実状を反映したものと考えられる。特に手筋については、表立って政治に関わることのない者たちが、実際には社会を動かし得る存在として機能していたことを示してくれる。また、回向院の釈迦開帳で五〇〇〇両を儲けたなどという話は、うわさそのものであろう。そもそも開帳自体がうわさや評判によって成り立っていたともいえ、江戸の人々にとって身近な関心事であった。開帳に関わる諸事は、しばしば随筆や日記などに書きとめられ(39)、さらにうわさとして各地へ広まることにより、新たな開帳への意欲を生み出していったのである。

楯無鎧の場合、口頭伝承が実体とともに様々な縁起や由緒書を作り上げ、その実体と縁起が口頭伝承を強固なものとして広めていったといえる。口頭伝承と文字はそれぞれ相反するものではなく、表裏一体のものだったのである。

(1) 山梨県立博物館編『よみがえる武田信玄の世界』（山梨県立博物館、二〇〇六年）。山梨県立博物館の調査によれば、楯無鎧は平安時代の部品を使って鎌倉時代に製作され、江戸時代に大規模に補修したものであるという。

(2) 『甲斐国志』五巻（『大日本地誌大系』四八、雄山閣出版、一九七一年）。

(3) 『甲斐国志』三巻（『大日本地誌大系』四六、雄山閣出版、一九六八年）。

(4) 『甲斐国志』五巻。

(5) 『甲斐国志』五巻。

(6) 山梨日日新聞社編『山梨百科事典』（山梨日日新聞社、一九七二年）、および『国史大辞典』九巻（吉川弘文館、一九八八年）「たてなしのよろい」項。向岳寺境内の大杉樹の由来には、「新羅三郎曾テ楯無ノ鎧ヲ樹下ノ坑中ニ蔵ムト、或ハ云フ、信重出奔セシ時埋置キ鎧ヲ於樹下、後ニ小山田某ニ於テ武州滝山邂逅シテ其ノ鎧ヲ索メシムトモ云フ」とあり（『甲斐国志』三巻）、伝承上の混同があるのかもしれない。

(7) 「甲州信州武州古文書」（東京国立博物館所蔵）。

(8) 『甲斐国志』五巻。

(9) この時、盗まれたものの中に観音像があるが、この像が楯無鎧に付随するものなのかはわからない。「楯無鎧守護尊像」としては、木版刷りの御影がある（図8―2。菅田天神社文書〈山梨県甲州市塩山、菅田天神社所蔵〉一―一八九。以下、同文書は菅と略述する）。

(10) 菅一―二〇七―七。

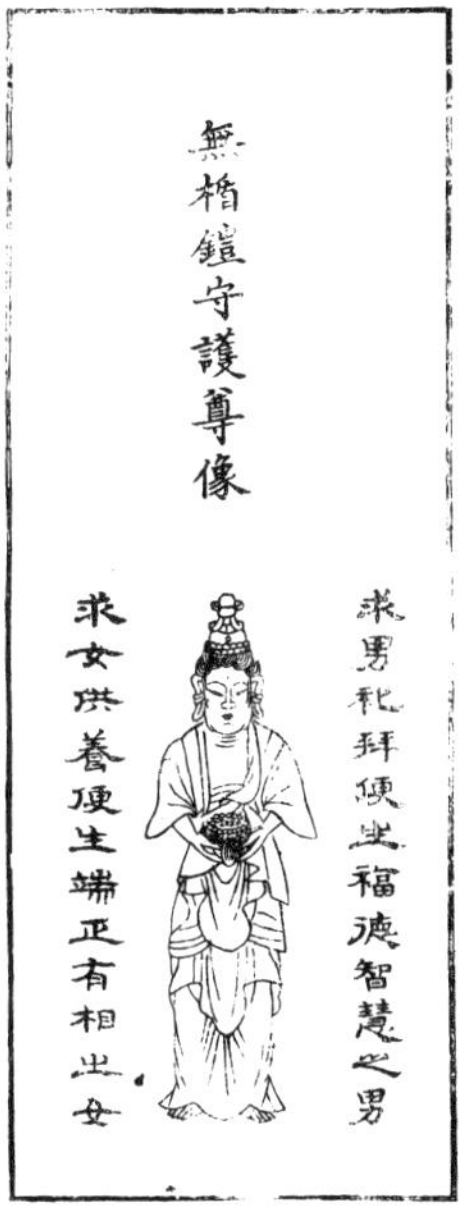

図8―2　楯無鎧守護尊像

(11)『新訂寛政重修諸家譜』五巻（続群書類従完成会、一九六四年）。
(12)菅一―三〇七―五―一。
(13)菅一―二〇〇―一―三。
(14)菅一―二六九。この「発願之記」を刷って諸所へ配布し、寄附を募ったものと思われる。修補費用に、板行代（金一分）と半紙代（金二朱）の項目がある。なお、史料中の句点とルビは原文のまま。
(15)菅一―三〇七―四。
(16)岡崎寛徳『近世武家社会の儀礼と交際』（校倉書房、二〇〇六年）。
(17)齋藤慎一「「将軍上覧」と『集古十種』」（馬場健一編『歴史的環境の形成と地域づくり』名著出版、二〇〇五年）。将軍の上覧によって鎧の由緒や権威が確立することや、松平定信の『集古十種』編纂の事情を論じたもので、本稿とも共通する課題を多く含む。
(18)菅一―二二七―一〇。
(19)『甲斐国志』五巻。
(20)菅一―三〇七―四。
(21)家世実紀刊本編纂委員会編『会津藩家世実紀』一四（吉川弘文館、一九八八年）。
(22)菅一―二〇四―一。
(23)菅一―一一―一七。
(24)菅一―二二七―一八。
(25)菅一―一一―七一。
(26)菅一―二〇四―五―c。
(27)『甲斐国社記・寺記』四巻（山梨県立図書館、一九六九年）。同寺には、「信玄公御差物　壱流」と「同書物　壱通」があるといい、軍扇はそれにあたるものかと推察される。
(28)『甲斐国志』一巻。
(29)菅一―二〇四―九。

(30)神功皇后に鎧の由緒を求める記述は『甲斐国志』五巻にもみられ、寛政期には既に語られていたらしい。
(31)比留間尚「江戸の開帳」(西山松之助編『江戸町人の研究』二巻、吉川弘文館、一九七三年)。
(32)『塩山市史　史料編　二　近世』(塩山市、一九九五年)四三二号。
(33)『国史大辞典』九巻(吉川弘文館、一九八八年)。
(34)文政八年(一八二五)に山梨郡栗原筋六所明神神主土屋備後・玄蕃親子が菅田天神社神主土屋長門を相手取り、楯無鎧と菅田天神社兼帯社の飛明神・鶏冠権現の進退に関して訴えた。長門の従兄弟であり分家にもあたる備後らは、長門が鎧を無断で江戸に持ち出し初穂金を私欲に使っていること、飛明神・鶏冠権現は玄蕃が所務を取り扱うべき社であると訴えた。長門は、備後の家は寛永以降の取り立てであり、由緒を述べたて鎧に関わる謂われはないこと、飛明神・鶏冠権現は菅田天神社の進退であることを主張した。文政一〇年(一八二七)に争論は吟味下げとなり、飛明神・鶏冠権現は備後方で進退する的証がないことから今まで通り菅田天神社で進退すること、鎧は菅田天神社の社付の品であり長門の進退は自由であるが、上覧したほどの品を一己の了見で江戸へ持ち出すことは不届により押込となった。これにより、土屋長門の江戸における鎧の拝覧活動は終了せざるを得なかったものと思われる(菅一―一三〇・二一〇―a・二九五)。
(35)『集古十種』三巻(国書刊行会、一九〇八年)。
(36)福島県立博物館編『集古十種　あるく・うつす・あつめる　松平定信の古文化財調査』(福島県立博物館、二〇〇〇年)。
(37)『耽奇漫録』(『日本随筆大成』一二、吉川弘文館、一九五九年)。
(38)『甲子夜話』(『日本随筆大成』第三期八巻、日本随筆大成刊行会、一九三〇年)。
(39)比留間前掲注(31)論文。

第3部　勤番除社とその周辺

9章　勤番除社の成立

はじめに

武田信玄が様々な神仏を深く信仰したことは、つとに有名である。信玄は易筮を重く用い、寺社へ戦勝などを祈願し、天台・真言・禅宗をはじめとする仏教諸宗派に帰依した。従来から信玄の宗教政策は神仏への祈願内容や仏教各派の僧侶との交流を軸に分析され[(1)]、それは今日に至るまで受け継がれている。その一方で、戦国大名の寺社政策は個人の信仰面にとどまらず、祭祀権の掌握やイデオロギー統制といった在地支配につながる問題としても注目され、特に近年では寺社の多様な存在形態そのものに戦国大名の寺社政策の意味を求めるようになっている[(2)]。本稿では、このような動向を踏まえ、宗教の中でも神社政策について論じることにする。

信玄は、永禄三年（一五六〇）に氏神である府中八幡宮（府中元城屋町）に条目を下した。信玄はそこで「国中之大小之祢宜」の一部を除き、普請役を免除する代わりに府中八幡宮において交代で勤番祈禱をするように命じている。翌年（一五六一）、信玄は同じく府中八幡宮に禁制を下した。禁制では、前年の条目を受けて、八二組の祢宜らによる二日二夜宛の勤番順を示している。そこに記された一六四の祢宜が、府中八幡宮に交代で勤番祈禱する制度が成立したのである。勤番制度は、勤番祈禱という事象を通じて、勤番場所の府中八幡宮・勤番を勤仕する一六〇余社・勤番を除かれた一〇社、という三つの立場を作り出した。勤番制度を理解するためには、府中八幡宮・勤番社・除社それぞれの存在形態を明らかにする必要がある(3)。ここでは勤番除社の存在形態を明らかにすることで、勤番制度の意味を再確認したい。

1節　勤番制度の特徴

まず、勤番除社を検討する前提として、勤番制度の特徴を確認する。

一点目として、勤番場所は、武田氏神である府中八幡宮であったことである。

二点目として、勤番を命じられたのは、荘郷の鎮守の祢宜であったことである。同時にそれは武田被官の氏神の場合も多かった。勤番制度は武田家の領主性と武士・神社の在地性の上に、武田家が武士や郷民を精神的に支配する目的の下に成立したといえる。それは戦国大名武田家の成長に伴う祭祀権獲得の結果であった。

三点目として、勤番を除かれた社が存在したことである。条目では国衙関連の社(一宮・二宮・三宮、総社)、武田氏神(武田八幡宮・石和八幡宮)、古代以来の地域大社(窪八幡宮・三輪明神・御崎明神・熊野権現)の勤番を除き、それぞれの社頭での参籠祈禱を命じている。勤番制度は、甲斐国のいわゆる大社を除外することによって成立したのである。

四点目として、勤番制度は甲斐国のうち、東部山間地帯の郡内と富士川流域の河内を除く国中《くになか》地域で施行されたことである。永禄三年(一五六〇)段階の武田領国は、甲斐国および信濃・駿河北部にまでおよんでいたが、勤番制度は甲斐国内しかも国中地域に限られていた。当時、郡内は小山田氏、河内は穴山氏の支配下にあり、両者とも武田家の配下にありながら地域の諸寺社に対する権能の大部分を留保していた。勤番制度は甲斐国の一部にとどまる制度であった。

五点目として、特定の社における諸社の勤仕が勤番制度の成立以前にも存在したことである。一つには、総社の林部宮である。林部宮は「国中之親神」として、貞享年中（一七世紀後半）まで毎年二回の社日には甲府盆地東部の神主が残らず集まり神楽を奏したという。さらに、武田氏神であり府中八幡宮の前身にあたる石和八幡宮にも、建久頃から明暦まで（一二世紀末〜一七世紀半ば）諸社の勤番があったという。勤番制度は、このような総社や氏神社への参集が発展整備されたものといえる。

六点目として、武田家の宗教政策上の画期が弘治年間にあったことである。武田家は弘治三年（一五五七）に、一宮・二宮に対し年三回ずつ躑躅ヶ崎の武田屋敷へ出仕すべき旨の条目を下した。同時に、府中八幡宮に対しても類似の条目を出している。また、府中八幡宮の神主として後の勤番除社である三輪明神（西郡筋宮地村）の神主を迎え入れた。これらは、一宮・二宮や三輪明神に対する武田家の介入である。

七点目として、武田家は神社に限らず、宗教各派の既存組織を再編成しようとしていたことである。勤番条目が出されたのと同日、当山派修験の祇園寺（府中元城屋町）にも龍朱印が押された「国中客僧衆」宛の三ヶ条条目が出されている。翌日には、曹洞宗峨山派の広厳院（大石和筋一宮町）が、武田家から住持職の介入を受けた。祇園寺や広厳院が近世には多くの触下や末寺を持っていることからみて、武田家は神社・修験・寺院などの既存組織を利用し、その組織化を推進することで自らの支配を強化したと考えられる。

八点目として、勤番を行う者がその後神職として成長を遂げていったことである。中世以前における地方中小社の神職は、神職として独自の存在ではなかった。ただし勤番制度の施行によって神役体系が確立し、普請役を免除され勤番祈禱を行うことによって神職としての立場を確立していったのである。

2節　勤番除社と祭礼

山宮祭と川除祭

再度確認すると、勤番を除かれた社は、一宮（浅間明神、大石和筋一宮村）、二宮（美和明神、小石和筋二宮村）、三宮（国玉明神、中郡筋国玉村）、林部宮（橋立明神、大石和筋橋立村）、武田八幡宮（武川筋宮地村）、石和八幡宮（大石和筋石和宿）、窪八幡宮（万力筋八幡北村）、三輪明神（西郡筋下宮地村）、市川御崎（御崎明神、西郡筋上野村）、東郡熊野（熊野権現、栗原筋熊野村）であり、各社の詳しい情報は表9―1に示した。

まず、祭礼のあり方から考える（以下、図9―1および表9―2参照）。甲斐国の祭礼のうちでも特筆されるのは、一宮・二宮・三宮が合同で行う「大御幸」である。本祭礼は、近世では「官ヨリ武器兵仗」を給され、人馬を郡中入用によって賄う公祭と位置付けられていた。一宮・二宮・三宮は、四月第二亥日に北山筋竜王村三社神社へ合同で神幸し、釜無河原で川除神事を行う。同様に、一一月第二亥日は三社が合同で北山筋上石田村三社神社へ神幸した。前者を夏御幸、後者を冬御幸といい、両者をあわせて大御幸という。本祭礼は一・二・三宮が合同で行う大規模な祭として、従来から多くの研究者の注目を集めてきた(4)。

甲斐国では、大御幸のほかにも「～御幸」という名称を持つ祭礼がある（『甲斐国志』。以下、特に断らない限り同書からの引用および事実関係とする）。御幸とは神輿が渡御することを意味する一般的な用語であるが、それが固有名詞になっている祭礼がある。まず、「西御幸」である。これは、除社の一つである三輪明神の山宮祭である(5)。三輪明神の山宮は、同社の北西、上宮地村にある。祭神は四月から霜月まで里宮である同社に鎮座し、霜月から四月までは山宮に鎮座した。その遷幸神事のうち四月初卯日に行われるのが、西御幸である。(6) 本祭礼は、大御幸と同じく近世では「官ヨリ武器兵仗」を給され、人馬を郡中入用によって賄う公祭と位置付けられていた。

西御幸に対して、「東御幸」がある。これは万力筋室伏村山王明神と成沢村唐土明神および下萩原村山王権現の三社が、栗原筋上神内川村の山王権現へ四月第二申日に神行し、十一月第二申日に還御するという祭礼である。この祭礼は、内容や地形からみて四社合同の山宮祭といえる。(7) ただし東御幸は近世では既に途絶し、三社の御輿が笛吹河原で神事を行うにとどまっていた。上神内川村の山王権現は延喜式内社の神部神社に比定される大社であるが、一四世紀初頃には廃壊したという。東御幸は、神部神社の弱体化に伴って徐々に衰廃していったのであろう。

河内地域には「河内御幸」と呼ばれる祭礼があった。これは東河内領の宮原村浅間明神（河内一宮）が、四月一三日に神輿を山宮へ移す祭礼である。古くは祭礼のために東西河内領の諸村から人夫が出たといい、帯金村以北の神主九人が参集したという。また、「七覚御幸」と呼ばれる祭礼もある。中郡筋右左口村七覚にある五社権現は上ノ宮と称され、四月一五日に下ノ宮と称する王子権現に神行した。同時に修験らが富士山にはじめて入り、その後下山して藤蔓を切る儀式を行う。これが七覚御幸であり、修験が主催する山宮祭の一形態である。

このようにみてくると、「〜御幸」という名称を持つ祭礼は大御幸を除き全て山宮祭であることがわかる。ただし、一宮・二宮・三宮にもそれぞれ山宮が存在していることから、大御幸は三社個々の山宮祭が結び付いたものではないかと思われる。山の神は田の神でもあり水の神でもある。もともと山宮祭は川除と深く結び付いていたが、(8) その川除神事が大々的に展開したところに大御幸の意義および甲斐国の祭礼の特徴があるのではないか。神事の有無に限らず、神輿が川を渡ること自体に川除の意味があるということから、大御幸は釜無川をはじめ金川・笛吹川・日川・重川・荒川・濁川といった甲斐国東部〜中央部を流れる河川に対する川除機能を持っていたことになる。(9)

氏子村落＜神領＞	兼帯社数	神主	別当	支配社家など
一宮・北都塚・神沢・石・千米寺・東新居・土塚・新巻・狐新居・門前・中沢	2	古屋	（神宮寺）	社家7戸・神人3戸，口63
二宮・栗合・下原・尾山・下黒駒＜塩部・二宮・唐柏・蛇島・夏目原・井上・下原・米蔵代長分・河内・観音寺・平井・国衙・黒駒・成田・栗原＞	1	上野	（神宮寺）	社家8戸口30，神人5戸口15
＜国玉・巨世・上阿原・塩部・酒依＞	0	磯部	—	社家3戸，口19
＜宮地・樋口・河原部＞	4	矢崎	法善寺（真言宗）	社家1戸・神子1戸，口12／鍵取神宮寺
＜四日市場・唐柏・蓬沢・広瀬・蚫島・鋳物師屋・石和＞	3	土屋	—	（口10，男4・女6）
八幡・市川・江曽原・大工・堀之内・水口・切差（・小原・神内川・後屋敷・井尻・塩後）	0	鶴田（大宮司）	上之坊普賢寺（真言宗）	社家22戸・神子4戸・神人8戸，口114／上之坊・坊中末寺1・惣坊・門徒5坊・本山修験5坊
＜宮地・田嶋・平岡・鮎沢・小笠原・落合・北条・宮原・里吉・市川新所・極楽寺・十日市場＞	0	今沢【兼帯】	伝嗣院（曹洞宗）	（神代にて看護）
橋立・東原・竹原田・金田	12	今沢【兼帯】	—	—
熊野・西広門田・山村・西原＜熊野・於曽・広門田・栗原＞	3	土屋	神宮寺（真言宗）	—
＜市川新所・大津・河東・三条・曽根・平岡・浅利・東花輪＞	2	市川（別当）	—	社家4戸・社役人2戸
＜千塚・帯那・河東・田嶋＞	11	今沢	—	（口46，男26・女20）

表９－１　勤番除社一覧

条目名	近世名称	所在地	社領	社地・神主屋敷ほか	創建	祭神
一宮	浅間明神	大石和筋 一宮村	234石２斗	社地：3,534坪，神山方１里 屋敷：2,079坪	貞観７年 (865)	木花開耶姫命
二宮	美和明神	小石和筋 二宮村	177石５斗余	屋敷300坪	文徳天皇 ４年 (853)	日本武尊命
三宮	国玉明神	中郡筋 国玉村	61石３斗余	社地：2,600坪 屋敷：1,308坪	成務天皇期	大己貴命
武田	八幡宮	武川筋 宮地村	27石２斗 (別当・神主中分)	屋敷：102坪・神子屋敷72坪・神宮寺寺内42坪ほか	弘仁13年 (822)	八幡大菩薩
石和	八幡宮	大石和筋 石和宿	18石７斗	社地：70×21・28間 屋敷：480坪（石高内）	建久頃 (12世紀)	応神天皇ほか２神
窪	窪八幡宮	万力筋 八幡北村	270石５斗余 (含別当・社僧分93石余)	社地：3,432坪ほか 屋敷：1,432坪・寺中1,420坪	貞観元年 (859)	誉田別尊ほか２神
三輪	三輪明神	西郡筋 下宮地村	16石３斗余	社地：3,269坪 屋敷：648坪	垂仁天皇	(大国主神)
林部	橋立明神	大石和筋 橋立村	４石３斗余	社地：54×24間ほか	—	国常立尊ほか３神
東郡熊野	熊野権現	栗原筋 熊野村	28石４斗余 (含神宮寺分６石４斗余)	社地：1,414坪 屋敷：800坪・神宮寺寺内290坪	大同２年 (807)	伊奘冊尊ほか５神
市川御崎	御崎明神	西郡筋 上野村	41石１斗余	社地：4,368坪 屋敷：150坪	孝霊天皇２年	倉稲魂命ほか２神 (大聖文殊)
八幡宮	府中八幡宮	府中 元城屋町	26石５斗	社中19,000坪	永正16年 (1519)	応神天皇・神功皇后

注１：『甲斐国志』，『甲斐国社記・寺記』より作成。
注２：＜＞は，天正11年の神領（『山梨県史　資料編４　中世１県内文書』）。
注３：石和八幡宮・武田八幡宮の神領は『甲斐国社記・寺記』による。
注４：三輪明神「北条」の場所は不明。
注５：三輪明神神主は弘治から府中八幡宮兼帯，林部宮神主は慶長以後府中八幡宮神主兼帯のち上万力村神主兼帯。橋立明神の兼帯社数は，上万力村神主の兼帯社数。

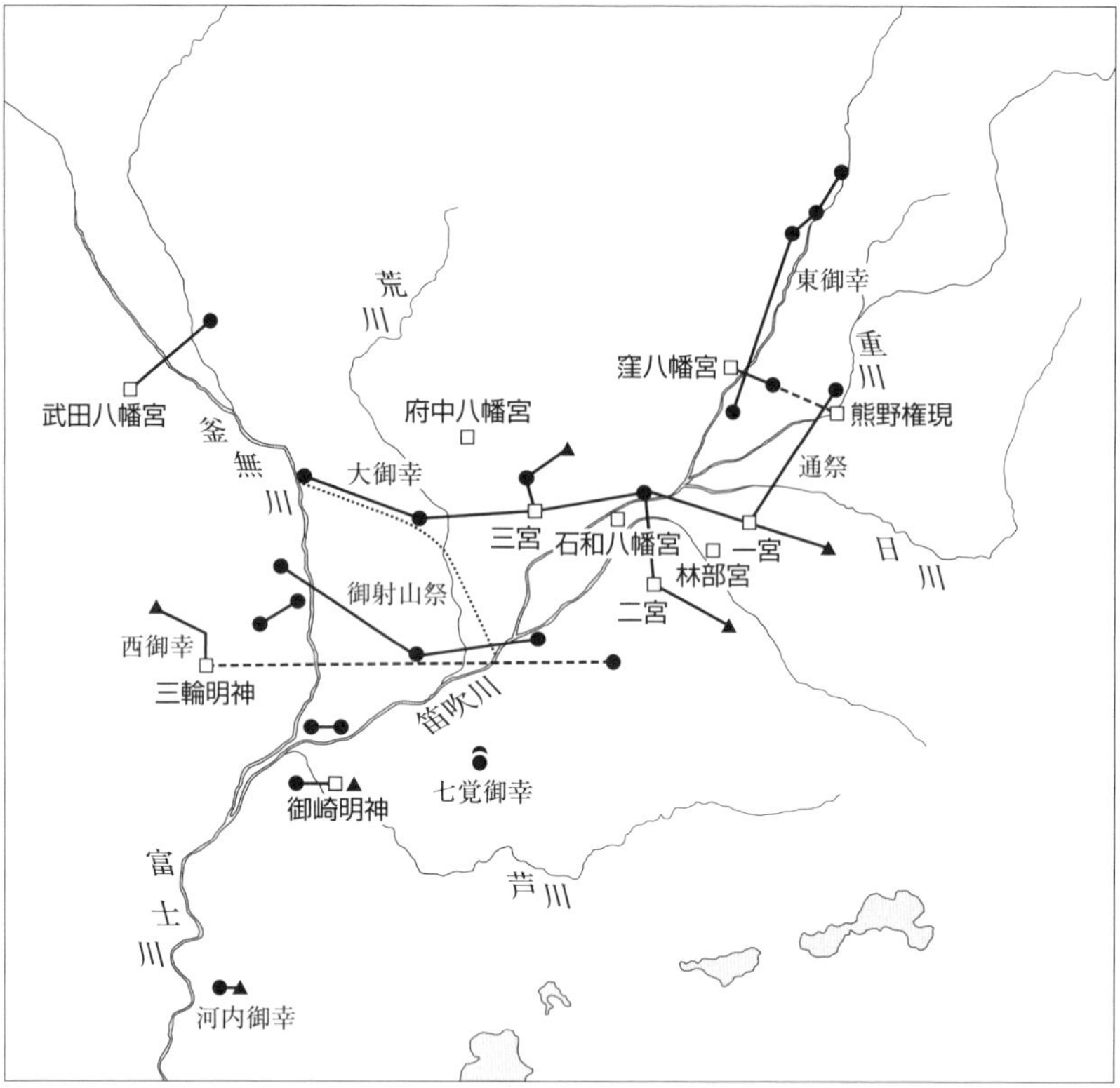

図9－1　祭礼分布図

注1：「輯製二十万分一図」復刻版をもとに，神社の所在した村名にポイントを落とした。

注2：御幸を行う神社を便宜上直線で結んだ（--------は推定）。

注3：□は勤番除社，●は表9－2関連神社，▲は山宮。

注4：点線は旧釜無川流路。

表9－2　御幸祭一覧

	神社名	筋・領名	村名	渡御先神社名	渡御先筋・領名	渡御先村名	神事	存否	備考
御幸祭	浅間明神	大石和筋	一宮村	三社明神	北山筋	竜王村（4月）・上石田村（11月）	4月第2亥・11月第2亥（一・二宮は国府村守宮立寄）	○	川除祭，「大御幸」，夏御幸・冬御幸，公祭
	美和明神	小石和筋	二宮村						
	国玉明神	中郡筋	国玉村						
	三輪明神	西郡筋	下宮地村	山宮（八幡宮）	西郡筋	上宮地村	4月初卯	○	「西御幸」公祭
	山王明神	万力筋	室伏村	山王権現	栗原筋	上神内川村	4月第2申神幸，11月第2申還御	×	「東御幸」，本州三御幸の一つ，今は4月申三御輿笛吹河原へ渡御
	唐戸明神	万力筋	成沢村						
	山王権現	万力筋	下荻原村						
	浅間明神	東河内領	宮原村	山宮	東河内領	宮原村	4月13日	○	「河内御幸」（公祭）
	五社権現（上宮）	中郡筋	右左口村	王子権現（下宮）	中郡筋	右左口村	4月15日	○	「七覚御幸」
その他	窪八幡宮	万力筋	八幡北村	木ノ宮	栗原筋	東後屋敷村	8月15日放生会	×	旧神領域，熊野神社へ御幸あり〈伝承〉
	通明神	栗原筋	牛奥村	浅間明神	大石和筋	一宮村	11月中酉通祭	○	中夜に潜幸，未明に還幸
	武田八幡宮	武川筋	宮地村	権現沢	北山筋	宮久保村	8月14日大祭	×	
	中尾明神	小石和筋	米倉村	三輪明神	西郡筋	下宮地村		×	〈飯田氏聞書〉
	諏訪明神	小石和筋	白井川原村	諏訪明神	西郡筋	上今諏訪村	7月21日（今諏訪では御射山祭と称す）	×	往返とも，中郡成島村八幡宮林中にて休む
	大輿明神	中郡筋	今福村	御崎明神	中郡筋	藤巻村	春は村西，秋は御崎明神へ	○	川除神事あり
	諏訪明神	西郡筋	吉田村	若宮明神	西郡筋	下今井村	9月9日	○	5ヶ村の祭（十五所・沢登・吉田・上下今井）

注：『甲斐国志』より作成。その他は氏子村落以外への御幸。

武田家と祭礼

一・二・三宮合同の大御幸は、もともと国衙祭祀として成立した、あるいは総社の合併祭として出発したといい[10]、一宮・総社制度が成立する一二世紀頃に始まるとみるのが一般的である。大御幸が史料上確認できるのは一六世紀に入ってからであるため、その成立を一二世紀まで遡らせてよいかは疑問もあるが、いわゆる古代以来の官社による祭礼である。もともと大御幸は笛吹川の川除に照準をあてた山梨・八代両郡地域を中心とした祭礼であったものが、武田家の拠点が万力筋川田から古府中に移ったことに伴って、釜無川扇状地の掌握を念頭に石田への御幸を行うようになったのではないかという[11]。冬御幸である。とすれば、冬御幸は永正頃（一六世紀初め頃）に成立したことになる。しかもこの段階以前に、大御幸は武田家の影響下にあったことになる。石田はもともと釜無川の氾濫原であったが、武田家が釜無川西側の開発を進め、また信玄堤によって釜無川の流路を付け替えた結果として、竜王へ御幸が伸びたという。夏御幸である。とすれば、夏御幸は信玄堤の工事が着手されたとされる天文一一年（一五四二）頃から始まったとみるのが妥当である。夏御幸は従来の国衙祭祀に依拠しながらも戦国期の事情に対応する形で発展させた、すぐれて中世的な形態であると評価されている[12]。武田家にとっては川除神事を掌握することが在地を掌握することそのものであり、その帰結が大御幸であった。

では、ほかの祭礼はどうであろうか。気になるのは東御幸である。先の推測のように東御幸の変化が一四世紀頃から始まるのは、除社の一つである窪八幡宮の影響と思われるからである。窪八幡宮は九世紀に宇佐八幡宮を勧請したもので、建仁元年（一二〇一）に武田信光によって別当が設置されて以後、急速に勢力を拡大したという。式内社であった山王権現の所在する上神内川は、中世では窪八幡宮の神領域になっている。これは武田家との結び付きを強めた窪八幡宮が、山王権現に代わって笛吹川流域の信仰の拠点になっていったことを示すのではないだろうか。窪八幡宮はもともと笛吹川の中島である大井俣の地に建てられたが、その後同川西岸の窪の地に遷座された。以後、八月一五日の放生会には、笛吹川東岸の東後屋敷村木宮へ神輿を渡御させたという[13]。窪八幡宮は、放生会を通じて笛吹川の川除機能を果たしていたとみることができる。とすれば、武田家は窪八幡宮を外護することによって笛吹川の川除機能を自らのものとし、当該地域における権力を確かなものにしていったのではないだろうか。

武田氏神の一つである武田八幡宮の大祭は、八月一四日に神輿を塩川の東涯中山（宮久保村の権現沢）まで神幸させ、流鏑馬を行うというものであった。武田八幡宮から中山までは、釜無川と塩川を渡る必要がある。これは両川の川除を武田氏神が執行することによって、当該地域を掌握しようとした結果ではないだろうか[14]。武田家が大御幸を掌握できたのは、これら窪・武田両社の川除の延長線上にあるように思われる。

このほかの除社もまた、川除機能を持っていた。御崎明神の神事では、神輿が旅所（西郡筋市川大門村）へ行く途中で芦川を渡る[15]。また、三輪明神は小石和筋米倉村にある中尾明神との間で御幸を行っていたという伝承を持つ。米倉村から三輪明神へ行くには、笛吹川などの河川を渡る必要がある。これが事実であれば、甲府盆地北辺を通る大御幸に対して、盆地南辺を通る大規模な御幸が存在したことになる。

このようにみてくると、除社のうち、一・二・三宮、窪八幡宮、武田八幡宮そして御崎明神や三輪明神も川除に関わっていたことになる。林部宮へは大御幸の途中で立ち寄ったらしいこと、また熊野権現へは窪八幡宮の神輿が渡御したという伝承があることから[16]、これらも同様に川除神事に関わっていたとみることができる。また、一宮に結び付く祭礼として通祭がある。これは、十一月酉日の中夜に通明神（栗原筋牛奥村）の神主一人が供奉し一宮浅間神社に潜幸するという神事で、途中、鬢櫛川と田草川を渡った[17]。とすれば、除社につながる川除神事は、甲斐国国中を流れる川のほとんどを網羅していたことになる。武田家にとって一〇社を掌握することは、川除神事を通じた在地掌握の最終段階だったのである。

3節　勤番除社の信仰圏

甲府盆地西部の勤番除社

次に、除社がどのような信仰圏を持っていたのかを確認しよう（表9―1・表9―3・図9―2）。まずは、甲府盆地西部にある、武田八幡宮と三輪明神および市川御崎明神を取り上げる。

武田八幡宮は、甲斐守源頼信から尊崇され、信義に至り氏神として仰がれたという。武田発祥の地に関わる同社は、武田氏にとって重要な存在であった。武田八幡宮は、西郡筋加賀美村の加賀美山法善寺（真言宗・古義高野山末）を別当とした。法善寺が弘仁一三年（八二二）に弘法大師によって創建されたと同時に八幡宮も勧請されたという由緒による。法善寺は盛時には寺中に塔頭が二〇坊あったといい、近世の朱印寺領は九九石六斗余、寺中八、五五五坪を有した。寺領は、東は釜無川、西は小笠原にまで達したといい、末寺は西郡を中心に点在する[18]。ただし、法善寺は武田八幡宮から三里ほど離れた場所にあった。武田八幡宮のある北宮地村には法善寺の末寺である神宮寺が置かれていたが、同社に対する別当寺の力は強く、近世では武田八幡宮の朱印社領二七石余は神主と法善寺の中分とされたほか、同社の文書は八幡宮と別当分とに分けて管理され、社宝は別当が所蔵した。武田八幡宮は強く法善寺と結び付いていたのであり、武田八幡宮の勢力は法善寺とともにあったといえる。法善寺は武田家代々の祈禱所として崇敬があつかったが、信玄は高野山の円性法印教雅を請うて住持とし、教雅と不和になると法印光海を住持としたように、法善寺の住持職に積極的に介入したことにも注意を要する。これは法善寺への帰依であると同時に、同寺への統制であった。権力者による帰依や保護は、常に統制と表裏一体である。さらに、武田八幡宮は武川筋鍋山村の鳳凰山願成寺（曹洞宗・上条南割村大公寺末）とも関わりが深い。願成

表９－３　勤番除社関係寺院一覧

神社	別当など	所在地	宗派	創建	境内	寺領	塔頭・末寺（村・数）など	備考
浅間明神	（神宮寺）	一宮村	—	—	—	—	—	本尊は観音巡礼24番札所，寛政期には不明
美和明神	（神宮寺）	二宮村	真言新義	—	—	慈雲寺塔頭	—	近世中期に途絶，慈雲寺は臨済宗建長寺末
武田八幡宮	法善寺	加賀美村	真言宗古義高野山如意輪寺事教末	弘仁13年(822)弘法大師草創	8,555坪	朱印99石６斗余／加賀美・寺部・藤田・加賀美中条（天正11）	塔頭20坊／最勝寺村１・上条南割１・清水１・鮎沢１・古市場１・江原１・十日市場１・北宮地１	加賀美村王子明神・遠光明神兼帯，鎮守五社権現・四所明神（鎮守料１石６斗余朱印の内）
	願成寺	鍋山村	曹洞宗上条南割大公寺末	弘仁13年(822)	黒印90坪	３石６斗鬼御堂領	北宮地村１・鍋山村１	本尊阿弥陀如来像は武田八幡の本地仏
窪八幡宮	普賢寺（上之坊）	八幡北村	真言宗新義醍醐報恩院末	建仁元年(1201)武田五郎信光草創	境内除地1,420坪	朱印93石余	坊中末寺１，惣坊，門徒５（不動坊・仙光坊・浄竜坊・池之坊・中之坊），本山修験５（窪之坊・弥勒坊・東之坊・北之坊・常楽坊）／市川村３	壇林７ヶ寺の一：八日市場大聖寺・黒桂村宝竜寺・柏尾村大善寺・春米村明王寺・藤木村放光寺・末木慈眼寺，普賢寺末清水寺は観音巡礼19番札所
三輪明神	伝嗣院	上宮地村	曹洞宗豆州賀茂郡最勝院末	文亀元年(1501)	70間×80間	朱印６石３斗余／神山・青野・龍昌院分・下今井隆円寺分・本末山林寺家門前棟別諸役免許（天正11）	塔主普向院，寮社２軒，末寺28，陪院58/下今井１・上宮地３・江原１・築山２・落合１・飯野４・曲輪田１・平岡３・鍋山１・蓬沢１・桃園２・若尾新田１・上阿原１・西野２・山寺１・鏡中条２・高尾１・曲輪田新田２・百々１	州安一派の本寺，常法幢本州７ヶ寺の一：落合村永昌院・上曽根村竜華院・下積翠寺村興因寺・小林村南明寺・中山村広厳院・府中大泉寺
熊野権現	神宮寺	熊野村	真言宗江戸護持院末	—	境内除地290坪	朱印６石４斗余配分	—	
御崎明神	薬王寺	上野村	真言宗古義高野山金剛頂院末	—	1,387坪	朱印28石８斗余／市川新所・市川本所（天正11）	市川上野２	（延宝期の真言７壇林の一）兼帯の観音堂本尊は大同年中創立，巡礼１番札所

注１：寺領は『山梨県史　中世１　県内文書』により作成。塔頭・末寺は，『甲斐国志』と『甲斐国社記・寺記』により作成。

注２：伝嗣院の寺領のうち「青野」は不明。薬王寺は御崎明神の檀那寺。

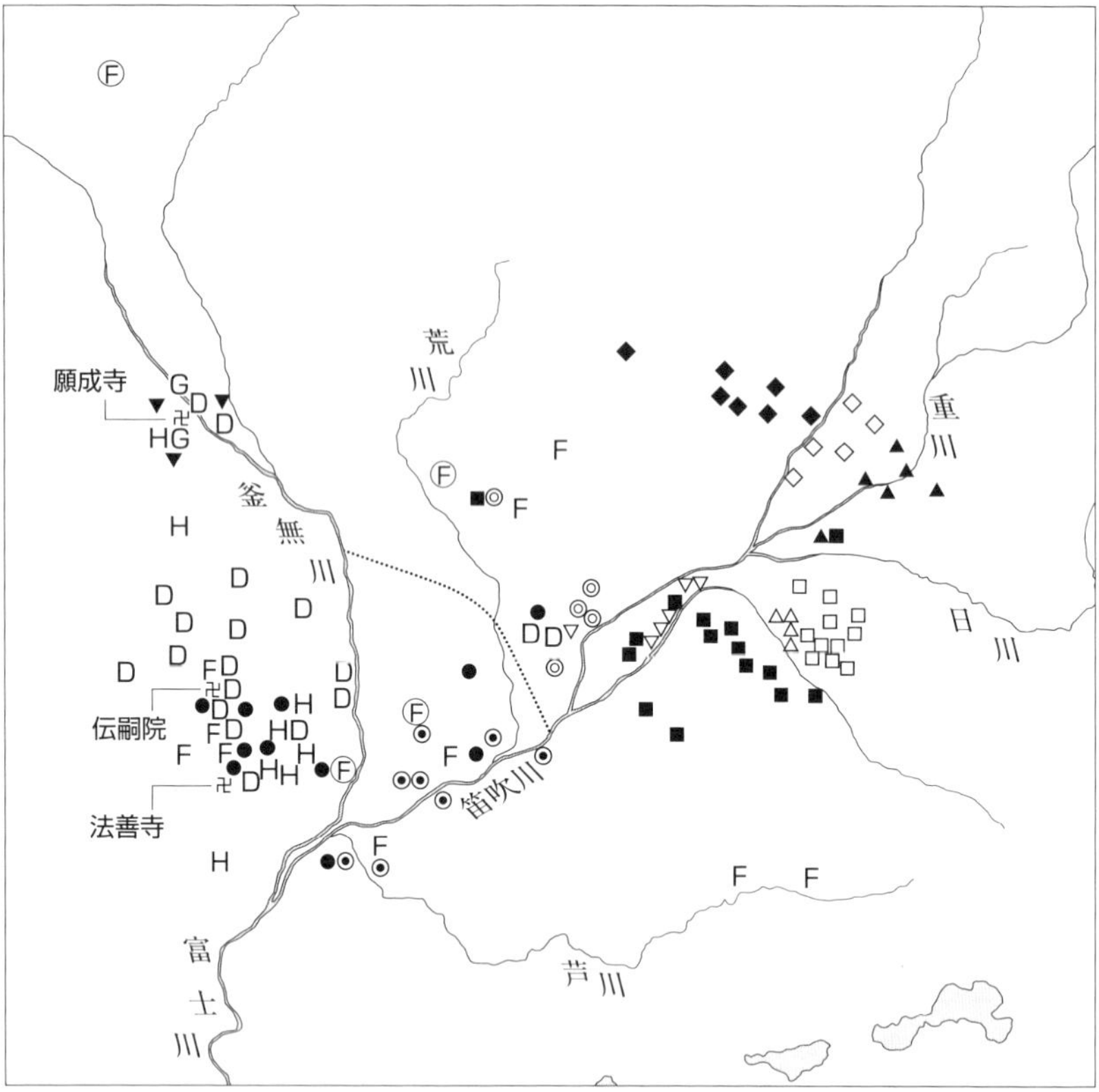

図9－2　社領および別当寺・末寺分布図

注1：「輯製二十万分一図」復刻版をもとに，表9－1・表9－3の社領・氏子村・末寺の所在した村名にポイントを落とした。

注2：◆窪八幡宮氏子村，◇窪八幡宮元氏子村，▲熊野権現社領・氏子村，□一宮社領，△林部宮氏子村，■二宮社領，◎三宮社領，▽石和八幡宮社領，●三輪明神社領，◉御崎明神社領，▼武田八幡宮社領，Ⓕ府中八幡宮社領，F府中八幡宮近世兼帯社所在地，D伝嗣院末寺，H法善寺末寺，G願成寺末寺。

注3：点線は旧釜無川流路。

寺は信義が武田八幡宮と同時に造った祈願寺であり、もともと天台宗であったという。願成寺の本尊である阿弥陀如来は、武田八幡の本地仏である。このように見てくると、武田八幡宮の勢力は願成寺や法善寺とともに、西郡筋を中心に広がっていたとみることができる。

次いで三輪明神であるが、天正期における三輪明神の社領は、西郡筋にとどまらず甲府盆地南部にまで広がっていた。先にも述べたように、武田家は弘治頃に氏神である府中八幡宮の神主として三輪明神の神主今沢家を迎え入れたため、以後三輪明神は府中八幡宮の兼帯社となっていた。府中八幡宮の神領が西郡筋にあるのは、三輪明神との関わりとみてよい。両社の神領がいつから中郡筋に置かれたのかについて検討が必要であるが、三輪明神は信玄堤ができる以前の旧釜無川西南域を信仰圏としていたとみることができる。

また、三輪明神は大神山伝嗣院（西郡筋上宮地村）の鎮守であった。伝嗣院は曹洞宗豆州最勝院末で、朱印六石余と神山という山林を持つ。三輪明神の神主の先祖であった今沢重貞が落髪して明応元年（一四九二）に神山に草庵を営み、文亀元年（一五〇一）に叔父の僧第翁居一（小林村南明寺八世天徳弟子）が禅林を開いたのが伝嗣院の始まりであるという[19]。つまり伝嗣院の開基は三輪明神の神主であり、伝嗣院が開かれたのは三輪明神の山宮のある場所であった。三輪明神も伝嗣院の存在を抜きには考えられないのである。江戸時代の伝嗣院は、曹洞宗常法幢七ヶ寺の一つに数えられ、寺領こそ多くないものの多くの末寺を持っていた。甲斐国内の末寺は、西郡筋から武川筋にかけて広く分布していた[20]。その範囲はちょうど武田八幡宮と法善寺との間に集中しており、当該地域が一つのまとまりを持っていたことを推察させてくれる。いずれにしろ、三輪明神および伝嗣院の信仰圏は、甲府盆地以西の台地上〜盆地西南部一帯の広範な地域ということになる。

武田家が三輪明神の神主を府中八幡宮に招いたのは、三輪明神と伝嗣院が持つ信仰圏に注目したからではないだろうか。武田家は武田村を発祥の地としながらも、その根拠地は東郡にあった。三輪明神と伝嗣院は武田八幡宮と法善寺の信仰圏を補って余りある存在であり、その神主はまさに武田氏神の神主とするにふさわしかったのである。近世では、西御幸は大御幸と同じく公祭として「官」から武器や馬・初穂などが与えられたが、このような体制がとられたのは武田時代からであろう[21]。西御幸が小規模ながらも大御幸に匹敵する祭礼となったのは、武田家と三輪明神および府中八幡宮の結び付きにほかならない。

では、御崎明神はどうであろうか。新羅三郎義光の四男刑部三郎義清が同社の神主であるといい、曽我物語に載る市川別当五郎行重はその三代目という。御崎明神は大聖文殊を安置していることから別名「市川文殊」とも呼ばれ[22]、また同社神主は代々「別当」を名乗った。近世初頭までは「市川浅間明神」とも称され、木花開耶姫を祀っていた[23]。同社は、富士信仰とも深く関わっていたのである。御崎明神はもともと市川庄を神領にしたといい、市川大門・上下大鳥居村には同社の大鳥居を立てた跡が残るという（『甲斐国社記・寺記』一巻）。同社の天正期における神領は、中郡筋南部を中心に釜無川と笛吹川の合流点まで広がっていた。また、近世における市川御崎明神の兼帯社は、甲府盆地から山を隔てた芦川沿いに伸びている（図9―3）。御崎明神配下の社人は、近世期には甲斐国内の各地に配札場を持っていたが、その分布をみると（同図）釜無川西部から北山筋を中心にした地域と、笛吹川南側そして西郡筋に集中している。一・二・三宮・窪八幡宮の神領が広がる小石和・大石和・万力筋において配札場が見られないことから、中世以来の神社の勢力範囲を踏襲していると考えられるのではないだろうか。御崎明神は三輪明神の信仰圏と重なりつつも、中郡筋を中心とする甲府盆地南西部および芦川一帯に信仰圏を築いていたことになる。ここには七覚御幸で紹介した富士信仰の拠点の一つである右左口があり、また兼帯社が集中する芦川沿いも富士山へ向かうルートの一つにあたる。御崎明神が富士信仰と深く関わっていたと述べたように、兼帯社や配札場はこの信仰圏とも重なるものである。さらに付け加えるならば、御崎明神は河内領の西島村にも配札場を持っていた。これは国中と河内領の間にある同社が、両地域をつなぐ役割を持っていたということになろうか[24]。

武田八幡宮・三輪明神・市川御崎明神の信仰圏はそれぞれの別当寺などの勢力とも連動しながら、甲府盆地南部と西部

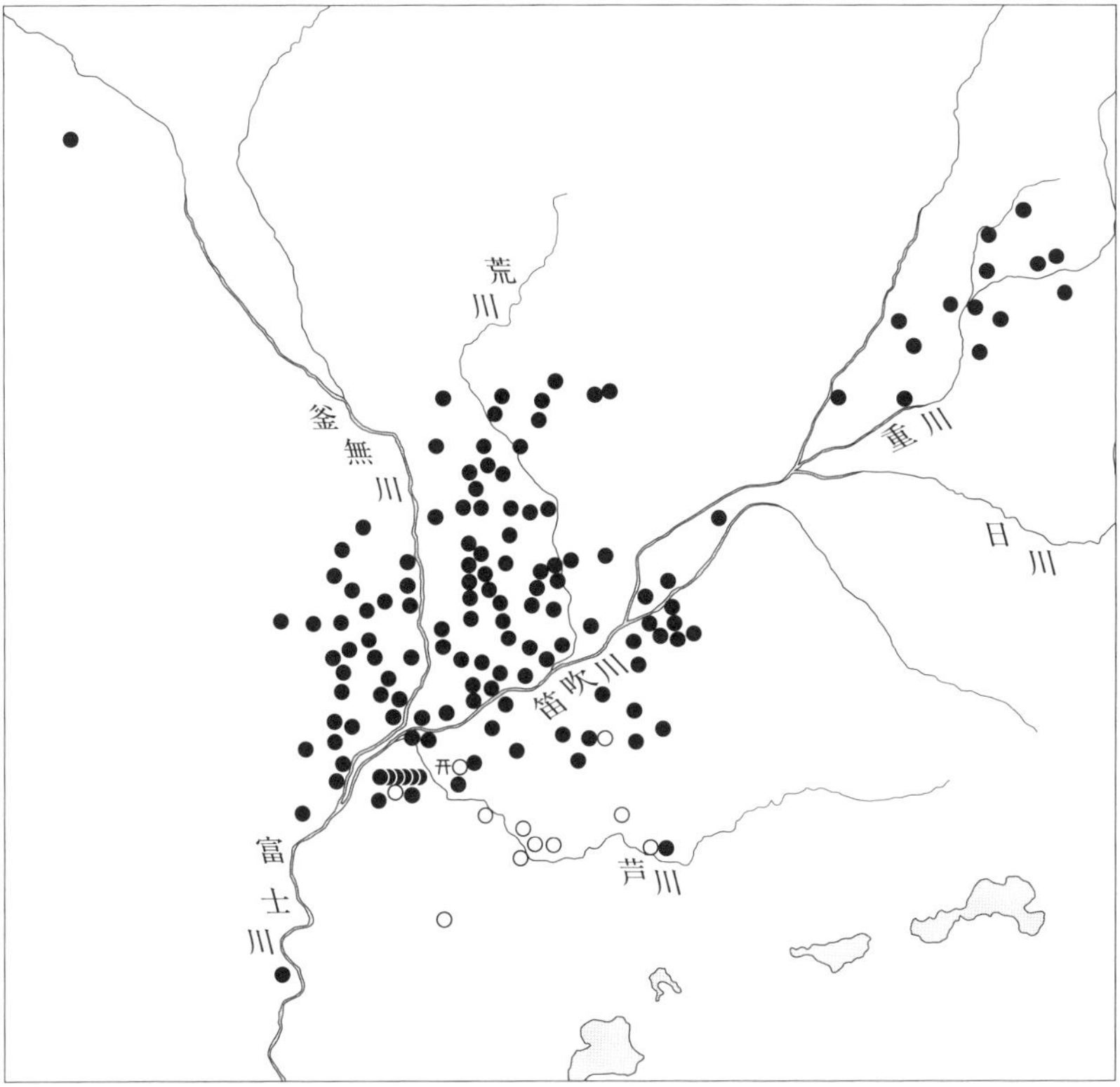

図9－3　御崎明神配札場・兼帯社分布図

注1：「輯製二十万分一図」復刻版をもとに，村名にポイントを落とした。市川家文書より作成。

注2：●配札場，○兼帯社・末社所在村。

一帯を覆っていたのである。

甲府盆地東部の勤番除社

甲府盆地東部には、窪八幡宮・熊野権現・林部宮・石和八幡宮・一宮・二宮・三宮が存在する。このうち一宮・二宮・三宮は、それぞれ大石和筋と小石和筋、中郡筋東北部に神領や氏子場があった。林部宮は一・二宮の間に、石和八幡宮は二宮の神領の隙間を縫うような形で信仰圏を広げていた。熊野権現は、神領が栗原にも存在することを考えると、栗原筋南部一帯に信仰圏を持っていたと考えることもできる。窪八幡宮の氏子村落は、近世では同社西側の万力筋のみであるが、中世では笛吹川対岸の栗原筋にまで広がっていたという。川東の勤番除社の神領や氏子圏をみると、甲府盆地東部にほぼ万遍なく広がっていたことがわかる。

ただし、これらの社が神領や氏子圏という枠組みを越えたところで、どのような信仰圏を獲得していたのかについてわからないことが多い。特に、仏教との関わりがみえてこない。一・二・三宮は近世になると神仏分離的な傾向を帯びていったため、神宮寺の存在自体が不明瞭になってしまう。いわゆる地域大社が近世的な変質を遂げながらも独自性を維持していたことに比べると、一宮などの官社は時の権力の動向に左右されやすい存在であったというべきであろうか。また、林部宮は「別当大井」氏が徳川家入国に際して北条方に与して殺されたため、中・近世を通じてその実態はわからない。熊野神社の場合には、近世初頭まで神宮寺の勢力は弱かった。

唯一実態に迫れるのは、窪八幡宮である。同社は甲斐国内最大の社領規模と社家を持つ大社であり、別当として上之坊普賢寺が置かれていた。先にも述べたように、別当は建仁元年（一二〇一）に武田信光によって設置されたといい、武田家代々の庇護を受けた。武田信玄は川中島合戦に臨んで、慈眼寺（大石和筋一宮村）・法善寺・普賢寺・福光園寺（小石和筋大野村）・薬王寺・大蔵寺（万力筋松本村）・放光寺（栗原筋藤木村）と府中の真言宗諸寺院に戦勝を祈願している。普賢寺は、近世では真言宗壇林七ヶ寺の一つに数えられる甲斐国内の大寺であった。

また、普賢寺は、坊中末寺一・惣坊・門徒五・本山修験五坊を抱えていた。妙法寺（西郡筋小室村・現日蓮宗）・立正寺（栗原筋休息村・現日蓮宗）・大善寺（栗原筋勝沼村）・円楽寺（中郡筋右左口村）・普賢寺・放光寺などは、もともと「修験ノ渠魁ナル者ニシテ此ニ会聚シテ行法斎戒ヲ修セシ由ナリ」といわれるように、修験との関わりが強い寺院であり、近世においても修験を多く抱えていた。甲斐国には富士山をはじめとする霊山がいくつもある。南北朝期には吉野に代わり諸国の山伏が甲斐国の金峰山（現甲府市）で修行をしたといい、同山から甲府盆地東部を通って富士山へ至る道は道者海道として多くの修験者で賑わったという。そのような修験の拠点の一つが、普賢寺であった。武田信玄は修験を統制かつ利用しようとしたが、その意味からも普賢寺は武田家にとって重要な存在であったと思われる。

社人の活動

多くの除社は複数の社人を抱え、また社の近辺には芸能的宗教者が多数存在した。窪八幡宮の社人の中に、久保坂豊後太夫という舞太夫がいた(25)。豊後太夫は窪八幡宮の大祭に獅子頭を守護して御輿渡御の先供をするほか、神事ごとに同社の神役を勤めていた。近世では、豊後太夫は獅子頭の供料として窪八幡宮の朱印地内に配当を受け、栗原筋西後屋敷村地内にある天神社地を支配した。西後屋敷村は窪八幡宮から東後屋敷村木宮へ渡御する際に神輿を休めたところといい、中世では窪八幡宮の神領であったという。同村には豊後太夫を始め、豊後太夫役者・万歳・博士・夷祈・力者・神子といった芸能的宗教者が居住していた。一八世紀前半で、その数は七九戸二四二人にのぼる。これらの芸能的宗教者は、豊後太夫同様もともとは窪八幡宮に関わりを持つ者たちであったと思われる。

近世では、豊後太夫は窪八幡宮の神事だけではなく居村での舞興行や月待・日待などの諸祈禱を勤めていた。甲府の町割の際には獅子頭を供奉して「町渡の祈禱」を行い、笛吹川に架かる橋の掛替えの際にも「橋渡の祈禱」を行った。また、大石和筋南野呂村橋立守国大明神の祭礼でも、昼夜の舞狂言を勤めていた。宝永頃からは西郡筋高田村一宮明神末社の祭礼で西後屋敷村の太夫とともに舞や狂言を演じていたほか、同村における正月の万歳も西後屋敷村の太夫が勤めていた(26)。甲斐国で芝居や観覧物を興行する者は、必ず豊後太夫から幕を借りることになっていたともいう。

西郡筋小笠原村にも、近世には陰陽師・博士などの芸能的宗教者が九戸ほど居住していた。小笠原村は三輪明神の元社領域で、西御幸の際には必ず同村で神輿を休めたという。ここに所在した芸能的宗教者も、もともとは三輪明神に関わる社人であった可能性が高い。

小石和筋広瀬村には、博士といわれる舞太夫や神子が二〇人ほど存在した。舞太夫らは、武田時代には正月に躑躅ヶ崎館に登り目出度いことを舞囃子し、元禄年中（一七世紀末〜一八世紀初）までは府中八幡宮の神楽へも出仕したという。明暦期（一七世紀半ば）からは、高田村一宮明神末社での舞いも勤めている。彼らの詳細は不明であるが、居住している地域から見て二宮と深い関わりを持つ者たちであると思われる。その二宮では、近世初頭から社の鈴役を御岳山蔵王権現の社人に給分田を与える形で雇い入れていた(27)。御岳山蔵王権現は修験者の霊場である金峰山を山宮とする社で、社僧弥勒寺以下六坊のほか、社人・年番神主年寄・小社家・雑戸が一六七戸六一三口存在した一山組織である。中世では御岳衆と呼ばれる武力集団であり、甲斐国北辺の警備にあたった。同社は勤番社にも除社にも加えられなかった独自の存在であるが、その社人は国内の他社とも深く関わった活動をしていたことになる。また、近世期の社人は、御岳御師として甲斐国内のみならず信濃・上野・武蔵・駿河などの国に祈願場あるいは配札場を持っていた(28)。

近世における芸能的宗教者の多くは、もともと除社のような大社に付属しつつ、あちこちの神社の神事祭礼や祈禱芸能などに奉仕していた神事の専門集団であったと思われる。中世においては、郷村の在地土豪や有力百姓が神主役を勤めることが多かったため、実際の祭礼や祈禱は専門集団に依拠する必要があったと思われるからである。近世になり、社領の減少などとともに彼らは神社から切り離された。また神主の専業化が進むなかで、神主による神事や祭礼が一般化していった。そのような中で、専門集団の需要が薄れたり、集団の性格が変質していったと思われる。中世においては、修験者が在地の寺社を結び付ける役割を果たしていたというが[29]、ここでみたような社人や芸能的宗教者も、神事を媒介にしつつ、大社どうしを結び付け、あるいは大社と郷村の神社を結び付けていたのではないだろうか[30]。

4節　勤番と除社の狭間

以上のことは、除社のみの特徴なのであろうか。勤番社の中には、除社同様に長距離の祭礼を行う社もあれば、複数の氏子村落や別当寺を持つ社もあった。なぜ、それらは免除社にはならなかったのであろうか。

小石和筋白井河原村諏訪明神と西郡筋上今諏訪村諏訪明神との間では、御射山祭という大規模な御幸があった（図9－1）。これは中世から、あるいは武田家の衰亡とともに衰廃したという。武田家が諏訪信仰を重視したことは知られているが、本祭礼への関わりは不明である。甲斐国の祭礼にとって川除が重要な意味を持つと述べたが、神社の所在地から見て、本祭礼も釜無川と笛吹川の川除機能を持っていたと思われる。ただし、大御幸が武田権力の下で両川の川除を担うに至り、祭礼の意味を減じたのではないだろうか。結果、白井河原村の神主は府中八幡宮への勤番を命じられ[31]、本祭礼も府中八幡宮を中心とした神事の体系の中に位置付けられていったのであろう。

広い信仰圏を持つ大社という点では、中郡筋宮原村の八幡宮が注目できる。同社は鎌田総社として、近世では宮原・堀内・高室・極楽寺・古市場・関口・円満寺・窪中嶋・押越・紙漉阿原・中楯・西新井の一二ヶ村を氏子とした。天正以前の八幡宮は社領も多く社家も数十戸あったというが、神領が減じたため陰陽師・舞太夫・巫女等に変じ、供僧も退転したという。同社が所蔵する獅子頭牡牝二頭は二日市場村（中郡筋）で天から降ってきたものといい、その二日市場村には多くの博士や太夫・梓神子が存在していた。例えば窪八幡宮と関わりが深く芸能的宗教者が集住する西後屋敷村の近隣には、九日市場・三日市場・八日市場の地名が残る。同様に三輪明神と関わりの深い小笠原村の隣には十日市場村、舞太夫が居住していた広瀬村の隣りには四日市場村がある。寺社と市および領国経済との関係は既に指摘されている通りであり[32]、甲斐国における市の集中地域は除社とも深く関わっていた。古市場と二日市場、そして芸能的宗教者を伴う八幡宮は、除社と存在形態が酷似している。

しかし同社は除社にはならなかった。その理由の一つは、躑躅ヶ崎館の建設に伴い甲府が領国経済の中心になったためではないかと思われる。武田家にとって、府中に隣接する当該地域の魅力は薄かったのではないか。また、宮原村や極楽寺には三輪明神の神領が置かれていた。鎌田庄の隣にある加藤郷（上下河東・河東中嶋・井口・町田・飯喰・築地新居・玉川の八ヶ村）の総鎮守である上河東村熊野権現の神主は、府中八幡宮の親戚であるということから、この地域一帯が三輪明神の影響下にあったと考えることもできる。しかも、加藤郷の鎮守がある河東には、御崎明神の神領が置かれていた。当該地域は庄や郷の信仰圏に、三輪明神と御崎明神の信仰圏が複雑に食い込んでいたといえよう。除社は神社個々の勢力の大きさによって任じられたのではなく、その配置や信仰圏さらには神社間のバランスによって存在したということを示す事例であろう。

おわりに

武田信玄はあらゆる神仏を信仰したが、決してそれらをひとくくりに考えていたわけではない。勤番条目と同日に出された当山派修験への条目では、普請役の除は「遠国江之使」に対するものであり、社人への勤番祈禱とは内容を異にした。修験と社人を区分し、別の論理で編成したのである。その意味で、除社はあくまでも勤番の枠組みの中に存在した。ただし、除社は勤番社と同一ではなかった。宮原村八幡宮のように、旧来の大社を勤番させることもできたはずなのに、武田家は除社を置いたのである。これは、除社に勤番社とは異なる意味を認めていたからにほかならない。除社は、もともと広域な信仰圏を持つだけでなく、寺院や修験ともつながり、かつ神事や祭礼などを通じて在地とも深く関わっていた。それらが勤番除社という一つの枠組みを与えられたことによって、国中地域全体を包み込む祭祀としての意味を持つことになったのではないか。つまり、武田権力の下で、勤番社と勤番除社の信仰圏は、互いに補完しつつ重層的に国中地域を覆うことになったのである。

勤番社のみを検討した時には、武田家の宗教政策の限界に見えた「大社の除外」は、実は積極的な意味を持っていた。とすれば、勤番の施行地域が国中に限られているという点も、武田家の限界と即断するわけにはいかないであろう。甲斐国の国衙祭祀の意味を改めて問い直し、かつ寺院や修験の動向などともあわせたより広範な検討が必要とされている。

(1) 渡辺世祐『武田信玄の経綸と修養』(創元社、一九四三年)。
(2) 中世後期の問題として、榎原雅治「若狭三十三所と一宮—中世後期若狭の寺院と荘園公領総社—」(『史学雑誌』九九編一号、一九九〇年)が在地社会秩序における寺社の存在意義について論じている。
(3) 1章参照。
(4) 平山優「戦国期甲斐国一・二・三宮祭礼について」(『信濃』四三巻一一号、一九九一年)、堀内真「御幸祭について」(『山梨県史研究』五、一九九七年)の論考がある。本稿での大御幸についての理解は、両論文によるところが大きい。
(5) 山宮祭については、柳田国男『山宮考』(『定本柳田国男全集』)に詳しい。甲斐国の山宮については、宮井義雄「甲斐の山宮」(『甲斐路』二二号、一九七二年)、小澤秀之「甲州の山宮」(『民間伝承』一五巻五号、一九五一年)がある。
(6) 西御幸に関する研究はほとんどなく、『櫛形町誌』(櫛形町、一九六六年)のほかは、小澤前掲注(5)論文に記載される程度である。
(7) 柳田国男は、「山宮の事実があって、名は山宮と言わぬものの一つ」として山王をあげている(前掲注(5)書)。
(8) 柳田前掲注(5)書・宮井前掲注(5)論文。河内御幸でも、神輿を富士川の河岸まで渡御させていた(『甲斐国社記・寺記』

三巻、山梨県立図書館、一九六六年)。
(9) 平山前掲注(4)論文・堀内前掲注(4)論文。ただし、堀内によれば荒川の川除は住吉神社(畔村)が担っていたという。
(10) 平山前掲注(4)論文・堀内前掲注(4)論文。
(11) 堀内前掲注(4)論文。
(12) 平山前掲注(4)論文。
(13) 中世に至り、笛吹川の出水によって渡御しがたく、御旅所を笛吹川原に移したという。一説には、東後屋敷村への御幸は、下塩後村(栗原筋)の注連場であるともいう。
(14) 近世においては窪八幡宮と武田八幡宮の神事は、公祭に近いものであった(表9―4)。これは、武田時代からの祭礼の位置付けによると思われる。
(15) 堀内前掲注(4)論文。
(16) 前者は平山前掲注(4)論文、後者は堀内前掲注(4)論文による。
(17) 通祭では、御幸の途中にある道添いの村々はその間門を閉じ往来を絶やすという。これは一宮をはじめとする山宮神事のあり方と共通するが、その関連など詳細はわからない。通祭は、大御幸が西へ伸びる祭礼であったのに対し、東をつなぐ祭礼として注目できる。
(18) 末寺に関しては、いつ頃の創建か、またいつから末寺になったのかを検討する必要があるが、詳細が不明なものも多いため『甲斐国社記・寺記』二巻(山梨県立図書館、一九六八年)に記された末寺をあげた。このような方法は、信仰圏をみる上で問題はないと判断した。
(19) 後代に伝嗣院が滅罪の寺となったために、山宮は上宮地村八幡宮の神殿へ安置することになったというが、山宮祭礼ではその後も伝嗣院地内に置かれた社で神事が行われていた(前掲注(6)書)。
(20) 伝嗣院の末寺は『甲斐国社記・寺記』三巻によった。同書解説によれば、曹洞宗のうち、中巨摩郡における江戸時代以前の創建寺院は、一三二寺中四六寺(三五%)になる。なお、禅宗に関しては、村上直「武田領国支配における禅宗の発展」(『日本仏教学会年報』三五号、一九六九年)がある。
(21) 西御幸では小笠原村地内の小笠原長清居館跡(御所庭)で神影を献上することから、祭礼を小笠原氏との関わりで捉える説も

表9－4　祭礼と支配役所との関わり

神社名	村名	祭日	祭礼	内容	備考
浅間明神	一宮村	4月第2亥日	川除祭・夏御幸	武器兵仗給付（人馬は郡中入用），神影献上の時初穂ほかを納める	公祭
三輪明神	二宮村				
国玉明神	国玉村				
三社明神	上石田村	11月第2亥日	冬御幸	○古府繁盛の時，有司会して幣帛を分かち神牌を受納	
三輪明神	下宮地村	4月初卯	西御幸	武器兵仗給付（人馬は郡中入用），神影献上の時初穂ほかを納める	公祭
府中八幡宮	府中元城屋町	8月15日	流鏑馬神事	○騎馬15匹・鞍替具・諸賄料として御蔵米20俵 ○神事の終りまで有司監臨し警固，神符を城へ献上	天正10年，神祖参詣より公祭
		5・9月朔～3日	9筋諸社参集祈禱	○有司監臨，神符を城へ献上	関ケ原・大坂両陣よりの吉例
御崎明神	府中御崎町	8月19日	七日籠神事・穂掛祭	○警固	武田以来旧例角力あり，神祖社参角力御覧より
蔵王権現	御岳村	3月11日・11月11日	大祭	○3月のみ，祭礼料として米16俵・神馬代金2両 ○支配代官所より人を遣し警固	神祖代参より
窪八幡宮	八幡北村	8月15～17日	放生会神事	○8～15日，有司監臨し警固	甲斐守吉里領国まで行う
武田八幡宮	宮地村	8月15日	大祭	○祭礼前甲府役宅・支配代官所へ達し，神事後17日に府城へ神影を納める	
義清明神	西条村	7月23日	的神事	○札を支配代官所へ納める	
浅間明神	宮原村（東河内領）	4月13日	山宮祭（河内御幸）	○有司の警固あり，旧規にて岩間村伊藤氏がその役を勤め，御幸の前駈をする，これを御幸名主という	（公祭）

注：『甲斐国志』より作成。

ある。大御幸と西御幸における支配役所からの寄附については表9－4に掲げた（注（14）参照）。
（22）「市川文殊」は『甲斐国社記・寺記』一巻（山梨県立図書館、一九六七年）によれば、白河院から寄進された梵字の文殊画像であるとする。
（23）市川行房家文書（山梨県西八代郡市川三郷町、山梨県史収集写真資料）。
（24）御崎明神に別当寺は存在しなかったようであるが、江戸時代を通じて同村内の川浦山薬王寺（真言宗古義高野山金剛頂院末）を檀那寺とした。薬王寺は行基の草創といい、もともとは多聞天を本尊とする法相宗の寺であったという。武田家の祈願所として崇敬があつく、信玄が城内に多聞天を安置したことから、正・五・九月に登城して祈念修行をし、この頃真言宗に転宗したという（『甲斐国社記・寺記』一巻）。
（25）豊後太夫をはじめとする芸能的宗教者については、西田かほる「神子」（高埜利彦編『シリーズ近世の身分的周縁　1　民間に生きる宗教者』二〇〇〇年、吉川弘文館）参照。
（26）市川大門町教育委員会編『市川大門町郷土資料集　6　市川大門町一宮浅間宮帳』（市川大門町、二〇〇〇年）。
（27）坂名井史郎家文書（山梨県笛吹市御坂町、山梨県史収集写真資料）。
（28）甲府市市史編さん委員会編『甲府市史史料目録　近世1』（『甲府市史調査報告書』一、甲府市、一九八五年）。
（29）榎原前掲注（2）論文。
（30）蔵王権現の社人に限らず、御崎明神の社人や三宮国玉明神の社人も甲斐国内に配札場を持っていた。
（31）今諏訪村の神主は慶長期から勤番社家として府中八幡宮へ勤番している。
（32）榎原前掲注（2）論文。

10章　地域大社の実態について

はじめに

神社には様々な格式がある。古代では延喜式神名帳に記された式内社があり、中世では各国に一宮・総社などが設けられた。また、戦国大名の氏神社や祈願所もある。これらの格式は、その時々の権力との関わりによって生じたものであると同時に、地域における神社間の関係にも影響を与え、地域的な組織やネットワークの基となった[1]。このように古来より様々な形で地域の核となっていた神社を、ここでは地域大社と呼ぶことにする。

本稿で対象とする近世の神社には、朱印地・黒印地・除地などの別による格式の差があったが、神社間の関係に影響を与えたという点においては、触頭制度の導入と、神祇管領長上吉田家の役割が大きかった。幕府は一部の神職を触頭に任命して地域の神職を統制させ、さらに吉田家に装束許認可権を与えることによって全国の神職を統一的に把握していったのである。そのような状況の中で、中世以来の地域的な神社組織は解体・変質していった[2]。朝廷や地域権力によって支えられていた地域大社が、江戸幕府という統一権力によって、押し並べて均一化されたのである。

中世史においては、諸国一宮制の研究が進展し、一宮などの宗教的・政治的・経済的役割全体が明らかにされつつある[3]。

近世史においても、一宮や総社などを中心に地域大社の研究が行われはじめているものの、[4] 近世社会における地域大社の役割や均一化の過程は、いまだ十分に検討されたとはいえない。また、各地には一宮制外の地域大社も多く存在したのであり、その分析は近世における地域大社の意味のみならず、宗教政策全般を考える上で重要であると考える。

甲斐国には、一宮浅間明神（大石和筋一宮村）、二宮美和明神（小石和筋二宮村）、三宮国玉明神（中郡筋国玉村）などのほかに、窪八幡宮（万力筋八幡北村）、三輪明神（西郡筋下宮地村）、御崎明神（西郡筋上野村）、蔵王権現（北山筋御岳村）などの地域大社があった。[5] 本稿では御崎明神を中心に、その存在形態について検討していくことにする。[6]

1節　御崎明神の内部構造

御崎明神について

御崎明神は、八代郡西郡筋上野村に所在する。現在名は、表門神社である。社地東方の命婦山に山宮があり、市川大門村に旅所をおく。由緒によれば、孝霊天皇二年に鎮座したといい、倉稲魂命・天照大神・瓊々杵尊を祀る。近世初頭までは「市川浅間明神」とも称され、木花開耶姫命を祀っていた。

同社は延喜式内社に比定されるほか、永保元年（一〇八一）に神主が白川院の悩みを平癒したことにより社頭末社まで造営を受け、梵字の文殊画像を寄進されたという由緒を持つ。同社には大聖文殊像が安置されていたため、別に「市川文殊」とも称された。戦国期には、武田信玄が甲斐国南方の鎮守としたといい、一宮などとともに武田氏神への勤番祈禱を除かれた社の一つである。江戸時代には朱印社領四一石一斗余、社地四三六八坪を有した。文政一二年（一八二九）からは、社頭修復の助成として富突興行が許されたことでも知られる。

同社の神主は新羅三郎義光の四男刑部三郎義清の末裔であるといい、曽我物語に載る市川別当五郎行重はその三代目という。神主は代々市川姓を名乗り、「別当」と称した。天正一〇年（一五八二）三月に甲斐国に進攻した徳川家康が社中に陣を張り、その際、別当に「黄金三枚・御烏帽子・御浄衣」を下賜したという由緒を持つ。(7)

社人の構成

御崎明神には、別当の外に複数の社人がいた（表10－1）。『甲斐国志』では、下社家として相川・村松・砂田・長沢の四家、下神人として新津・河野の二家を載せる。管見の範囲内であるが、下社家のうち相川については天明期（一八世紀末）以前にその名はなく、下神人のうち河野については文化・文政期（一九世紀初）にしか名前を確認することができない。下社家・下神人は、その時々で取り立てや断絶があったということになろう。また、下神人とは乙女役を務める家であった。乙女役との名称からもわかるように、神事奉仕の主体は女性にあったと思われ、新津家では享保期（一八世紀前半）以降、家内の女性が吉田家から巫女許状を得ている。ただし神社運営は家内の男性が携わり、社会的な責任を負っていた。

表10－1からは、下社家の中でも村松・砂田両家の屋敷地が広く、また御崎明神の末社をはじめとする他村の神社において祭祀を行っていることがわかる。そこで、さらに細かく御崎明神の末社とその支配を示したのが、表10－2である。元禄一一年（一六九八）の書上では、御崎明神の末社は「内記抱」と「主膳抱」に二分されている。この時期、主膳と名乗っているのは別当である。内記については不明だが、「内記抱」と記されている神社を元禄五年（一六九二）分と比較してみると、その多くが「社人大蔵持」と重なる。この年大蔵と名乗っているのは下社家の「村松大蔵」であるため、大蔵は村松と理解できる。『甲斐国志』の記述でも、「内記抱」となっている神社のほとんどが村松に関わっていることから、「内記抱」は村松が進退する社として間違いない。末社の支配状況をみる限り、下社家の村松は別当に肩を並べる力を持っていたことになる。別当家の由緒には、「別当事ハ東鑑に市川別当行房子息市川別当五郎行重、右東鑑に市川之家屋敷

表10－1　御崎明神神式一覧

姓	職名	家内人数 男・女	屋敷	兼帯所など	祈禱檀家・配札場		備考
市川	神主 （別当）	6・4 ／奉公2	2,777 坪		－	－	
砂田	下社家	8・3 ／奉公1	578坪	三帳村御崎明神，下芦川村蹴裂明神祭日頼り	143人	65村	
村松	下社家	5・6	504坪	市川大門村八幡宮兼帯，高萩村諏訪明神・天神宮，藤垈村・中山村・畑熊村諏訪明神，祭日頼り	25人	14（11）村	安政5（1858）に断絶，1868年には跡
長沢	下社家	2・2	110坪	－	8人	63村	
相川	下社家	2・3 ／奉公1	190坪	－	85人	8村	天明5（1785）～
新津	社役人 （一乙女）	2・1	322坪	－	3人	－	嘉永以降遺跡人なしとあるが，明治には下神官
河野	社役人 （二乙女）	－	156坪	－	－	－	文化5（1808）～，1868年には跡
－	三乙女	－	143坪	－	－	－	1868年には跡
村松	（別当家） 用人	1	－	－	－	－	嘉永2（1849）～明治2，明治には妻あり

注1：家内人数・祈禱檀家・配札場は，市川行房家文書（仮番号14・19・20）より作成。家内人数は，嘉永2年のもの（新津のみ明治2年），嘉永2年には社領百姓3軒・長屋2軒，明治2年には社領百姓2軒・借屋2軒あり。

注2：屋敷・兼帯所・備考は『甲斐国社記・寺記』『甲斐国志』より作成。

表10－2　御崎明神兼帯社・末社一覧

	天和２年	元禄５年		元禄６年	元禄11年		『甲斐国志』村松一件	『甲斐国社記・寺記』
上野村	市河浅間御崎大明神宮	市河浅間御崎大明神宮		市河上野村御崎宮	市川上野村御崎大明神		御崎明神	表門神社・市川御崎大明神
	上野諏訪大明神	上野村諏訪大明神			諏訪大明神		諏訪明神	諏訪明神，下諏訪明神
	上野明神	上野村明神	社人大蔵持		けさく大明神	内記抱	蹴裂明神	蹴裂明神(上野小路)
	屛風嶽稲荷宮	命婦山稲荷宮			屛風山稲荷			屛風山稲荷社(上野小路)
					同丸山			
	上野天神	上野村天神	社人大蔵持	天神	天神	内記抱		天神(上野小路)
				一本木大明神				
					水神(中瀬)			水神(中瀬)
					境神(宮原)			境神(横山)
	川浦明神							
	川浦小御崎							
	川浦山神							
								一条霊社
								市神(町屋小路)
市川大門村	市川御幸宮	市川御幸宮			(御崎社)御旅所			御崎大明神(旅所)
		市川廻木宮	大蔵持		(御崎社)廻木			
	市川八幡	市川八幡宮	社人大蔵持	八幡宮	八幡宮×	内記抱	村松：八幡宮兼帯，鍵，市川大門村奉仕の末社定式祭礼散物あり	八幡宮
					八幡宮旅所×	内記抱		
	市川小御崎	市川小御崎宮		小御崎宮	小御崎大明神	内記抱	村松：鍵	小御崎大明神
					小御崎旅所	内記抱		
	市川八乙女	市川八乙女	社人大蔵持	八乙女	八乙女	内記抱	村松：鍵	八乙女大明神
	市川伊勢宮	市川御伊勢宮	社人大蔵持	伊勢宮	神明	内記抱	村松：鍵	神明宮
	市川天神宮							
	市川権現							
畑熊村		籏熊明神		大明神	諏訪大明神	内記抱	村松：諏訪明神祭日頼	諏訪大明神
					山神	内記抱		
					天神	内記抱		
					神明	内記抱		神明宮
					三宮司神木	内記抱		

中山村	中山明神	中山明神		大明神	諏訪大明神	内記抱	村松：諏訪明神祭日頼，中山村奉仕の末社定式祭礼散物あり	諏訪大明神
					山神	内記抱		
					天神神木	内記抱		
垈村		垈村明神		大明神	諏訪大明神	内記抱	村松：諏訪明神祭日頼，垈村奉仕の末社定式祭礼散物あり	諏訪大明神
					天神	内記抱		
					権現神木	内記抱		
高萩村	高萩明神	高萩明神		大明神	諏訪大明神社中・神領		村松：諏訪明神・天神宮祭日頼，高萩村奉仕の末社定式祭礼散物あり	諏訪大明神
				伊勢宮	神明	内記抱		神明宮
				湯権現	権現	内記抱		湯大神
古宿村	古宿明神	古宿明神		天神	天神	内記抱	村松：古宿村奉仕の末社定式祭礼散物あり	天神（古宿小路）
					山神	内記抱		
三条村	三条明神	三条明神		大明神	イナリ大明神社中・神領	主膳抱	砂田：三帳村御崎明神祭日頼	稲荷大明神
					神明	主膳抱		神明宮
		三条山神			山神	主膳抱		
					金山彦	主膳抱		山神
					神明白山	主膳抱		白山社
					金山	主膳抱		金山社
芦川村					けさく大明神	主膳抱	砂田：下芦川村蹴裂明神祭日頼	蹴裂大明神
					山神	主膳抱		山神
	芦川明神	芦川明神		佐久明神	御崎大明神	主膳抱		御崎社
					かしハ坂とうけ天神	主膳抱		
					野坂峠天白之森	主膳抱		野坂社
					天神	主膳抱		天神
古関村				魔王宮	魔王	主膳抱		魔王社
		古関明神			御崎大明神	主膳抱		御崎社
					天神	主膳抱		天神
	左右口明神						左右口村	
不明	池平明神	池平明神						
	笛吹龍神宮	笛吹龍神宮						
	廻木宮	廻木宮						
	折角明神						角折村諏訪明神カ，東河内領宮原村社司を頼る	

注：市川行房家文書（仮番号２・14），『甲斐国社記・寺記』，『甲斐国志』より作成。

とあり、知行者勢州と信州とにあり、是より市川氏わかる、村松氏ハ伊勢村松にして代々親類也、紋ハ左三巴なり」とある。由緒書の村松が下社家の村松であるとすれば、別当の親類として大きな勢力を持っていたことは納得できる。

このように同じ御崎明神の社人といっても、下社家の相川や下神人の河野のように家の継承が不安定な者もいれば、神主に拮抗するような力を持った者まで、それぞれの存在形態は異なっていたのである。

社人と信仰圏

では、社人の生活はどのように成り立っていたのであろうか。神社を進退する者はそこからの収入が見込まれるが、社人の基本的な収入は、社領の配当や神社で行われる神事の際の収入にあった。御崎明神の場合、社領高が四一石余と多くないため、社領の配当のみでは零細な経営状態に陥ったと思われる。

このような中で、社人の収入の一つに配札による利益があった。表10―1の「祈禱檀家・配札場」の項は、安政五年(一八五八)に記された「配札村々」あるいは「祈禱檀家」と記された史料をまとめたものである。年代は不明なものの、配札などに関わる議定下書には、「祈願檀家之儀、銘々奉仕之御社頭産子より頼有之とも其奉仕之者之外、猥りニ為不可承引」こと、「産子幷祈願旦家より両部習合之祭神勧請願来り候とも、已後厳敷可申断事」とある。(8)配札について、祈願檀家はそれぞれが奉仕する社の氏子以外は引き受けないこと、両部習合の祭神を勧請しないことが取り決められている。社人は配札のみならず祭神の勧請も行っていたことがわかるが、両部習合の祭神を否定しているのは、唯一神道を標榜する吉田家の影響であろう(後述)。いずれにしろ、このような議定がなされたのは、配札場や祈禱檀家が御崎明神の神威を拠り所としながらも、個々の社人の裁量に任された権益であったことを示している。

また、祈願檀家は上野村や市川大門村を中心とする近隣地域に限られていたが、配札場は川西一帯と栗原筋の一部に広がっていた(9章図9―2参照)。議定の内容は近世の社会状況を反映しているものの、配札場は東郡を抜かせば、天正期以前の社領域と重なることから、中世以来の御崎明神の信仰圏を継承するものといえよう[9]。また神社に付属し札などを配り歩く御師は、国郡の単位を超えて配札場を獲得していくが、御崎明神の場合は国中地域を出るものではなかった。御崎明神の信仰圏は村や郷を信仰の単位とする鎮守社とは異なり、郡単位に及んでいたものの、一国を超えるものではなかったのである。

また表10−1からは、別当は配札場を全く持たないこと、下社家のうち兼帯社を多く持つ村松の配札場は少なく、砂田や相沢の配札場が多いことがわかる。これは別当も含め、社人の経済基盤が神社を主とする者と配札場を主とする者とに分かれていたことを示している。社内における勢力は前者の方が強く、特に近世においてその傾向が強かった。ただし、下神人の場合には末社を持つこともなく、祈禱檀家もごくわずかであるため、御崎明神の神事などに奉仕することによって生活を維持していたとみてよい。とすれば、下社家は御崎明神に付属しつつも独自の収入源を持つ、自立性を持った存在であったということになる。地域大社の中には、年番神主制や複数神主制をとる事例もみられるが、個々自立した社人集団においては、神主と下社家の区分は紙一重であり、ゆえに両者の間に対立が生じることも多かったのである。

2節　御崎明神の社会関係

代官所との関係

次に御崎明神の社会的位置付けに目を転じ、別当と支配役所との関係を考える。文化三年（一八〇六）、市川代官所山田茂左衛門は、別当に対し先例仕来りについて尋ねた[10]。

口上書を以申上候覚

①一、私儀先規より寺社御奉行所御直御支配ニ而、勿論触頭等無御座候、去ル天明六午年御代官柴村藤三郎殿御尋之節

茂、右之趣申上置候事

②一、御触等之儀者、当御役所より村方江御触渡有之節、其趣名主方より申来承之、承知仕罷在候事

③一、人別証文之儀者、先例当御役所より御書付到来之上差出来申候事

④一、御役所御年礼御着御祝儀等之儀者、社家之内年行司当番之社人を以先例相勤来申候事

⑤一、武家神職与申候儀者由緒書ニ相認メ差上候通、権現様奉蒙　上意候より以後代々武家神職兼帯与申来候事

右御尋ニ付、先例仕来之趣申上候、以上

文化三年寅正月　市川別当内膳

市川御役所

別当の返答は、次のようなものである。①別当は寺社奉行所の直支配であって、触頭などはいないこと。②触は役所から村方へ触れられた時は、名主方から来ること。③人別証文は、役所から書付が来た上で差し出すこと。④役所への祝儀については、社家のうち年行司当番の社人が勤めてきたこと。⑤武家神職というのは、権現様（徳川家康）の上意によること。さらに、次のような内容が続く。

ⓐ一、社内修復願

一、文殊開帳

右二ヶ条、　支配御代官役所江者不相願、直ニ寺社御奉行所江罷出候心得ニ候哉

此儀寺社御奉行所江御直ニ相願候先格ニ御座候、尤当御役所江右之段御届申上候、然ル所去ル天明二寅年御触茂御

座候間、此以後右両様之内相願候儀茂御座候ハヽ、当御役所江御添簡相願候心得ニ罷在候

ⓑ一、御朱印地幷於社内異変有之歟、神主社人共身分ニ付変事、其外出火等有之節之心得方

此儀　御朱印地社内幷社人共身分ニ懸り異変之儀有之節者、当御役所御添簡相願、寺社御奉行所江罷出御吟味請候心得ニ御座候、尤出火或者急之変事等之節者、当御役所江御願御届等申上、御取計請候心得ニ御座候

ⓒ一、武家神職兼帯与申訳委細ニ可書上事
但訳合不相知候ハヽ、其由書上可申事

此儀由緒書ニ申上候通　権現様奉蒙　上意以後代々武家神職与申来候、此外別段ニ訳無御座候

ⓓ一、寺社御奉行直御支配与相心得罷在候儀者、武家神職故御直支配与相心得、神職之儀者吉田家より支配者不請哉

此儀、武家神職故寺社御奉行所御支配与申候儀ニ而者無御座、当時神職相勤罷在候間寺社御奉行所之御支配を請罷在、勿論神祇行事幷社家官位等之節者私より添状差越、吉田家之式法を請候仕来ニ御座候、尤私吉田家江罷出候節者、寺社御奉行所江之御添簡当御役所江相願、寺社御奉行所之御添簡ニ而吉田家江罷出候心得ニ御座候

ⓔ一、人別之儀、支配御役所より書付不遣候得者、不差出心得ニ候哉

此儀先格当御役所より御書付到来之上差出来り候得共、期日ニ至候ハヽ、御書付到来不仕候共差出候心得ニ御座候

ⓕ一、神主社人継目之節者、何方江相願御差図請候哉

私継目之節者、当御役所江其段御届申上、寺社御奉行所幷吉田家江者遠路之儀ニ付、追々御届申上候、社人共継目之儀者、私方ニ而承届、何方江茂相届候儀無御座候

右之通御座候、以上

文化三年寅二月　　　　市川別当内膳

市川
御役所

ⓐ社内の修復願や文殊菩薩の開帳については、支配の代官所へは願わず直接寺社奉行所に願い出ることになっているが、

天明二年（一七八二）以後は代官所へ（寺社奉行所への）添簡願を出すようになった。ⓑ朱印地や社内および神主・社人の身分に関わる異変については、代官所の添簡を願って寺社奉行所で吟味を請けるが、出火や急の変事は代官所に願い上げ取り計らいを請ける。ⓒ武家神職兼帯の理由は、権現様の上意によるものである。ⓓ寺社奉行直支配の理由については、武家神職ゆえに寺社奉行支配というわけではなく、当時神職を勤めていたので寺社奉行の支配を請けてきた。神祇行事や社家の官位などについては別当が添状を出して吉田家の式法を請けてきた。別当が吉田家へ行く時には、寺社奉行所への添簡を代官所へ願い、寺社奉行所の添簡で罷り出る。ⓔ人別証文の差し出し方については、代官所からの書付が来てから差し出すことになっているが、期日になれば書付が来なくても差し出す。ⓕ神主・社人の継目については、別当の場合は代官所へ届けを出し、寺社奉行所と吉田家へは遠路につき追々届ける。社人の継目は私方で請け届け、どこへも届けない。

このような先例が確認されたのは、代官の交代に伴う申し送りのためであったと思われる[11]。その理由の一つは、御崎明神の存在形態がほかの神社とは異なっていたことにある。甲斐国国中地域では、貞享頃から甲府城の鎮守であった府中八幡宮が触頭となり、さらに宝永期には支配頭となって国中神職の八割以上を触下および支配下としていた。府中八幡宮は支配下神職の宗旨証文を取り集めて役所へ提出するほか、役所や吉田家への添簡を出していた[12]。これに対し、御崎明神は触頭をもたず（①②）、人別証文も単独で役所に提出していた（③ⓔ）のである。

理由のもう一つは、神職の家意識・身分意識の高まりである。文化期は神職家の由緒が確立した時期にあたる。代官の交代などに伴う先例の確認は、神職にとって自らの由緒や格式を確立させる絶好の機会であった。代官所を開門で通るか否か、代官所からの書付は殿表記か様表記かなどへのこだわりや確認があちこちで一斉になされたのである。また、神職の身分意識の高まりは身上がり的な動向を強め、村方からの自立意識となって現れた。結果、神職は寺社奉行所の支配下であることを強調し、代官所などの支配役所からは離脱する意識を強めていたのである[13]。別当の返答が「乍恐」や「奉」という文言を含まない「口上書を以申上候」であるのは、この間の意識をよく表している。

吉田家との関係

次に、吉田家との関係について確認する。神祇管領長上吉田家は寛文五年（一六六五）に「諸社祢宜神主等法度（神社条目）」が出されて以後、神職の本所として大きな影響力を持った。天明二年（一七八二）、別当は次のような口上書を寺社奉行所に出している[14]。

奉願上候口上之覚

私儀毎月太々神楽興行之儀、九年以前午年牧野越中守様御掛りニ而奉願上候処、同年六月土岐美濃守様御内寄合江被召出罷出候処、吉田家許状有無之儀御尋ニ付、右許状無之段御役人中江申上候処、御席江罷出候前浪人台江罷出候様被仰聞候ニ付、其節牧野越中守様御役人中江申上候者、私儀前々より吉田家支配請不申候、　常憲院様御代御修覆奉願上候節茂下通江罷出候段申上候処、指掛候ニ付、先ツ今日者爰元御指図之通罷出候様被仰聞候ニ付、無是非其節者罷出候得共、私儀者先祖　権現様より御烏帽子御浄衣被下置、武家神職兼帯仕可相勤旨蒙　上意候而勤来候ニ付、吉田家之支配請不申候、此度者先規之通下通江罷出候様ニ被成下候様奉願上候、尤下社家共私添状を以吉田家許状請申候、下社家召連罷出候節、下社家者下通江罷出、私者浪人台江罷出候様ニ為成候而者、支配之社家共江対シ迷惑至極仕候、何卒先々之通、下通江罷出候様奉願上候、別紙御由緒書奉入御覧候通、　権現様より厚蒙　上意勤来、格別ニ御由緒御座候得者、前々之通御聞済被成下候様、偏ニ奉願上候、以上

天明二寅年八月

甲州八代郡市川上野村
御崎大明神　神司
市川別当内膳（印）

寺社
御奉行所

毎月行っていた太々神楽興行のことをきっかけに、寺社奉行所での席次が問題になった。奉行所側は、吉田家からの許状の有無を確認し、許状を得ていなかった別当を浪人台に座らせた。別当は下社家を連れて行った際、許状を得ている下社家が下通で、別当が浪人台ということになっては迷惑至極であるとし、常憲院（徳川綱吉）の代に修復を願い出た時の先例を楯に下通への着座を願ったのである。

この史料によれば、別当は天明二年（一七八二）の段階で、吉田家から許状を得ていなかったことになる。その一方で、配下の社人は以前から吉田家の許状をもらっており、別当はそれに対して添翰を発給していた[15]。別当は吉田家の存在と許状の重要性を認識していたにもかかわらず、自らは許状を得ていなかったのである。その理由は、「私儀者先祖　権現様・御烏帽子御浄衣被下置、武家神職兼帯仕可相勤旨蒙　上意候而勤来候ニ付、吉田家之支配請不申」というように、先祖が権現様から烏帽子と浄衣を下され、武家神職兼帯して勤めるように命じられたという由緒にあった。別当は家康から装束免許を得ている以上、吉田家からの許状は必要ないと認識していたのである。それは明らかに、自らの家の由緒に対する誇りであった。

吉田家に許状をもらわないことが別当の家意識であったとすれば、それを捨ててさえ守らなければならなかったのも家意識であった。社人に対する優位の主張は、その存在が社人によって常に脅かされていたからにほかならない。別当は文化五年（一八〇八）に、吉田家に対して職分継目許状・紗狩衣・三部祓・立烏帽子・紫差貫の許可を願い出た。ところが、吉田家からはそれらを許可することは難しいとの回答があった。しかし別当は、再度吉田家へ上記装束などを願い上げている[16]。

差上申一札之事

一、私儀別紙之通奉願上候処、立烏帽子之儀者初重未伝ニ而者難成幷紫差貫迚も不容易旨被　仰聞承知奉畏候、然処私家之儀者旧家ニ而格別之由緒有之、乍恐　東照宮被下置候当社　御朱印ニも市川別当内膳与被成下、

御代々　御朱印頂戴仕、数多之下社家致支配候処、既ニ支配之社家砂田大隅儀寛政十年二月七日風折烏帽子・紗狩衣蒙　御免許候得者、私儀右支配下社家与同様之装束着用仕候而者改役之詮も無之、其上被侮候而者社中不取締之基ニ付奉願上候、聊私之嗜奢ニ而願上候筋ニ無御座、支配下之社家ニ至迄、子孫永久職分継目御許状無懈怠神祇道御法令堅相守、社中静謐ニ職業営申度奉願上候間、此段被為聞召訳、何卒格別之　思召を以、右願之通立烏帽子紫差貫共　御許容被成下候様偏ニ奉願上候、以上

中村八太夫御代官所
甲斐国八代郡市川上野村
御朱印地　御崎大明神
神司　市川別当内膳
右名代
同社下神人
新津伊織

文化五辰年二月

御本所様
御役所

別当は天明期に至っても吉田家から許状を得ていなかったが、先に示した文化三年（一八〇六）の史料では吉田家の式法を得ていると述べていることから、この間に吉田家の許状を得たことがわかる。ただし、別当の継目は代官所へは届けるが寺社奉行所や吉田家には追々届けること、社人の継目は別当が請け届けるのみであると述べていることから、別当や社人の継目と吉田家の許状は切り離されていることがわかる。吉田家からの継目許状は、社家の継目にとって必要条件ではないのである。

では再び文化五年（一八〇八）の史料に戻って、内容を確認しよう。初重とは十八神道のことで、これを伝授された上

でないと立烏帽子は許されなかった。ところが別当は初重未伝のうちに、立烏帽子や装束を望んだのである。別当がこのような願を出したのは、「支配下社家」と同じ装束では「改役之詮も無之」からであった。別当が吉田家に許状を願ったのは、幕府や吉田家の権威によるものではなく、自社内における社人との関係において発生したものだったのである。結局、別当は継目許状紗狩衣（礼禄金二両一分、役金二歩）、立烏帽子（礼禄金三分）、紫指貫（礼禄金三分、礼金役金共）として、金四両一分を支払っていることから、これらの許状を得ることができたものと思われる。[17]

次の史料は、下社家村松主膳が自らの奉仕する御崎明神末社市川大門村八幡宮の祭礼につき、一日法令免許を願い上げた際に、別当に宛てた一札である。[18]

奉差上一札之事

御末社市川大門村八幡宮兼帯奉仕之儀、旧来私儀被仰付罷在候処、今般同所産子共内意申出候ニ付、不軽儀とハ奉存候得共、一日法令御免許之儀相願候所、願之通被仰付重畳冥加至極難有仕合奉存候、然ル上ハ弥以精勤仕御社頭者勿論御家ニ対し奉り聊以不敬之儀無之様急度相心得可申候

一、今般蒙御免許候官服之儀、同社祭礼一日限り他日着用決而仕間敷候事

右一日法令之儀者、兼帯奉仕之御末社社務之簾を以蒙御免許候義ニ者御座候得共、身分之儀者元より御本社ニ奉仕罷在候儀ニ御座候得者、御本所を軽く御末社之身を重く候様之心得毛頭無御座候、依之一札奉差上処、如件

安政二年卯正月日　　村松主膳（印）

市川別当内膳殿

村松主膳は別当に対し、吉田家から「一日法令御免許」を得たが、今後とも、社頭はもちろん「御家」に対し不敬のことがないようにする、さらに「身分」は「御本社ニ奉仕」するものなので、本所を軽く末社を重くするようなことはないと誓っている。ここでいう本社や本所は御崎明神のことであり、吉田家の免許状をもらったからといって、御崎明神が本

社であり八幡宮が末社であることや、別当が上位にあるという関係が変更するものではないというのである。先に述べたように、村松は別当に肩を並べる社人であり、実質的に別当の脅威であった。そのため、このような一札が必要とされたのであろう。

寺院との関係

明治二年（一八六九）、別当は市川代官所に宛て、自身葬祭を願い出た(19)。

以書付奉願上候

当御支配所八代郡市川上野村表門神社神主市川別当内膳申上候、私儀、是迄葬式之儀仏葬ニ而、同村内古義真言宗薬王寺相頼来り、下神官四軒之者茂、夫々寺院ニ而仏葬仕来候処、是迄之通仏葬いたし候而者奉仕之神前ニ対恐多、且者自然法ヲ信候訳合ニ茂相当、何共歎ヶ敷奉存候ニ付、夫々寺院江相断候間、私幷下神官迄向後自身葬祭仕度、尤去ル慶應元丑年上京中吉田殿より御相伝請被罷在候儀ニ御座候間、何卒厚　思召を以、右願之通御聞済被下置候様奉願上候、以上

明治二巳年三月

八代郡中郡市川上野村
表門神社神主
市川別当内膳　印

市川
御役所

別当をはじめ社人たちは、近世を通じて仏葬を行っており、慶応元年（一八六五）に至って吉田家から自身葬祭を伝授されたことがわかる。近世では寺請制度が敷かれていたことにより、神職であっても寺院の檀家となっていた。ただし神職の社会的な地位が上昇してくるに従い、神道式の葬祭を求める神職が多くなり、本所も神葬祭の体制を整えて作法伝授

を行っていったのである。甲斐国において神葬祭運動が高まるのは一八世紀半ば以降であり、いくつかの大規模な神葬祭争論を経て、文化・文政期にはほとんどの神職が神葬祭に移行していた[20]。ところが御崎明神は、そのような潮流に乗らなかったのである。

先にも述べたように、御崎明神は「市川文殊」という別名を持つほどに文殊菩薩との関係が深かった。また、近世初頭までは富士信仰とも密接に関わっており、修験道の影響を強く受けていたと思われる。御崎明神の常態は、神仏習合だったのである。檀那寺の薬王院は真言宗古義高野山金剛頂院の末で、朱印寺領二八石余を持つ。武田家の祈願所であったとされ、天正一〇年（一五八二）に家康が「御床几ヲ懸ケラ」れたという由緒を持つ[21]。薬王院は御崎明神の別当寺ではないが、両者は家康が陣を置いたという同一の由緒を持っていた。その点でも神葬祭はあり得なかったのである。

3節　地域大社の特徴

御崎明神の特徴

これまで述べてきたことを基に、御崎明神の特徴を甲斐国国中地域の神社と比較しつつまとめてみたい。『甲斐国志』に載る同地域の神社の多くは、中世以来の郷の鎮守や近世村落の産土神であり、社領高はいずれも数石余りであった。神社は単独の神主家によって経営され、武田家の氏神であり後に甲府城の鎮守となった府中八幡宮を触頭・支配頭としていた。また、神主家は近世初期の段階で神祇管領長上吉田家の許状を請けて唯一神道色を強め、近世中期には寺院から離檀し神葬祭を実施していた。

それに対し、御崎明神は古代以来の由緒をもち、朱印高も比較的多い。社内に複数の社人を抱え、国中地域に広範な配札場を持っていた。同社は触頭や支配頭を持たなかったほか、別当が吉田家の許状を得たのは一八世紀末頃になってからである。同時に同社は神仏習合的要素を強く持ち、神職が神葬祭へ移行したのは最幕末であった。

このような御崎明神の特徴は、単に御崎明神だけではなく、地域大社に共通の要素でもあった。このうち、いくつかの特徴を取り上げてみよう。

吉田家との関係

まず、吉田家と地域大社との関係である。2章で示した表2—1は、甲斐国国中地域の神職が吉田家からはじめて許状を得た年を一覧にしたものである。これをみると、御崎明神をはじめとする地域大社の神職の方が、中小神社の神職よりも許状の取得が遅れていることがわかる。寛文五年（一六六五）に幕府から「諸社祢宜神主等法度」が出されると、吉田家は神職に対する装束許認可権とそれまで伝奏のいなかった神職への位階執奏権を得た。これによって吉田家は神職の本所としての地位を不動のものにしたのである。ただし、それまで神社伝奏を持たなかった大社の反発は大きく、吉田家は寛文八年（一六六八）に幕府に対し二二社と諸大社（出雲・鹿島・香取・諏訪・熱田・日前・熊野・宇佐・阿蘇）の神主や大宮司の位階執奏を行わない代わりに、そのほかの諸神職の執奏を願う旨の願書を出したという(22)。吉田家はもともと亀卜をもって朝廷に仕える家柄で、神祇官の次官である神祇大副を世襲し、室町中期以後幕府の権威を背景に力を伸ばしていった。古代以来朝廷権威と深く結び付いた二二社をはじめとする大社にとって、同家へ執奏を依頼することは許しがたかったのである。このような意識は社の成立事情などによって高下はあるものの、地域大社に共通していたと思われる。また、地域大社の神職は神職であることを既に社会から認められており、吉田家の権威によって自らの立場を主張する必要はなかったのである。もちろん、大半の地域大社は「諸社祢宜神主等法度」の出された寛文期以降、幕府の意向に沿う形で吉田家から許状を取得していった。例えば武蔵国一宮氷川神社の場合でも、神主の氷川家は寛文二年（一六六二）、西角井家は延享四年（一七四七）に吉田家から許状を得ている[23]。

甲斐国の場合に戻れば、多くの中小神社の神職は寛永期頃に吉田家の許状を得ているが[24]、二宮美和明神や三宮国玉神社などのそれは寛文期であった。ただし、許状を得たといっても、二宮美和明神では吉田家の執奏で位階を得ることを潔しとしない意識を持っていたらしい[25]。また、地域大社のうちでも一宮制に関わる神社よりも、窪八幡宮や御崎明神などの方が許状の取得が遅い。これは前者が全国的な存在であるがゆえに、他社の動向に左右されやすかったのに対し、後者の方がより独自の立場を維持し得たということになる。

社人と配札

次に社人の活動に注目してみたい。地域大社の多くは複数の社人を抱えていたが、個々の社人の存在形態は実に多様であった。御崎明神における村松のように、社人の中には地域大社の末社に奉仕し、神主に拮抗するような力を持つ者がいた。彼らは自らの奉仕する社を基盤として、地域大社の支配から自立する傾向を強めた。例えば窪八幡宮では、末社である大工村天神社に奉仕する社人の有賀が、窪八幡宮大宮司の支配から離脱すべく延々と争論を繰り返している[26]。

奉仕社を持つことによって神職としての自立意識を高めた社人がいる一方で、零細な経営状態の中で家の断絶や欠落ちの危機に陥る社人もめずらしくはなかった。例えば二宮美和明神の社人の一人は、不如意との理由で村方に日雇に出ていた。日雇の職種はわからないが、神職としての働きでないことは推測できる。同じく二宮美和明神の鈴役は、近世初頭から御岳山蔵王権現の社人に給分田を与える形で雇い入れていた[27]。社人は二つの社に同時に勤仕し、双方の神主から支配を受けることもあり得たのである。

また、御崎明神でみたように、社人の中には配札を行う者もいた。社人による配札は、本来どの地域大社にも共通のものであったと思われる。以下、三輪明神（西郡筋下宮地村）を事例としてみよう[28]。

差上ケ申一札之事

一、三輪宮之御鉾壱本御預ケ被成忝次第奉存候、夏秋二季旦那場廻り之節不法成義仕間敷候、御礼法大切ニ相守可申候、尤二季旦那場廻りニ罷出候節御鉾請取罷帰候ハ、早速納メ可申候、右為御鉾料麦壱俵・御椀二具・麻紙銀拾弐匁、御定之通無滞年々急度差上ケ可申候、若相違仕候ハ、何時成共御鉾御取上ケ可被遊候、其節一言上之儀申上間敷候、為後日一札仍而如件

宝永三酉戌十一月

西郡筋下宮地村
竹野市之丞（印）

三輪大明神様
神主様

本史料は、下宮地村の竹野市之丞が三輪明神の神主に宛て、同社の鉾を預かり夏秋二季の旦那めぐりをする際の鉾料を取り決めたものである。宝永三年（一七〇六）五月には、内藤権右衛門という人物が鉾料として麦一俵と十一月神幸に白米一斗を、同様に北村三之丞という人物が夏秋両度とも金子四両を差し出す旨の一札を出している。また、享保一八年（一七三三）三月には長沢備後という人物が、麦二斗の鉾料を差し出している。

由緒によれば、三輪明神は一国の守護神であり「御祭礼御入用御国割ニ被　仰付、且亦従古来七本之矛国中江相廻り、五穀成就・貴賎之息災を祈」ってきたという。[29]三輪明神は西御幸と称される祭礼の入用を「国割」（郡中入用）として集めることのできる社であり、その範囲は川内領を除く巨摩郡域におよんでいた。[30]また古くから七本の鉾をもって五穀成就・貴賎の息災を祈ってきたといい、これが先の史料に対応すると考えられる。

三輪明神の神主今沢家は、戦国大名武田家によって弘治期（一六世紀半ば）に同家の氏神である府中八幡宮の神主に迎え入れられたため、以後、同社は府中八幡宮の兼帯社となった。神主が神社から離れたため、神代と称される代理の者が

社を管理したというが、旧神領や近隣の神主たちも同社の神役を勤めていた[31]。先の史料にみられる竹野・内藤・長沢らがどのような人物であるのかは不明だが、もともと三輪明神の社人だった可能性が高い。社人ではなかったとしても、三輪明神の鉾を持ち旦那めぐりをする際は、同社の神威を背負った社人としての性格を有していたことは間違いない。

また、内藤権右衛門は神幸に対する鉾料を納めているが、祭礼は郡中入用から賄われるのであり、旦那場からの収益とは関わらない。旦那廻りは社の修復や神事執行などへの勧化ではなく、鉾預かり自身の収益なのである。このように社の神威に依存しつつ、独自の経済基盤を持つ者がいたことも地域大社の特徴といえるであろう。

靱矢嘉史氏によれば、武蔵国一宮氷川神社には一代抱えの配下神職がおり、その多くが江戸に居住していたとする。そしてこのような一代抱えの配下神職が、江戸で神道者のような下層宗教者として活動していた可能性を指摘している[32]。また配下神職のほかにも、門人や配札人が氷川神社に関わっていたという。地域大社の社人は、実に多様な姿をみせたのである[33]。

おわりに

近世になると、村落や組あるいは個人を信仰の単位とする数多くの神社や祠が姿を現してくる。他方、地域大社の社領は減少し、地域社会における信仰の比重は村落単位の氏神社に移っていった。ただし、地域大社は周辺に数多くの兼帯社や末社を抱え、国郡にわたる配札場を持ち、周辺の神職が神役勤仕を行う対象でもあった。触頭制度にも組み込まれず、地域社会における立場も特別だったのである。

また、村落単位の氏神社に奉仕する神職の多くは、近世社会が確立する過程で専業神主としての身分を獲得していった。それに対し地域大社の神職は自明の身分として、吉田家との関わりも遅く、近世後期になって漸く許状を取得することもめずらしくなかった。地域大社は複数の神職によって運営されており、神主と配下神職との間では序列や支配などをめぐって対立が生じることも多かった。配下神職が神主に対抗することができたのは、社の配当のみならず、末社の進退権や配札場といった独自の経済基盤を持っていたからである。

現段階で全国の地域大社を普遍化することはできないが、このような地域大社の存在形態は、ほぼ共通するのではないかと思われる。また、以上のような地域大社の存在形態の特徴は、一宮制下の大社にとどまらず、むしろそれ以外の大社の方が個性的であった。幕府の宗教政策は、決して一元的なものではなかったのである。そして地域大社の神職のあり様は、神主や社人あるいは御師や芸能者といった宗教に関わる身分が形成されていく際の要因が、経済基盤の違いにあることを示唆しているのではないだろうか。

（1）榎原雅治「若狭三十三所と一宮―中世後期若狭の寺院と荘園公領総社―」（『史学雑誌』九九巻一号、一九九〇年）。

（2）高埜利彦『近世日本の国家権力と宗教』（東京大学出版会、一九八九年）、土岐昌訓『神社史の研究』（桜楓社、一九九一年）など。

（3）中世諸国一宮制研究会編『中世諸国一宮制の基礎的研究』（岩田書院、二〇〇〇年）。

（4）澤博勝『近世の宗教組織と地域社会―教団信仰と民間信仰―』（吉川弘文館、一九九九年）、靭矢嘉史「近世の有力神主と吉田家―武蔵一宮氷川神社神主を事例に―」（『早実研究紀要』三六号、二〇〇二年）、若杉温「在地神社の組織構造―下総国海上郡柴崎村海上八幡宮を事例として―」（千葉県史料研究財団編『房総の身分的周縁』二〇〇一年）など。

（5）本章で取り上げた地域大社の概要については、9章を参照。

なお、本章でいう一宮制外の地域大社は、郡物鎮守（海津一朗「東国における郡鎮守と郡内在地領主群」〈『中世の東国』六、東京大学出版会、一九八三年〉）などと類似するとも思われるが、中世における位置付けについては留保する。

（6）市川行房家文書（山梨県西八代郡市川三郷町、山梨県史収集写真資料）。なお、同史料群は調査途中であるため、番号を「仮番号」とした。

（7）御崎明神および神主の概要については、『甲斐国志』三巻（『大日本地誌大系』四六、雄山閣出版、一九七一年）および『甲斐国社記・寺記』一巻（山梨県立図書館、一九六七年）による。
（8）市川行房家文書、仮番号一四。
（9）9章参照。
（10）市川行房家文書、仮番号二三。史料中の番号は筆者が付した。
（11）市川行房家文書、仮番号二三では「去ル天明六午年御代官柴村藤三郎殿御尋之節茂、右之趣申上置候事」とあり、代官の交代ごとに問い合わせがあったものと思われる。また、当該時期は「甲斐国志」編纂事業とも重なるため、その問い合わせであった可能性も残る。
（12）2章参照。
（13）4章参照。
（14）市川行房家文書、仮番号三〇。
（15）現在わかる範囲で、市川御崎明神神職が吉田家から得た許状類を表10－3にした。これらは武蔵国氷川神社の事例と酷似しており（靱矢前掲注（4）論文）、地域大社の神主や配下神職に対する吉田家側の働きかけと許状のマニュアル化を思わせる。
（16）市川行房家文書、仮番号一四。
（17）実際には、内金三両二歩を上納し、残金三分は拝借としている。
（18）市川行房家文書、仮番号一四。
（19）市川行房家文書、仮番号二〇。
（20）4章参照。
（21）『甲斐国志』三巻。
（22）高埜利彦『日本の歴史　13　元禄・享保の時代』（集英社、一九九二年）。
（23）靱矢前掲注（4）論文。寛文二年（一六六二）に許状を取得した氷川家は「新興の社家」であり、吉田家の権威を背景に社内での勢力を伸ばしたという。また、延享四年（一七四七）の西角井家への許状は写である。
（24）2章参照。

表10－3　御崎明神における吉田家許状取得一覧

名称	取得年	内容	備考
市川別当内膳	文化5.2	①職分継目許状（紗狩衣），②三部祓，③立烏帽子，④紫差貫，⑤祭礼三月三日	名代新津伊織
新津伊織	文化5.2	①職分許状（風折烏帽子布衣），②三部祓，③参詣次第，④荒神祭次第祝詞，⑤風神祭次第祝詞，⑥疱瘡神勧請次第，⑦願名日向源広林	
神子いく	文化5.2	①神子職継目許状（赤地錦千早舞衣），②三部祓神楽秘文，③願名相模，④「私先代相模儀，享保二十一年四月廿七日御許状頂戴仕候」	代新津伊織
河野主計	文化5.2	①職分許状（風折烏帽子布衣），②三部祓，③参詣次第，④荒神祭次第祝詞，⑤風神祭次第祝詞，⑥疱瘡神勧請次第，⑦願名信濃源重平	
神子りふ	文化5.2	①神子職許状（赤地錦千早舞衣），②三部祓神楽秘文，③願名出雲	代河野主計
村松加賀	文政8.1	①継目許状（紗狩衣），②願名村松加賀掾源宗寿	
村松大進(宗寿)	文政8.1	立烏帽子（3月17日・8月15日・9月19日）	
村松主税	天保2.1	村松加賀之介掾と改名願	
村松主膳	安政2.1	一日法令免許	
村松氏	安政5.8	吉田家許状6通あり	
相川淡路	文政8.1	①継目許状（紗狩衣），②願名相川淡路掾源重寿	
相川造酒之介	嘉永3.1	①継目許状（紗狩衣），②願名相川淡路掾源重光	
砂田大隅	寛政10.2	風折烏帽子紗狩衣免許	
砂田隼	天保2.4	許状取得につき，砂田出雲之助と改名願（・立烏帽子免許願）	差添砂田大隈

注：市川行房家文書（仮番号14・30）より作成。

(25) 坂名井深三「江戸期における甲斐の国学者―栄名井聡翁伝（一～五）―」（『甲斐路』一三・一五～一八号、一九六七・六九～七〇年）。国学者として活動していた一宮神主坂名井聡翁（一七三三―一八一五）は、吉田家のあり様を批判したほか、神宮寺を破却して激しい廃仏運動を展開した。吉田家への批判的な言動が当初からのものだったとはいえないが、意識という点では注目しておく必要がある。

(26) 窪八幡神社文書（山梨県山梨市、大井俣窪八幡神社所蔵）。

(27) 坂名井史郎家文書（山梨県笛吹市御坂町、山梨県史収集写真資料）H―一九―五・七。

(28) 今沢克昌家文書（山梨県甲府市、山梨県史収集写真資料）一―二二。

(29) 今沢克昌家文書、二―一八。

(30) 9章参照。

(31) 詳細は不明なものの、平岡村の神主足立牛之助は「幼少者ニ而、三輪大明神之御神役難相勤奉存候ニ附、弥々御暇申請、則下宮地村之内鳥や屋鋪と申所ニ居住仕度」という口上書を、寺部村神主内藤和泉と落合村神主矢崎伊予との立ち会いで、三輪明神主に宛て出している（今沢克昌家文書、二―一六）。平岡村（・落合村）は、三輪明神の旧神領域にあたる。三輪明神では弘治年間に神主が府中に移ったことで、もともと神事奉仕をしていた社人の一部が、夫々の奉仕する社の神主として成長しつつも三輪明神の神役勤仕を続けていたと考えることができる。彼らがもともと三輪明神の社人でなかったとしても、その強い影響下にあったことは間違いない。いずれにしろ、当該地域では三輪明神の神役を果たすことで地域社会から神職として認められたと考えられる。このような近隣の神職による地域大社への神役勤仕は窪八幡宮でも認められることから、一宮や総社などへの神職参集に限らず、地域大社に共通する動向であることを指摘しておきたい。

(32) 靭矢前掲注（4）論文。

(33) 若杉前掲注（4）論文では、社人が香具師商売を行っている事例を紹介している。

補論　国中地域の神社朱印状について

はじめに

寺社史料における朱印状とは、江戸幕府の将軍が寺社に対して租税徴収などの特権を行使できる土地を保証した文書である。例えば、慶安元年（一六四八）に出された徳川家光の朱印状は、次のようなものであった。[1]

「甲州志田村（上包）
　　　　諏訪明神社領」
甲斐国巨摩郡志田村諏訪明神社領、同所之内七石六斗余事、任先規令寄附之訖、全可収納幷社中竹木諸役等免除、如有来永不可有相違者也
　　慶安元年十月廿四日　朱印

朱印状は江戸幕府の将軍が発給した文書である。特に、朱印状が将軍と封建的主従関係にはない寺社や公家にも出されたことは、幕藩体制の支配構造を検討する上で重要な素材として注目されてきた。[2]ここでは、甲府盆地を中心とする国中地域（山梨・八代・巨摩三郡のうち、河内領を除く地域）の神社を対象に、朱印状の発給状況をみる。さらに、朱印状の書式

や保管のあり方から、今後の課題を提示したい。

1節　朱印社の概要

徳川家康は戦国大名武田家が滅んだ天正一〇年（一五八二）に甲斐国に入国し、翌一一年に寺社領を安堵した。この時家康から朱印状を与えられたという由緒を持つ神社は、一・二・三宮などをはじめとする三〇社である。江戸幕府成立後の慶長八年（一六〇三）には、甲州四奉行が国中の主立った寺社に対して、一斉に黒印状を発給した。天正の朱印状の有無にはかかわりなく、全て黒印状であったが、「重而御朱印申調可進候」のように後の朱印状を保証する文言が加えられている。(3)

その後、幕府は寛永一三年（一六三六）と寛永末～慶安期にかけて、寺社に対する朱印状を発給した。特に寛永末年からのそれは、遠国と五〇石以下の寺社が対象であったため、五石未満の小社が多い本地域では、寛永一九年（一六四二）と慶安元・二年（一六四八・四九）に朱印状が集中している。この時期に朱印状を取得した神社のうち、四九社分は、他社と一緒に社名が記される一紙書上の形をとっている。以後、朱印社は固定し、この時朱印状を申請しなかった神社は、そのまま江戸時代を通じて黒印社となった。

次ぐ、寛文五年（一六六五）の朱印状下付では、徳川家二・三代の朱印状を所持するか、一代のみの朱印状では五〇石以上の寺社に限るとしたため、対象自体が限定され、二六社のみが朱印状を取得した（一紙内としてほかに七社あり）。その後の将軍の代替わりに伴う貞享・享保・延享・宝暦・天明・天保・安政・万延の朱印改では、朱印社全てが対象となり、各社に代々の朱印状が下付された。この朱印社一八四という数は、『甲斐国志』に記された当地域の神社の約三〇％を占める（表補―1・表補―2・表補―3）。

幕府が滅んだ慶応四年（一八六八）、明治新政府は寺社から朱印状を提出させ、それを裁断したり墨を塗ったりした後、破棄してしまう。新政府にとって朱印状の破棄は、幕府の土地制度を否定し、新しい土地制度を行うための必然だった。新政府に朱印状を提出した神社は、全朱印社数の四分の一とされるが[4]、甲斐国では今のところ現地で朱印状の現物を確認できていない。

2節　勤番制度と朱印状

朱印状の受給状況を通観し、当地域の朱印社について特筆すべきことは、その数の多さである。朱印社は、畿内・東

表補－1　甲斐国国中地域の朱黒印社数

	除社・頭	勤番社	勤番外	計
朱印社	12	97	75	184
黒印社	1	53	130	184
除地	2	10	146	158
その他	—	2	39	41
不明	6	3	68	77
計	21	165	458	644

注１：『甲斐国志』より作成。
注２：除社には除社配下を含む。

表補－２　朱印発給形式別神社数

勤番除社など朱印社	12		
勤番朱印社	97	単独	89
		一紙	6＊
		寺院一紙	2
勤番外朱印社	75	単独	28
		勤番社一紙	43
		除社一紙	3
		寺院一紙	1
勤番黒印社	53		
勤番除地ほか	15		

注１：『甲斐国志』より作成。
注２：＊は勤番除社一紙の一社を含む。

補表－３　朱印下付年別神社数

年代	神社数	備考
天正11年	30	・２社は黒印社 ・１社は天正10年
寛永19年	22	・１社は寛永17年 ・年中を含む
慶安元年	92	
慶安２年	48	
不明	22	・２社は天正期の朱印あり ・３社は寺院一紙

注１：『甲斐国志』より作成。
注２：一紙の数は除く。

海・関東といった幕府にとっての重要地域に集中するが、当地域の朱印社一八四という数字は、全国の朱印社数の一八％を占める。ではなぜ、当地域にこれほど多くの朱印社が置かれたのであろうか。

朱印状は将軍から与えられるものではなく、自らの申請によって獲得するものであった。当地域の神社の多くが朱印状を獲得できたのは、勤番制度の存在によるところが大きい。勤番制度とは、戦国大名武田家が一宮など一〇の大社を除く一六〇余の祢宜に対し、氏神である府中八幡宮において勤番祈禱を命じた制度に端を発する。慶長期に入ると、甲州四奉行が武田家同様、一〇の大社を除き国中一六〇の祢宜に甲府城の鎮守となった府中八幡宮に交代で勤番祈禱することを定めた。

寛永期、府中八幡宮は甲斐国の代官触頭であった平岡勘三郎を通じ、寺社奉行所に対して勤番社に朱印状を下付するよう願い出た。府中八幡宮は、勤番社は社領は少ないが毎日の番を勤めていることを強調し、その許可を得たのである。(5) これを前提として、勤番社の神主は領主や代官の添簡をもって、寺社奉行所に朱印状の発給を申請した。勤番に関係しない朱印社のうち、一通の朱印状に複数の社名が記される一紙書上の形態が多いのも、勤番を勤める神主が自らの兼帯社を一緒に申請した結果であろう。同じ甲斐国でも、国中以外の河内と郡内地域の朱黒印社数を比較してみると、その違いは歴然である（表補―4）。国中神社への朱印下付は勤番ゆえのものだったのである。

また天正・寛永・寛文の朱印状を取得した神社をみると（表補―5）、勤番を除かれた一〇社および府中八幡宮は例外なくいずれの朱印状も取得している。武田以来、当該地域において重要な社とみなされていたことがわかる。寛永一九年（一六四二）の朱印状については、栗原筋の諸社が主に取得しており、朱印状下付を求めたのは、主にこの地域の神主であったと思われる。いずれにしても、寛永期に朱印状を取得しているのは、各筋の中心となるような神社であった。

表補－4　地域別朱黒印数

	国中（%）	河内（%）	郡内（%）
朱印	184（28.6）	1＊（0.7）	0
黒印	184（28.6）	0	2（0.4）
除地	158（24.5）	35（24.3）	151（31.1）
見捨地など	41（6.4）	13（9.0）	166（34.2）
不明ほか	77（11.9）	95（66.0）	166（34.2）
計	644	144	485

注1：『甲斐国志』より作成。
注2：＊は伝承。

表補－5　天正・寛永・寛文朱印下付神社一覧

筋	村名		神社名	朱印高（石）	天正	寛永	寛文
府内	元城屋町	頭	八幡宮	26.5	天正11年	寛永19年	寛文5年
万力	八幡北	除	八幡宮	270.5	天正11年	寛永19年	寛文5年
万力	大工	（除）	天神宮	6.2	天正11年	慶安元年	寛文5年
栗原	熊野	除	熊野権現	28.4	天正11年	寛永19年	寛文5年
大石和	一ノ宮	除	浅間明神	234.2	天正10年	寛永19年	寛文5年
大石和	石和宿	除	八幡宮	18.7	天正11年	寛永19年	寛文5年
大石和	橋立	除	橋立明神	4.3	天正11年	慶安元年	寛文5年
大石和	金田	—	金山権現	1.2／橋立	—	慶安元年	寛文5年
大石和	東原	—	天神宮	1.3／橋立	—	慶安元年	寛文5年
栗原	一町田中	◇	白山権現	1.8／橋立	天正11年	慶安元年	寛文5年
小石和	二ノ宮	除	美和明神	177.5	天正11年	寛永19年	寛文5年
中郡	国玉	除	国玉明神	61.3	天正11年	寛永19年	寛文5年
西郡	上野	除	御崎明神	41.1	天正11年	寛永19年	寛文5年
西郡	上野	—	諏訪明神	2.3／御崎	—	—	寛文5年
西郡	下宮地	除	三輪明神	16.3	天正11年	慶安2年	寛文5年
武川	宮地	除	八幡宮	27.2	天正11年	不明	寛文5年
府内	畔	◇	住吉明神	15.8	天正11年	慶安元年	寛文5年
万力	賀茂	◇	賀茂春日明神	30.5	天正11年	寛永19年	寛文5年
万力	鎮目	◇	四阿山権現	1.8	天正11年	慶安元年	寛文5年
万力	鎮目	◇	日光権現	8.1	天正11年	慶安元年	寛文5年
栗原	上於曽	◇	菅田天神社	11.8	天正11年	寛永19年	寛文5年
大石和	上黒駒	—	神座山権現	26.9	天正11年	寛永19年	寛文5年

小石和	北八代	◇	熊野権現	37.4	天正11年	大猷院	寛文５年
北山	志田	◇	諏訪明神	7.6	天正11年	慶安元年	寛文５年
北山	千塚	◇	八幡宮	2.6	天正11年	慶安元年	寛文５年
北山	上飯田	◇	八幡宮	3.7／千塚	—	慶安元年	寛文５年
北山	西八幡	◇	八幡宮	8.1	天正11年	慶安元年	寛文５年
中郡	宮原	◇	八幡宮	7.9	天正11年	慶安元年	寛文５年
中郡	大津	—	（山梨郡上今井村）五社明神	0.73／宮原	—	—	寛文５年
中郡	押越	—	天神宮	2.8／宮原	天正11年	—	寛文５年
中郡	紙漉阿原	—	天白明神	2.9／宮原	天正11年	慶安元年	寛文５年
逸見	穴山稲倉	◇	諏訪明神	7.6	天正11年	慶安２年	寛文５年
逸見	駒井	◇	諏訪明神	8.2	天正11年	慶安２年	寛文５年
武川	上条東割	◇	南宮明神	16.8	天正11年	慶安元年	寛文５年
小石和	永井	◇	天満天神	3.6	天正11年	慶安元年	—
北山	大下条	◇	松尾明神	3.8	天正11年	慶安２年	—
栗原	小屋敷	◇	六所明神	13.3	—	寛永17年	—
栗原	赤尾	◇	大石明神	4.5	—	寛永19年	—
栗原	上下石森	◇	熊野権現	2.5	—	寛永19年	—
栗原	下井尻	◇	白幡明神	2.8	—	寛永19年	—
栗原	西後屋敷	◇	諏訪明神	2.9	—	寛永19年	—
栗原	千野	◇	飛明神	3.6	—	寛永19年	—
栗原	上井尻西方	◇	諏訪明神	2.3	—	寛永年中	—
栗原	等々力	—	諏訪明神	2.1	—	寛永19年	—
大石和	末木	—	八幡宮	14.4	—	寛永	—
北山	竜王	—	三社明神	2.1	—	寛永19年	
栗原	上萩原	◇	岩間明神	黒1.8	天正11年	—	—
中郡	西花輪	◇	八幡宮	黒452文	天正15年	—	—

注１：『甲斐国志』『甲斐国社記・寺記』『寛文朱印留』より作成。
注２：頭は支配頭，除は勤番除社，◇は勤番社。
注３：朱印高／の後ろは，一紙の場合。
注４：天正期あるいは寛文期に朱印を得ている場合，慶安期の取得状況も示した。

3節　朱印文言の変化

当地域の朱印状の書式においては、天正期は「神主」と宛所が記されているのに対し、寛永期は一部の社のみ、慶安期以降は全く宛所が記されなくなる。大野端男氏によれば、朱印状の書札礼は、寛永期以前は混乱しており、寛文期になって整い（小寺社は慶安期から）、享保期以降は全く同じ文言に統一されるという。(6) この見解に従えば、甲斐国の状況も書札礼の混乱から確立への段階といえよう。

では、なぜ宛所が記されなくなったのだろうか。書札礼から見ると、宛所の有無は厚礼・薄礼の差である。「寛文朱印留」に記された神社の朱印状約三〇〇通（三六五通のうち、同一社をまとめた）のうち、宛所もしくは本文中に宛所が含まれるのは約一〇%で、そのいずれも伊勢神宮をはじめとする大社である。「貞享御判物御朱印改記」では、「軽キ神主・祢宜等ハ発端より何社宮領ト依有之、御文言之内より其名不書入、勿論充所も無之」とあるように、小社には宛所を記さず薄礼としたことがわかる。(7) 社領高の少ない当地域の神社に宛所が記されなくなったのは、このような理由によるのであろう。

ただし、朱印状を与えられた側にとって、宛所の欠如は単なる薄礼にとどまらない意味を持った。少なくとも、それは朱印状ひいては社領を含む神社そのものを進退するのが誰なのかを不明確にした。神社の進退は、朱印状を誰がもらったか、朱印状を誰が所持するかを争点にして、しばしば争われた。それは神主どうしの問題にとどまらず、氏子を含めた問題でもあった。そして朱印状の所持が神社の進退の大きな根拠となったのである。近世後期になると、神主は世襲的に神社を進退してきたことを背景として、神社や社領を自らの家産のように扱っていく。その一方で、氏子は祭礼供奉の怠慢や初穂不払い、修験などほかの宗教者への祈禱依頼などを通じて、神主の専断的な神社経営に対抗していく。神主は氏子の積極的な神社経営への関与を嫌い、自らの神社経営の正当性を主張するために、家康の朱印状が特別の由緒をもって神主に与えられたものであると述べるに至る。ここで家康の朱印状が示された意味は、権威の源泉であると同時に、唯一「神主」という宛所を明記していたためと考えるのは、深読みであろうか。

神社史料のうち朱印状の写はほかの文書と分けられ、特別に社殿に納められることが多い(8)。それと対照的なのが、神道裁許状である。それは、代々の神職が神祇管領長上吉田家から得た神職の免許状であり、家の文書として神職の手許で保管されていることが多い。とすれば、結局朱印状は誰のものでもなく、あくまでも神社に付属するものとして扱われたと考えてよい。

朱印状を検討することは、幕府はもちろんのこと、神社を取り巻く神主や氏子・地域社会の神社に対する意識を明らかにする格好の素材となる。神社は誰のものか、人々は神社に何を期待していたのか、という問題を考える一つの素材として、朱印状の検討が望まれている。

(1) 『甲斐国社記・寺記』一巻(山梨県立図書館、一九六七年)。
(2) 大野瑞男「領知判物・朱印状の古文書学的研究―寛文印知の政治史的意義(一)―」(『史料館研究紀要』一三、一九八一年)。
(3) 前掲注(1)。
(4) 大野前掲注(2)論文。
(5) 今沢家文書(東京大学史料編纂所影写本)。
(6) 国立史料館編『史料館叢書2 寛文朱印留 下』(国立史料館、一九八〇年)。
(7) 大野前掲注(2)論文。
(8) 甲府市史編さん委員会編『甲府市史史料目録 近世(一)』(甲府市、一九八五年)。金桜神社(甲府市御岳町)の目録では、「神前史料」と「その他の史料」に区分されている。「神前史料」とは「『御朱印箱』に納められて神前に保管されていたもの」で、「その他の史料」は「拝殿に保管されていた帳箱に納められていた」ものである。

終章

1　まとめにかえて

論点が個別的かつ散漫であったので、最後に事例を足しながら簡単にまとめておきたい。

勤番制度は戦国大名や幕藩領主といった支配者との関係において成立し、維持された。戦国大名武田家は総社への神職参集の先例を基に、国中一六〇余社の祢宜に武田氏神の府中八幡宮への勤番祈禱を命じた。江戸幕府は勤番を改変しつつもそれを継承し、さらに勤番社家が大坂諸陣に際して徳川家康に祓を献上した吉例に基づき、五月・九月に勤番社家全員が府中八幡宮に参籠し、天下安全等の祈禱神楽を執行する制度を加えた。参籠による祓は正月に江戸城において将軍に献上され、勤番社家に将軍目見という特権をもたらした。同時に勤番を理由とする社領朱印状の下付が実現した。社家にとって勤番制度は幕府（家康）と自らをつなぐものであり、自らの社会的立場の源泉であった。また勤番制度は常に領主権力によって維持・強化された。宝永期に柳沢家が領主となると府中八幡宮は支配頭となった。文政期になると、社家はそれまで勤番や府中八幡宮に深く結び付いていた家康との由緒を個々の社家の由緒と読み替えることに成功し、勤番制度から離脱した。その後、離脱した社家は府中八幡宮神主の不正を主張するために勤番に復帰した。神主が処罰され不在となった府中八幡宮の経営を任されたのは勤番社家であり、勤番制度は対等な神主仲間によって運営される組合と位置付けられていく。それを監督したのは甲府城の守衛にあたった甲府勤番支配であった。勤番社家は「権現様」の権威を第一として、領主柳沢家の意向を否定しようとし、甲府勤番支配の命令に従わないこともあったが、それでも勤番制度は維持され続けたのである。

勤番社家は府中八幡宮の優位あるいは支配に対し近世初頭から抵抗を続けていたが、府中八幡宮の存在は社家にとっては必要不可欠なものでもあった。勤番を理由とした朱印状下付の願い上げも、府中八幡宮が行った可能性が高い。特に、府中八幡宮が支配頭となると、社家は府中八幡宮へ家督相続の相談や神事の報告をしなくてはいけなくなり、公儀への直訴も禁止された。これを機に社家の宗旨人別帳は府中八幡宮を介して役所へ提出されるようになった。結果的に社家は村方人別帳から別帳化されることとなり、神職としての立場を確立することになったのである。

神職の立場ということでいえば、地方中小社において「神職」は所与のものではなかった。武田家による勤番制度によって、従来不分明であった神職身分の形成が促された。それが近世初頭の検地によって朱黒印地や除地などの社地が確定するとともに、その社地に建つ神社に奉仕する者が神職身分として認められていった。神事を行い社領・社頭を管理する者が、それらを家産として世襲していくことにより、社家になったのである。勤番社家は社家相互間の養子や婿入りを通じて親戚関係を形成し、内発的な集団を形作っていく。この集団は神社経営の拡大強化という利害の下に、百姓や他の宗教者によって経営されていた神社を兼帯という形で独占していった。一七世紀までは社家の分家や婿入りなどに際して神社(社領・社頭)が持参されるなどの移動がみられるが、その後は社家と神社の関係が固定化していく。神社はそれを進退してきた社家のものと認識され、その社家か血縁者が跡式を相続する以外は他の神主の兼帯という対応がとられていった。兼帯は社家による神社の独占といえるが、その経営の実態をみれば、神事は神主に、社頭や社領は氏子の経営に委ねるものであった。神社をめぐり社家と氏子が争うことがしばしばみられるが、それは、神社は誰のものか、という問いそのものであったといえよう。

神祇管領長上吉田家と勤番社家との関係は、慶長期から神道裁許状を得る者もいたように近世初頭から形成されていった。勤番制度の存在によって勤番社家は神職としての意識が高かったことと同時に、府中八幡宮に対抗する意識が本所へ結び付かせたと考えられる。そもそも吉田家の神職編成は官位の執奏や神道裁許状の発給、神道作法伝授などを神職個人に対して行うのであり、組織化といった横のつながりを求めるものではない。吉田家は地域の触頭などを通じて従来からの組織を取り込んだが、組織内の社家が吉田家に神道裁許状を得ようとすれば触頭の添簡を必要とするなど、従来の秩序を尊重した。吉田家は組織や秩序の改変を求めていたわけではない。しかし吉田家の編成は、確実に組織を変質させていく。府中八幡宮が吉田家からの神道裁許状を得るのは享保期と比較的遅く、それまで府中八幡宮は勤番社家の装束についても権限を有していた。朱印状を甲府城に受け取りに行く社家に対し、装束は吟味を遂げ麁末のない装束を持参するよう指示し、浅黄指貫の持参、常袴の着用不可とした上で、「たとひ御免無之紛装束たりといふとも、一日晴ニ借用候而着用可被申候、見くるしき装束ニ而不罷出様」心得るように命じている(1)。吉田家からの装束免許よりも、府中八幡宮の権限が優越しているのである。ところが天明期になると、府中八幡宮は、勤番社家の倅が「未タ上京仕ず無官者に御座候所、不法なる装束着用仕候儀、吉田家免許これ無き片色と中装束三ケ年以来着用、不埒至極」と述べ(2)、吉田家の装束免許の遵守に努めている。本所吉田家の権威に対し、地域権力である府中八幡宮の権威が低下したといえようか。勤番除社の市川御崎明神の場合でも、文化期に至れば社内での権威を保つために別当は吉田家の裁許状を得なければならなくなっていた。従来の秩序を吉田家の編成が凌駕していったのである。従来、吉田家が在地の地域大社による配下神職への補任権などを吸収していったことが指摘されているように、在地の神職組織は吉田家の下に均質な組織へと変質していくのである。また、勤番社家は吉田家と結び付くことによって神職としての明確な職分意識と同職者意識とを高め、他地域の社家との交流を盛んにして、甲斐国にとどまらないつながりを生んでいった。同時にそれは、勤番のような地域組織を相対化することにもなった。全国的な社家ネットワークは、学問や養子・婚姻関係にも影響を与えながら機能していくことになる。

ただし吉田家と社家の方向性は必ずしも一致していたとはいえない。例えば神道裁許状は個人に対して与えられるものであり、一人一代限りしか通用しない。神道裁許状の文言をみると、明和期には「任先例可専神役者」と記されていたものが、文化期には「任先例専社職格式可抽太平精祈者」と変化する。格式には「身分や家柄によって公に決められていた儀式やきまり。身分や家柄。地位や資格」といった意味がある。この変化は近世中期以降急速に高まった神職の家意識の反映とみることができるのではないだろうか。ただし家の容認は、神職一代限りの免許を基本とする吉田家の神職編成とは齟齬するものである(3)。神葬祭において免許を得た当主のほか嫡子にもそれが許されたことも同様である。近世後期になると神職の社会における地位が向上し、家の由緒が声高に語られるようになっていくが、それは吉田家にとっては自らの編成を否定しかねないものであった。

次に甲斐国国中において勤番がいかに社家を規定していたのかについて、勤番除社の意識から確認してみたい。例えば一・二・三宮のように合同で祭礼を行う除社もあったが、勤番を除かれた一〇社として集団化していたわけではない。ところが、除社は寺社奉行所への願書に、自らを「甲斐国十社之仲間」と記している(4)。窪八幡宮が寛政期に吉田家に宛てて出した書付の一条では、「甲州十社之義者社頭も古く　御朱印茂多く江戸表格式等茂重く候所、百六拾社抔与同様ニ御取扱被成下候而者迷惑至極」であるとし、府中八幡宮は新社であり、御朱印も少なく「十社与同格ニ者御座無」いので、本所においても別席にしてほしいと願い上げている(5)。ここでは「十社」という枠組みが府中八幡宮や勤番社に優越する由緒・格式として述べられている。一〇社の一つである三輪明神の神主は、弘治年間に武田家によって召し出され府中八幡宮の神主となっており、それ以後、同社は府中八幡宮神主の兼帯社となっていた。甲斐国総社であった林部宮の神主は天正期徳川家の入国に際して北条方に与したために断絶となり、以後府中八幡宮神主が同社を兼帯し、後に府中八幡宮神主の親戚である勤番社家が兼帯することになった。府中八幡宮に対抗する由緒を語っても、一〇社のうちに府中八幡宮や勤番社の社家を含みこんでいたことになる。つまり一〇社はほかの集団との差異を主張する時に利用される名目的な枠組みであった。勤番も同様である。勤番社家の内実は、様々な利害関係によって離合集散を繰り返していたが、他集団との関係においては勤番一六〇社として対峙したのである。それは勤番という同一の由緒を持つ者として、良くも悪しくも国中社家の桎梏となっていたのである。

勤番除社は集団ではないが、一〇社で国中地域全体を覆う信仰圏を持っていた。勤番社が一村あるいは郷を単位とする信仰であったのに対して、勤番除社の信仰圏はより広域に展開していた。勤番社家は、近世になり中小神社が村落単位の神社として成立すると同時に、専業神主として成長したものである。神主は「諸社祢宜神主等法度」にあるように、専ら神祇道を学び神事祭礼を勤めることが求められた。専業神主の「神職」意識の高まりは、神葬祭運動にみるように寺院からの自立へと動いていく。勤番除社のうち例えば一宮や二宮は同様の傾向にあるが、窪八幡宮や御崎明神、武田八幡宮、三輪明神などは修験や寺院と一体化していたことによってその信仰圏を維持していた。また、勤番社家は一社に一人の神主であるが、除社は複数の社人を抱えていた。その社人は社領の配当だけではなく、末社の進退や配札場といった独自の経済基盤を持っていた。経済基盤の違いは、社家と社人、御師や芸能的宗教者などの存在形態を理解することにつながる。

最後に、勤番社家の由緒をみたい。勤番社家は自らを「兼武神主」と称した。勤番社家は家康の諸陣で軍功を立てたといい、さらには武田諸陣での軍功をも述べるようになる。それが「兼武神主」である。近世の神職が「文武士」と称して神職の身分・職分を確立しようとしたことは本所吉田家の偽文書からも指摘され[6]、神職が武士であったことも各地に事例がある。ただし勤番社家の場合、徳川諸陣での活動は勤番に基づく祓いの献上であり、それによって神職としての社会的な立場を確立した。兼武神主の由緒は、家康との由緒を勤番制度と切り離すことに成功し、自らの家の由緒に家康を取り込んだ時点で語られはじめ、勤番社家を示す代名詞のようになっていった。兼武という言葉は、自立した社家のいわゆる「身上がり」意識であり、この後の社家の行動を方向付けていくことになる。

2 課題

甲斐国国中の神社組織を検討するにあたり、本来であれば論究しなくてはいけない事柄が残されている。本論の端々で触れたが、ここにまとめておきたい。

一つは、御岳蔵王権現（金桜神社、北山筋御岳村）の検討である。同社社家は武田家によって普請役などを免除され、御岳衆として組織された者たちで、北辺の警備にあたった武力集団である。『甲斐国志』によれば、社僧上ノ坊弥勒寺とその支配六坊、社人別当職内藤出雲・千日職内藤伊勢両人にて神楽男・八乙女・浜王など八戸を支配した。年番神主年寄と称する者が三〇戸、そのほか小社家七〇戸、雑戸五〇戸と、全戸数一六七、口六一三の一山組織であった(7)。近世期の社人は、御岳御師として甲斐国内のみならず信濃・上野・武蔵・駿河などの国に祈願場あるいは配札場を持っていた。国中社家に対して自立的な存在であったが、勤番社家の家に婿入りしようとしたり、二宮の鈴役を行ったりしていたことも指摘した（5章）。この集団が勤番社家や配札場の人々とどのように関わっていたのかについて検討することが、勤番制度を考える上でも重要である。

当然のことながら、郡内と河内地域についても検討しなければならない。1章でも述べたように、郡内領（都留郡）や富士川流域の河内領（八代・巨摩両郡の一部）における神職組織は国中とは異なっていた。戦国期、郡内領は小山田氏、河内領は穴山氏の支配下にあった。彼らは武田被官でありながら在地に強い支配権をおよぼしていた。『甲斐国志』に記された河内地域の神社一四四社のうちに朱黒印社がないことは、勤番制度に組み込まれていなかったためと推測できる（1章、補論表補―4参照）。ただし神主が神社を進退する割合が八五％に及ぶ点は国中に類似しており（6章表6―3）、これは河内においても地域一宮などを中心とした小規模な神職集団が複数存在したことによると思われる。東河内領宮原村には、岩間庄の惣鎮守であった一宮浅間明神と、二宮を称する山宮明神、三宮を称する八幡宮がある。一宮の山宮祭は河内御幸と称し、祭礼には取締りのために支配代官所から役人が出勤した（9章）。また、中世では同祭礼に東西河内領の諸村から人夫が出て供奉するとともに、帯金村から上方九人の神主が参会して神楽を執行したという。このほか一六世紀中頃に穴山信友が館を構えた西河内領下山村には一宮上賀茂明神・二宮下賀茂明神・三宮飯綱明神がある。一宮上賀茂明神は河内唯一の朱印社であったとの由緒を持つほか、東西河内領一七社の第一として葵祭には領内の神主が参集して神事を執行したという。一二世紀後半に加賀美光行が南部氏を称して拠点とし、一五世紀後半には穴山氏が居館を置いた西河内領南部村の諏訪明神で行われる浜下祭では、穴山氏が騎兵二〇員を出して警固し、両河内の神主が集まったという。このように河内領では在地領主との関係において地域一宮が形成され、神職参集が行われていた。近世に至っても一宮の神主らが周辺複数村落の神社を兼帯し、地域に大きな力をおよぼし続けていた。郡内領は、またこれとは全く異なる様相を示していたのであり、両地域の特性と国中との比較検討が必要になってくる。

仏教や修験道をはじめとする他集団との関係も考察しなければならない。永禄三年（一五六〇）に勤番条目が修験条目と同時に発給されていたことから（1章）、勤番を考える上で修験の動向を考える必要がある。御岳蔵王権現のある金峰山は山岳霊場の一つで、富士山と結ぶ道は道者街道と称されていた。修験の活動は郡内領との関係も含めた問題であると同時に、村内の組や個人が奉仕する小社・祠の管理権の問題でもある（6章）。村の小社は『甲斐国志』に記されるような氏神の数倍におよんだのであり、それらは実質的に修験などが進退する場合が多かった。神社を考える上で小社の問題は欠くことのできない要素である。

近世の神社を考える上では、国学思想の展開や神葬祭運動についても取り上げないわけにはいかないが、本書では神葬祭を除き全く論究できなかった。菅田天神社文書からは、それを読み取ることができなかったからである。ただし甲斐国には山県大弐の師である中郡筋下小河原村山王権現神主加賀美光章（一七一一—八二）や『甲斐国志』編纂に携わった中郡筋上小河原村熊野権現神主村松弾正、あるいは二宮美和明神神主で幕府の御連歌衆ともなった坂名井聡翁（一七三三―一八一四）をはじめとする国学者が活動していた。坂名井聡翁は華鳥社という私塾を開き、自らも諸国を遊歴して三六ヶ国に門人を持った(8)。このような学問ネットワーク(9)は多様な身分の者との交流や対等な関係を構築し、勤番を相対化する役割を果たした。他方、学問ネットワークは、婚姻・養子縁組などのネットワークでもあり、社家は医者や武田浪人、代官手代や村役人などの在地有力者層とともに一つの階層を形成した。同一階層の者の思想や行動を統一的に把握しなくてはならない。

3　近代への展望

草莽運動

最後に、今後の課題の一つでもある明治以後の菅田天神社神主および国中社家の動向を確認しておきたい。

甲斐国においては、戊辰戦争にあたって多くの草莽隊が結成された。護国隊、断金隊、赤心隊、隆武隊、蒼龍隊などである。そのきっかけとなるのが、高松隊であった(10)。慶応四年（一八六八）、官軍鎮撫隊として公家高松実村を奉じた高松隊は、東山道沿いの諸藩を帰順させながら二月一〇日甲府に入った。その御先用御殿隊長小沢雅楽之助（一仙）は諸藩の武士のみならず、信濃国では平田門国学者、甲斐国では兼武神主や浪人、長百姓らを糾合していった。小沢は安政の大獄後一時甲斐国に居住し、上黒駒村（八代郡大石和筋）神座山権現（檜峯神社）神主武藤外記の影響を受けて尊皇運動に傾倒していった人物である。小沢が甲斐国で布告した一〇ヶ条の条目は、「一、甲斐国中武田信玄旧政復古一国別制免許之事」からはじまり、「一、兼武神主之儀は此度勤王相励み候ものは、是迄之朱印高に応し一倍増高被下置、隔年上京　朝勤を許し、当人出精次第尚又可為恩賞事」として兼武神主への朱印高倍増を約束した。このほか、大小切金の金納免許、甲金の吹替通用免許、長百姓の諸役免許、武田浪人への石高付与・北面の武士同様の取り立て、年貢半納などを約束している(11)。武田時代への復古を基本とし、これまでの特権を拡張するものであった。これに応じた神職は御岳山蔵王権現の社人二五名（神軍隊）と逸見・武川・北山筋の社家を中心とする八〇余名である（巻末表2参照）。甲府に入った高松隊は、東山・東海道総督府によって「偽官軍」とされたことによって解隊し、三月に小沢一仙は処刑された。

三月に入り、東海道副総督からの沙汰書によって武田浪士と神職への帰順が示されると、高松隊に加わった武田浪人や神主の一部がそれに呼応して断金隊を結成した。甲府御崎明神神主水上中務は土州・因州両軍を率いて甲府に入城した板垣退助と江戸神田の千葉道場で旧交があったことから、門人の武川筋下円井村諏訪明神神主歌田靭雄を紹介し断金隊士とした。断金隊は土佐藩兵に附属して江戸や北関東・会津戦争に参加したが、明治二年（一八六九）に解役された。初期の断金隊は歌田靭雄ら神主六名、武田浪人三名を含む一三名である（巻末表2参照）。

同月、中郡筋一〇社の神主たちも赤心隊を結成した（巻末表2参照）。赤心隊に参加した神主は高松隊に関与した形跡がなく（二次隊士西郡筋吉田村諏訪明神神主竹野伊豆を除く）、その意味では勤王運動に遅れをとった神主たちが、「真」の勤皇隊を結成しようとしたといえるかもしれない。隊士は錦の袖印と「神随祭政」「中郡」と印文された袖印を与えられ、因州・土州藩兵に従い、断金隊よりも一足先に江戸入りを果たしている。ただし同年閏四月には解役となった。

同じく三月には蒼龍隊が結成された。垂加神道を奉じ勤王運動を展開していた筑紫速雄と都留郡上吉田村の富士山御師（富士浅間祝）たち二八名が東征軍大総督有栖川宮熾仁親王に従い江戸に入った。江戸で林家学頭大河内潜ら他地域の同志一二名と合流し、城門警衛などにあたった。明治元年（一八六八）一一月に帰郷している。

五月に入ると、甲府城警衛と治安警察にあたる諸隊が編成されていく。新政府に帰順した勤番士らによって編成された護衛隊・護衛砲隊とともに、武田浪人が護国隊を結成する。八月には都留郡川口村の富士山御師（富士浅間神社神職）四五名と中郡筋東南湖村八幡宮神主村松河内次男金之丞が、隆武隊を結成した。隆武隊は護衛隊・護国隊とともに甲府諸門や牢屋、市中の警衛などにあたったが、明治三年（一八七〇）四月に護国隊とともに解隊した。

草莽隊への参加は、勤番社家にとって「兼武神主」の実現であった。水上や歌田が剣術の稽古を行い、武術にたけていたように、まさに「武」としての体裁を整えていた者もいた。ただし草莽隊への参加は、「兼武神主」という由緒の源泉である「権現様」の由緒を自ら否定することでもあった。しかしそれは社家にとって矛盾したことではなかった。これまでの研究にもあるように、勤番社家の草莽隊への参加は、新しい体制を望んだわけではなく、旧来の特権を維持あるいは拡大するためのものであったからである。(12) そこに大きな求心力があった。その上で、次のことも考えておかなくてはならないだろう。高松隊に勤番社家全員が関わったわけではなく、府中八幡宮神主や菅田天神社神主のような集団の中心的な社家と、逸見・武川地域の社家が積極的に参加したことである。前者は時代の動きに敏感な者たちであろう。後者は高松隊の移動経路にあって直接隊と接触する機会があったことが一因と思われるが、勤番体制の中では活躍の場が少なかった者たちでもあった。(13) 共通の由緒を持つ均質化された集団のように思えても、勤番社家を一律に捉えることはできない。高松隊に最も積極的であった御岳御師や、蒼龍隊・隆武隊を結成した川口・上吉田の富士山御師もまた、近世社会の中で身分的には社家よりも不安定な者たちであった。だからこそ、草莽運動に心を動かされたのではないか。

また、勤番社家は高松隊にはすぐに呼応したものの、断金隊や赤心隊へ連動する者は少なかった。高松隊が「偽」であったことにより、それに参加した神主が地域から誹謗中傷を受け、草莽運動への意欲を失ったことと、何より彼らが本来「武」ではなかったからであろう。自らの奉仕する神社から離れて城の警衛にあたったり、各地を転戦したりすることは、決して彼らの望む姿ではなかったはずである。

士族編入願

明治になると、新政府の打ち出した神道重視政策によって、神職はこれまでにない高揚感を味わったものと思われる。その一方で、彼らには厳しい現実が待ち受けていた。明治四年（一八七一）、上知が行われ、同時に神職の世襲制が廃止されたからである。翌年の菅田天神社神主土屋孝定の肩書きは、「旧神官」となっている。孝定は明治一二年（一八七九）までには東山梨郡中牧村黒戸奈神社・諏訪村郷社諏訪神社をはじめとする隣村数社の祠官兼権訓導になっていることが確認でき、明治三四年（一九〇一）には再び郷社菅田天神社・赤尾大石神社社掌に戻ることになった。土屋孝定に限らず、明治五年（一八七二）以降、甲斐国の旧神官たちはそれまで奉仕してきた神社を離れ、近隣諸社の間を一斉に入れ替わって奉仕することになった。例えば、大工村天神社神主有賀安処は、明治七年（一八七四）に八幡北村郷社八幡大神祠官、同九年には中牧村黒戸奈神社祠官、同一〇年から一七年まで松里村松尾神社・玉宮村玉諸神社祠官となり、明治三〇年に本来の奉仕社である天神社社掌に補任された(14)。社家が神社を家産と認識し進退してきたことからすれば、これは大いなる挫折であり、近世を通じて培ってきた土台を崩壊させるに等しいものであった。

神職の世襲が廃止される中で、「士族」編入願が出されていく(15)（巻末表2参照）。甲斐国における士族願い上げの全容は不明だが、明治一九年（一八八六）に都留郡と国中の一部の神職らが士族編入を願い上げた際の書類が山梨県庶務課の行政文書として残されている(16)。明治一九年以前に士族になっている者が複数いることから、この願い上げはほかに遅れての出願ということになる。また、隆武隊および赤心隊に参加していた者たちが複数含まれており、彼らは草莽運動への参加を理由とした出願であったと思われる。ちなみに、明治一八年（一八八五）に静岡県が遠州報国隊員に対する士族編入願を上申した際、内務省は「明治維新ノ際勤皇ノ挙ニ従事シタルモノニ候得共、未タ此等ノ輩ニシテ士族編入シタルモノ無之、又総テ此等ノモノヲ士族編入致候テハ続々出願者アリテ殆ント際限ナキ儀ト存候」として「詮議相不成方可然」との意見を出している。[17] 草莽運動への参加を理由としても、士族願い上げは叶わなかったのである。山梨県の場合、明治一九年（一八八六）に士族編入願を出した者のうち士族になったことが確認できるのは八名である。断金隊の歌田稔は明治四〇年（一九〇七）には士族となっているようだが、明治一九年段階では証拠書類再調査となっている（巻末表2）。草莽隊の活動が士族に結び付くことはなかったとみてよい。

では何が士族編入に必要だったかといえば、「累代ノ内位階昇進ノ例有之者ニ於テハ士籍エ編入可相成御成規ノ趣」であった。つまり、叙位任官（位記・口宣案）書類の提出が求められたのである。また「叙位任官ノ事ハ相違無之相見へ候得共、執奏家添書幷裁許状等ナクシテ事実其祖先ナリシヤ、又何社ノ神官ナリシヤ判明ナラス（中略）各其先祖ヲ証シテ又何社奉仕ノ実ヲ明ニスル書類」の提出も求められた。[18] 叙位任官された者が先祖であるかどうか、つまり世襲であるかも確認されたのであり、そのために裁許状などが提出されたのである。明治政府は神職の世襲を否定したが、士族という族籍においては当然のことながら世襲であることを求めた。加えて、神職を国家の役人とするために神祇管領長上吉田家をはじめとする執奏家を否定したが、その添書や裁許状を証拠書類として重視せざるを得なかったのである。

この措置は山梨県だけのものではない。明治政府の旧神官に対する士族編入願の方針を確認したい。明治一二年（一八七九）に堺県旧神官の士族編入願に際して記された内務省伺により、明治四年から一〇年の動向を整理すると次のようになる。[19] 明治四年五月一四日に官社以下定額及神官の職員規則を定め、これまでの叙爵を廃して旧神官の編籍を決めた。それは官社以下府藩県社郷社の神官はその地方貫属支配たるべく、本籍は士卒民のうち適宜に編籍することとした。同九月には大蔵省から各府県への達しとして、士卒へ編籍させるものは由緒などを詳細に取り調べの上取り計らうべき事とした。この達しは原議がなかったために審理し難く、ますます地方の適宜を持って取り計らうこととなり、処分が区々になった。その後、大蔵省の指図により編籍を取り計らうことにし、その際、履歴由緒を取り調べ、歴代中位官があれば士族編入、無位無官であれば平民に編入する内規を定めた。内規を定めて以後、位官の有無で士民の区別をしたが、旧藩中で士族の扱いが異なり旧幕府の目見のある者には士族を許可する向きもあり、例規が定まらない状態にあった。そこで明治一〇年（一八七七）五月以後、叙位任官の有無をもって一定の規範にしたいと太政官へ上申したところ、三月に裁令があり、特別の由緒ある者は評議の上士族へ編籍してもよいが、そのほかは叙位任官の有無にかかわらず全て平民籍に編入することとなった。またこの伺いの一つとして、僧官位の者へも士籍を波及すべきとのこともあったが、法制局議按においては、「僧侶は総て世襲ノモノニアラス」として否定されている。

明治一五年（一八八二）五月の内務省伺では、禄制廃止・刑法改正により士族の特権実益は全く消滅し、虚称であるにもかかわらず士族編入願いが多いことから、虚称を与えても政府に損害することはなく、人民が満足するのであれば士族編入処分の範囲を寛くするよう願う中で、「旧神官ハ明治四年五月十五日ノ公示ニ依リ一旦処分ニナリシ処、其民籍ニ編セシ者猶其不当ヲ論シ逐次出願スルモノ不少、然ルニ其初叙位任官ノ有無ヲ以テ許否ヲ決シ、中間又由緒ノ軽重ニ就テ取捨ヲ定メ、其後又位官有無ノ例ニ復シタルヲ以テ請願者ニハ両様共引例ノ口実ヲ与ヘ、遂ニ其甘服ヲ得難キニ至リ」と述べている[20]。この伺い自体は却下されるが、旧神官の士族編入についての方針が明治一〇年（一八七七）以後、再び位官の有無によるなど、二転三転していたことがわかる。先の史料にあったように、神官の士族編入に関する基本方針がなく、府藩県に判断が任されていたことにより混乱が増幅されたのである。太政官は由緒ある者を士族とする方針を掲げたが、内務省は一貫して叙位任官による士族編入を望んでいた。それは無用な混乱を避けるとともに、前代の幕藩権力を引きずった由緒を否定し、朝廷官位を重視する姿勢を示したかったからであろう。明治一九年（一八八六）の山梨県に対する対応も、その延長上にあった。

菅田天神社「旧神官」土屋孝定は、明治一九年（一八八六）以前には士族となっていた。同じく勤番社家のうち数名は、士族であったことが確認できる。彼らの士族編入の理由も叙位任官にあったと思われるが、実際のところはわからない。士族願い上げに関する史料は、菅田天神社文書には一つも残されていないからである。いずれにしても、勤番社家が創り上げた「兼武」という由緒は亡霊のようにあり続け、「士族」という形で結実したといえる。それが叙位任官に基づくものであったとしても、江戸時代の彼らの活動の所産ということはできるであろう。そしてそれは兼武神主の由緒が勤番社家全員に共有されたのとは異なり、彼らが望んだ勤番の消滅により、個々の社家の判断に委ねられ、獲得されることになったのである。

(1) 菅田天神社文書(山梨県甲州市塩山、菅田天神社所蔵)一―一九一―七。
(2) 甲州文庫史料(山梨県立図書館所蔵)、甲〇九一・七―三〇。『山梨県史　資料編13　近世6下全県』(山梨県、二〇〇四年)六五三号。
(3) 西田かほる「神道裁許状をめぐって」(『神奈川大学評論』二六号、一九九七年)。
(4) 市川行房家文書(山梨県西八代郡市川三郷町、山梨県史収集写真資料)。
(5) 窪八幡神社文書(山梨県山梨市、大井俣窪八幡神社所蔵)。
(6) 松本久史「近世偽文書と神職の意識と行動」(『日本文化と神道』二、國學院大學、二〇〇六年)。
(7) 『甲斐国志』三巻(『大日本地誌大系』四六、雄山閣出版、一九七一年)。
(8) 坂名井史郎家文書(山梨県笛吹市御坂町、山梨県史収集写真資料)。
(9) 神職の「学文的ネットワーク」については、小野将「幕末期の在地神職集団と「草莽隊」運動」(久留島浩・吉田伸之編『近世社会集団』山川出版社、一九九五年)の研究がある。甲斐国の場合も、どのようなネットワークがあったのかを詳細に考察する必要がある。
(10) 甲斐国の草莽隊運動は、下記の論文に詳しい。高松隊をはじめ諸隊の記述は、下記論文を参照した。飯田文弥「戊辰戦争と蒼竜隊・隆武隊」(山梨県神社庁編『明治維新と甲斐の勤皇』山梨県神社庁、一九七一年)。佐藤八郎「戊辰戦争前後における国中草莽の活動」(同上)。高木俊輔『明治維新草莽運動史』(勁草書房、一九七四年)。神職の草莽隊は各地で結成されており、例えば遠州報国隊については小野前掲注(9)論文がある。

（11）「甲斐国見聞日記」（萩原頼平編『甲斐志料集成』七、甲斐志料刊行会、一九三三年）。

（12）前掲注（10）諸論文において、神職の草莽隊が身分集団の利害によって動いていたことが述べられている。

（13）高木前掲注（10）書は、巨摩郡穴山村生山家文書を分析し、「甲州における神主層は幕末期には村方地主化していたこと、彼らの経営は決して安定的ではなく（中略）いわば後進地的な構造にあった村落の神主層が、高松隊に呼応して出たのだとみておきたい」としている。社家の経営に対する理解には疑問もあるが、社家の経済格差は検討の必要がある。

（14）西田かほる「第四次大工村天神社旧蔵文書調査報告」（甲州史料調査会会報『桃太郎』四三号、二〇一六年）。

（15）神職の士族編入願いについては、阪本是丸『国家神道形成過程の研究』（岩波書店、一九九四年、一〇二頁）が神官の改補・新任の際の神官属籍について指摘している。林淳『近世陰陽道の研究』（吉川弘文館、二〇〇五年、三六七～八頁）は陰陽師の戸籍編入について触れ、陰陽師については、土御門家の許状、旧領主の寺社役所支配による百姓人別外、苗字帯刀という旧来の特権が問題となっていることを指摘している。

（16）「士籍編入願書類　庶務課」行12M19―2（山梨県立図書館所蔵）。

（17）「静岡県旧報国隊士族編入ノ件」公03917100（国立公文書館デジタルアーカイブ）。

（18）前掲注（16）。

（19）「旧神官歴代中位官アル者願ニ依リ士族編入ヲ許ス」太00606100（国立公文書館デジタルアーカイブ）。

（20）「内務省士族編入処分ノ範囲ヲ寛ニセンコトヲ請フ充サス事情止ミ難キモノハ時々具申セシム」類00004100（国立公文書館デジタルアーカイブ）。

あとがき

一九八六年三月、黒川金山遺跡研究会により山梨県塩山市（現甲州市）で古文書の調査が行われた。同研究会は戦国大名武田家の隠し金山といわれた黒川金山を考古学・民俗学・歴史学から総合的に調査する会であり、私の所属していた学習院大学輔仁会史学部も研究会に参加することになった。研究会のリーダーである今村啓爾先生と古文書班リーダーの桜井英治氏、史学部ＯＢの荒川正明氏に率いられ、部員数名とともに参加した。黒川金山衆の末裔の家で古文書を拝見した後、黒川金山に祀られている鶏冠神社を兼務していた菅田天神社を尋ね、近隣のお宅で保管されていた同社の文書を発見した。古文書を見ることも触れることもはじめてだった私にとって、それは興奮そのものだった。茶箱の中から、「黒川」とか「金山」とか書いてある文書を見つけ、喜んで東京に戻ってきたところ、現状を尊重した新しい史料調査の方法があることを大学史料館の須田肇助手から教えていただいた。

その年は学習院大学日本近世史ゼミの高埜利彦先生がサバティカルでフランスに行かれていたため、吉田伸之先生がゼミを指導してくださっていた。ゼミの夏合宿は千葉での史料調査と決まったものの、夏休みは黒川金山遺跡の考古学調査に参加する予定であったことから、合宿の下見に加わらせてもらうことにした。それが房総史料調査会との出会いであり、以後、同会で史料調査の方法を学ばせていただくことになった。

菅田天神社の文書は、翌年の夏から黒川金山遺跡研究会によって本格的に調査が行われることになった。神社の神楽殿をお借りして、机代わりに段ボール箱をひっくり返して古文書を整理した。宿泊は青年の家という空き家に貸布団、半自炊、近くの温泉宿でお湯をもらって六日間を過ごした。その後は青年の家に古文書を借り出し、（文書とも）寝食をともにして調査を行った。調査には古文書班のみならず、房総史料調査会、東京大学国史学研究室の学生・院生をはじめとする多くの方々が参加していた。特に、冨善一敏氏には調査の方法を一から教えていただいた。翌年調査は終了したが、目録を作って終わりになるのも残念で、マイクロフィルムを借用して少しずつ文書を読み始めた。それが本書のもととなる修士論文になった。調査に参加された方々のお力の上に本書が成り立っていることに、まず感謝申し上げたい。

古文書はろくに読めなかったが、調査が楽しくて、ふとしたきっかけで有志による古文書調査を始めたのが、本書にしばしば引用した文珠川家文書である。温泉民宿も営んでいた宮司家に宿泊し、毎朝つきたてのお餅を頬張った。これら旧塩山市での史料調査を母体として一九九一年に結成された「甲州史料調査会」は、私にとって山梨における研究の原動力であった。特に初期の事務局のなかでも酒入陽子氏、渋谷葉子氏、関口かをり氏、谷本晃久氏、そして山本英二氏とは、多くの時間を共有し、また泣き笑いの仲間として今でもずっとお世話になっている。この頃、山梨県史や塩山市史の編纂事業に加えていただき、山梨県内各地に出向いて史料調査を行う機会を得たことも有り難いことであった。

大学院在籍中、常に手探りの報告を我慢強く聞き、夜遅くまでアドバイスしてくださった藤實久美子氏をはじめとする学習院大学の先輩、同輩、後輩、他大学の皆様にも感謝したい。また、澤博勝氏に誘われて井上智勝氏・青柳周一氏とはじめた「近世の宗教と社会研究会」は、怠け者の私にとって多くのことを学ぶ貴重な場所となっている。毎回鞄がずっしり重くなるほどの抜き刷りを頂戴し、最新の研究成果に触れさせていただいているが、研究史整理で生かせなかったことを反省している。このほかにも、西宮神社研究会の志村洋氏をはじめ、調査や研究会で出会った方々との交流によって、今日があるものと思っている。

本当にここまでずっと素晴らしい人との出会いに恵まれてきた。本来真っ先にお名前をあげさせていただかなくてはならなかったのであるが、高埜利彦先生には学部時代から今日までずっとご指導いただき、どのような時もあたたかく見守っていただいた。後先のことも考えずに行動することがしばしばであったが、最後は先生がいてくださるという安心感に支えられていたのだと感じている。心よりお礼申し上げます。

なお、本書の出版にあたっては平成三〇年度静岡文化芸術大学出版助成の交付を受けた。山川出版社にも格段のお世話になった。あわせてお礼申し上げる。

最後に、史料を調査させていただいた菅田天神社今沢俊次宮司、文珠川かね子氏をはじめ、史料所蔵者の方々に深く感謝申し上げます。

二〇一九年一月

西田　かほる

西田　かほる
1964年　群馬県に生まれる
1988年　学習院大学文学部卒業
1994年　学習院大学大学院人文科学研究科単位取得退学
1994年　学習院大学史料館助手
現在　静岡文化芸術大学文化政策学部教授
主な論文　「川口村における富士山御師の成立とその活動」（甲州史料調査会編『富士山御師の歴史的研究』山川出版社，2009年）
「地域社会と宗教者」（高埜利彦・安田次郎編『新体系日本史15　宗教社会史』山川出版社，2012年）
「近世前期の西宮神社―他社との比較を通じて―」（『ヒストリア』236，2013年）
「女性宗教者の存在形態―神社神子から―」（島薗進・高埜利彦・林淳・若尾政希編『シリーズ日本人と宗教6　他者と境界』春秋社，2015年）
「近世中期における甲斐国陰陽師の動向」（『静岡文化芸術大学紀要』16，2016年）

近世《きんせい》甲斐国《かいのくに》社家《しゃけ》組織《そしき》の研究《けんきゅう》

2019年２月15日　第１版第１刷印刷　　2019年２月25日　第１版第１刷発行

著　者　西田《にしだ》かほる
発行者　野澤伸平
発行所　株式会社 山川出版社
〒101-0047 東京都千代田区内神田1-13-13
電話　03(3293)8131(営業)　03(3293)8135(編集)
https://www.yamakawa.co.jp/　　振替　00120-9-43993
印刷所　株式会社 太平印刷社
製本所　株式会社 ブロケード
装　幀　菊地信義

 ISBN978-4-634-52041-7

・造本には十分注意しておりますが，万一，落丁・乱丁本などがございましたら，
小社営業部宛にお送りください。送料小社負担にてお取り替えいたします。
・定価はカバーに表示してあります。

索　　引

補足事項は〔　〕で示した。

● す

● せ

● そ

● た

付　　表

巻末表1　番帳記載順番表(慶長番帳の順番を基準とする)

筋	村名	神社名	永禄番帳	慶長番帳	延享番帳	寛延番帳	永禄名	慶長名	延享	寛延
								永禄表記違	慶長表記違	延享表記違
万力	鎮目	日光権現	01右	01右	02右	02右	山梨			
万力	鎮目	四阿山権現	01左	01左	02左	02左	四阿		四阿屋	
万力	川田	二ノ宮明神	02右	02右	01左	01左	川田			
万力	賀茂	賀茂春日明神	02左	02左	03右	03右	賀茂	加茂	賀茂	加茂
万力	上万力	大宮権現	04右	03右	04右	04右	万力			
万力	上万力	唐戸明神	04左	03左	04左	04左	唐渡之宮	唐土		
万力	岩手	大石明神	10左	04右	03左	03左	岩手			
万力	倉科	唐戸明神	11左	04左	05右	05右	大さわ	倉科		
万力	千野々宮	中牧	12右	05右	06右	06右	中まき	中牧		
万力	室伏	山王権現	12左	05左	06左	06左	室ふし	室伏		
栗原	竹森	玉宮明神	13左	06右	07右	07右	高もり	竹森		
栗原	下粟生野	山王権現	14左	06左	07左	07左	青ぬま	青野	粟生野	
栗原	上萩原	岩間明神	14右	07右	08右	08右	湯山	萩原		
栗原	下小田原	山王権現	13右	07左	08左	08左	を田原	小田原		
栗原	上於曽	菅田天神社	15右	08右	10右	10右	小曽		於曽	
栗原	赤尾	大石明神	16右	08左	09左	09左	あかを	赤尾		
栗原	上井尻西方	諏訪明神	07右	09右	11右	11右	上井尻			
栗原	下井尻	白幡明神	06右	09左	11左	11左	白幡	下井尻		
栗原	千野	飛明神	15左	10右	10左	10左	ち野	千野		
栗原	藤木	牛頭天王	10右	10左	12右	12右	天王			
栗原	小屋敷	六所明神	09左	11右	09右	09右	六所			
栗原	七日市場	三ツ木明神	09右	11左	05左	05左	三木		三ツ木	
栗原	西後屋敷	諏訪明神	08右	12右	13右	13右	木戸	城戸		
栗原	小原西方	水ノ宮明神	08左	12左	12左	12左	水之宮		水宮	
栗原	上下石森	熊野権現	05右	13右	15右	15右	石森			
栗原	一町田中	白山権現	05左	13左	14右	14右	田中			
栗原	下栗原	大宮五所権現	07左	14右	14左	14左	栗原			
栗原	西後屋敷鴨居寺	福宮明神	06左	14左	13左	13左	福之宮	稲之宮	福宮	稲之宮
栗原	勝沼	雀宮明神	—	15右	16右	16右	—	勝沼		
栗原	牛奥	通明神	16左	15左	15左	15左	牛おく	菱山		
大石和	南野呂	大宮橋立明神	17左	16右	17左	17左	野呂			
大石和	上岩崎	氷川明神	17右	16左	16左	16左	岩さき	岩崎		

大石和	成田	熊野権現	—	17右	18左	18左	—	成田		
大石和	上矢作	唐戸明神	—	17左	17右	17右	—	矢作		
大石和	上平井	熊野権現	18右	18右	19右	19右	平井	上平井		
大石和	下平井	山王権現	18左	18左	19左	19左	(平井)両人	下平井		
大石和	国分	石橋明神	19右	19右	18右	18右	こくほ	小窪	国分	
中郡	西高橋	神明宮	26左	19左	28右	26左	たかはし	高橋		
小石和	北八代	熊野権現	20右	20右	21左	21左	八代			
小石和	竹居	熊野権現	19左	20左	20左	20左	竹井	竹居		
小石和	永井	天満天神	20左	21右	22左	22左	なか井	長井	永井	長井
小石和	米倉	鉾立明神	24右	21左	21右	21右	米蔵		米倉	
小石和	小山	若宮権現	—	22右	22右	22右	—	小山		
小石和	下ノ原	諏訪明神	—	22左	20右	20右	—	下之原		
小石和	石橋	八幡宮	21右	23右	23右	23右	石はし	石橋		
小石和	小黒坂	熊野権現	21左	23左	23左	23左	こくろ坂	小黒坂		
中郡	藤垈	赤立明神	23左	24右	37左	37左	あか立			
小石和	前間田	諏訪明神	22左	24左	—	24左	もち久			馬隠
小石和	増利	馬蔵明神	24左	25右	26左	26右	まさり	増利		
小石和	小石和	諏訪明神	25左	25左	25右	—	小石和	馬隠		
小石和	河内	佐久明神	25右	26右	25左	25左	河内			
小石和	広瀬	八王子権現	26右	26左	26右	25右	ひろせ	広瀬		
中郡	上阿原	神明宮	27左	27右	27右	27右	かミ新居	上新居	上河原	
府内	蔵田村	白山権現	81左	27左	78右	78右	くら田	蔵田		
府内	畔	住吉明神	33右	28右	30中	30右	住吉			
中郡	上	持丸権現	31左	28左	28左	28右	持丸			
中郡	小瀬	諏訪明神	34右	29右	29右	29右	こせ村	小瀬		
中郡	上	諏訪明神	33左	29左	30右	28左	上むら	上村		
中郡	下鍛冶屋	鈴ノ宮	34左	30右	29左	29左	(こせ村)両人	下鍛冶屋		
中郡	上小河原	熊野権現	—	30左	30左	30左	—	上小河原		
中郡	上条新居	八幡宮	36右	31右	31右	31右	上条	古上条	上条	
中郡	西条	若宮八幡宮	36左	31左	31左	31左	西条			
中郡	乙黒	若宮八幡宮	39左	32右	33右	33右	をとくろ	乙黒		
西郡	上今諏訪	諏訪明神	—	32左	50右	50右	—	今諏訪	上今諏訪	
中郡	西下条・東下条	八幡宮	35右	33右	34右	34右	下条			
中郡	宮原	八幡宮	35左	33左	32左	32左	宮原			

中郡	大津	広瀬明神	32右	34右	34左	34左	大津			
中郡	二日市場	熊野権現	32左	34左	32右	32右	二日市は	二日市場		
中郡	成嶋	八幡宮	39右	35右	35右	35右	なる嶋	成嶋		
中郡	下曽根	福年明神	41右	35左	36右	36右	下そね	下曽根		
中郡	上曽根	山王権現	40右	36右	35左	35左	上そね	上曽根		
中郡	寺尾	諏訪明神	40左	36左	36左	36左	寺尾			
中郡	藤垈	諏訪明神	23右	37右	37右	37右	ふちの田	藤垈		
中郡	上向山	大宮明神	41左	37左	39右	39右	向山			
中郡	右左口村七覚	五社権現	42右	38右	38右	38左	七かく	七覚		
中郡	関原	若宮八幡宮	42左	38左	38左	38右	せき原	関原		
小石和	白井河原	八乙女権現	28左	39右	24左	79左	白井かわら	白井川原	白井河原	
小石和	三ツ椚	熊野権現	22右	39左	24右	24右	熊野	三樫	三椚	
中郡	上大鳥居	八幡宮	43右	40右	40左	40左	藤いけ	藤池		
中郡	浅利	諏訪明神	44左	40左	40右	40右	あさり	浅利		
中郡	布施	八幡宮	37右	41右	41右	41右	ふせ	布施		
中郡	上三ノ条	御崎	37左	41左	41左	41左	(ふせ)両人			
中郡	飯喰	熊野権現	—	42右	33左	33左	—	大宮		
中郡	西花輪	八幡宮	38右	42左	42右	42右	はなわ	花輪		
中郡	今福	大輿明神	38左	43右	42左	42左	今福			
西郡	西南胡	八幡宮	48右	43左	44右	44右	なんこ	奈胡	南湖	
西郡	市川大門	二ノ宮	45左	44右	43左	43左	二の宮	二之宮		
西郡	高田	一ノ宮	45右	44左	43右	43右	市川一の宮	一之宮		
西郡	最勝寺	神明宮	46左	45右	44左	44左	まかと	馬門		馬阿
西郡	藤田	八幡宮	—	45左	47左	47左	—	藤田		
西郡	古市場	若宮明神	47右	46右	45右	45右	若宮			
西郡	落合	八王子権現	46右	46左	45左	45左	むなもち	宗持		
西郡	江原	浅間明神	50左	47右	47右	47右	江原			
西郡	吉田	諏訪明神	50右	47左	48左	48左	十五所			
西郡	平岡	諏訪明神	53左	48右	46右	46右	平をか	平岡		
西郡	高尾	御崎明神	54左	48左	51左	51左	高尾			鷹尾
西郡	大師	伊築島	47左	49右	46左	46左	いつくしま		厳嶋	
中郡	大塚	熊野権現	44右	49左	39左	39左	大塚			
西郡	寺部	八幡宮	49右	50右	48右	48右	寺辺	寺部		
西郡	鏡中条	八幡宮	51右	50左	49右	49右	神宮寺			

西郡	上今諏訪	諏訪明神	—	51右	50左	50左	—	今諏訪	下今諏訪	
西郡	曲輪田	諏訪明神	55右	51左	51右	51右	くる輪田	黒輪田	曲輪田	
西郡	百々	諏訪明神	55左	52右	52右	52右	はうち	宮内		宮田
西郡	上八田	諏訪明神	54右	52左	49左	49左	上八田			
武川	上条東割	南宮明神	56右	53右	53右	53右	あまり	南宮		
武川	下条中割	神明宮	56左	53左	52左	52左	下条			
武川	上条北割	八幡宮	57右	54右	53左	53左	あまり	甘利	山八幡	
武川	下条南割	石宮明神	57左	54左	—	—	上条	八幡		
武川	下円井	諏訪明神	58右	55右	54左	54左	下つふらひ	円井		
武川	青木	諏訪明神	58左	55左	54右	54右	あふき	青木		
武川	宮ノ脇	諏訪明神	59左	56右	55右	55右	宮のわき	宮脇	宮脇	宮之脇
武川	柳沢	鳳凰権現	60左	56左	56右	56右	小山			
武川	白須	若宮八幡宮	60右	57右	56左	56左	白須		白渕	白須
武川	台ヶ原	荒尾明神	—	57左	55左	55左	—	台ヶ原		
逸見	小淵沢	北野天神	63左	58右	57右	57右	小淵沢			
逸見	谷戸	諏訪明神	61右	58左	57左	57左	矢と	矢戸		
逸見	長坂上条	諏訪明神	61左	59右	60右	60右	なか坂	長坂		
逸見	大八田	諏訪明神	62右	59左	59右	59右	大八田			
逸見	上黒沢	八幡宮	63右	60右	61右	61右	黒坂	黒沢		
逸見	五町田	諏訪明神	64右	60左	59左	59左	五町田	五丁田		
逸見	村山西割	八幡宮	64左	61右	60左	60左	あつな	熱那		
逸見	蔵原	諏訪明神	66右	61左	62右	62右	蔵原			
逸見	箕輪	諏訪明神	—	62右	62左	62左	—	箕輪		
逸見	若神子大石	諏訪明神	66左	62左	58左	58左	井出	西井手		
逸見	若神子	諏訪明神	67左	63右	65右	65右	大石			
逸見	小倉	八幡宮	70右	63左	65左	65左	小蔵	小倉		
逸見	白井沢	諏訪明神	62左	64右	58右	58右	しろい沢	白井沢		
逸見	小池	諏訪明神	—	64左	61左	61左	—	小池		
逸見	江草	十五所明神	68左	65右	63左	63左	江草			
逸見	比志	蔵王権現	69左	65左	63右	63右	こし	比志		
逸見	上神取	白山権現	70左	66右	64左	64左	神取			
逸見	大蔵	三島明神	68右	66左	66右	66右	大くら	大蔵		
逸見	穴山	諏訪明神	71右	67右	66左	66左	穴山			
逸見	穴山	黒駒明神	71左	67左	67左	67左	黒駒	同所	黒駒	穴山
逸見	中条	諏訪明神	72右	68右	67右	67右	中条			

逸見	駒井	諏訪明神	74左	68左	68右	68右	駒井			
逸見	南下条	八幡宮	73左	69右	69右	69右	下条			
逸見	河原部	若宮八幡宮	73右	69左	68左	68左	河原辺		河原部	
逸見	岩下	勝手明神	74右	70右	70右	70右	岩下			
逸見	三ノ蔵	諏訪明神	72左	70左	69左	69左	三蔵		三ノ蔵	
北山	志田	諏訪明神	75右	71右	74左	74左	した	志田		
北山	宇津谷	諏訪明神	75左	71左	70左	70左	うつの屋	宇津谷		
北山	大下条	松尾明神	78左	72右	73左	73左	松尾	松之尾		松之尾
北山	竜王新町	諏訪明神	76右	72左	71左	71左	にし山	西山		
北山	篠原	八幡宮	77左	73右	71右	71右	しの原	篠原		
北山	西八幡	八幡宮	77右	73左	72右	72右	やわた	西八幡		
中郡	下石田	八幡宮	31右	74右	78左	78左	石田		上石田	
中郡	増坪	熊野権現	27右	74左	27左	27左	ますつほ	増坪		
北山	上飯田	八幡宮	80右	75右	76左	76中	飯田			
北山	中下条	諏訪明神	78右	75左	73右	73右	かさかい	笠替		
北山	千塚	八幡宮	79右	76右	76右	76右	千塚			
北山	島上条	八幡宮	79左	76左	74右	74右	上条		嶋上条	
北山	亀沢	諏訪	80左	77右	75左	75左	亀さわ	亀沢		
北山	牛句	諏訪	76左	77左	75右	75右	うしく	牛句		
府内	御崎町	御崎明神	30右	78右	77右	77左	しほへ	塩部		
府内	八日市場	山八幡宮	81右	78左	72左	72左	八日市は	八日市場		
北山	和田	諏訪明神	29左	79右	77左	77右	和田			
北山	小松	諏訪明神	29右	79左	79右	76左	西小松		小松	
府内	板垣	芝宮明神	82右	80右	79左	79右	板かき	板垣		
万力	坂折	酒折宮	82左	80左	01右	01右	坂より	坂寄	坂折	
逸見	小尾	蔵王権現	69右	—	64右	64右	帯	—	小尾	
大石和	窪中嶋	神明宮	03右	—	—	—	神明	—		
万力	熊野堂	熊野権現	03左	—	—	—	立川	—		
万力	室伏	山王権現	11右	—	—	—	室ふし	—		
中郡	西高橋	神明宮	28右	—	—	—	たかはし	—		
府内	御崎町	南宮	30左	—	—	—	南宮	—		
中郡	—	—	43左	—	—	—	市河の彦六	—		
西郡	東南胡	八幡宮	48左	—	—	—	(なんこ)両人	—		
西郡	寺部	山王権現	49左	—	—	—	(寺辺)両人	—		
西郡	—	—	51左	—	—	—	今諏式部	—		
西郡	—	—	52右	—	—	—	右京太夫	—		

西郡	—	—	52左	—	—	—	同所与三郎	—		
西郡	—	—	53右	—	—	—	なんこの三位	—		
武川	上円井	八幡宮	59右	—	—	—	上つふらひ	—		
逸見	村山西割	八幡宮	65左	—	—	—	あつな	—		
逸見	五町田	諏訪明神	65右	—	—	—	五丁田	—		
逸見	若神子	鉾立明神	67右	—	—	—	くしら	—		
				82番	80番	79番半				

注：網掛は延享時点の兼帯社。

出典　永禄番帳『山梨県史　中世１』40，慶長・延享・寛延番帳「今沢家文書」（東京大学史料編纂所影写本）

巻末表2　勤番社家訴訟関係表(凡例は表末参照)

筋	村名	神社名	社領高(石)	江戸城年頭礼	永禄	慶長	延享	寛延	宝永2年支配頭不法争論	享保9年新法免除願	延享4年代番一件	天明7年朱印改争論	文政5年離談者	慶長番帳名違
府内	御崎町	御崎明神	3.7	7・正6・大	◇	◇	◇	◇		水上日向			○水上左京進	神明
府内	御崎町	南宮	―		◇	―	―	―					□	
府内	蔵田村	白山権現	3.0	7・―・大	◇	◇	◇	◇				土屋頼母[工町]	○土屋図書	稲荷
府内	八日市場	山八幡宮	除		◇	◇	◇	◇						厳島
府内	板垣	芝宮明神	1.6		◇	◇	◇	◇				飯田伊予	飯田伊予	
府内	西青沼	穴切り明神	黒5.7	正6	―	―	―	―			◇正木内膳	◇正木主税之介	正木雅楽之介＊	
府内	畔	住吉明神	15.8		◇	◇	◇	◇				加賀美兵部	○加賀美大膳	三嶋
万力	坂折	酒折宮	―		◇	◇	◇	◇				◆飯田雅楽	飯田雅楽介	
万力	川田	二ノ宮明神	1.5		◇	◇	◇	◇				◆土屋滝口		
万力	鎮目	日光権現	3.1		◇	◇	◇	◇		○中村讃岐[山梨岡神社]	鎮目	◆中村左膳，倅左門[山梨大明神]		
万力	鎮目	四阿山権現	1.8		◇	◇	◇	◇					□	
万力	賀茂	賀茂春日明神	30.5		◇	◇	◇	◇	奥山市正	○奥山斎宮		◆奥山市正		
万力	上万力	大宮権現	14.9		◇	◇	◇	◇	今沢権之守	○今沢権頭	◆今沢左近	今沢主水		
万力	上万力	唐戸明神	除		◇	◇	◇	◇						
万力	熊野堂	熊野権現	黒2.5		◇	―	―	―						
万力	岩手	大石明神	黒2.8	正6・松	◇	◇	◇	◇	手塚長門守	○手塚長門[岩手大明神]	手塚長門			
万力	倉科	唐戸明神	2.8	正6・松	◇	◇	◇	◇	広瀬出雲守	○広瀬出雲		今沢信濃	○今沢右兵衛[黒戸奈神社]	立川
万力	千野々宮	中牧明神	黒0.9	正6・松	◇	◇	◇	◇	今沢左近	○今沢但馬		今沢丹宮		
万力	室伏	山王権現	黒2.1	正6・松	◇◇	◇	◇	◇	○	○金子左内[日吉大明神]				
栗原	一町田中	白山権現	1.8		◇	◇	◇	◇				竹内因幡[歌田村]		
栗原	下栗原	大宮五所権現	7.2		◇	◇	◇	◇			○土屋一学	土屋出雲，倅掃部[熊野権現]	○土屋主殿	八幡
栗原	勝沼	雀宮明神	4.4		―	◇	◇	◇	金子宮内丞	○金子宮内	○金子掃部	金子相模	○金子河内守	深沢
栗原	牛奥	通明神	3.9	(7)正6・松	◇	◇	◇	◇			○竹井監物	武井大和		
栗原	上萩原	岩間明神	黒1.8	正6・松	◇	◇	◇	◇			○文珠川伊予			
栗原	下小田原	山王権現	黒0.1		◇	◇	◇	◇						
栗原	下粟生野	山王権現	黒2.1	(5・―・松)	◇	◇	◇	◇	今沢土佐守	○今沢土佐	○今沢志摩			
栗原	竹森	玉宮明神	2.9		◇	◇	◇	◇	網倉和泉守	○網倉日向	○網倉美濃	網倉美濃		
栗原	上於曽	菅田天神社	11.8	(7・正6)	◇	◇	◇	◇	土屋河内守・土屋石見守	○土屋采女	○土屋采女		○土屋長門守	秋葉
栗原	千野	飛明神	3.6		◇	◇	◇	◇					□	素山
栗原	上井尻西方	諏訪明神	2.3	(7・正6・松)	◇	◇	◇	◇			○高橋河内	高橋上総		
栗原	下井尻	白幡明神	2.8		◇	◇	◇	◇	瀧下壱岐守＊抜け		○瀧下大隈	◆瀧下遠江		
栗原	西後屋敷	諏訪明神	2.9	7・―・松・独礼格	◇	◇	◇	◇			○飯田大和	飯田長門[大野]	○土屋杢之進	成沢
栗原	西後屋敷鴨居寺	福宮明神	除		◇	◇	◇	◇				◆堀内下総[等々力諏訪大明神]	○堀内権頭	福下
栗原	藤木	牛頭天王	除		◇	◇	◇	◇					□	八幡
栗原	小原西方	水ノ宮明神	黒1.7		◇	◇	◇	◇			○堀内豊前			大沢

文政10年地境一件	天保11年仁助跡式願	嘉永6年世話役一件	嘉永6年仁助頭職願同意	高松隊面会人・御供人	明治元年草莽隊	明治19年士族編入願書	文化11年『甲斐国志』	慶応4年『社記寺記』
○水上安芸	◇水上安芸守	●水上安芸(後見)	水上安芸守	水上中務			水上左京定隆	水上中務
							[御崎町]	
○土屋衛守[山田町]		◇土屋勝馬[甲府工町浅間大明神]		土屋主税之助[工町甲斐奈神社]		土屋安積	土屋図書	土屋主税之助
							[西八幡]	
○飯田伊予						飯田正胤	飯田伊予正胤	飯田遠江
○正木雅楽之助							正木雅楽[新青沼町]	正木内膳
加賀美鉄丸		◇加賀美大膳					加賀美大膳忠廉	加賀美大膳
○飯田雅楽							飯田大内蔵	飯田数馬
土屋出雲[川西村]				土屋浪江			土屋蔵人	土屋浪江
○中村大膳之助[山梨岡神社]		●中村和泉	中村和泉守	中村靭負		中村重潔(甲*)	中村和泉	中村靱負
							[鎮目]	
○奥山市正			奥山斎宮	奥山若狭		奥山応平	奥山左門	奥山若狭
○今沢美作	◇今沢美作守	●今沢右京	今沢右京	今沢敬三郎		今沢正房/士族	今沢美作	今沢敬三郎
							[上万力]	
							[上万力]	
○手塚長門		◇手塚能登				/士籍	手塚兵部	手塚能登
○今沢右兵衛[黒戸奈神社]	◆今沢右兵衛	◇今沢大内介[黒戸奈神社]					今沢右兵衛	今沢大内介
○今沢田宮		◇今沢丹宮					今沢蔵人	今沢常陸
○金子伊勢[日吉神社]						金子ともへ	金子兵庫	金子知久吾
○竹内市正[歌田村]		◇竹内淡路[歌田村金桜神社]					竹内因幡[歌田]	竹内淡路
		●◇土屋志津摩				土屋甫次郎(甲*)	土屋主殿[中村]	土屋出雲
金子河内		◇金子宮内		金子宮内			金子河内	金子宮内
武井佐渡[菱山村]		◇武井大和[菱山村]		武井大和		武井京象/明治19年士族	武井和泉[菱山]	武井大和
○文珠川主計		◇文珠川要之介[萩原村神戸神社]					文珠川讃岐	文珠川大炊
							[上萩原]	
○今沢丹後[諏方明神]		◇今沢左門[粟生野村白山権現]				今沢則孝/明治12年士族	今沢丹後	今沢左内
○網倉日向		◇網倉豊後[王諸神社]		網倉式部			網倉式部	網蔵式部
土屋長門		●◆土屋啓次郎	土屋啓次郎	土屋啓次郎		/士族(明治19年)	土屋左近	土屋啓次郎
							[上於曽]	
○高橋河内		◇高橋貞丸					高橋上総	高橋貞麿
加藤主計[誉田別]		◇加藤由蔵之介[下井尻村誉田別神社]					瀧下大隅	加藤内蔵之介
○土屋杢之助		◇土屋大膳				/士族	土屋木工丞[大野]	土屋杢之進
○堀内権頭[等々力村諏方明神]		◇堀内権頭[等々力村諏方明神]					堀内権頭[等々力]	堀内数馬
							[西後屋敷]	
							[西後屋敷]	

筋	村名	神社名	社領高(石)	江戸城年頭礼	永禄	慶長	延享	寛延	宝永２年支配頭不法争論	享保９年新法免除願	延享４年代番一件	天明７年朱印改争論	文政５年離談者	慶長番帳名違
栗原	上下石森	熊野権現	2,5黒3,7	7・－・松・独礼格	◇	◇	◇	◇			○土屋越前	土屋下野(下総)	○土屋越前	神明
栗原	小屋敷	六所明神	13,3		◇	◇	◇	◇		○土屋石見	○◆土屋備後	◆土屋中衛,倅玄蕃	○土屋備後守[松尾神社]	青沼
栗原	赤尾	大石明神	4,5		◇	◇	◇	◇					□	八王司
栗原	七日市場	三ツ木明神	3,5		◇	◇	◇	◇					□	湯山
栗原	上栗原	白山権現	5,5	7・准独礼	—	—	—	—				土屋三祢	土屋伊予守[建岡神社]	
大石和	窪中嶋	神明宮	黒2,8		◇	—	—	—						
大石和	上矢作	唐戸明神	2,8	准独礼	—	◇	◇	◇	水上内記	○水上越後	◆田村豊前	◆田村越後		
大石和	南野呂	大宮橋立明神	4,9	7・－・松・准独礼	◇	◇	◇	◇	降矢因幡守	○降矢将監	降矢将監	降矢帯刀		
大石和	上岩崎	氷川明神	7,1	7・－・松・准独礼	◇	◇	◇	◇				高野隼之介		
大石和	国分	石橋(船)明神	黒2,8		◇	◇	◇	◇						
大石和	成田	熊野権現	1,6		—	◇	◇	◇			五味斎宮			
大石和	上平井	熊野権現	黒2,8	5・松	◇	◇	◇	◇		○岩間土佐		岩間播磨	◇岩間鷹之介	
大石和	下平井	山王権現	黒2,8		◇	◇	◇	◇					□	
大石和	国衙・井上・坪井	西宮大明神			—	—	—	—						
小石和	広瀬	八王子権現	4,9	正6	◇	◇	◇	◇				◆河野隼人		
小石和	下ノ原	諏訪明神	黒2,0		—	◇	◇	◇						
小石和	北八代	熊野権現	37,4		◇	◇	◇	◇						
小石和	竹居	熊野権現	10,1	7・正6・松・准独礼	◇	◇	◇	◇				橘田豊後	○竹居斎宮	塩田
小石和	永井	天満天神	3,6	5・正6・松	◇	◇	◇	◇						
小石和	米倉	鉾立明神	4,3	5・正6	◇	◇	◇	◇				◆雨宮靭負	米倉帯刀	
小石和	白井河原	八乙女権現	2,8	正6	◇	◇	◇	◇					宮川大隅	
小石和	三ツ椚	熊野権現	1,8	5・正6・松	◇	◇	◇	◇						
小石和	石橋	八幡宮	3,6		◇	◇	◇	◇						
小石和	小山	若宮権現	1,4		—	◇	◇	◇				志村市正	◇志村市正	
小石和	前間田	諏訪明神	1,4		◇	◇	—	◇					□	
小石和	小黒坂	熊野権現	2,6		◇	◇	◇	◇						黒駒
小石和	小石和	諏訪明神	3,6	7・－・松	◇	◇	◇	—			小石和	今沢右京進	石和近江	馬隠
小石和	河内	佐久明神	7,2		◇	◇	◇	◇			◆柚那日向	柚那右近		
小石和	増利	馬蔵明神	黒2,3		◇	◇	◇	◇						増利
中郡	西高橋	神明宮	除		◇◇	◇	◇	◇						
中郡	上阿原	神明宮	3,6	大	◇	◇	◇	◇				品川豊前		
中郡	上小河原	熊野権現	黒2,3	正6・松	—	◇	◇	◇						
中郡	増坪	熊野権現	2,0		◇	◇	◇	◇				加賀美河内[下小河村山王権現]	加賀美左京[住居下小河原]＊	
中郡	上	諏訪明神	黒2,6		◇	◇	◇	◇					○加賀美上総[徳行]＊	乙黒
中郡	上	持丸権現	除		◇	◇	◇	◇						西宮
中郡	小瀬	諏訪明神	黒3,8		◇	◇	◇	◇						
中郡	下鍛冶屋	鈴ノ宮	黒4,2		◇	◇	◇	◇						
中郡	下石田	八幡宮	黒1,3		◇	◇	◇	◇					□	吉田

文政10年 地境一件	天保11年 仁助跡式願	嘉永６年 世話役一件	嘉永６年 仁助頭職願同意	高松隊面会人・御供人	明治元年 草莽隊	明治19年 士族編入願書	文化11年 『甲斐国志』	慶応４年 『社記寺記』
○土屋伊賀 ［山王権現］	◆土屋下野守	◇土屋杢之進				/士族	土屋越前	土屋主馬之介
○土屋備後		◇土屋松太郎 ［松尾神社］					土屋備後	土屋松太郎
							［小屋敷］	
							［万力筋倉科］	
○土屋伊予 ［下栗原］		◇土屋図書					土屋石見	土屋図書 ［上栗原村］
							［石和（除社）］	**土屋権少輔**
○田村左近		◇田村此面［中尾村飛永明神］				田村義事	田村越後 ［中尾］	田村此面 ［中尾村］
○降矢将監		◇降矢伊勢介				/士族	降矢因幡	降矢丹波守
○高野右門		◇高野主殿					高野隼之助	高橋主殿
○沓間長門		◇沓間若狭				沓間巌（甲*）	沓間若狭	沓間若狭
○五味主馬		◇五味民部		五味民部		五味兵二郎	五味多門	五味民部
○岩間兵庫		◇岩間兵庫				岩間篤泰/士族（明治13年）	岩間能登	岩間兵庫
							［上平井］	
○五味左門 【成田別家】							五味左門 ［成田］	五味主計
河野隼人		◇河野兵庫		河野小十郎			河野因幡	河野小十郎
○堀内市正		◇堀内市正					堀内雅楽	堀内市正
							別当熊野千手院	
		◇荒沢主馬					橋田斎宮 ［室部］	荒沢主馬
○加賀美内膳		◇加賀美刑部		加賀美大炊			加賀美志津麻	加賀美大炊
○米倉筑後		◇米倉市正		米倉左衛門			雨宮土佐	米倉左衛門
宮川伊勢 ［表門神社］ 44人惣代		◇宮川摂津		宮川摂津，次男同道之介			宮川大隅	宮川摂津
○依田左門		◇依田紀伊					依田弾正	依田紀伊
○久保田玄蕃		◇久保田権頭		窪田権頭			久保田権頭	久保田権頭
○志村長門 ［八幡］		◇志村蔵之介					志村市正	志村河内
							［小山］	
							［藤垈］	
石和近江	◆石和直宿	●石和直宿 ［船形神社］		石禾弥一郎		石和義弘	今沢近江	石和弥一郎
柚那右近		◇由那数馬		抽野日向		柚那安隣（甲*）	抽那右近	抽那日向
							［河内］	
							［河内］	
品川大炊		◇品川大炊			赤：品川大炊		品川大炊	品川大炊
村松多仲		◇村松道太郎			赤：村松左京	赤：村松弾［国母村］19名惣代（甲）	村松弾正左衛門	村松左京 ［上小川原］
加賀美左京 ［下小河原日吉神社］		◇加賀美壱岐之介［下小河原八王子権現］				/明治17士族	加賀美左京 ［下小河原］	加賀美壱岐 ［下小河原］
○加賀美上総 ［徳行村笠掛明神］		◇加賀美帯刀 ［徳行村大宮明神］		加賀美帯刀 ［徳行村笠屋神社］			［下小河原］	加賀美帯刀 ［徳行村］
							［北山筋徳行］	
中沢左仲		◇中沢権頭 ［鈴宮］			赤：中沢主計	中沢一	中沢筑後	中沢主計
							［小瀬］	
							［工町］	

筋	村名	神社名	社領高（石）	江戸城年頭礼	永禄	慶長	延享	寛延	宝永２年支配頭不法争論	享保９年新法免除願	延享４年代番一件	天明７年朱印改争論	文政５年離談者	慶長番帳名違
中郡	西条	若宮八幡宮	黒1,1		◇	◇	◇	◇						
中郡	大津	広瀬明神	2,1		◇	◇	◇	◇					□	
中郡	宮原	八幡宮	7,9		◇	◇	◇	◇		○中村摂津	中村出羽	桜井将監		
中郡	成嶋	八幡宮	黒5,3	10・正6・大	◇	◇	◇	◇						
中郡	乙黒	若宮八幡宮	黒2,1		◇	◇	◇	◇		○村松上総［藤巻村鈴鹿大明神］				二日市場
中郡	飯喰	熊野権現	1,5		—	◇	◇	◇		○相原宮内				
中郡	布施	八幡宮	5,4	10・正6・大	◇	◇	◇	◇		○樋口出雲		樋口伊予		
中郡	上三ノ条	御崎	除		◇	◇	◇	◇						
中郡	西花輪	八幡宮	黒452文		◇	◇	◇	◇		○足立主税	◆足立周防	足立出雲［青柳村諏訪大明神］		
中郡	今福	大輿明神	黒1,3		◇	◇	◇	◇						
中郡	上条新居	八幡宮	2,1	正6・松	◇	◇	◇	◇				◆上条志摩		
中郡	二日市場	熊野権現	黒1,8	正6・松	◇	◇	◇	◇		○水上越後				上村
中郡	西下条・東下条	八幡宮	5,7		◇	◇	◇	◇		○足達大隅	下条	足達若狭	下条伯耆＊	
中郡	藤垈	諏訪明神	5,2	5・−・松	◇	◇	◇	◇				荒沢讃岐	○荒沢但馬＊	藤代
中郡	藤垈	赤立明神	—		◇	◇	◇	◇					□	赤坂
中郡	寺尾	諏訪明神	黒1,5		◇	◇	◇	◇						
中郡	下曽根	福年明神	黒3,2		◇	◇	◇	◇						
中郡	上曽根	山王権現	3,0		◇	◇	◇	◇						神明
中郡	上向山	大宮明神	19,4	7・正6・松	◇	◇	◇	◇				佐々木弾正	佐々木出羽守〔佐久神社〕	
中郡	右左口村七覚	五社権現	29,5（円楽寺持）		◇	◇	◇	◇				相川左内（神人）		
中郡	関原	若宮八幡宮	黒0,4		◇	◇	◇	◇					□	
中郡	浅利	諏訪明神	7,5	7	◇	◇	◇	◇		竹内若狭		◆竹内兵庫	竹内兵庫＊	
中郡	上大鳥居	八幡宮	除		◇	◇	◇	◇						
中郡	大塚	熊野権現	黒1,5		◇	◇	◇	◇		○窪田権頭	大塚			
中郡	高部	天神宮	黒1,5		—	—	—	—		竹内筑後【浅利村別家】				
北山	千塚	八幡宮	2,6		◇	◇	◇	◇					○窪田若狭守	湯谷
北山	上飯田	八幡宮	3,7		◇	◇	◇	◇					□	諏訪
北山	和田	諏訪明神	4,1		◇	◇	◇	◇					□	
北山	小松	諏訪明神	1,1	7・正6・松	◇	◇	◇	◇		土屋壱岐		◆土屋伊豆		北野
北山	宇津谷	諏訪明神	1,9		◇	◇	◇	◇		根津若狭		根津主水		
北山	志田	諏訪明神	7,6	大	◇	◇	◇	◇		根津出雲		根津蔵人		
北山	竜王新町	諏訪明神	除		◇	◇	◇	◇						
北山	西八幡	八幡宮	8,1	正6	◇	◇	◇	◇		水上伯耆	◆水上美濃		○篠原市正	山宮
北山	篠原	八幡宮	5,4	正6	◇	◇	◇	◇		佐々木但馬		佐々木但馬		
北山	大下条	松尾明神	3,8		◇	◇	◇	◇				村松掃部		
北山	中下条	諏訪明神	1,4	正6・松	◇	◇	◇	◇		窪田越後				
北山	島上条	八幡宮	1,49	正6・松	◇	◇	◇	◇		羽中田安芸		◆羽中田権頭	○羽中田伊勢守	王子
北山	牛句	諏訪	2,9	正6	◇	◇	◇	◇		花輪掃部		田中乾		
北山	亀沢	諏訪	1,0	正6	◇	◇	◇	◇				長田左近		

文政10年 地境一件	天保11年 仁助跡式願	嘉永６年 世話役一件	嘉永６年 仁助頭職願同意	高松隊面会人・御供人	明治元年 草莽隊	明治19年 士族編入願書	文化11年 『甲斐国志』	慶応４年 『社記寺記』
山本和歌之助		◇山本安芸之介					山本帯刀	山本山城
							［西下条］	
桜林監物［宇波刀神社］	◆桜林左馬右衛門	●◇桜林左馬右衛門［宇波刀神社］			赤：桜林藤之助	桜林盛満［鎌田村大字鎌田］長男桜林英一郎(甲)	桜林監物義長	桜林藤之輔
斎藤鉄之助		◇内藤倉之丞			赤：内藤帯刀	内藤正忠	内藤日向	内藤倉之丞
村松和泉［藤巻村］		◇村松丹後［藤巻村鈴鹿明神］			赤２：村松采女之助		村松和泉	村松采女
小笠原式部		◇小笠原主馬				赤：小笠原寿(甲)	相原主馬助台孝	小笠原主馬之助
樋口左京		◇樋口造酒之介			赤：樋口造酒之助		樋口左京	樋口造酒之介
							［布施］	
足達土佐［八幡・諏方明神］		◇足達土佐			赤２：足達竹之助	足達力	足立内匠［西郡青柳村諏訪明神］	足達竹之助［西花輪村］
							［西花輪］	
上条主計［古上条村船形神社］		◇上条志摩［古上条］				上条繁	上条志摩	上条志摩［古上条］
水上内蔵之助		◇水上蔵之介			赤：水上求馬	水上有	水上秀之進	水上求馬
下条薩摩之助［稲積惣社］	◆下条薩摩介ほか98人惣代	◇下条薩摩之介				下条武親	足立若狭	下条章太郎
荒沢隼人		◇荒沢讃岐		荒沢貢之介			荒沢但馬	荒沢貢
							［藤垈］	
○種田雅楽之助［南宮諏方明神］		◇種田佐渡					種田越後	種田数馬之助
							［寺尾］	
							［北山筋西八幡］	
佐々木弾正		●◇佐々木伊予［佐久神社］			赤：佐々木靭負		佐々木弾正	佐々木靫負
							祠官相原日向，修験松雲院	佐々木靫負［八幡宮］
							［小石和筋白井河原］	
竹内兵庫［七宮諏方明神］		◇竹内因幡			赤：竹内因幡	竹内正紹＊	竹内兵庫	竹内因幡
							［浅利］	
窪田左京		◇窪田豊後					久保田左京	窪田豊後
竹内志摩之助［八幡・天神］		◇竹内知久吾［八幡宮］			赤：竹内知久吾	竹内筝治	竹ノ内一学［八幡宮］	竹内知久吾
○窪田造酒之介		●窪田造酒之介		窪田造酒之介			窪田因幡	窪田造酒之介
							［千塚］	
							［御崎］	
○土屋伊豆		●◆土屋蔀	土屋蔀	土屋蔀			土屋兵部	土屋蔀
○根津美濃［十五所明神］		◇根津近江		祢津大膳			根津土佐	祢津大膳
○根津伊勢		◇根津主税		祢津安芸		根津近雄(甲*)	根津伊勢	祢津安芸
							［篠原］	
○篠原市正		◇篠原左京					篠原市正孟福	篠原刑部
○佐々木恵織		◇佐々木但馬				佐々木高尚	佐々木雅楽	佐々木弾正
○村松隼人		◇村松兵庫之介		村松康之介			村松因幡吉定	村松庫之助
○秋山河内		◇秋山市正		秋山信濃			秋山綾之助	秋山信濃
○羽中田伝之助		◇羽中田右神之介		羽中田権頭		羽中田雄歆/士族	羽中田権頭	羽中田権頭
○田中播磨		◇田中権少輔		田中対馬			田中図書	田中対馬
○長田和泉		◇長田将監		長田将監・悴監物			長田和泉	長田将監

筋	村名	神社名	社領高（石）	江戸城年頭礼	永禄	慶長	延享	寛延	宝永２年支配頭不法争論	享保９年新法免除願	延享４年代番一件	天明７年朱印改争論	文政５年離談者	慶長番帳名違
北山	金竹	大宮明神	2.1		—	—	—	—		窪田摂津【千塚隠居】		窪田主殿		
北山	宮ノ久保	降宮明神			—	—	—	—						
逸見	河原部	若宮八幡宮	2.1	7・－・松・独礼格	◇	◇	◇	◇				腰巻権少輔	腰巻権少輔＊	
逸見	南下条	八幡宮	黒1.8		◇	◇	◇	◇						
逸見	駒井	諏訪明神	8.2		◇	◇	◇	◇				◆上原若狭	上原備後守＊	山王
逸見	中条	諏訪明神	黒0.8	7	◇	◇	◇	◇						
逸見	穴山	諏訪明神	7.6	7・正6・松	◇	◇	◇	◇				◆生山兵部	○生山大隅守［穂見神社］	久保
逸見	穴山	黒駒明神	黒1.9	毎正6・松	◇	◇	◇	◇						
逸見	岩下	勝手明神	黒1.4		◇	◇	◇	◇						
逸見	三ノ蔵	諏訪明神	1.9		◇	◇	◇	◇			篠原大内蔵＊			
逸見	上神取	白山権現	黒0.4	正6・松	◇	◇	◇	◇						
逸見	江草	十五所明神	黒1.9		◇	◇	◇	◇						
逸見	浅尾新田	諏訪明神	除		—	—	—	—						
逸見	比志	蔵王権現	黒0.3	正6・松	◇	◇	◇	◇						
逸見	小尾	蔵王権現	黒0.3		◇	—	◇	◇			三井河内			
逸見	大蔵	三島明神	黒1.5	正6	◇	◇	◇	◇						
逸見	浅尾	三輪明神	黒2.1	正6・松	—	—	—	—						
逸見	若神子	諏訪明神	3.4		◇	◇	◇	◇			◆中田大和	中田蔵人		甘利
逸見	蔵原	諏訪明神	黒2.7	7・正6・松	◇	◇	◇	◇						
逸見	箕輪	諏訪明神	黒1.6	7・正6・松	—	◇	◇	◇						
逸見	村山西割	八幡宮	4.9		◇◇	◇	◇	◇				◇植松筑前		
逸見	五町田	諏訪明神	黒0.6		◇◇	◇	◇	◇						
逸見	上黒沢	八幡宮	黒0.6		◇	◇	◇	◇						伊勢山
逸見	小池	諏訪明神	5.1	正6	—	◇	◇	◇						清水
逸見	大八田	諏訪明神	2.6		◇	◇	◇	◇				◆輿石下野之介	○輿石土佐守［建岡神社］	神明
逸見	長坂上条	諏訪明神	4.7		◇	◇	◇	◇				中沢右近		
逸見	小淵沢	北野天神	2.1		◇	◇	◇	◇			小泉攝津	小井詰将監		
逸見	谷戸	諏訪明神	黒2.7	正6	◇	◇	◇	◇						
逸見	白井沢	諏訪明神	黒0.9		◇	◇	◇	◇						
逸見	若神子大石	諏訪明神	黒0.5		◇	◇	◇	◇						
逸見	若神子	鉾立明神	—		◇	—	—	—						
逸見	小倉	八幡宮	2.5	正6・松	◇	◇	◇	◇						
逸見	上手	三島明神（宇波刀）	1.8		—	—	—	—						
逸見	祖母石	神明宮	黒0.6		—	—	—	—						
逸見	箕輪新田	神明宮	—	7	—	—	—	—						

文政10年 地境一件	天保11年 仁助跡式願	嘉永6年 世話役一件	嘉永6年 仁助頭職願同意	高松隊面会人・御供人	明治元年 草莽隊	明治19年 士族編入願書	文化11年『甲斐国志』	慶応4年『社記寺記』
○久保田伊豆		◇[荒川村諏訪・大宮両社]窪田豊造		窪田伊賀[荒川村]			窪田主計	窪田伊賀[荒川村・金竹村]
○横森田宮[三ツ沢村穂坂惣社]							横森仲口	田中対馬
○腰巻越後		◇腰巻和泉		腰巻将監		/士族	腰巻権少輔	腰巻将監
○堤常陸		◇堤左兵衛		堤太兵衛			堤伊賀	堤左兵衛
○上原伊勢之助[尾鰭明神]		◇上原備後		上原備後守			上原越前	上原備後守
○堤権頭[御牧神社・諏方明神]		◇堤権頭					堤権頭	堤権頭
○生山河内[諏訪明神・穂見神社]		◇生山大隅		生山帯刀		生山昌真/士族	生山大隅	生山帯刀
○生山淡路 94人惣代【稲倉分家】		◇生山豊後[若神子村]		生山大学・弟元之助			生山豊後	生山豊後
○腰巻因幡		●腰巻因幡守	腰巻因幡守	腰巻因幡守			腰巻丹後	腰巻因幡守
○篠原駿河	◇篠原駿河ほか45人惣代		篠原主税	篠原主税			篠原能登	篠原主税
○赤岡平馬【大蔵村分家】		◇赤岡民部[上神取村]		赤岡保丸[神取村]	断：赤岡保丸32	赤岡保丸(甲)	赤岡平馬	赤岡加賀
○篠原出雲		◇篠原大膳					篠原因幡	篠原隼人
○篠原対馬【江草村分家】		◇篠原将監		篠原兵部, 同信濃			篠原乾	篠原信濃
○矢巻和泉		◇矢崎薩摩		山木監物			八巻若狭	矢巻監物
○三射筑後		◇三射主殿		三射修理之進	断：小尾修理36	小尾修理之進(甲)	三射筑後[若神子三輪]	三射修理
○赤岡播磨		◇赤岡式部		赤岡式部・悴五郎太	断：赤岡五三太30, 五三太別宅住居 赤岡式部56	赤尾五三太(甲)・赤岡式部(甲)	赤岡豊前	赤岡式部
○赤岡豊後[三島明神]【大蔵村分家】		◇赤岡兵部		赤岡兵部	断：赤岡兵部38	赤岡兵部(甲)	赤岡左京	赤岡兵部
○中田弾正		◇中田若丸[若神子村大石神社]		中田若麿, 悴大炊之介・同兵庫			中田薩摩	中田若丸
○山本金之助			山本越後				山本和泉	山本敬之介
○石原多中			石原主税				石原仲口	石原主税
○植松掃部		●◆植松筑前	植松筑前守				植松筑前	植松大部
○輿石因幡[塚川村]		◇塚川若狭[塚川村]		塚川丹波[塚川村]			輿石因幡[塚川]	塚川丹波[塚川村]
							[小池]	
○黒倉丹後		◇黒倉伊予					黒倉丹波[上黒沢]	黒沢伊予
○輿石土佐		◇森越日向(谷戸ヵ)					輿石土佐	輿石勘解由
○中沢登之助		◇中沢縫之介		中沢縫殿之介			中沢上総	中沢縫殿之助
○小井詰雅楽		◇小井詰摂津					小井詰雅楽	小井詰摂津
○森越将曽		◇輿石土佐(大八田ヵ)					森越大炊	森越帯刀
							[谷戸]	
							中田薩摩	中田若丸
							[若神子大石]	
○中田采女		◇中田清丸					中田大隅	中田喜代麿
○生山丹後[諏訪明神]		◇生山丹後		生山丹後守		腰巻正明	腰巻大膳	腰巻丹後守
○上原民部	◇上原民部			上原石之助			上原民部	上原石之助
		◇石原内膳					石原対馬	石原対馬[箕輪新町]

筋	村名	神社名	社領高(石)	江戸城年頭礼	永禄	慶長	延享	寛延	宝永2年支配頭不法争論	享保9年新法免除願	延享4年代番一件	天明7年朱印改争論	文政5年離談者	慶長番帳名違
武川	上条東割	南宮明神	16,8	7	◇	◇	◇	◇			南宮			
武川	上条北割	八幡宮	黒3,6		◇	◇	◇	◇					□	甘利勘三郎
武川	下条南割	石宮明神	黒2,5		◇	◇	—	—						
武川	下条中割	神明宮	黒2,4	10	◇	◇	◇	◇						
武川	青木	諏訪明神	黒2,3		◇	◇	◇	◇			青木			
武川	下円井	諏訪明神	4,8		◇	◇	◇	◇						
武川	上円井	八幡宮	除		◇	—	—	—						
武川	宮ノ脇	諏訪明神	1,6		◇	◇	◇	◇						
武川	柳沢	鳳凰権現	除		◇	◇	◇	◇			◆小池因幡			
武川	台ヶ原	荒尾明神	黒1,6		—	◇	◇	◇						
武川	白須	若宮八幡宮	黒3,3		◇	◇	◇	◇						
武川	鍋山	白山権現	2,8		—	—	—	—						
武川	横手	諏訪明神	黒1,5		—	—	—	—						
武川	折井(居)	八幡宮	黒1,0	10	—	—	—	—						
西郡	上八田	諏訪明神	1,6	正6・大	◇	◇	◇	◇						
西郡	百々	諏訪明神	1,5	15・正6・大	◇	◇	◇	◇						
西郡	高尾	御崎明神	黒0,7		◇	◇	◇	◇		○穂坂備中				
西郡	曲輪田	諏訪明神	2,2		◇	◇	◇	◇						黒輪田
西郡	平岡	諏訪明神	1,9	15・松	◇	◇	◇	◇			平岡			
西郡	大師	伊築島	黒1,9		◇	◇	◇	◇						
西郡	吉田	諏訪明神	3,9		◇	◇	◇	◇		○竹野播磨				
西郡	上今諏訪	諏訪明神	2,1	15・正6・松	—	◇	◇	◇			◆斎藤能登			
西郡	下今諏訪	諏訪明神	1.8		—	◇	◇	◇						
西郡	鏡中条	八幡宮	0,7	15・松	◇	◇	◇	◇						
西郡	寺部	八幡宮	3,1	10年3度・松	◇	◇	◇	◇		○内藤壱岐				
西郡	寺部	山王権現	—		◇	—	—	—						
西郡	藤田	八幡宮	3,6	7・正6・松	—	◇	◇	◇						
西郡	東南胡	八幡宮	1.5	5・正6・松	◇	—	—	—						
西郡	西南胡	八幡宮	除		◇	◇	◇	◇						
西郡	江原	浅間明神	6,7	15・正6・松	◇	◇	◇	◇						
西郡	落合	八王子権現	1,3		◇	◇	◇	◇		○矢崎讃岐				
西郡	古市場	若宮明神	4,7	15・正6・大	◇	◇	◇	◇		水上若狭				
西郡	最勝寺	神明宮	1,6(寺領)	15・正6・松	◇	◇	◇	◇		○村松越前[鰍沢村八幡宮]				
西郡	市川大門	二ノ宮	2,9		◇	◇	◇	◇		○青嶋伯耆[弓削大明神]		◆青嶋紀伊守	青嶋美濃之介	
西郡	高田	一ノ宮	1,6		◇	◇	◇	◇		○青嶋権頭[浅間大明神]		◆青嶋摂津守	青嶋権頭	
府内	元城屋町	八幡宮	26.5	7・正15	頭				◆今沢右門	◆今沢大進	□今沢大進	◇今沢大進		
大石和	一宮	浅間明神	234.2		除社									

文政10年 地境一件	天保11年 仁助跡式願	嘉永6年 世話役一件	嘉永6年 仁助頭職願同意	高松隊面会人・御供人	明治元年 草莽隊	明治19年 士族編入願書	文化11年『甲斐国志』	慶応4年『社記寺記』
○矢崎雅楽之助［甘利郷神戸神社・南宮明神］				矢崎雅楽之介，土屋内匠			矢崎雅楽	矢崎雅楽介［甘利郷南宮］
							［府中穴切明神］	
○甘利監物							長沢石見	—
○土橋大蔵		◇土橋内近		土橋内匠			土橋右京	土橋内匠
○腰巻出雲		◇腰巻近江		腰巻出雲			腰巻出雲	腰巻出雲
○歌田丹後		◇歌田丹後		歌田丹後	断：歌田靭雄15	歌田稔/明治40年士族	歌田丹後	歌田丹後
○歌田河内		◇歌田隼人		歌田隼人，同泰作		歌田正賢	歌田河内	歌田隼人
○矢巻越後		◇矢巻将監		矢卷式部			矢卷越後	矢卷式部
○小池伊予［天神］		◇小池越後［天神宮］		小池市正			小池越後	小池市正
○古屋長門（台原五位）		●◇台ケ原長門		台ヶ原長門守，同弟権八			古屋和泉	台原長門守
○石田備前		◇石田□家					石田備前	石田内蔵之介
○大村兼磨		◇大村市正		大村市正・悴鍋四郎			大村市正	大村市正
○古屋三河		◇古屋三河		古屋令輔			古屋主計	古屋三河
○横森薩摩		◇横森丹宮		横森造酒之助			横森薩摩	横森造酒之介
小野石見		◇小野司馬之介		小野司馬之進			小野近江	小野司馬之進
野沢壱岐		◇野沢加賀之介		野沢要之助			野沢左膳	野沢要人
穂坂丹波		●◇保坂備中［穂見神社］		穂坂造酒之介		穂坂美之利	穂坂丹波	穂阪造酒之助
内藤佐馬之介［上宮地三輪明神］		●◇内藤左馬之介［上宮地村八幡宮］		内藤靭負［上宮地村］		内藤松太郎	内藤大膳［上宮地八幡宮］	内藤靭負
足立美作		◇足達安之介		足達雅楽之介			足達美作	足達雅楽之助
							［平岡］	
竹野若狭	◆竹野若狭	◇竹野若狭		竹野伊豆	赤2：竹野伊豆	赤：竹野正春(甲)	竹野主殿	竹野伊豆
斎藤信濃		◇斎藤筑後		斎藤筑後・悴黄輔		斎藤真直	斎藤信濃	斎藤筑後
							［上今諏訪］	
斎藤越後［八幡・天神］【上今諏訪分家】		◇斎藤河内		斎藤権八・悴伊織		斎藤操	斎藤出雲	斎藤権頭
秋山和泉［八幡・山王権現］		◇秋山隼人				秋山藤太郎	内藤和泉	秋山甕之丞
							［寺部］	
村松上総		◇村松主税		村松内蔵之介		村松英和	村松上総	村松内蔵之助
村松出雲			村松主税	村松河内	隆：村松河内次男金之丞	村松孝(甲*)	村松丹宮	村松河内
							［東南胡］	
内藤土佐		◇内藤備後		内藤伊勢之介		内藤高敷	内藤日向	内藤伊勢之助
○矢崎筑前		◇矢崎筑前［藤田村八幡宮］		矢崎筑前		矢崎輝	矢崎筑前	矢崎丹後
水上雅楽之介		◇水上常陸		水上常陸		水上真名井	水上常陸	水上常陸
村松河内［鰍沢村八幡宮］		◇村松左京［鰍沢村八幡宮］					村松河内［鰍沢］	村松主計［鰍沢村］
青島美濃助［弓削神社］	◆青嶋美濃介	◇青嶋織部［弓削神社］		青島能登守		青嶋貞真(甲*)	青島	青島能登守
青島権頭		◇青嶋左馬輔		青嶋司馬之介		青嶋菅曽	青島宮麻呂	青島司馬之助
山本兵庫(社人)＊	◇山本兵庫倅粂之助(社人)			今沢大進			今沢大進	今沢大進
				正祝司古屋帯刀権少輔，鎰取古屋市之進		一桜村　古屋真世(甲)	古屋大和	古屋宮内

筋	村名	神社名	社領高（石）	江戸城年頭礼	永禄	慶長	延享	寛延	宝永２年支配頭不法争論	享保９年新法免除願	延享４年代番一件	天明７年朱印改争論	文政５年離談者	慶長番帳名違
小石和	二宮	美和明神	177.5		除社									
中郡	国玉	国玉明神	61.3		除社									
武川	宮地	武田八幡宮	27.2		除社									
万力	大工	天神社	6.2		（除社）									
西郡	山寺	八幡宮	黒５		（頭兼帯）									
西郡	上宮地	—			—									
大石和	上黒駒	神座山権現	26.9		—									
北山	御岳村	蔵王権現	10.1		—									
栗原	三日市場	白鬚明神神主	除		—									
栗原	上塩後	鈴宮神社	3.4		—									
凡例			石高は升以下切捨	年日・月日・場所	◇番帳記載社				訴訟方 ◆相手方	訴訟方 ○初願 ◆相手方	◇訴訟方 ○定番願 ◆代番惣代 □相手方	◇願人 ◆相手惣頭取	○史料中注記 ◇別史料 ＊猶又 □離檀者兼帯社	

注１：社領高は朱印高，黒は黒印，除は除地の場合。

注２：江戸城年頭礼は確認できたもののみ。年代等による変化は考慮していない。場所は，松は松之間，大は大広間の略。

注３：【 】は，分家・親類など。

注４：地名・神社名の［ ］は，左側の村名・神社名と異なる場合。

注５：網かけは兼帯社および神主持以外の神社を示す。『甲斐国志』網かけ部分の［ ］は兼帯社の在村名。

注６：『甲斐国志』『甲斐国社記・寺記』は参考として入れた。

注７：大石和筋一宮以下の神社については，士族編入願関係の神社のみ記載。

出典　宝永２年：菅田天神社文書(以下，菅)1-104-10，1-56-23／享保９年：菅1-76，『山梨県史』652／延享４年：菅1-123-23，1-191，1-267／天明７年：『山梨県史』653／文政５年：菅1-302-14-6／慶長番帳名違：菅1-47／文政10年：『山梨県史』654／天保11年：文珠川家文書はこ175／嘉永６年(世)：菅1-254-1，菅1-285-20／嘉永６年(仁)：菅1-285-19／高松隊面会人・御供人：「甲信鎮撫記」４，群馬県立文書館85/181／明治元年：山梨県立博物館(歴-2005-009-000835)／明治19年：山梨県立図書館(行1　2M19-2)，山梨県立博物館(歴-2005-009-000835)，『山梨名家録』，『峡中家歴鑑』／文化11年：『甲斐国志』／慶應４年：『甲斐国社記・寺記』

文政10年 地境一件	天保11年 仁助跡式願	嘉永６年 世話役一件	嘉永６年 仁助頭職願同意	高松隊面会人・御供人	明治元年 草莽隊	明治19年 士族編入願書	文化11年 『甲斐国志』	慶応４年 『社記寺記』
						坂名井信夫	上野大内蔵	坂名井信濃
						国里村　磯部正佐(甲)/士族	磯部隼人	磯部隼人
				矢崎右京			矢崎対馬	矢崎右京
						有賀安處(甲•)/明治19年士族	祠官有賀隼人	有賀兵部
						雨宮豊昌	(府中八幡宮社人ヵ)	雨宮左膳 [山寺村]
						中山祭司	—	—
						武藤足人	武藤雅楽	武藤外記
				相原相模ほか24名				
						日原政恒【上万力親類】/明治19年士族	日原出羽 [乙川戸組]	日原和泉
						雨宮造酒太郎/明治19年士族	雨宮筑前	雨宮大内蔵
無印：大和ら相手取り出訴 ○等閑にて叱 ＊修験へ馬印を渡すにつき押込	◇願人 ◆相手	●世話役 ◇訴訟方 ◆相手方			赤：赤心隊, 赤２：二次, 断：断金隊 (数字は年齢) 隆：隆武隊	甲：甲州文庫 甲•：甲州文庫にもあり /：士族と確認,( )はその年代には士族と確認できるもの		

巻末表3 菅田天神社文書分類表

- 菅田天神社／神主土屋家 2,224
  - Ⅰ 神社経営関係
    - 社領管理[95] ― 社領書上，朱印改
    - 社頭管理[49] ― 屋根替(安政～元治)
    - 社付品(楯無鎧)[462] ― 将軍への鎧拝覧日記，勧化帳，大名・旗本等の奉加帳・屋敷名前帳，開帳関係書簡，鎧修補関係(寛政～文政)，開帳(嘉永)[14]
  - Ⅱ 兼帯社関係／氏子村方関係
    - 上ノ若宮八幡宮[47] [上於曽村] ― 祭礼滞横領出入(文久3)
    - 下ノ若宮八幡宮[15] [下於曽村] ― 社中巫女争論(正徳)
    - 飛明神[千野村][33] ― 氏神祭礼一件(享保17)，横領出入(文政4)，祭礼滞一件(文政5)
    - 鶏冠権現[5] [一ノ瀬・高橋村] ― 氏子祭礼議定(文政2)，鉱山関係[22]
    - 六所明神 [小屋敷村]／家関係 183
      - 六所明神兼帯関係(天保)，六所神主取立一件(嘉永)，赤尾一件[11]
      - 分家一件(寛文)，釆女不埒一件(天明6)
      - 家督相続一件(天明7～8，寛政～文政)
  - Ⅲ 家関係
    - 家関係
    - 経営[80] ― 金銭貸借証文
    - 吉田家(本所)関係[76] ― 神葬祭(寛政～文化)，官位取得(文化12)，下司・敬称(文化・文政)
  - Ⅳ 神職組織関係
    - 勤番訴訟関係[232]
      - 反八幡宮争論(寛永～文政)
      - 世話役関係(嘉永)
    - 勤番仲間関係[90] ― 座争論(延宝)，年頭目見得(文化)，他社関係
  - 近代[581]

注：右肩数字は文書点数。確定できるもののみ。

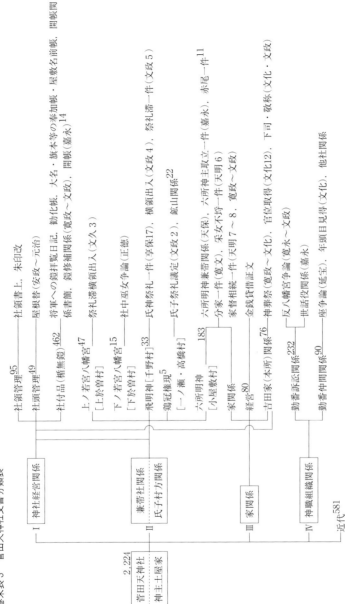